O Eneagrama do Mulá Nasrudin

Dados Internacionais de Catalogação na Publicação (CIP)
(Câmara Brasileira do Livro, SP, Brasil)

Barba, David
   O Eneagrama do Mulá Nasrudin : aceitar o ego para transformar a consciência / David Barba ; tradução Luis Gonzaga Fragoso, Rodrigo Usba. – Petrópolis, RJ : Vozes, 2022.

   Título original: El eneagrama del Mulá Nasrudín
   ISBN 978-65-5713-437-5

   1. Autoajuda 2. Autoconhecimento 3. Eneagrama 4. Humor (Psicologia) 5. Personalidade I. Fragoso, Luis Gonzaga. II. Usba, Rodrigo. III. Título.

21-92255   CDD-155.26

Índices para catálogo sistemático:

1. Eneagrama : Personalidade : Tipologia : Psicologia   155.26

Maria Alice Ferreira – Bibliotecária – CRB-8/7964

DAVID BARBA

O Eneagrama do Mulá Nasrudin

ACEITAR O EGO PARA TRANSFORMAR A CONSCIÊNCIA

Tradução e adaptação de
Luis Gonzaga Fragoso e Rodrigo Usba

EDITORA VOZES

Petrópolis

© David Barba, 2015.

Tradução realizada a partir do original em espanhol intitulado *El eneagrama del Mulá Nasrudín – Aceptar el ego para transformar la conciencia*

Direitos de publicação em língua portuguesa – Brasil:
© 2022, Editora Vozes Ltda.
Rua Frei Luís, 100
25689-900 Petrópolis, RJ
www.vozes.com.br
Brasil

Todos os direitos reservados. Nenhuma parte desta obra poderá ser reproduzida ou transmitida por qualquer forma e/ou quaisquer meios (eletrônico ou mecânico, incluindo fotocópia e gravação) ou arquivada em qualquer sistema ou banco de dados sem permissão escrita da editora.

CONSELHO EDITORIAL

Diretor
Gilberto Gonçalves Garcia

Editores
Aline dos Santos Carneiro
Edrian Josué Pasini
Marilac Loraine Oleniki
Welder Lancieri Marchini

Conselheiros
Francisco Morás
Ludovico Garmus
Teobaldo Heidemann
Volney J. Berkenbrock

Secretário executivo
Leonardo A.R.T. dos Santos

Editoração: Fernando Sergio Olivetti da Rocha
Diagramação: Sheilandre Desenv. Gráfico
Revisão gráfica: Alessandra Karl
Capa: Renan Rivero
Ilustração de capa: Luisa Barba

ISBN 978-65-5713-437-5

Este livro foi composto e impresso pela Editora Vozes Ltda.

Divirta-se, ou tente aprender: você incomodará alguém. Se não o fizer, você incomodará alguém.

Mulá Nasrudin

Nossos pais e avós tentaram atravessar, no século passado, e repetidas vezes, a muralha do mal social com todo tipo de teorias sociais, programas políticos, reformas, resoluções e revoluções. Em cada uma destas tentativas, fracassaram miseravelmente. Até o momento, sequer uma única tentativa de aperfeiçoamento do destino humano teve êxito. E, pior – ou muito pior: a cada tentativa, a miséria se aprofundou, e a confusão aumentou. A geração atual, ou seja, aqueles que estão em sua maturidade, os que têm hoje entre 30 e 60 anos, herdaram esta confusão e têm tentado arduamente – ainda que em vão – sair dela: alguns deles conseguiram elevar sua cabeça por cima do caos; outros foram arrastados pelo redemoinho, para nunca mais sair dele. Dito de outra maneira: fracassamos miseravelmente em nossa condição de construtores de uma nova orientação vital para a vida. Temos estado demasiadamente atormentados com nossos próprios imbróglios de nosso passado. Caminhávamos carregando correntes em nossas pernas, enquanto tentávamos escapar rumo à liberdade. Caímos e, na condição de geração, não nos levantaremos jamais.

Então, não há esperança? Há esperança, muita esperança, se mostrarmos, simplesmente, o valor e a dignidade de sermos conscientes de nosso fracasso miserável. Então, e somente então, seremos capazes de ver como e onde ajudar.

Wilhelm Reich. *As crianças do futuro.*

Prefácio

– *Posso enxergar no escuro* – gabava-se certa vez o Mulá Nasrudin, na casa de chá.

– *Se é assim, por que, em certas noites, vemos você carregando uma lamparina pelas ruas?*

– *Apenas para evitar que as outras pessoas esbarrem em mim.*

Apesar da arrogância com que o Mulá Nasrudin, protagonista deste livro, se apresenta como uma pessoa iluminada, esta história é uma boa metáfora sobre a busca de quem nós somos, ou – se assim preferirmos – como nos apresentamos perante o mundo. A maioria das pessoas caminha pela vida como cegos que seguem esbarrando em outros cegos: somente alguns desenvolveram uma compreensão sobre a escuridão que nos cerca, e alguns poucos contam com uma luz que lhes ilumina os passos. O Eneagrama é esta lamparina que todos gostaríamos de carregar em meio à escuridão; não é o caminho, nem a meta, mas apenas uma luz que pode nos orientar rumo à direção certa.

Para conhecermos a nós mesmos, só precisamos de três ingredientes: um bom mapa, espírito de busca e senso de humor. O espírito de busca depende do heroísmo do leitor e do grau de comprometimento pessoal que ele poderá adquirir com tal busca. O senso de humor ajuda a desarmar as defesas e a digerir as adversidades – compromisso assumido, neste livro, por Nasrudin, o sábio louco da tradição sufi, que, com suas piadas e seus contos de sabedoria, revela os defeitos de nosso caráter. Já em relação ao mapa... não há mapa melhor da consciência do que o Eneagrama; não há ferramenta melhor para conhecer a si mesmo.

O Eneagrama já foi muitas vezes descrito como uma simples tipologia da personalidade, mas trata-se de muito mais do que isso. O Eneagrama é uma porta que conduz à consciência profunda, um guia rumo à fonte interior que pode curar nossa ferida fundamental: a sede de ser, que se manifesta como uma sensação de viver pela metade ou de estarmos incompletos. Tal sensação é a origem de muitos de nossos problemas, já que ao viver pela metade nos perdemos em automatismos e em falsificações com as quais tentamos preencher nosso vazio. É assim que se desenvolve um ego que nos aprisiona. O conhecimento do Eneagrama é uma maneira eficaz de destruir a prisão do ego e compreender que as grades desta cela não passam de uma ficção da mente.

Mas temos de ter cautela. Em diversas situações, o Eneagrama foi alterado pelo ego daqueles que se dedicam ao seu ensino e disseminação. Há algumas décadas, um grupo de autores norte-americanos de autoajuda massificou o Eneagrama, e deu a este mapa alguns toques pessoais. Estas contribuições de natureza egocêntrica resultaram em baboseiras teóricas, fórmulas de charlatões e uma conversa fiada cheia de boas intenções e tingida pelos efeitos indesejáveis da psicologia positiva. O Eneagrama foi desfigurado e sua eficácia definhou até converter-se numa fórmula teórica ruim aplicada no processo de seleção de funcionários em empresas, numa ferramenta de autoajuda usada de modo inescrupuloso e com fins lucrativos, ou num bom pretexto para que se olhe para o próprio umbigo de um modo acrítico.

Uma visão igualmente distorcida do Eneagrama é a que predomina atualmente nas livrarias e páginas da internet, com seus pseudomestres que confundiram o mapa com o território, que substituem o valor de um trabalho experimental por testes ridículos que não funcionam e que, muitas vezes, mergulham o principiante numa tipificação confusa e equivocada. Não bastasse isso, os nomes das pessoas que desenvolveram a teoria do Eneagrama e o revelaram ao mundo foram menosprezados por esta legião de plagiadores que somente lhes dedicam uma nota de rodapé em seus textos, enquanto as verdadeiras origens deste sistema se viram inundadas por uma enxurrada de imprecisões.

O Eneagrama do Mulá Nasrudin reconstitui o mapa original do Eneagrama a partir dos ensinamentos de Óscar Ichazo e Claudio Naranjo, os responsáveis pelo desenvolvimento deste mapa. Mas não apenas isso: também conta a verdadeira história do Eneagrama, e pretende ser um purgante e antídoto contra o "Eneagrama açucarado" – aquele que, corrompido pela psicologia positiva, pretendeu desativar o potencial transformador que emerge quando uma pessoa olha para si mesma sem enfeites.

O Mulá Nasrudin, célebre personagem do esoterismo islâmico, guiará você ao longo destas páginas. Com ele, você poderá rir de seus próprios disfarces psicológicos, e talvez receba uma ajuda valiosa para prescindir deles. Com seu humor, Nasrudin afasta os obstáculos que se interpõem no caminho rumo à consciência, partindo da ideia de que, para crescer e dar frutos, só precisamos nos despir do ego.

A terapia Gestalt sustenta que, mediante o conceito da autorregulação organísmica, o corpo sabe exatamente do que necessita para estar bem e autorregulado, sempre que aprendemos a não obstruí-lo com nossas ideias sobre como as coisas deveriam ser. Do mesmo modo, não se pode ter acesso à espiritualidade acrescentando apêndices àquilo que somos, mas sim despindo o ser de seus múltiplos disfarces. A espiritualidade não precisa de adornos.

Nestas páginas, você não encontrará autoajuda, nem palavras bonitas, tampouco fórmulas mágicas que o façam acreditar que poderá controlar seu destino; encontrará o oposto disso. Talvez chegue a sentir-se despido, assim como aconteceu com o famoso imperador na história de Andersen, que julgou estar vestindo roupas maravilhosas, até que uma criança – metáfora da consciência – lhe revelou a verdade. Para viajar rumo ao ser, os adornos não têm serventia. Conforme nos ensina o Mulá, é por meio da simplicidade que se chega a Deus, ou seja, ao poço escuro da consciência, ao fundo do ser. Lembremos que Ulisses estava despido quando chegou a Ítaca; esta Ítaca de um eterno verdor, ao invés de prodígios, descrita por Jorge Luis Borges num famoso poema:

> Contam que Ulisses, farto de prodígios
> chorou de amor ao avistar sua Ítaca
> humilde e verde. A arte é esta Ítaca
> de eterno verdor, não de prodígios.

Para esta viagem, tampouco há necessidade de prodígios: basta olhar-se no espelho do Eneagrama, e nele reconhecer a própria deformação, e o próprio vazio. Mesmo que o leitor não se identifique completamente com os estereótipos descritos neste livro, se formos honestos compreenderemos que nos estereótipos ridicularizados pela cultura popular, por meio das piadas, nas críticas que as pessoas nos fazem, ou naquilo que secretamente nos dá vergonha – é nisso tudo que se encontra a chave para identificar corretamente o nosso caráter e, portanto, o nosso eneatipo.

Quando isso acontecer poderemos começar a reunir uma quantidade cada vez maior de informações sobre nossos automatismos e aplicá-las em nosso dia a dia. Desta maneira, nos aprofundaremos numa busca mais sincera de tudo o que é mantido oculto pela couraça do ego. Assim terá início o nosso processo de autorregulação, que equivale a recuperar nossa capacidade para amar de maneira autêntica. É somente por meio da compreensão do ego que as almas florescem. É somente com o florescer da alma que os frutos nascem.

Boa viagem!

1
Sopa de pato

Um parente veio do interior visitar Nasrudin e trouxe um pato. Nasrudin ficou agradecido, cozinhou a ave e a compartilhou com seu convidado.

Pouco tempo depois, um outro visitante chegou. Ele era amigo, como disse, "do homem que lhe deu o pato". Nasrudin o alimentou também.

Isso aconteceu várias vezes. A casa de Nasrudin havia se transformado num desses restaurantes para visitantes de fora da cidade. Todo mundo era amigo, em algum grau, do doador original do pato.

Finalmente, Nasrudin se exasperou. Um dia, um estranho bateu à porta e se apresentou: – Sou o amigo do amigo do amigo do homem que lhe trouxe o pato do interior.

– Entre –, disse Nasrudin.

Eles se sentaram à mesa e Nasrudin pediu à esposa que trouxesse a sopa.

O convidado a experimentou; não parecia ser nada mais do que água quente. – Que espécie de sopa é essa? – perguntou ao Mulá.

– Essa – respondeu Nasrudin – é a sopa da sopa da sopa do pato.

Nasrudin é um famoso personagem sufi, uma mescla de tolo do povoado e de sábio do caminho da via negativa – uma corrente filosófica que nos adverte sobre a impossibilidade de conhecer o pano de fundo das coisas usando nossa limitada racionalidade. Embora se trate de uma personagem de ficção, uma espécie de anti-herói do Islã, cujas histórias servem de veículo para a transmissão de ensinamentos, algumas fontes asseguram que ele viveu na Península de Anatólia, em algum momento entre os séculos XIII e XIV; há, inclusive, em Bucara (uma importante cidade na história do Eneagrama), no Uzbequistão, uma escultura dedicada ao Mulá. Nela, vê-se o Mulá sentado sobre um burro, e montado do lado contrário.

Nasrudin nos transmite valiosos ensinamentos sobre o funcionamento de nosso ego, mas ao mesmo tempo parece desfrutar disso, metendo-se em situações ridículas, com o único propósito de nos fazer refletir. Por este motivo, há quem o compare a Dom Quixote de la Mancha.

Alguém viu Nasrudin procurando alguma coisa no chão.

– O que você perdeu, Mulá?

– Minha chave –, ele respondeu. Então, os dois se ajoelharam e procuraram por ela.

Passado algum tempo, o outro homem perguntou:

– Onde exatamente você a deixou cair?

– Na minha própria casa. – Então por que está procurando aqui?

– Aqui tem mais luz do que dentro da minha casa.

O misterioso universo do sufismo contém significados ocultos,

Sumário

Prefácio, 11

1 Sopa de pato, 17

2 O mapa do tesouro, 44

3 Os eneatipos do Mulá Nasrudin, 63

    Eneatipo 1 O fanático, 65

    Eneatipo 2 O bajulador, 88

    Eneatipo 3 O artificial, 112

    Eneatipo 4 A bruxa, 147

    Eneatipo 5 O imbecil, 180

    Eneatipo 6 O paranoico, 210

    Eneatipo 7 O impostor, 244

    Eneatipo 8 O tirano, 288

    Eneatipo 9 O tosco, 325

    Batizando o ego sem eufemismos, 357

4 Uma breve história do Eneagrama, 359

5 Dez conselhos para seguir trabalhando, 401

Referências, 407

A Óscar Ichazo e a Claudio Naranjo,
por trazer ao mundo o Eneagrama (e por
permitir que lhe fosse roubado).

A Ramón Resino, Antonio Pacheco, Grazia
Cecchini, Francis Elizalde, Joan Garriga,
Cherif Chalakani, Vicens Olivé, Jorge
Llano, Toni Aguilar, Betina Waissman, Juan
Carlos Corazza, Fátima Caldas, Asunta
de Hormaechea, Iñaki Zapiraín, Antonio
Ferrara, Assumpta Mateu, Consuelo
Trujillo, Alain Vigneau, Lidia Grammatico,
Evânia Reichert, Sérgio Veleda, José Vilas
e a todos os profissionais que conduzem
os programas SAT de Claudio Naranjo,
um laboratório vivo do Eneagrama, que
contribuiu imensamente para a saúde, o
bem-estar e a autorrealização de milhares de
pessoas no mundo.

A Ramón Ballester, com quem tudo
começou.

E a Alejandro Jodorowsky, apesar de tudo.

que podem parecer artificiais aos olhos dos não iniciados, como bem mostra o conto sobre a chave. As palavras de Nasrudin poderiam ser interpretadas de várias maneiras, mas por ora vamos nos ater à leitura feita pelo psiquiatra e filósofo Claudio Naranjo – que ao longo de anos valeu-se da riqueza das anedotas de Nasrudin em seus ensinamentos – desta história aparentemente cômica. Tal interpretação nos revela por que sofremos, além de nos oferecer um remédio universal para o sofrimento.

Em linhas gerais, esta leitura afirma o seguinte: todos os seres humanos nascemos sem ego, mas com o tempo nós o desenvolvemos como uma defesa contra o desamor e a toxicidade psicológica que, em maior ou menor grau, o inocente recém-nascido encontra no entorno que deveria cuidar dele. De algum modo, ao chegar em um mundo no qual os adultos estão adoecidos pelo ego, o novo ser experimenta algo parecido com o que é descrito pela história a seguir, atribuída a Khalil Gibran:

> Num pequeno povoado vivia um homem sábio, que todos respeitavam. Certa noite, ele sonhou que uma chuva envenenaria o poço, levando todos os habitantes locais à loucura. Indeciso sobre acreditar ou não nesta história, decidiu guardar algumas vasilhas cheias de água fresca. Pouco a pouco, todos enlouqueceram, e por mais que ele alertasse a todos para não beberem da água do poço, era sempre ignorado. Finalmente, ele acabou restando como a única pessoa lúcida no povoado, e todos zombavam dele, seguiam fazendo coisas estúpidas e se negavam a ouvir seus conselhos. Quando, por fim, a solidão e a tristeza tomaram conta do sábio, sentindo-se derrotado, aproximou-se do poço, e também bebeu de sua água...

É assim que caímos na loucura do mundo: por meio de uma *mimesis* com o entorno, e porque nos contagiamos com o desamor ao nosso redor. Nesta queda, não apenas nos anestesiamos de diversos modos, para não sentir o desamor e o abandono – sem falar na violência ou na rejeição –, como também, em consequência disso, nos distanciamos de nossa essência, renunciamos a ser, para buscarmos uma adequação àquilo que, segundo nossa interpretação, nossos pais e outras pessoas esperam de nós. Ao invés de ser, o que toma conta de nós é um vazio existencial. É por isso que todos nos sentimos – em menor ou maior grau – intimamente vazios; é por isso que sentimos o chamado para a busca do ser, ainda que muitos se façam de surdos. Algumas pessoas se resignam a buscar o ser (a chave da consciência) "onde há mais luz", enquanto a maioria chega a acreditar que tal busca é coisa de adolescentes e que, quando chegamos à idade adulta, devemos deixar para trás estas baboseiras para nos dedicarmos a coisas mais sérias, como produzir, ter sucesso profissional, e ganhar muito dinheiro.

Deste vazio do ser nasce a *paixão* que move a todos nós: um determinado impulso emocional, que é uma tentativa de preencher nosso vazio. Cabe dizer que este vazio não é apenas uma fantasia; qualquer um poderia se concentrar e localizá-lo no próprio peito, ou na base do estômago. A paixão que move cada um dos vários tipos de personalidade tem a ver com este centro emocional. As nove paixões descritas pelo Eneagrama constituem o núcleo fundamental de cada eneatipo.

Em estreita relação com este vazio emocional, alimentamos ilusões sobre como preenchê-lo, que vão surgindo à medida que desenvolvemos o pensamento racional: certas ideias loucas ou planos mentais sobre o que é preciso fazer ou deixar de fazer para sentir o próprio ser. Tal ilusão tem a ver com o centro mental (com o hemisfério esquerdo, ou a mente lógica), e recebe o nome de *fixação*. Assim, cada um dos nove eneatipos está relacionado a uma das nove fixações mentais: ideias irracionais sobre como preencher o vazio.

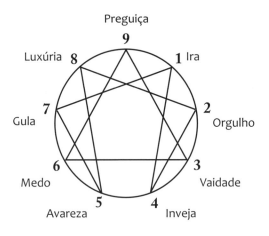

Eneagrama das paixões

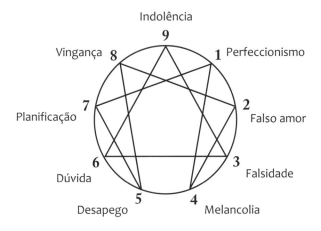

Eneagrama das fixações

Ao perseguir estas ilusões mentais, com as quais tentamos nos completar, saímos de nós mesmos, nos distanciamos de nossa realidade, nos neurotizamos, sofremos, nos congelamos, morremos em vida, e renunciamos ainda mais a ser... Pouco a pouco, em cada um de nós vai se instalando, à medida que crescemos, um tipo de caráter, como uma maneira de buscar o que perdemos num lugar equivocado. Assim, desenvolve-se uma determinada personalidade dentre os nove possíveis tipos básicos descritos pelo Eneagrama. Cada uma destas nove personalidades agarra-se a uma armadilha cognitivo-emocional característica. O eneatipo 1 (E1) se apega à perfeição e tenta obter o apoio dos outros, melhorando a si mesmo; o E2 nega sua necessidade de apoio, ainda que, ao mesmo tempo, manipule e seduza as pessoas ao seu redor, para obter tal apoio; o E3 glorifica a eficácia, o prestígio e o sucesso, e tenta demonstrar a si mesmo que pode tudo sozinho; O E4 evita frustrar-se optando, o tempo todo, por viver na frustração, ao mesmo tempo que, sentindo-se especial por estar em contato com a própria "dor", nega estar desconectado do ser; o E5 se agarra ao conhecimento como um substituto da vida, em sua posição de observador que não deseja contaminar-se com o mundano, isolando-se para evitar a sensação de perda; o E6 busca a segurança na autoridade, na hierarquia, na submissão ou na devoção obsessiva, ao mesmo tempo em que se coloca na defensiva, mostrando-se paranoico em relação a seu entorno; o E7 idealiza e busca o prazer como uma maneira de escapar da frustração da realidade, tentando inutilmente fugir da dor; o E8 reage com irritação diante da perda de apoio, e luta contra seu entorno a fim de recuperá-lo, convertendo-se num agressor; o E9 evita cuidadosamente sua própria interioridade, hiperadapta-se à situação como se tudo estivesse bem, o que o condena a existir de um modo mecânico e carente de vida. Assim, cada um dos caracteres mantém-se agarrado a um substituto do ser.

Em homenagem ao conto da chave, Claudio Naranjo batizou sua teoria sobre o sofrimento com o nome de "teoria Nasrudin da neurose". Na verdade, esta teoria é de Naranjo, não de Nasrudin, mas ele gentilmente atribui sua autoria ao Mulá. Segundo sua explicação, não buscamos a chave do ser onde a perdemos, mas onde há mais luz – o que equivale a dizer que não buscamos o ser onde o perdemos, mas onde supomos, cegamente, que ele se encontra, ou então onde nos movimentamos com maior conforto.

Nasrudin nos revela os elementos fundamentais para esta compreensão: buscamos a chave no lugar errado porque – cito novamente Naranjo – "buscamos o ser onde achamos que o encontraremos, e assim nos distanciamos de onde ele está; mas se, resistindo à tentação de tais ilusões, conseguirmos permanecer ali onde se sofre a ausência do ser, isso permitirá que, pouco a pouco, ocorra em nós um tipo de 'engorda' existencial. Trata-se, então, de desprender-se da chupeta ôntica – o simulacro da experiência de ser – para poder realmente ser. O que não significa nada mais do que dizer que, para alcançar a verdadeira vida, há que se atrever a perdê-la".

Nasrudin subiu numa árvore para serrar um tronco. Uma pessoa que passava, vendo o que ele estava fazendo, gritou:

– Cuidado! Você está do lado errado do galho... Você vai cair com ele.

– Sou tolo o bastante para acreditar em você, ou você é um vidente, e pode me dizer o futuro? – perguntou o Mulá.

Pouco tempo depois, o galho cedeu, e Nasrudin estatelou-se no chão. Ele correu para alcançar o homem.

– A sua previsão se cumpriu. Agora me diga: como eu vou morrer?

Por mais que tentasse, não tinha jeito, ele não conseguia convencer Nasrudin de que não era um vidente. Por fim, ele perdeu a calma e disse:

– *Talvez você morra agora mesmo.*

Assim que ouviu estas palavras, o Mulá caiu e ficou imóvel. Seus vizinhos se aproximaram, identificaram-no e o colocaram dentro de um caixão. Enquanto caminhavam em direção ao cemitério, houve uma discussão sobre qual seria o caminho mais curto. Nasrudin perdeu a paciência. Levantando a cabeça do caixão, disse:

– Quando eu estava vivo, costumava virar à esquerda, *esse é o caminho mais rápido.*

Com frequência, em todo processo de busca as coisas pioram antes de melhorar. Isso também implica aceitar que, na busca de nosso ser, nos perdemos pelo caminho, que não habitamos em nós mesmos, que não vivemos uma vida plena, e que este é um mal comum a toda a humanidade, a ponto de, como veremos, até mesmo os problemas mundiais que estão nos conduzindo à beira da autodestruição terem uma raiz comum neste obscurecimento existencial que acomete cada indivíduo.

Diante de tais fatos, não é incomum que nós humanos com frequência nos sintamos estrangeiros em relação a nós mesmos, tal como sugerem os existencialistas. Se a pessoa tiver a suficiente maturidade para abrir os olhos a seu sofrimento existencial, descobrirá que a neurose nos faz viver num estado de alienação pessoal e social, no qual não temos muita consciência de nosso estado interno – tal como ocorre a Nasrudin no conto anterior –, tampouco estamos muito despertos em relação às maneiras com que interagimos com as pessoas ao nosso redor. A verdade é que desconhecemos quase que completamente a nós mesmos.

Mas o que é a neurose?

Neurose equivale a sofrimento. Embora hoje em dia esta seja uma palavra pouco empregada no universo da psicologia acadêmica, reivindica-se cada vez mais o seu uso na área da psicoterapia humanista, em razão de sua enorme importância nos processos terapêuticos de busca interior: teorizar sobre a neurose equivale a explorar as causas do sofrimento dos seres humanos.

Uma das características da neurose é a compulsão, a repetição mecânica e automática de pensamentos, emoções e atitudes. Nossa consciência tende a não ver, a negar nossa maneira de ser, e isso faz com que nos deixemos levar por automatismos com mais facilidade.

Sándor Ferenczi afirmava que nossas feridas emocionais mais primordiais nos levam a um primeiro movimento defensivo que se traduz em uma ruptura com a consciência. Na infância, quando o ser humano ainda é muito delicado, os episódios traumáticos provocam uma cisão entre o que ocorre na consciência e no corpo. É assim que, pouco a pouco, começa-se a formar uma armadura – ou couraça caracterial – para se evitar o contato com estas feridas primordiais, como um puro gesto de sobrevivência. E esta armadura, que vai sendo esculpida em nosso corpo no plano neuromuscular, denuncia o caráter que foi incorporado aos nossos traços físicos, como bem explicaram Wilhelm Reich e Alexander Lowen. As pessoas que mergulharam com profundidade no conhecimento do Eneagrama são capazes de reconhecer facilmente o caráter dos outros, tão somente por meio de suas características faciais ou físicas, já que existem estruturas corporais claramente identificáveis relacionadas a cada caráter[1].

O Eneagrama da Personalidade aborda nove tipos básicos, ou nove maneiras de sofrer e ocultar nossa essência. Embora a maioria dos livros contemporâneos sobre o Eneagrama enfoque o tema de um modo otimista e ingênuo – batizando os eneatipos com nomes atraentes e comerciais, como "o romântico", ou "o entusiasta", eles não fazem mais do que um minguado favor

---

1. Para saber mais sobre caráter, Eneagrama e estruturas corporais, cf. ALBERT, J.J. *Ternura y agresividad*. Ediciones La Llave, 2014.

ao leitor, já que lhe oferecem uma leitura simpática do ego, e o convidam a rentabilizar sócio e economicamente o seu próprio eneatipo. A isto daremos, ao longo do livro, o nome de "pseudoeneagrama" ou "eneagrama açucarado"[2].

Este Eneagrama açucarado criou uma indústria de milhões de dólares (*best-sellers*, cursos, conferências, *coaching* e assessoria para empresas), e enriqueceu supostos especialistas que nem sequer se deram o trabalho de realizar um trabalho profundo de autoconhecimento – a base pela qual se deve começar qualquer trabalho com a consciência. A maioria se diz interessada em coisas como "liderança", ensinam o Eneagrama sob uma perspectiva mercantil, e buscam uma nova terminologia de ares cibernéticos, com a qual possam batizar o que já é conhecido de um modo que tenha alguma aparência de originalidade. Uma destas pessoas levou o Eneagrama à CIA, onde os espiões tentaram usá-lo para compor perfis psicológicos de seus adversários. Pizza Hut e outras multinacionais também tentaram lucrar com o Eneagrama, aplicando-o a absurdos processos de seleção de funcionários: felizmente, o Eneagrama não serve para isso. Um dos objetivos deste livro, além de oferecer uma visão descomplicada e detalhada sobre os tipos de personalidade – bem como relatar uma breve história do Eneagrama –, será a de desbaratar alguns dos principais mal-entendidos e lorotas que acabaram transformando o Eneagrama em um horóscopo com o qual se poderá lustrar nosso amor-próprio tão estilhaçado.

Certo dia, Nasrudin decidiu abrir uma farmácia e disse a si mesmo que esta seria como nenhuma outra. No dia da inauguração, quase toda a população estava presente. Às 10h, Nasrudin retirou o lençol que cobria o nome da farmácia, onde se podia ler: "Farmá-

---

2. Agradeço especialmente ao blogueiro e eneagramista Gonzalo Morán por ter contribuído com a expressão "Eneagrama açucarado", que me parece muito adequada para definir o desvio de direção tomado pelos manuais de Eneagrama, rumo à psicologia positiva e à autoajuda.

cia Cósmica e Galáctica"; abaixo, em letras menores: *"Harmonizada com influências planetárias".* A maioria das pessoas ficou muito impressionada com o nome, mas o professor da escola local se aproximou e lhe disse:

— Francamente, Nasrudin, este nome que você deu à farmácia, *"cósmica e galáctica, harmonizada com influências planetárias",* é muito imaginativo...

— Não, não, não — disse Nasrudin —, tudo o que digo sobre as influências planetárias é absolutamente exato. Ao nascer do sol, eu abro a farmácia. No pôr do sol, eu a fecho.

Nas descrições dos eneatipos procurei ter a cautela de evitar a péssima influência da psicologia positiva, uma tendência que contribuiu para desfigurar o sentido original do Eneagrama, substituindo-o por uma operação de narcisismo coletivo cada vez mais sofisticado.

A corrente da psicologia positiva, o pensamento *New Age* e a orientação mercantil generalizada nos Estados Unidos causaram, em suma, uma certa desfiguração do Eneagrama, sobre a qual é necessário advertir aos leitores desprecavidos. A psicologia positiva já foi alvo de muitas críticas. No livro *Smile or Die: How Positive Thinking Fooled America and the World* [Sorria ou morra — como o pensamento positivo enganou a América e o mundo], ainda sem edição no Brasil, a ensaísta Barbara Ehrenreich denuncia os absurdos e as manipulações presentes na maioria dos livros de autoajuda, dedicando uma especial atenção ao uso comercial e deturpado da chamada "lei da atração". "Se você está com câncer e não consegue se curar, é porque você não tem uma atitude positiva; se você é demitido de seu emprego e não encontra outro, é pela mesma razão; se você é pobre, a culpa é sua, porque você odeia a riqueza"[3].

---

3. FONT, J.M.M. "¿Como es posible que funcione el sistema si no hay consumidores?" *El País,* 14/11/2011.

Ehrenreich teve câncer de mama, e percebeu que todas as pessoas a seu redor exigiam dela uma atitude "positiva"; posteriormente, deu-se conta de que esta era uma tendência presente em toda a sociedade, a ponto de configurar toda uma visão de mundo. Segundo ela, trata-se de um estratagema do poder para justificar as desigualdades sociais. A "filosofia" positiva supõe que a pessoa é a culpada por suas próprias doenças, por ter perdido seu emprego etc. Confere-nos uma suposta autoridade que não temos, nos faz crer que temos um poder sobre nosso destino, que não é real. "Se você foi demitido, é porque não tem um pensamento positivo – costumavam dizer aos executivos que entraram em greve –, e se você não encontra trabalho, é porque ainda não enxergou o lado positivo desta oportunidade". Ehrenreich critica particularmente a indústria criada com base na premissa de que a pessoa é capaz de conseguir qualquer coisa, bastando que, para tanto, mude sua maneira de pensar. "É cruel dizer a alguém que perdeu o emprego ou que recebeu o diagnóstico de uma doença grave, que deve trabalhar em sua atitude".

O problema que subjaz a isso tudo é que a frase "Eu não estou bem" não se encaixa num mundo no qual só se pode "estar bem", ou seja, triunfar, ganhar, sorrir, e no qual a dor, a doença e a morte são vistas com horror e mantidas escondidas sob um manto de silêncio decorado com lacinhos cor-de-rosa e ursinhos de pelúcia. Ehrenreich deu-se conta de que o medo, a irritação e o pessimismo que ela sentia por estar sofrendo com a doença não eram aceitáveis. Da mesma forma, o "Eneagrama açucarado" transformou uma valiosa ferramenta para o desenvolvimento da consciência num instrumento vulgar para inspirar ânimo nos pobres de espírito que se conformam com a sopa da sopa da sopa, na qual o pato já não passa de uma lembrança aguada dissolvida num mar de vacuidade.

Porém, o Eneagrama nada tem a ver com isso. A transformação individual é um assunto de grande importância, e tem também um valor político, pois só teremos uma sociedade desperta se conseguirmos nos prover de uma massa crítica de indivíduos transformados. Desde o advento da psicologia humanista, já nos tempos do grande Abraham Maslow, tem havido uma honesta investigação e valorização das diversas áreas de conhecimento relacionadas àquela que hoje é denominada "psicologia positiva": a esperança, a felicidade, a fortaleza do caráter, os valores, as relações positivas, a resiliência etc. Porém, uma coisa bem diferente é disseminar a farsa de que, se você for otimista obterá o que deseja, ou pensar que deixando-nos guiar por preceitos moralistas alcançaremos o bem-estar espiritual, como acontece nesta piada ídiche, citada por Alejandro Jodorowsky:

Jacobo Grinberg chega ao céu. O Altíssimo o presenteia com um rincão escuro, e Jacobo se queixa:

– É isso o que recebo como prêmio? Então de nada me valeu me esforçar durante toda a vida para ser como o Profeta Moisés!

O Altíssimo lhe responde:

– Eu preferiria que você tivesse se esforçado em ser Jacobo Grinberg.

A experiência vivida com o Eneagrama baseia-se num trabalho sem doutrinas, no qual aquilo que foi realizado até o momento passa por uma constante revisão. Não se atribui números a ninguém, mas são oferecidas ferramentas para pensar, refletir e revisar a própria vida, que inexoravelmente permitem (e após um elaborado processo de auto-observação) a cada pessoa se autodiagnosticar um determinado caráter, uma forma de ego.

A ajuda não solicitada para descobrir o próprio eneatipo não é considerada ajuda, mas agressão. Portanto, ninguém recebe um rótulo: ninguém é um número, tampouco é este o sentido do trabalho. Por outro lado, tais ferramentas também permitem que os reprimidos entrem em contato com o prazer, que os hedonistas entrem em contato com a dor, e que os insensíveis entrem em contato com a delicadeza; a cada um conforme a sua própria necessidade.

O trabalho com o Eneagrama coloca ênfase no cultivo do sagrado, mas num sentido pessoal e intransferível. O sagrado é uma intensificação da atenção, da escuta, da inspiração, do sutil, que permite à pessoa encontrar-se com a própria interioridade, sem forçar nada, e sem impor modelos ou estruturas fixas a ninguém. Em certa medida, o trabalho com o Eneagrama é profundamente tântrico, fenomênico, experiencial: a pessoa se preenche de vida até o pescoço, e enlaça o que aprendeu ao seu próprio processo de desenvolvimento vital. A pessoa aprende a pensar no que sente, a escutar o próprio corpo, por mais que sua mente se esforce em seguir na direção contrária àquela do que está ocorrendo dentro dela. Ela goza e sofre: Apolo e Dionísio são os deuses que orientam o trabalho do Eneagrama.

Algumas vezes, ouvi pseudoeneagramistas criticarem Óscar Ichazo ou Claudio Naranjo, os fundadores desta escola, por sua demasiada insistência no aspecto negativo de cada caráter do Eneagrama, sem a mesma atenção aos traços "positivos" do ego. Há que se alertar os leitores sobre o engano por trás desta afirmação: o ego não tem traços "positivos" (num determinado plano de realidade, tampouco tem traços "negativos", mas isso já é outra história). O Eneagrama tem um enorme valor de transformação justamente porque pode ser usado para o autoexame. Mas para isso há que se deixar de lado os escrúpulos, a tentativa de atribuir a si mesmo uma importância pessoal, o cultivo da própria imagem pública, a vontade de olhar para o próprio umbigo sem sentir incômodos, e é preciso ter coragem para olhar de frente os monstros que habitam em nós.

Além disso, convém ter em mente que só se chega à experiência espiritual afastando obstáculos, para deixar que o ser se expanda. Já falamos da importância do conceito de autorregulação organísmica: o ser sabe de tudo o que precisa para estar bem, ou seja, para manter-se vivo e fluir na direção de sua própria homeostase. O problema é que o caráter, o ego, a neurose – o eneatipo – interferem nesta autorregulação, criando obstáculos. Por condição natural, o ser humano é um ser espiritual. A Gestalt sabe que, ao desativar os obstáculos neuróticos, qualquer pessoa recupera a capacidade de contato com a fonte: com o poço escuro da consciência, onde habita o espírito (ou o eu essencial, se preferirmos adotar uma perspectiva laica). No cultivo da alma, a simplicidade é útil; as fórmulas mágicas são supérfluas.

Um homem entra numa farmácia e pede ao vendedor um tônico capilar.

– Claro, o senhor quer um frasco grande ou pequeno?

– Pequeno, sem dúvida. Não quero que meu cabelo fique muito grande!

Assim como ocorre nesta piada, na busca do ser também acontece que, com frequência, as pessoas registrem somente aquilo que querem ouvir, não o que realmente necessitam[4]. Para evitar este mal tão disseminado, o humor é nosso aliado na busca. No mundo do sufismo (o esoterismo islâmico), isso é conhecido há séculos.

Gosto particularmente dos contos do Mulá Nasrudin porque eles têm não apenas um extraordinário senso de humor, mas também uma grande riqueza de significados. O conto da chave fala sobre a busca da consciência, mas também sobre recuperar a verdadeira luz, que não é a luz elétrica, mas a mágica luz da sacralidade do mundo, que apagamos com nosso mercantilismo. Outros contos de Nasrudin denunciam o ego, a estupidez e a vaidade, e nos oferecem lições sobre o materialismo ou sobre o

---

4. Tanto a piada quanto a reflexão posterior devem ser creditadas a Idries Shah, sobre quem falarei na sequência.

valor do sofrimento, quando este é destinado a criar consciência. Uma das bases do trabalho em prol da consciência é o sofrimento consciente, tal como o recomendava George Ivánovich Gurdjieff, um místico armênio que no início do século XX introduziu o símbolo do Eneagrama no Ocidente, e que foi uma das figuras espirituais, nos tempos modernos, mais profundas e difíceis de entender. O trabalho é árduo: há que se estar disposto a eliminar algumas das ficções que ajudam você a ir "simplesmente levando a vida", a desprender-se de suas máscaras e a resgatar o que está na sombra, ou seja, a parte de nosso ser que não aceitamos, e que se esconde embaixo do tapete do caráter. Isso não significa que tenhamos que nos tornar masoquistas para alcançar a sabedoria: são apenas etapas do caminho que, se a pessoa persistir, logo ficarão para trás.

Tanto Gurdjieff quanto posteriormente Idries Shah (um carismático e polêmico líder do sufismo, ou esoterismo islâmico) faziam frequentes menções aos contos e às piadas do Mulá Nasrudin, e chegaram a popularizá-lo no Ocidente, dando uma especial ênfase à dimensão esotérica de algumas histórias que, em sua aparência, eram apenas cômicas.

Além disso, Idries Shah era um homem inteligente e brincalhão, um místico por detrás de cuja irreverência se escondia um mestre de indubitável estatura, que muitos acadêmicos não souberam reconhecer, confundindo-o com um louco, embora sejam justamente os malamati – loucos que pintam o cabelo com diversas cores, ficam bêbados ou exibem-se nus – os mestres mais elevados do sufismo. Sem dúvida alguma, Idries Shah foi um destes. Os intelectuais o criticavam por inventar ensinamentos com os quais ele enriqueceu a tradição, mas a célebre Doris Lessing, que foi sua aluna durante trinta anos, considerava Shah o homem que adaptara o sufismo à nossa época e nosso lugar. Segundo as próprias palavras da escritora, tais ensinamentos "não são nenhuma espécie de misturas orientais regurgitadas, ou ensinamentos islâmicos aguados, nem nada desse estilo".

Idries Shah ofereceu ao mundo um ensinamento vivo, tal como Gurdjieff em sua época, e tal como Óscar Ichazo e Claudio Naranjo o fizeram.

Para os desconfiados que ainda hoje criticam o estilo de Shah, baseando-se numa atitude teorizante, o mestre tinha sempre à mão o excelente conto do sábio gramático.

Nasrudin às vezes levava pessoas para viajar no seu barco. Um dia, um exigente e solene sábio o contratou para atravessar um rio muito largo.

Assim que embarcaram, o erudito perguntou se a travessia seria turbulenta.

Num pergunta nada disso –, *disse Nasrudin.*

– *Você nunca estudou gramática? – indagou o sábio.*

– *Não – respondeu o Mulá.*

– *Neste caso,* metade *de sua vida foi desperdiçada.* – *O Mulá não disse nada.*

Logo, desabou uma terrível tempestade. O barquinho frágil e descontrolado do Mulá começou a se encher de água.

Ele se virou para o companheiro e perguntou: – *Você nunca aprendeu a nadar?*

– *Não – respondeu o sábio.*

– *Neste caso, professor,* toda *a sua vida está perdida, pois estamos afundando.*

A intenção de Nasrudin com esta história é dar um basta à lógica habitual e sua absurda ditadura: a mesma que nos meteu nos problemas que hoje temos. Albert Einstein dizia que não podemos resolver problemas pensando da mesma maneira que pensávamos quando os criamos. Para consertar o mundo, precisamos de uma mente nova. Precisamos voltar a pensar com o hemisfério direito e, em última instância, reconciliar ambos os hemisférios num todo integrado. A base de nossos problemas encontra-se nesta mentalidade opressiva, mercantilista e excessivamente racional que contamina tudo: os relacionamentos, o meio ambiente, a necessidade de dar um sentido às nossas vidas. Wilhelm deu a isso o nome de "peste emocional"; Claudio Naranjo a denominou, com maior exatidão, de "mente patriarcal".

Nasrudin reprova as mentes pensantes, as mentes velhas, mas não porque renegue o ato de pensar, mas por querer nos convidar a refletir sobre nossa maneira de pensar, para que com isso nos livremos da tirania do hemisfério esquerdo (o da lógica, da computação, o analítico e o concreto) que desbancou a supremacia do hemisfério direito, o qual nos mantém unidos à inspiração, à criatividade e ao senso de transcendência.

– *Qual é o significado de destino, Mulá?*
– *Suposições.*
– *Em que sentido?*
– *Você supõe que as coisas vão dar certo, mas não dão; você chama isso de azar. Você supõe que as coisas vão acabar mal, e isso não acontece; você chama isso de sorte. Você supõe que algumas coisas vão acontecer ou então que não vão, e carece de intuição a tal ponto que não sabe o que vai acontecer. Você supõe que o futuro é desconhecido. E quando você é surpreendido, chama isso de destino.*

Graças às pesquisas feitas por paleoantropólogos, sabemos que há cerca de 6 mil anos ocorreu uma espécie de "golpe de estado" interior e a supremacia do hemisfério direito (a criatividade) foi substituída pela do hemisfério esquerdo (que é como uma sofisticada máquina de calcular). Os seres humanos da velha Europa neolítica das deusas-mães, às quais Marija Gimbutas fez referência, viviam em harmonia com o meio ambiente, em comunidades onde floresciam as artes e o comércio de artesanatos, e que eram regidas pela cooperação, pelo espírito de convivência, pela sacralização e pela ritualização de muitos atos cotidianos. Os membros dessas comunidades desfrutavam de liberdade e igualdade sexual enormes, pelo menos na comparação com a atual.

No entanto, as hordas de bárbaros indo-europeus invadiram e destruíram aquele paraíso e instauraram a guerra (até então desconhecida), a escravidão, a dominação e a repressão sexual, o culto às tecnologias, a hierarquização da sociedade e, de modo definitivo, o patriarcado. Aqueles bárbaros indo-europeus que massacraram os povos pacíficos da Europa da era neolítica foram nossos antepassados; nós, que acreditamos ser tão civilizados somos, na verdade, os descendentes daqueles bárbaros.

Os indo-europeus tinham um excelente domínio da tecnologia, e não apenas a usaram para canalizar as águas e melhorar a irrigação, mas também para semear a morte e a escravidão no mundo. Estudos arqueológicos apontam que o agressivo nomadismo dos povos indo-europeus (e outros povos como os camitas e os semitas) ocorreu como decorrência da mudança climática posterior ao último período glacial, alguns milhares de anos antes de nossa era. As enormes e férteis pradarias que dominavam a área onde hoje é o Saara, o Deserto da Arábia e as estepes russas, até o Deserto de Gobi (área que alguns denominaram Saarásia)[5] secaram entre 12 mil e 6 mil anos atrás, e seus habitantes, ao verem-se de repente diante de terras que não mais serviam para o sustento da vida, experimentaram uma "inflação do ego", um hiperdesenvolvimento de seu hemisfério esquerdo, que acabou tornando-se o dono da situação para poder sobreviver.

Esta mudança sustentou uma maior capacidade de desenvolvimento do pensamento concreto, do planejamento do futuro,

---

5. Para saber mais, cf. DeMEO, J. *Saharasia: The 4000 BCE Origins of Child Abuse, Sex-Repression, Warfare and Social Violence, in the Deserts of the Old World*. Londres: Natural Energy Works, 2011.

das obras de engenharia, da tecnologia e do sentido de praticidade, mas também ocorreu um distanciamento da natureza, inclusive da natureza humana, uma rejeição sem precedentes em relação aos processos biológicos, uma desconfiança patológica em relação aos demais seres humanos, um anseio de dominar o próximo e um sem-número de patologias que hoje são consideradas típicas dos seres humanos "normais" e de nossa cultura.

Não vou me estender sobre este tema. O Professor Steve Taylor já o abordou suficientemente em seu livro *La caída. Indicios sobre la Edad de Oro, la historia de seis mil años de locura y el despertar de una nueva era*. O importante é que possamos compreender a condição neurótica universal da humanidade, e que tal condição não se origina em nosso ser nem em nosso DNA, tampouco pressupõe nossa condição como espécie: não somos "malvados por natureza", e sim uma espécie que ficou doente.

Freud, um homem visionário, mas ao mesmo tempo bastante vitoriano, desconfiava da natureza humana, e acreditava que somos todos perversos polimorfos. No entanto, desde a publicação dos trabalhos de Maslow e Rogers, a psicologia humanista sabe que um ser humano criado em certas condições de sanidade emocional, atenção materna e liberdade corporal terá todas as oportunidades à mão para poder crescer mentalmente sadio e estar relativamente livre da neurose, ou seja, do sofrimento existencial. Rousseau estava certo. A Gestalt também.

No entanto, o tipo de sociedade que temos construído há cerca de 6 mil anos – a sociedade militarista, bélica, competitiva e mercantilista que denominamos "patriarcado", ou, mais recentemente, de "capitalismo", submete todos nós, desde o nascimento, ao descuido, à falta de amor e ao utilitarismo nas relações humanas, a ponto de não existir praticamente nenhuma pessoa no mundo ocidental cristão de quem se possa dizer que tem uma confiança básica suficiente para não ter desenvolvido uma admirável neurose.

Os nove eneatipos – ou nove caracteres básicos das pessoas – são formados como uma reação à perda da "confiança básica". Enquanto seu entorno lhe oferecer calor, comida, segurança e afeto suficientes, a criança poderá ser e desenvolver-se, individuar-se e sentir-se encarnada no mundo. Porém, se aceitarmos a premissa de que a humanidade está doente, nos deparamos com o fato de que o entorno (os pais e os cuidadores do bebê) não é capaz de oferecer à criança o afeto e a atenção suficientes para lhe assegurar esta continuidade à sua sensação de ser. Ilustremos isso com um exemplo: em todas as culturas não patriarcais da história humana o costume é que as mães carreguem o bebê junto ao corpo até que ele comece a caminhar, que o desmame ocorra de modo natural, que haja sempre um numeroso grupo de adultos que satisfaçam as necessidades afetivas, educacionais e alimentícias da criança. Nossa maneira de criar – e sem mencionar, ainda, nossa maneira de educar – não atende a nenhum desses aspectos.

Portanto, o bebê começa a dividir-se entre um eu egoico e um eu real, ou essencial. Tal divisão ocorre em proporções diferentes, conforme a qualidade dos cuidados, da maternagem e da estabilidade do ambiente no qual o bebê é criado. Todos, incluindo os que receberam os melhores cuidados na infância, temos lacunas em nossa confiança básica: a pressa em que vivemos imersos e a má qualidade dos vínculos entre adultos e crianças fazem com que isso seja inevitável.

Também existe, no ego, uma desconfiança básica em relação à realidade. Para nós, seres humanos, é fato consumado que conhecemos a realidade de modo objetivo, mas... a realidade é mesmo real? Se tivéssemos uma clara consciência da medida em que nós a distorcemos, ficaríamos assustados: nossa realidade cotidiana é, em grande medida, uma invenção de nosso ego para "irmos levando", para nos sentirmos importantes e mantermos a ficção de que somos donos de nossas vidas.

Mulá Nasrudin costumava ficar na rua nos dias de mercado, para ser apontado como idiota. Todas as vezes que lhe ofereciam uma moeda grande e uma pequena, ele sempre escolhia a pequena.

Certo dia, um homem bondoso disse a Nasrudin:

– Mulá, você deve pegar a moeda maior. Assim, terá mais dinheiro e as pessoas não poderão fazer de você motivo de chacota.

– Pode ser – respondeu Nasrudin –, mas se eu sempre pegar a maior, as pessoas vão parar de me oferecer dinheiro, para provar que eu sou mais idiota do que elas. E aí eu não terei dinheiro nenhum.

A psicoterapia, as práticas espirituais, o aprofundamento da autoconsciência e, inclusive, os contos do Mulá Nasrudin, nos ajudam a enxergar a realidade nua e crua. Isso não significa, necessariamente, que a realidade se empobreça à medida que avançamos na tarefa de desvendá-la, mas o contrário: quando desnudamos a realidade de nosso olhar egoico, cheio de preconceitos e padrões herdados de nossos pais ou de nossa cultura, a realidade ganha mais volume, e começamos a enxergar além das aparências. A ira é aplacada, e deixamos de nos assustar e nos irritar com a vida. O resultado disso, justamente, é que a vida floresce, ao mesmo tempo em que a desconfiança em relação à realidade e esta falsa sensação de autoimportância que costumamos usar como substituto do ser se extinguem.

Quando uma criança começa seu caminho de extravio existencial, seu ser se desconecta da realidade e o ego começa a engordar. O Eneagrama da Personalidade é apenas uma cartografia dos diferentes caminhos inventados pelo ego para confrontar a solidão, a falta de apoio e o desamor, através dos quais estabelecemos as bases de nosso desastre existencial. Sob tais distorções emocionais e cognitivas, o pecado – o *pecatus*, etimologicamente um termo da balística romana que se refere à distância do erro entre a flecha e o centro do alvo – não deixará de se retroalimentar: nossa energia psíquica, ao errar a flechada, se distanciará mais do alvo da felicidade, da realização e daquilo que realmente somos, a menos que comecemos a "trabalhar" para corrigir o rumo. Na linguagem psicoespiritual, "trabalhar" significa aprender a observar a si mesmo. Nossa natureza, organismicamente autorregulada, fará o restante, de modo que iremos nos desprendendo da sensação de ser mil coisas que realmente não somos. Paralelamente a isso, deixaremos de ser tão neuróticos e narcisistas, ou de nos considerarmos importantes, para, pouco a pouco, chegar simplesmente a ser.

Num julgamento em que o Mulá Nasrudin era um dos jurados, o juiz lhe perguntou:

– Qual é tua ocupação?

– Sou o homem mais importante do mundo – disse o Mulá.

Terminado o julgamento, um de seus amigos lhe perguntou:

– Nasrudin, por que você disse aquilo?

– É uma pena, mas tive que dizer aquilo, pelo menos desta vez. Pois eu estava sob juramento.

Atualmente, estamos presenciando um crescente interesse por assuntos relacionados ao humanismo. E compreendemos que nossa neurose é a causa de problemas muito maiores do que aqueles capazes de afetar somente um indivíduo; e muitos de nós já temos a consciência de que, para estabelecer uma verdadeira mudança de rumo no destino do mundo, há que se começar pela mudança de nossa maneira de pensar.

É muito difícil aceitar que o mundo está doente, e que nós, seres humanos, nos transformamos em um problema, inclusive para nós mesmos. Em contrapartida, é muito fácil distrair-se e olhar para outro lado. Tudo está organizado de maneira que as pessoas permaneçam distraídas o maior tempo possível. Somente nos momentos mais delicados, tais como na doença ou na morte, percebemos que viver a vida toda sem dar atenção às perguntas mais importantes – Quem sou? Qual é o sentido da vida? Por que estou aqui? Por que estou sofrendo? O que acontecerá quando eu morrer? – não é somente um erro, mas um absurdo.

Existem hoje muitos métodos para se abordar tais perguntas, mas entre todos aqueles que compreendem a alma ou a psique humana há o consenso de que o primeiro passo para abandonar nosso sofrimento é atentar à famosa recomendação socrática, esculpida em pedra no oráculo de Delfos: "Conheça a ti mesmo".

O Eneagrama tornou-se um método muito bom (a meu ver, o melhor) para dar este primeiro passo no caminho da sabedoria. É bastante surpreendente que um símbolo antigo – que a princípio pode se adequar a todos os processos de fluxo que existem – tenha se transformado na melhor maneira de caracterizar os tipos humanos, um exercício que a psiquiatria e a psicologia vêm buscando implementar há dois séculos. Todos os métodos anteriores (incluindo os religiosos e os sistemas filosóficos espirituais que se empenharam para revelar os segredos da personalidade, do ego e do sofrimento) foram superados pelo Eneagrama aplicado à personalidade, que integra e transcende o conjunto das caracteriologias da psicologia e das religiões. Descobrir a exatidão deste método, portanto, significa dar de cara com um mistério existencial diante do qual ninguém pode ficar indiferente. Reconhecer-se nas descrições dos eneatipos é um golpe no ego, e após este golpe a pessoa dificilmente será novamente o mesmo tipo indolente que se crê dono de seu destino, mas que é, na verdade, em sua ignorância, quase um autômato.

O Eneagrama nos revela que somos um pouco menos que isso: autômatos. Nossa porção mais espontânea (a mais humana e sagrada) foi sequestrada pelos padrões de ego herdados de nossos pais, e reforçados por anos de escola, televisão, instituições, patriarcado e relações humanas deterioradas, estéreis, mercantilizadas e envenenadas pela desconfiança e pela falta de entrega. Somos carrascos e vítimas de uma violência estrutural que muitas vezes nos passa despercebida. Diante desta realidade, o Eneagrama surge como um caminho de sanação, uma fenda em nossa armadura oxidada que nos comprime e nos impede de tocar e sermos tocados pelo próximo.

No entanto, há que se ter cuidado. À menor distração, as armadilhas do ego grudam-se a nossas vidas. Muitos místicos, como Gurdjieff, acreditavam que o verdadeiro conhecimento (a sabedoria profunda de que falam todas as tradições sagradas) só é acessível a alguns poucos privilegiados, dispostos a trabalhar profundamente em sua transformação interior. Outros, talvez menos precavidos, empenharam-se em democratizar o conhecimento da sabedoria implícita no Eneagrama, mas se isso não for feito com um extremo cuidado, o resultado pode ser atroz: um ego reforçado, que agora conhecerá as técnicas com as quais poderá desarmar o ego alheio, e que as utilizará para obter privilégios e alcançar uma posição de poder.

O Mulá foi flagrado no armazém comunal, entornando o trigo das sacas de seus vizinhos em seu próprio jarro. Ele foi levado perante o juiz.

– Sou um tolo, não sei distinguir o trigo deles do meu –, declarou.

– Então, por que não entornou o trigo de sua saca na saca deles? – perguntou o juiz.

– Ah, mas eu sei diferenciar o meu *trigo do trigo* deles. *Não sou tão tolo assim!*

O conto das sacas de trigo é particularmente eloquente se pensarmos na distorção e no empobrecimento pelo qual passou o conhecimento do Eneagrama, desde que Claudio Naranjo o desenvolveu, após a iniciação que teve com o seu mestre Óscar Ichazo, no deserto chileno de Arica, em 1970.

Esta apropriação indevida das fontes fidedignas do Eneagrama teve muitos efeitos nocivos, entre os quais destacarei dois: o primeiro deles é que o universo acadêmico manifestou rapidamente um desprezo em relação aos eneagramistas, considerando-os transmissores de uma baboseira maçante e pseudocientífica, ao passo que, na verdade, já existe uma psicologia dos eneatipos perfeitamente compatível com os requisitos da academia. Esta psicologia foi desenvolvida por Claudio Naranjo, que se inspirou em Gurdjieff e nos aportes iniciais de Óscar Ichazo, mas também em sua experiência como psiquiatra e na literatura científica sobre o caráter. A Psicologia dos Eneatipos é muito mais precisa e útil para a descrição dos tipos caracteriais humanos – e, portanto, como auxílio diagnóstico em psicopatologia – do que o infame Manual Diagnóstico e Estatístico das Doenças Mentais (DSM, na sigla em inglês), um manual repleto de aspectos extremamente anti-humanistas, e com uma exagerada tendência à mercantilização e à medicalização dos sintomas psiquiátricos, em detrimento da investigação e da compreensão psicoterapêutica a partir de critérios humanistas. Em segundo lugar, na cultura popular do Eneagrama há uma abundância de afirmações relacionadas aos eneatipos mescladas com teorizações totalmente alheias à realidade experiencial, o que consiste numa distorção para o trabalho sobre o ego. É por isso que dei a este capítulo introdutório o título de "Sopa de pato": o Eneagrama açucarado é a sopa da sopa da sopa. E este livro buscará aproximar o leitor das origens, para lhe permitir provar algo do verdadeiro sabor do pato – ou, melhor dizendo, do sabor do Eneagrama em sua sopa, sem aditivos.

Nas páginas seguintes, abordarei três temas: 1) o que é o Eneagrama e para que serve; 2) onde ele realmente surgiu, quem são as pessoas que o descobriram, e por que surgiu um movimento mercantil que relegou as fontes do Eneagrama a um segundo plano; e 3) quais são os nove eneatipos básicos, e como o Eneagrama está relacionado com o autoconhecimento, a busca psicoespiritual e a transformação dos seres humanos em pessoas mais conscientes e sábias.

Dei a este livro o título de *O Eneagrama do Mulá Nasrudin* em homenagem a Claudio Naranjo, que nos deixou em julho de 2019 – Óscar Ichazo faleceu pouco depois, em março de 2020. Creio que Nasrudin e Naranjo tiveram muitas coisas em comum. Por exemplo, sua condição de antimestres: eles não hesitariam em nos golpear a cabeça com uma vara de bambu ou com um *kyosaku*, como um monge zen, caso percebessem que nos apegamos a eles como se fossem gurus. À maneira de Sócrates, ambos sabem que o trabalho de um mestre é ensinar por meio das atitudes, em vez de empregar a retórica ou a lógica, que está sempre sujeita a interpretações. Às vezes, ensinar por meio das atitudes – e não das palavras – poderá ter matizes desagradáveis, mas eficazes. Um bom antimestre saberá como dramatizar seus ensinamentos com eficácia, para que o discípulo não possa fugir da realidade como ela é.

Dois jovens com fama de piadistas resolvem pregar uma peça em Nasrudin nos banhos turcos. Cada um deles pega um ovo e, mantendo-os escondidos, propõem uma aposta a Nasrudin: os três deverão tentar botar um ovo, e aquele dentre os três que não conseguir terá que se despir na frente de todos. Nasrudin aceita, e os dois jovens começam a movimentar as nádegas, cacarejando feito galinhas, até que finalmente aparecem dois ovos. Nasrudin deixa sua toalha cair e, visivelmente excitado por um desejo carnal, começa a perseguir as duas "galinhas". Escandalizados diante daquela cena, os dois jovens começam a gritar:

– Nasrudin! O que você está fazendo? Ficou louco?

– Calma, meus pintinhos! – responde o Mulá – Como é que vocês poderão botar mais ovos se não deixarem que o galo trepe em vocês novamente?

2
O mapa do tesouro

— *De onde viemos e para onde vamos, e como é lá?* — *bramiu um dervixe errante.*

— *Não sei* — *respondeu Nasrudin* —, *mas deve ser bem horrível.*

Um espectador perguntou-lhe por quê.

— *A observação me mostra que, quando chegamos como bebês, estamos chorando. E muitos de nós se vão, também, a contragosto e chorando.*

Ao longo de toda a história da humanidade, existiram sábios que se perguntaram sobre a origem do sofrimento. Perguntarmos se o atual estado, de déficit de consciência, de violência generalizada, de destruição da natureza e de injustiça social tem uma origem comum significa, talvez, enfrentarmos o problema mais importante que nos aflige: a origem do mal. Tão importante quanto isso, ou ainda mais, é uma outra pergunta: Esse estado de coisas é inato ao ser humano, ou trata-se, muito mais, de uma doença que nos aflige com uma virulência cada vez maior?

Hoje em dia, a moderna literatura de massas e a cinematografia anglo-saxã têm se interessado pelo tema do mal de uma maneira frívola. Numa infinidade de *best-sellers* e filmes comerciais encontramos um padrão repetitivo: um psicopata ou um grupo de psicopatas comete assassinatos (ou planejam fazê-los), enquanto um herói ou grupo de heróis tenta deter a espiral de violência com ainda mais violência. Todos estes produtos costumam se caracterizar por uma recusa comum a abordar as causas profundas da violência ou do crime, e aceitam como natural que o mal exista como uma entidade em si mesma, que deve ser combatida com outra entidade autoexistente: o bem.

Em Hollywood, o mal é uma abstração a serviço do sucesso de um roteiro vazio no qual, por exemplo, um *serial killer* mata pelo simples prazer de fazê-lo, sem nenhum motivo aparente, como se não houvesse por detrás dele uma sociedade doente que, através da desigualdade, do abandono e da desestruturação social, o impele a agir como mão executora da inconsciência coletiva. Esta visão hollywoodiana do mal é absurda, reducionista e, decerto, extremamente conservadora, mas, nas bilheterias, revela-se muito lucrativa.

Centremos o foco, agora, na imensa quantidade de livros de suspense que ocupam as livrarias dos aeroportos, e que tantas vezes são fonte de inspiração para os roteiros de Hollywood. Existem centenas, milhares de livros no mercado em que o protagonista é um psicopata assassino. Porém, nem sequer o mais bem-sucedido *thriller* das últimas décadas, *O silêncio dos inocentes*, pergunta-se seriamente qual a origem dos transtornos mentais que levam o Doutor Hannibal Lecter a transformar-se num perigoso canibal. O que o impulsiona? Será a falta de lítio? Um DNA malconfigurado?

Já que Harris lava as mãos sobre o tema, atribuindo a "origem do mal" de Hannibal Lecter aos abusos que este sofreu dos nazistas, vamos nos ater àquela que ainda hoje é considerada a maior demonstração de maldade que já existiu sobre a Terra: Hitler e o nazismo. A infância de Hitler foi estudada por diversos autores que buscaram nela as origens de sua monstruosidade. Norman Mailer escreveu um retrato ficcional da infância de Hitler em seu *O castelo na floresta*: "Como escritor", afirmou ele, "sinto ter a enorme responsabilidade de tentar entender a figura humana de Hitler, justamente porque ele desestrutura nossos conceitos sobre os limites do ser humano. É inimaginável e incompreensível. Transgride nosso conceito de comportamento humano"⁶. Outros, como o cineasta Claude Lanzmann, autor do elogiado documentário *Shoah*, sempre estiveram em pé de guerra contra aqueles que "explicam" o Holocausto e a loucura de Hitler. Para ele, no caso da infância de Hitler, "não existiu uma criança Adolf boa". Porém, para nós que sustentamos a ideia da psicologia humanista, de que o ser humano nasce autorregulado, sem tendências naturais para o mal, é muito mais interessante perguntar-se em que momento Hitler começou a odiar.

A psicanalista Alice Miller escreveu um livro fascinante, *O drama da criança bem-dotada: como os pais podem formar (e deformar) a vida emocional dos filhos*, no qual descreve os métodos alemães usados com as crianças entre o final do século XIX e início do século XX, denominando-os "traumatogênicos", isto é, que causavam uma violência traumática para as crianças. É desse modo que a educação produz um Hitler. Miller fala de uma "pedagogia negra" para descrever de que modo, com o objetivo de que a criança seja "boa", não minta nem se comporte mal, ela é submetida a castigos físicos, a chantagens emocionais, a ameaças e castigos constantes. Assim, por meio desta tentativa de dominar a vontade da criança, e transformá-la numa pessoa dócil, as crianças aprendem a tomar partido do ponto de vista de seus pais "para o seu próprio bem". Com isso, quando se tornam adultos, acatam facilmente as autoridades, por mais tóxicas que elas sejam, até mesmo quando se trata de líderes autoritários ou ditadores. Ao recebermos este tratamento, e sendo muito difícil para nós admitir que nossos pais nos causaram mal, o esquema volta a se repetir na próxima geração e, em certo sentido, os novos pais se vingam de seus pais na figura de seus filhos, exercendo

---

6. FARKAS, A. "La niñez de Adolf Hitler". *La Nación*, 24/12/2006 [Disponível em www.lanacion.com.ar/869816-la-ninez-de-adolf-hitler].

o poder que destruiu a eles mesmos, numa espiral que, além de tudo, recebe o apoio da escola e de outras instituições.

Tudo isso tampouco significa que todos os pais sejam absolutamente responsáveis pelo comportamento de seus filhos: todos nós temos uma responsabilidade pessoal sobre nossos atos, e uma responsabilidade existencial por nos darmos conta de nossa neurose, enquanto amadurecemos e começamos a tomar decisões por nós mesmos. Ao mesmo tempo, todo pai e toda mãe podem se beneficiar do conselho oferecido pelo Doutor Daniel Siegel no livro *Parenting from the Inside Out* [*Ser padres conscientes*, em espanhol]: "Se você quer ajudar o seu filho, trabalhe em você mesmo".

Para além da "pedagogia negra", o mal e o sofrimento têm causas diversas e profundas, que o buscador digno deste nome deverá explorar. Podemos começar esta exploração investigando o que algumas tradições espirituais ou filosóficas dizem a respeito da origem do mal.

Santo Agostinho se pergunta como é possível que o mal exista, uma vez que Deus é onipotente, e o criador de todas as coisas. Um versículo do livro do Êxodo ("sou o que sou") lhe dá a chave: o mal não é uma coisa ou substância qualquer. Se algo pode ser corrompido, é porque contém – ou já conteve antes – algum bem. O mal carece do ser, o mal é a ausência do ser. Somente *é* aquilo que é bom, e só o bom pode ser corrompido. O mal, portanto, é a ausência do ser, uma perda de consciência: ignorância e esquecimento.

Friedrich Nietzsche resgatou para a cultura ocidental a animalidade e o dionisismo perdidos. O livro *Além do bem e do mal* denuncia que vivemos numa era dominada pelo desprezo em relação a nós mesmos, pela submissão cega à ordem estabelecida, e pelo esquecimento do prazer e do deixar-se ir. Também condena a falta de senso crítico dos pensadores moralistas, e sua passiva aceitação da moral judaico-cristã predominante. "O que se faz por amor está muito além do bem e do mal", nos diz Nietzsche. "A maturidade do homem está em ter reencontrado a seriedade com que brincava quando era criança", afirma ele em outro aforismo. E ainda: "As épocas de maior esplendor de nossa vida são aquelas em que reunimos suficiente valor para declarar que o mal que há em nós é o melhor de nós mesmos". Todas estas frases remetem a uma reivindicação do eros, do gozo espontâneo de viver que as crianças sentem, e que nós adultos perdemos, como consequência de uma domesticação cultural, religiosa e social.

Para o budismo, as raízes do mal brotam a partir do sentido do *eu*, ou do sentimento de sermos indivíduos fragmentados. À medida que pensamos que existe um *eu* fixo e separado dos demais e nos agarramos a ele para criarmos uma falsa sensação de segurança na permanência, não só criamos, mas também inventamos problemas. Buda dizia que não há nada imutável dentro de nós, mas que a vida é um fluir eterno.

Os budistas também afirmam que, na origem, o sofrimento tem três causas essenciais, a que denominam de "três venenos". A primeira delas é o ódio ou a aversão, que aparece quando algo perturba nossa segurança, ou ameaça nosso sentido do *eu*. O racismo, o partidarismo, a competitividade e a guerra são exemplos típicos do comportamento aversivo. Na vida cotidiana, muitas pessoas costumam viver a aversão como um sentimento de desapego patológico ou de repulsa em relação ao outro, e talvez também em relação a elas mesmas. Trata-se de pessoas demasiadamente racionais, que confiam plenamente no intelecto, e que – como disse o psicoterapeuta e escritor Joan Garriga – doam menos de si do que na verdade têm a oferecer aos outros, numa espécie de avareza emocional. Eu poderia ilustrar isso com inúmeras piadas, mas usarei uma, citada pelo filósofo louco Slavoj Žižek.

Três amigos estão bebendo à mesa de um bar. O primeiro diz:

– *Acaba de me acontecer uma cena terrível. Fui ao guichê da estação de trem e, em vez de dizer "por favor, um bilhete para São Petersburgo", eu pedi "um bilhete para São Tetasburgo".*

O segundo replica:

– *Ah, isso não é nada. Estávamos no meio do café da manhã, e eu pretendia dizer à minha mulher: "Querida, pode me passar o açúcar?", eu disse: "Sua velhaca asquerosa, você destruiu minha vida".*

O terceiro diz:

– *Ouçam só o que aconteceu comigo. Depois de passar a noite em claro, juntando coragem para isso, no meio do café da manhã resolvi dizer à minha mulher exatamente o que você disse à tua, e o que acabei dizendo foi: "Querida, pode me passar o açúcar?"*

O segundo dos venenos é o apego ou avareza, em oposição ao ódio ou à aversão. É algo parecido com o desejo neurótico de nos agarrarmos às coisas, às atitudes ou às ideias que servem de apoio à nossa sensação de que temos um *eu* permanente. O *status* social, o dinheiro, a busca de estabelecer uma identidade, a identificação com uma equipe ou um grupo, e até mesmo o amor apegado, ciumento ou limitador, são temas relacionados ao apego. Na vida cotidiana, as pessoas vivem o apego como uma tendência exagerada aos sentimentos desmedidos – muito mais apropriados às crianças do que aos adultos –, à exaltação do amor romântico e, como não?, ao controle e às exigências constantes ao parceiro. Trata-se de pessoas com tendência a emoções exageradas, à sedução, a sentirem-se indispensáveis para o outro, e costumam oferecer mais do que realmente têm para dar, numa espécie de fraude emocional.

Jacques Derrida costumava contar uma maravilhosa piada de judeus: um grupo de fiéis reunidos numa sinagoga declara sua absoluta nulidade diante de Deus. O primeiro, um rabino, levanta-se e diz:

– Meu Deus, sei que não valho nada. Não sou nada!

O segundo, um rico comerciante, coloca-se em pé e, golpeando o próprio peito, exclama:

– Meu Deus, eu é que não valho nada, sempre obcecado pelo dinheiro. Sou menos do que nada!

Um judeu pobre que lavava os banheiros observava atônito esse espetáculo, e não resistiu a participar dele. Exclamou:

– Meu Deus, eu é que não sou nada!

O comerciante dá um leve cutucão no rabino, e lhe sussurra ao ouvido, com desprezo:

– Que tremenda insolência, a desse tipo! Quem ele pensa que é?

Em terceiro lugar, e como origem ou raiz primordial do mal, da qual brotam as outras duas raízes, encontramos a ignorância. É a ignorância que nos leva a apegarmo-nos ao agradável, ao sucesso, ao prazer, ao conforto, e a rejeitar o que é desagradável, como a crítica, o fracasso ou a dor. Na vida cotidiana, as pessoas vivem a experiência da ignorância como uma compulsão para a ação, numa espécie de preenchimento do vazio ontológico, movimentando-se de um lado a outro. Trata-se de pessoas viscerais, pouco habituadas a refletir sobre suas atitudes, com tendência a explorar, a pensar com as vísceras e não com o cérebro, e costumam não se dar o trabalho de distinguir entre o que têm a oferecer e o que não têm a oferecer.

Um cozinheiro revela sua receita infalível para qualquer pessoa que deseje preparar uma boa sopa em uma hora:

– Prepare todos os ingredientes, pique os legumes e verduras, ferva a água, despeje nela todos os ingredientes. Cozinhe tudo por 30 minutos, mexendo de vez em quando. Ao chegar nos 45 minutos, quando perceber que a sopa está insossa e impossível de comer, desligue o fogo, abra uma lata de sopa e rapidamente esquente seu conteúdo no micro-ondas.

Muitas são as tradições espirituais, além do budismo, que apontaram a ignorância como a origem de todos os males. Sócrates dizia que se sofre por ignorância, e Santo Agostinho escreveu que metade do pecado original consiste na ignorância. Porém, devemos compreender que tal ignorância não é a falta de conhecimento intelectual; trata-se, antes, de uma ignorância espiritual, sutil, de um não reconhecimento das coisas como elas realmente são, de um desvio do olhar sem enfrentar aquilo que está ocorrendo, em vez de aceitar aquilo que é, e viver fluindo com o que está acontecendo.

Assim, podemos traçar um mapa com as três causas fundamentais do mal: apego, aversão e ignorância, que equivalem aos pontos 3, 6 e 9 do Eneagrama da Personalidade: vaidade, medo e preguiça.

Como veremos mais adiante, o ponto 9 do Eneagrama descreve a paixão da preguiça, que não deve ser compreendida de modo literal; trata-se, antes, da cegueira existencial à que já me referi anteriormente: um esquecimento de si mesmo, que acaba repercutindo num esquecimento de Deus, ou seja, da sacralidade do mundo. Assim, a preguiça do eneatipo 9 equivale à ignorância do budismo.

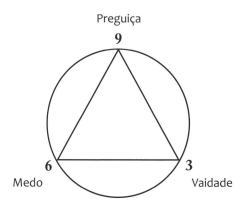

Figura 1 Triângulo central do Eneagrama

O ponto 6 – o medo ou a dúvida – equivale à aversão, rejeitar ou distanciar-se daquilo que provoca medo. O ponto 3, a vaidade, é mais difícil de explicar: tal vaidade está relacionada a um autoengano fundamental, o da pessoa que tenta se transformar naquilo que ela acredita que os outros desejam que ela seja, com o objetivo de ser querida, de ser aceita. Isto é, em si, uma forma de apego, e remete à adulteração que a pessoa faz de si mesma, sacrificando-se em prol de uma confluência insana.

Cada um destes três pontos equivale a um dos centros do ser humano. O centro mental, sempre disposto a discriminar, tem uma clara relação com a rejeição e com a aversão; o centro emocional, sempre desejando afeto, está em relação com o apego e a vaidade – ou autoengano; o centro motor ou visceral (às vezes, equivocadamente chamado de "instintivo" está relacionado à ação não consciente, ao esquecimento de si, à preguiça de colocar-se a pensar nas consequências das próprias ações.

Seguindo este pensamento triádico, acrescentaremos que a personalidade intelectual (eneatipo 6) está particularmente determinada por um fundamento básico de *medo* em relação à vida (perante o fantasma de ser agredido por aquilo que ele rejeita), enquanto a personalidade emocional (eneatipo 3) está determinada por uma sensação de *tristeza* (causada pela perda dos objetos ou sujeitos aos quais nos apegamos), e a personalidade visceral (eneatipo 9) encontra-se determinada por uma grande *raiva* fundamental, cuja origem podemos buscar na frustração produzida pela insegurança da vida.

Os demais caracteres do Eneagrama da Personalidade aparecem como variantes dos três caracteres básicos (E3, E6 e E9), formando três tríades que reúnem três caracteres mentais e marcados pela aversão (E5, E6 e E7), três caracteres emocionais e apegados (E2, E3 e E4), e três caracteres viscerais e espiritualmente preguiçosos (E8, E9 e E1). Deste modo, uma primeira maneira de identificar-se em um eneatipo consiste em distinguir qual é a sua tríade, conforme o seu tipo de deficiência existencial: se está mais relacionado a um excesso de ação, a um excesso de mente, ou a uma excessiva emocionalidade.

Claudio Naranjo, além de sua teoria Nasrudin da neurose, propôs outra hipótese sobre o sofrimento: não apenas nos dói ver nosso animal interior enjaulado, mas também sofremos de amor. Nossas piores frustrações são as amorosas. Se uma pessoa se aprofunda em suas feridas de infância, perceberá que não obteve o amor de que necessitava para desenvolver seu amor-próprio, sua consciência de ser. No entanto, não é mais a recordação desta dor o que nos faz sofrer, mas a sede de amor com a qual reagimos a esta ausência.

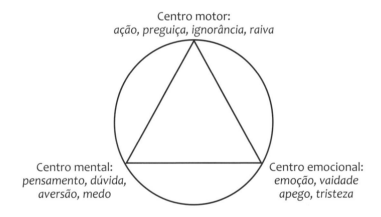

Figura 2 Os três centros do Eneagrama

Nós, seres humanos, somos muito orais: temos muita sede de amor, e geralmente nos deixamos levar pela ideia de que, se desejarmos, se sugarmos mais da teta do mundo, se obtivermos mais benefícios, mais admiração, mais sucesso, seremos mais felizes. É uma ideia louca, mas que ajuda a explicar com muita clareza por que estamos acabando com o planeta: poderíamos nos comparar a uma gigantesca praga de lagartas que, em vez de entregar-se ao trabalho de envolver-se em seus casulos, para matar o ego e transformar-se em borboletas, não fazem nada além de comer mais e mais, devorando-o completamente.

Assim, podemos dizer que sofremos porque somos prisioneiros da fantasia de que, quando adultos, vamos recuperar o amor que nos faltou quando éramos crianças. Por estarmos sempre com tal grau de expectativa em relação ao amor, nos distraímos de viver a vida do modo que ela realmente nos chega. A função máxima da vida consiste em expressar o amor que temos a oferecer, seja no plano devocional, no intelectual, no artístico, no serviço ao próximo ou ao parceiro ou aos filhos. Porém, estar constantemente centrados na busca de amor, e em pedi-lo, nos distrai do que realmente viemos fazer no mundo: dar.

Estar autorregulados equivale a estar mentalmente sadios. Estar mentalmente sadios equivale a sermos felizes. Mas nosso raquitismo amoroso mina todo o processo. E é muito difícil, quase impossível, fazer com que um adulto raquítico engorde. Por isso, faz-se necessário recontextualizar nossa sede de amor, e isso nos demanda um esforço de consciência para começar a viver em doação, em vez de seguir com a frustrante sede de esperar para receber. E a maneira de desejar menos consiste em amar mais.

Se, em vez de acreditar que a sede de amor nos conduzirá ao paraíso, permitirmos ser tomados por algum grau de desilusão diante de nossas expectativas amorosas, quem sabe poderemos dar o passo seguinte: começar a dar. Mas, para algumas pessoas, como neste conto narrado por Idries Shah, as expectativas são grandes demais.

Certa vez, um homem se inscreveu num curso de musculação por correspondência. Quando terminou o curso, escreveu à empresa que o ministrou, dizendo: "Senhores, já terminei minhas lições. Por favor, enviem-me os músculos".

O Eneagrama é um mapa para encontrar o caminho de volta de toda esta loucura existencial do desamor: um mapa do tesouro. Nesse caso, o tesouro não é feito de moedas de ouro, mas de alquimia interior para a transformação psicoespiritual, que é justamente o que precisamos para experimentar um sentido existencial. Nas palavras de Idries Shah, "As pessoas querem aquilo que as atrai, ou pretendem conseguir aquilo que elas *pensam* que precisam. O ensinamento sufi tenta esclarecer esta situação, e também fornecer a elas o que *realmente* necessitam". O mesmo pode ser dito em relação ao Eneagrama.

O Eneagrama reúne um sem-número de pistas para o caminho, muitas delas expressadas por meio da matemática. Por exemplo, o símbolo contém duas leis essenciais para algumas tradições sagradas: a lei do três e a lei do sete.

A primeira destas leis, expressada no triângulo central do Eneagrama, refere-se à trindade que rege o surgimento de todos os acontecimentos, e ao mesmo tempo descreve os males fundamentais que dão origem a todos os outros males, como explica a já mencionada teoria budista dos três venenos. Estes três pontos do triângulo central também equivalem às três forças que influenciam a criação, a conservação e a destruição de qualquer evento; portanto, podemos denominá-las de forças criativa, destruidora e conservadora (ou: ativa, receptiva e neutra). Sua expressão matemática pode ser ilustrada quando, ao dividirmos um por três, obtemos uma sucessão periódica de números três:

$$1/3 = 0{,}333333...$$

Se somarmos três terços, obteremos uma sucessão periódica de noves: a unidade é simbolicamente representada na repetição infinita do número nove:

$$1/3 + 1/3 + 1/3 = 0{,}999999...$$

A lei do sete, também chamada de lei das oitavas, expressada pela estrela central do Eneagrama, fala sobre como se desenvolve qualquer processo de fluxo, que pode ser resumido em sete fases.

Pode-se ver nos dias da semana, associados a cada um dos sete planetas antigos. Paracelso descreveu sete corpos do ser humano: físico, vital, astral, mental, causal, consciência e ser. O sistema yóguico de energia é composto de sete chacras. Nossos centros, segundo a descrição de Gurdjieff, são sete: centro intelectual inferior (pensamentos, ideias...), emocional inferior (alegria, tristeza...), motor (ação, digestão, hábitos...), instintivo (conservação, sobrevivência), sexual (prazer, contato e reprodução), mental superior e emocional superior.

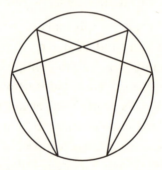

Figura 3 Estrela central do Eneagrama

Matematicamente, ao dividir um por sete, tem-se um período de números infinitesimais que segue exatamente o sentido das linhas do fluxo da estrela central do Eneagrama (também existem linhas de fluxo que ligam os três pontos do triângulo central):

$$1/7 = 0{,}142857142857...$$

Estas setas têm um significado muito importante no Eneagrama da Personalidade: indicam a relação de um eneatipo com outros dois que representam lugares caracteriais que ele pode visitar com maior facilidade, de modo que a pessoa possa, temporariamente, desidentificar-se de seu próprio ego. Em outras palavras, as linhas de fluxo expressam relações psicodinâmicas entre os eneatipos, e em tal mapa pode-se ver como cada eneatipo contém, de uma maneira velada, o eneatipo precedente. Assim, um E3 tem como "criança interior" escondida um E6, da mesma forma que um E5 tem uma "criança interior" E8 – algo que a princípio não está muito visível e que, ademais, costuma ser descoberto pelo parceiro ou pelas pessoas mais próximas depois que se desenvolveu uma estreita intimidade entre ambos.

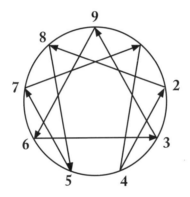

Figura 4 *O Eneagrama e suas linhas de fluxo*

Além disso, cada eneatipo pode ser explicado como o ponto central de uma linha abscissa que abrange os dois eneatipos vizinhos, mais uma linha direcionada aos dois eneatipos a que ele está ligado pela linha de fluxo (no caso do E3, seus vizinhos serão o E2 e o E4, e nas extremidades de suas linhas de fluxo ele se encontra com o E6 e o E9). Estes dois lugares de fluxo não representam "um ponto de segurança" nem "um ponto de estresse", como Helen Palmer equivocadamente os batizou, com base numa má digestão do que aprendeu com Naranjo. O certo é que qualquer pessoa de um determinado caráter experimentará um movimento sanativo se "visitar" estes outros dois caracteres a que está ligado pelas linhas de fluxo. Por exemplo, para um guloso E7, sempre em busca de novas experiências e desejando celebrar a vida, será sanativo colocar-se em contato com o movimento rumo à interiorização e ao refúgio que implica a visita ao ponto 5 do Eneagrama. Ao mesmo tempo, será sanativo que um eneatipo habituado à procrastinação e a adiar o dever, como o E7, se "coloque numa atitude séria" visitando o ponto 1 do Eneagrama: nisso também há uma evolução. A única diferença entre a visita a um ponto ou a outro tem a ver com um fato evolutivo: no início do caminho de transformação, será mais fácil para um E7 assumir atitudes de seu lado E1 (seguindo a seta que indica a linha de fluxo), ao passo que, conforme for avançando em seu processo, lhe será cada vez mais gratificante visitar seu lado E5 (na direção contrária ao sentido da seta do fluxo), onde encontrará o equilíbrio, a simplicidade e a moderação que lhe faltam.

O Eneagrama poderia ser dividido, além disso, em duas metades com uma linha vertical: o lado direito é um lado social, e o esquerdo, antissocial ou pseudossocial; os eneatipos do lado direito costumam ter um estilo mais sedutor, e os do lado esquerdo, mais rebelde (e não é de se estranhar que, culturalmente, o lado direito seja predominantemente feminino, e o esquerdo, masculino). Dois eneatipos que estejam na mesma altura terão, no entanto, muitas características semelhantes, pois sua energia psíquica é parecida. Por exemplo, no nível mais baixo do Eneagrama encontramos os eneatipos 4 e 5, os "pobres de espírito", pessoas que se sentem pouco contempladas na loteria da vida, e cuja disponibilidade bioenergética está mais comprometida, mais sequestrada por feridas existenciais da tenra infância. No andar logo acima, com uma disponibilidade bioenergética maior (ou seja, um pouco mais livres no nível neuromuscular), encontramos o E3 e o E6, que têm uma grande semelhança à medida que ambos são caracteres com foco no fazer e no pensar. No andar de cima, encontramos dois caracteres desejantes: o E7 e o E2, caracterizados pelo hedonismo. Subindo mais um andar, chegamos ao E8 e ao E1, ambos viscerais e irados. Por último, o E9 é a coroa do pico: é curioso que este eneatipo tosco e simples seja o que, aparentemente, está "mais perto de Deus" (ou, dito de um modo laico, o eneatipo em que o mal ou o sofrimento é menos visível, ou cuja extroversão é mais claramente defensiva).

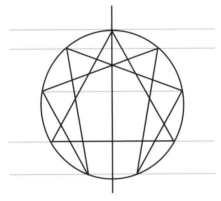

Figura 5 As linhas dos pontos indicam os cinco níveis do Eneagrama; uma linha vertical divide o Eneagrama em duas metades

Pode-se falar também de algumas "relações de oposição" no Eneagrama: o E8 e o E4 indicam uma polaridade entre sadismo e masoquismo extremos; podemos denominar esta oposição como o "eixo oral-agressivo", enquanto a oposição entre E1 e E5 é denominada "eixo anal", assim como "eixo oral-receptivo" corresponde à oposição entre E2 e E7, e "eixo fálico" à oposição entre E3 e E6, seguindo uma terminologia freudiana.

Por último, cabe acrescentar, que, embora este seja um tema amplo, que mereceria um livro à parte, para compreender esta obra será necessário saber algo sobre os *instintos*. A teoria do Eneagrama coincide com a psicanálise ao identificar a neurose como uma perturbação do instinto. As múltiplas motivações mundanas dos seres humanos são resumidas no Eneagrama em três finalidades instintivas básicas: o instinto social (a relação com os outros), o instinto sexual (contato íntimo, prazer) e o instinto de conservação (sobrevivência e as necessidades básicas). Não se trata, portanto, que nosso animal interior seja problemático, como supõem os moralistas, e sim que as paixões cegas o perturbam. Quando nosso animal sente-se perturbado, começamos de imediato a dedicar uma atenção mais intensa a um destes três instintos, justamente aquele que mais sentimos ameaçado durante o processo de constituição de nosso caráter, de modo que a balança se inclina para este lado, e a pessoa se transforma, por exemplo, num eneatipo 4 social, sexual ou conservacional. Assim, a lista básica de nove eneatipos pode ser multiplicada por estes três instintos, dando lugar a 27 subtipos que são, na realidade, 27 caracteres muito distintos uns dos outros: um E4 social, por exemplo, costuma ser uma pessoa com certa tendência à timidez, a esconder seu sentimento de carência por trás de um sorriso e um aspecto frágil, enquanto um E4 conservacional costuma ter uma personalidade mais forte e resistente às adversidades, e costuma tentar contrabalançar sua sensação de carência submetendo-se a uma espantosa e empenhada abnegação, ao passo que um E4 sexual mostrará sua sensação de carência com uma tendência, de maneira geral, à queixa agressiva e uma grande dramatização neurótica de seu mal-estar. Farei referência superficialmente a estes aspectos quando estiver falando de "variantes" ou dos "subtipos" dos nove eneatipos básicos.

O Eneagrama representa, na realidade, uma variedade de caracteres que se diversificam conforme vamos descendo pelas raízes de sua hierarquia: os nove tipos principais podem ser divididos em 27 caracteres; por sua vez, estes 27 caracteres se subdividem em 54 caracteres, conforme uma pessoa é, por exemplo, um E2 sexual com um segundo subtipo conservacional ou social (o terceiro dos subtipos costuma estar praticamente negado, razão pela qual um caminho de trabalho consiste em cultivá-lo); ao mesmo tempo, costuma haver diferenças muito nítidas entre homens e mulheres; portanto, poderíamos multiplicar este número por dois e falar, na verdade, de 108 tipos de personalidade. Poderíamos complicar isso tudo muito mais, mas paremos por aqui, devido ao belo paralelismo existente entre estas 108 facetas humanas e os 108 nomes atribuídos a Deus no hinduísmo.

Tamanha diversidade coincide, em alguma medida, com a declaração de Gurdjieff, de que todos temos múltiplos *eus*, embora, na prática, observemos que, no parlamento interno de nossas personalidades, uma assumiu o controle e o exerce como um ditador sobre as demais: este é nosso *traço principal*, que define o caráter que nos subjuga.

Nesse sentido, é muito comum que as pessoas perguntem por que é preciso "reduzir-se" a ver seu caráter rotulado com um número. Em certa medida, o caráter, o ego, não passa disso: um número, um autômato. Identificar-se com uma etiqueta numérica exige, portanto, uma valentia inusitada: significa ousar reconhecer que se é muito menos autêntico e livre do que se gostaria. E este é um passo necessário para começar um processo pessoal de libertação. Por isso é tão valioso identificar qual é a sua paixão dominante, e também qual é a sua fixação cognitiva, sua armadilha mental típica. Resumindo: estamos todos loucos, mas cada um está louco à sua própria maneira, e é de grande valia ousar reconhecê-la.

Nasrudin não conhecia muito bem a etiqueta da corte; mesmo assim, ele estava entre os notáveis que seriam recebidos pelo sultão, que foi visitar a localidade. Um cavalariço lhe deu algumas breves informações. O rei lhe perguntaria há quanto tempo ele morava ali, quanto tempo havia estudado para se tornar um Mulá, e se estava satisfeito com os impostos e com o bem-estar espiritual do povo.

Nasrudin memorizou suas respostas, mas as perguntas do rei seguiram outra ordem:

— Por quanto tempo você estudou?

— Trinta e cinco anos.

— Quantos anos você tem?

— Doze.

— Isso é impossível! Qual de nós dois enlouqueceu?

— Ambos, Vossa Majestade.

— Está dizendo que estou louco, como você?

— Sem dúvida, nós dois enlouquecemos, Vossa Majestade, mas de maneiras diferentes!

3
Os eneatipos do Mulá Nasrudin

Na sequência, serão descritos os nove eneatipos, com base nas explicações originais de Óscar Ichazo e de Claudio Naranjo. Os créditos por esta descrição devem ser totalmente atribuídos aos seus trabalhos sobre o Eneagrama. Minha contribuição consiste, simplesmente, na ironia e na exploração insistente dos aspectos menos apreciáveis do caráter: nesse sentido, tentei compensar o olhar mercantil e ingênuo que se impôs nos estudos mercantis e nas obras populares sobre o Eneagrama, denunciando o ego e ilustrando suas implicações com exemplos da cultura popular, do cinema e da literatura.

É absolutamente necessário que o leitor interessado no estudo sobre a personalidade adquira uma visão abrangente da neurose, e desmistificadora do próprio ego. E acredito que esta *denúncia* dos caracteres não se distanciará muito da intenção original na qual o Eneagrama foi usado como um espelho do ser, através da qual podemos ver nossos disfarces: a tradição do estudo das paixões humanas sempre foi severa, e até mesmo transmitida de maneira nua e crua, e jamais fez concessões ao materialismo espiritual, muito menos a uma orientação positivista, que se revela absolutamente estéril para enfrentar o trabalho sobre o ego.

Para dar um sabor mais humano e vivencial às descrições, no final da descrição de cada eneatipo acrescento um testemunho pessoal elaborado por pessoas que, além de terem se identificado com o eneatipo correspondente, realizaram um amplo e profundo trabalho pessoal dentro do Programa SAT de Claudio Naranjo, no qual se aprende o Eneagrama de um modo experiencial. Quero, portanto, fazer um agradecimento especial a estas nove pessoas por seus valiosos testemunhos e contribuições, que são praticamente uma "confissão do ego" (também em sintonia com a tradição), que poderá oferecer a mais de um leitor a chave para a identificação de seu caráter.

Eneatipo 1   O fanático

> Tríade dos viscerais
> Paixão: ira
> Fixação: perfeccionismo, ressentimento

Certo dia, o Mulá Nasrudin conversava com um amigo.

– Então, você nunca pensou em se casar?

– Sim, já pensei – respondeu Nasrudin. – Quando eu era jovem, resolvi buscar a mulher perfeita. Atravessei o deserto, cheguei a Damasco e conheci uma mulher linda e espiritualizada, mas ela não sabia nada sobre as coisas deste mundo. Segui viajando, e cheguei a Isfahán. Lá, encontrei uma mulher que conhecia o mundo da matéria e o do espírito, mas ela não era bonita. Então resolvi ir até o Cairo, onde jantei na casa de uma bela moça, religiosa e que conhecia a realidade material.

– E por que você não se casou com ela?

– Ah, meu companheiro! Infelizmente, ela também buscava um homem perfeito.

Assim somos nós, seres humanos. Buscamos do bom e do melhor, e com frequência acabamos infelizes por sermos incapazes de aceitar as coisas como elas são, e o mais importante: de aceitarmos a nós mesmos com nossos defeitos. A chave deste caráter perfeccionista – ou iracundo – é a dificuldade de aceitar a vida tal como ela é. O iracundo – ou perfeccionista – é aquele que quer empurrar o rio, melhorar as coisas que já são boas e que, lá no fundo, está "irritado com Deus" por ter feito o mundo como ele é.

O E1 é esse tipo de pessoa que acredita ter razão, que faz tudo bem, e que não pode deixar de organizar a vida dos outros, pois, evidentemente, os outros fazem tudo mal ("O que é mais foda no trabalho em equipe é convencer os outros de que eles não têm a mínima ideia do que estão fazendo", pode-se ler num comentário no Twitter. Porém, sua cegueira diante do mundo vai além disso: ele não aceita a realidade e quer mudá-la. E mais ainda: em seu egocentrismo, acredita que *pode* mudá-la. Ao ser incapaz de fazê-lo, frustra-se e irrita-se com facilidade, fazendo com que as pessoas ao seu redor paguem por isso, por meio da reprovação, da censura e da crítica. Em razão de sua personalidade forte e carismática, é comum que baste ele erguer uma sobrancelha para que o pânico seja semeado entre as pessoas ao redor. Não raro, uma pessoa sente-se desajeitada diante de um E1, que encontrará mil maneiras de nos lembrar, constantemente, de nossa incompetência, para que ele se reafirme em seu elevado autoconceito; ao mesmo tempo, saberá também apresentar-se diante dos outros como altamente admirável, virtuoso e capaz. Mas o E1 é, acima de tudo, alguém que passa a vida forçando os acontecimentos, indo contra o instinto, apoiando-se na razão para esmagar os demais. Às vezes isso produz consequências nefastas, como nesta piada:

Um homem entra numa farmácia e aponta para um pedaço de sabonete na vitrine:

– Me dê um pedaço deste queijo.

– Mas, senhor – replica o balconista –, isto não é queijo; é sabão.

O cliente, vermelho de raiva, resmunga:

– *Eu falei pra me dar um pedaço deste queijo!*
– *Mas, senhor, isso é sabão.*

No auge da irritação, a ponto de explodir de raiva, o freguês grita a plenos pulmões:

– *Eu disse pra me dar um pedaço deste queijo!*

Assustado, o balconista obedece e corta um naco grande de sabão. O cliente pega o pedaço, morde, mastiga, faz cara de nojo, e diz:

– *É ruim... mas é queijo!*

Em geral, o iracundo costuma ser um tipo civilizado e de boas maneiras: apresenta-se diante do mundo como um ser bem-intencionado, controla-se e reprime sua ira. Tanto que, às vezes, seu interlocutor poderá ter a sensação de que lhe sairá fumaça das orelhas. O E1 é como uma Ferrari com freio de mão puxado. Cedo ou tarde, as pessoas se darão conta da ira dele, pois uma característica tão essencial é difícil de ser disfarçada. De todo modo, ele tenta escondê-la, e no final acaba expressando-a de modo inconsciente, ou então em forma de explosões, ou por meio de uma grande tendência a repreender as pessoas.

O E1 é uma pessoa de ação, um ser humano crítico que não aceita a crítica, que se acha perfeito ou que tenta aperfeiçoar-se enquanto aperfeiçoa o mundo e que, portanto, é hiperexigente não somente com as pessoas, mas também consigo mesmo. Mas, o que ele não é de maneira alguma é um "reformador": o "Eneagrama açucarado" conseguiu popularizar o E1 com esta denominação ingênua, que transmite a imagem de alguém supostamente idealista, e de sólidos princípios. Nada mais distante da realidade. Estamos aqui diante de um indivíduo que acredita ter posse da verdade absoluta (e faz uso disso para justificar seus privilégios), alguém capaz de brigar de modo veementemente se alguém não lhe dá razão, que toma por garantido que é ele quem manda, e que, se admite algum erro, simplesmente o faz a partir da perspectiva onipotente de que ele não controlou suficientemente o processo a fim de evitar que as outras pessoas (e não ele) arruinassem as coisas.

— *Sinto muito, Lorde Perschy, mas é proibido urinar na piscina — um funcionário diz, em tom de recriminação, a um aristocrata.*

— *Mas... todos fazem isso!* — *protesta, com estranheza, o distinto sócio do clube.*

— *Sim, senhor. Mas não do trampolim.*

Alguns espécimes de E1 se acreditam dotados de uma perfeição natural, e parecem impacientes para alcançar a santificação (o E1 não é exatamente humilde em seus propósitos); outro subtipo do E1, caracterizado pela veemência e pelo ciúme, é retrato do mesmíssimo estereótipo do cruzado: uma pessoa extremamente resmungona que acredita que pode seguir pela vida esmagando os crânios dos "infiéis", convencido de que suas broncas despertarão o outro em relação a seu ponto de vista supostamente errado; por outro lado, há outros indivíduos iracundos que têm maior tendência a centrar sua obsessão na identificação de seus defeitos e a aperfeiçoar a si mesmos: fazem isso dando uma grande atenção ao preocupar-se por coisas que não merecem preocupação, criando com isso um ambiente de tensão ao seu redor, e culpam a si mesmos por tudo que, sob seu ponto de vista neurótico, funciona mal — mesmo que funcione perfeitamente.

Dizem que o melhor é inimigo do bom, e a obsessão do E1 por melhorar as coisas muitas vezes o leva a estragá-las. Quando esta personalidade se enreda cegamente em si mesma, um psiquiatra poderia lhe atribuir a etiqueta do Transtorno Obsessivo-Compulsivo (TOC), modo como o DSM descreve a derivação patológica do caráter iracundo (o que não significa que todos os diagnosticados com TOC sejam E1). O mundo do cinema está repleto de pessoas com TOC; tomamos um caso para nosso estudo.

Muitos E1 se acham refinados e introvertidos, sem que se deem conta de sua própria grosseria (típica de todos os eneatipos da tríade dos viscerais). Porém, cuidado! Há sempre aqueles que, com seu caráter, tiram leite de pedra: a grande Katharine Hepburn era uma E1, o que não representou um empecilho para que ela se transformasse no suprassumo da elegância e do bom gosto. "A rainha da África" (título original do filme *Uma aventura na África*) foi a melhor atriz de cinema de sua época, e interpretou papéis de uma mulher sofisticada, forte e inteligente. Na realidade, Hepburn era uma pessoa que não fazia rodeios, arrogante, atlética, temperamental e sem preconceitos – o exemplo perfeito de um E1; contribuiu, inclusive, a fazer com que as calças compridas virassem moda entre as mulheres. Algumas de suas frases têm uma contundência incomum para uma estrela de cinema: "Atuar é o menor dos talentos. Não se esqueça que você jamais ganhará um Nobel por isso, que Shirley Temple já fazia com perfeição aos 4 anos de idade", "Eu ignorava completamente que éramos o sexo frágil", "Não acredito no casamento. Amar, honrar e obedecer são coisas muito pouco práticas. Se o fossem, você não precisaria assinar um contrato". A protagonista de *Levada da breca* também foi uma mulher obcecada em aperfeiçoar a si mesma – o que ficou nítido na infinidade de notas manuscritas, cartas e outros documentos que vieram a público após sua morte. Neles, ela também descreve um divertido episódio em que acabou chamando de cretino e estúpido um jovem policial que a prendeu, e como ficou furiosa por não ter encontrado um juiz de plantão, que a pudesse julgar rapidamente por seu delito. Você consegue imaginar um detento dando bronca no juiz por não estar sendo julgado na mesma hora? Um E1 é assim. Convém dizer que Hepburn acabou dando risada de seu comportamento. Rir de si mesmo é uma das melhores coisas que um E1 pode fazer para desenvolver sua consciência.

— *Vou repetir pela* dozézima *vez: eu odeio que você me corrija!*

— Dozézima *é palavra que não existe em nossa língua. Repita comigo: décima segunda.*

Nem todos os E1 são abertamente arrogantes como Hepburn o foi. Reparemos na grande Bree van de Kamp (Maria Cross), da série *Desperate Housewives*: uma esnobe dona de casa republicana, obcecada com limpeza, organização e com os bons modos, que coloca uma discreta mordaça de controle e de repressão em todos ao seu redor. "...E todos em Wisteria Lane achavam que ela era uma esposa e uma mãe perfeita – diz a voz em *off* de Mary Alice Young, narradora da série –, todos, exceto a sua família". E são justamente seu marido e seus filhos os que têm de suportar a controladora, fria e calculista Bree. Sem contar que Rex, seu marido, lhe pede divórcio pois está farto de "viver este anúncio de detergente" (curiosamente, a obsessão pela higiene extrema é uma característica comum entre os E1). Alguns episódios mais tarde, este casal maçante dará início a práticas sadomasoquistas; isso sim, será mantido em total segredo por Bree, até o ponto em que ela decide acabar com a vida de seu marido, quando começa a suspeitar de que ele revelou o segredo da alcova de ambos. Tempos depois, Bree recebe por telefone a notícia da morte de Rex. Assim que desliga o telefone, vai à sala de jantar, onde termina de dar polimento à prataria, e estende a toalha sobre a mesa. Só então, ao certificar-se de que a casa está em perfeito estado, senta-se e começa a chorar.

Bree é tão preconceituosa que ameaça seu próprio filho com o inferno, ao descobrir que ele é homossexual. Os preconceitos não são raros neste tipo de personalidade, e podem abranger desde o racismo até a classe social. A exigência é outro traço comum ao E1: eles fazem sermões e prédicas, colocam-se no papel de professores, corrigem os outros e deles exigem disciplina, indiferentes ao fato de estes poderem ou não cumprir com isso. Ao atribuir a si mesmos a autoridade moral ou intelectual, costumam ser pessoas dominadoras, solenes, altivas, desdenhosas e, com frequência, muito protetoras, à maneira envenenada que se mostra protetora a manipuladora e agressiva Sheela do documentário *Wild Wild Country*, um típico espécime do mais agressivo e veemente dos subtipos do caráter perfeccionista. O perfeccionismo – fixação do E1 – não é apenas uma adesão à norma; a pessoa deste eneatipo a incorpora como sua e a defende, buscando impô-la aos outros para que, assim, pareça virtuosa. No entanto, tal suposta virtude não passa de uma moral rígida que está baseada em um autocontrole que às vezes transforma os E1 em pessoas maçantes, pouco criativas, e bloqueadas em sua expressividade. No fundo, existe neste eneatipo uma incapacidade de aceitar a si mesmo, que o frustra, ao mesmo tempo que o mantém amarrado a uma disciplina autoexigente e castradora, antidionisíaca e masoquista. Uma disciplina que, em seus relacionamentos com as pessoas, torna-se sádica.

Tal acontece com personagens como a Senhorita Rottenmeier, a antipática governanta de Heidi, ou então a mais simpática, mas igualmente altiva e ligeiramente insuportável Mary Poppins, baseada no verdadeiro caráter de sua criadora, a extraordinária – ainda que arrogante – P.L. Travers, que se fazia passar por uma dama inglesa (embora fosse australiana, na realidade). Trata-se de pessoas sobre as quais, como ocorre com Bree van de Kamp, facilmente podemos dizer que têm uma dupla vida noturna repleta de correias de couro e outros instrumentos de *bondage*. De fato, não é raro encontrar entre as pessoas deste caráter vidas duplas muito polarizadas e extremadas.

O mesmo ocorre com outros personagens tipicamente E1, como o mais que perfeito Comandante Spock da série *Jornada nas Estrelas*, claramente inexpressivo, aristocrático e castrador, orgulhoso de não ter sentimentos: mais um E1 em sua versão "Senhor Perfeito" (subtipo social). Ou então o mais simpático, mas igualmente lacônico, moralista e reprimido Higgins, mordomo da casa onde morava o detetive Magnum da série homônima, que sempre chamava a atenção dos outros por sua vida devassa, pelo constante desfile de mulheres e pelo pouco respeito às normas, embora discretamente o protegesse e ajudasse (Magnum era um hedonista E7, embora o ator que o interpretava, Tom Selleck, tenha mais o jeitão de um E6). Um vilão terrível com caráter E1 é o Lorde Tywin Lannister (Charles Dance) de *Game of Thrones*. Na saga de George R.R. Martin, Tywin é o homem mais poderoso dos Sete Reinos: o pai de Cersei, Jaime e Tyrion é calculista, impiedoso e frio como um lagarto, embora sua contenção emocional deixe transparecer uma enorme irritação com o mundo. Ele jamais sorri, e corre o boato que, quando criança, mordeu o dedo de seu avô Gerold quando este tentou lhe acariciar a cabeça. Seu pai, Lorde Tytos, era um homem fraco, e seus vassalos zombavam dele. Ao morrer, Lorde Tywin o vingou a sangue e a fogo.

Outro "Senhor Perfeito" é Christopher Lee em seus papéis de vilão de opereta: o ator, típico exemplo de um E1 à moda inglesa, afetadamente refinado e arrogante, encarnava um Conde Drácula empertigado que, mais do que sugar nosso sangue, parecia estar prestes a nos fazer a chamada oral da lição aprendida na escola, ou a nos censurar por termos pensamentos obscenos com as vampiras.

Nasrudin foi morar na Inglaterra, um país tipicamente E1...

– O que será que posso fazer? – perguntou o Mulá Nasrudin a seu amigo Wali. – As pessoas acham que sou rude quando empurro meu carrinho de mão atrás delas, gritando: "Cuidado, atrás de você!"

— *Não se trata de nada complexo* — *respondeu Wali.* — *Os ingleses são refinados e não gostam de grosseria, só isso.*

Os dois amigos se encontraram novamente algumas semanas mais tarde. Wali perguntou:

— *Como está se saindo com o carrinho de mão?*

— *Seu conselho não adiantou. Tentei um pouco de refinamento, mas as pessoas ainda acham que sou inculto.*

— *E que forma tomou esse seu comportamento refinado?*

— *Em vez de berrar: "Cuidado, atrás de você!", eu gritava, o mais alto que podia, para ter certeza de que escutariam: "SHAKESPEARE!" Eles ficavam bem irritados.*

Revisitemos agora alguns políticos, como Hillary Clinton, Margaret Thatcher, o Papa João Paulo II ou Donald Trump, protótipos do mais veemente conservadorismo da ordem e da autoridade. Hillary revelou o pior de si durante as primárias do Partido Democrata, quando enfrentou Obama, mostrando-se uma mestra da desqualificação. Já Thatcher era conhecida como a "dama de ferro": sua falta de piedade ao tratar dos problemas da classe operária ou ao aumentar os impostos e asfixiando as classes média e baixa levou-a ao ostracismo até mesmo dentro de seu próprio partido, mas ela nunca foi capaz de reconhecer um único erro, muito menos de tentar consertá-lo. Quanto ao Papa Wojtyla, seu pontificado representou o auge do dogmatismo, do conservadorismo e do rigor moral: iniciou uma cruzada contra o preservativo, a homossexualidade, as relações sexuais extraconjugais, a eutanásia e o aborto, ao mesmo tempo em que o abismo entre o Vaticano e os países mais pobres crescia. Por fim, o ex-Presidente Donald Trump, exemplo para todos os embusteiros da política no planeta, a quem dedicaremos algumas linhas mais adiante; por ora, fiquemos com uma piada que retrata muito bem a pretensão de superioridade de um típico E1.

Um político arrogante embarca num avião e senta-se ao lado de um idoso. Em pleno voo, o político decide propor um jogo ao velho, para demonstrar que é intelectualmente superior. Então, volta-se a ele e lhe pergunta: "Olá, você gostaria de participar de um pequeno jogo comigo?" O velho o olha e responde: "Depende. Que tipo de jogo?" O político diz: "Cada um de nós, em vezes alternadas, deve fazer uma pergunta. Se o outro souber a resposta, quem perguntou deve dar 1 dólar ao outro; se o que respondeu não souber, deverá dar um dólar ao que perguntou. Quer brincar?" O político sorri, divertindo se com a humilhação que irá impor ao idoso. Mas, para seu desgosto, o velho se nega. Determinado a conseguir o que quer, o político eleva a aposta: "Se eu perder, lhe darei 2 dólares, em vez de 1". "Não é a resposta." "Cinco dólares." "Não." "Dez dólares." "Já te disse que não."

Desesperado, o político faz uma última oferta: "Se eu perder, lhe darei mil dólares; e se você perder, só terá que me dar 1 dólar". O velho pensa a respeito, e dá um suspiro: "Só se eu puder começar". De imediato, o político aceita, confiante de que não perderá a aposta. O velho lhe pergunta: "O que é que tem cinco cabeças, quarenta pés e vive dentro de um balde?" O político reflete sobre o enigma, tentando encontrar algo que se encaixe nesta descrição. Depois de uma hora em intensa concentração, o político se rende. Resmungando, saca sua carteira e dá mil dólares ao idoso. Mas logo a seguir, ele lhe pergunta: "Então, o que é que tem cinco cabeças, quarenta pés e vive dentro de um balde?" O velho sorri, encolhe os ombros e responde: "Não faço a menor ideia. Aqui está teu dólar".

Por trás da ânsia de proibir, típica do E1, se esconde a ira, paixão deste ego: este gesto de irritação com o mundo tal como ele é. Este fino faro para detectar a imperfeição, inclusive onde ela não existe, dá ao E1 uma intensa capacidade para o ressentimento, diante da falta de reconhecimento por seus supostos esforços em prol do bem comum, o que também o leva a assumir, às vezes, o papel de mártir, ao mesmo tempo que faz uma crítica implacável aos outros. Ele também costuma manipular por meio da censura moral, da desaprovação perfeccionista, e de outros modos de transformar seu "Eu quero" em um "Você deveria...", o que costuma criar uma sensação de desassossego nas pessoas a seu redor, como no caso daquele homem recém-casado, cuja amorosa esposa lhe leva o café da manhã pronto na cama do casal, na manhã seguinte à das núpcias, e a alfineta:

– *Mas, mulher, o que há com você? Você também não sabe cozinhar?*

Na década de 1980, Hollywood mostrou um apoio maciço à "revolução conservadora" de Ronald Reagan, que buscava trazer para o primeiro plano padrões masculinos patriarcais e militaristas para doutrinar uma juventude que, na visão dos intelectuais de direita, se deixara corromper pelas drogas e pela liberdade sexual. Depois de duas décadas de cultura *hippie*, a mensagem da nova direita americana foi algo como "o homem branco está de volta". São muitos os personagens repletos de adrenalina e testosterona no cinema ianque dos finais da década de 1970 e especialmente na de 1980, que surgiram em meio a esta ofensiva moral da direita. Entre eles, poderíamos citar um leque que abrange desde o circense Indiana Jones até o robô de *O exterminador do futuro*, passando por Rambo e Harry Callahan. Nenhum deles é um E1: não é por ser conservador que o indivíduo necessariamente terá este caráter. Mas é, sim, tipicamente E1 o inconfundível militar obsessivo-compulsivo tão típico daquela época. A máxima expressão disso foi alcançada pelo Sargento Highway em *O destemido senhor da guerra*, interpretado por Clint Eastwood em 1986. O Sargento Highway é um tipo extremamente rígido e ranzinza, mas também é desbocado e insubordinado. Quando se encontra diante do juiz, este o recrimina:

– Sargento Highway, você estava bêbado e perturbou a ordem. Provocou uma briga num estabelecimento público. Urinou numa viatura policial...

Ao que o sargento, constrangido, talvez até mesmo envergonhado, responde como se fosse uma criança:

– Eu não consegui me segurar, meritíssimo!

Parece que Clint Eastwood fez um estudo aprofundado da linguagem vulgar dos instrutores dos fuzileiros navais para criar um de seus personagens mais estrambóticos. Durante uma aula, Highway se revela particularmente inspirado, e diz a seus alunos algumas pérolas, do estilo: "É melhor vocês irem ao vilarejo esta noite, para rir um pouco e bancarem os idiotas, esfregar suas pirocas em suas namoradas, ou então metê-las em qualquer buraco, mas façam o que tiverem que fazer, porque amanhã às seis da manhã o cu de vocês será meu", "Vão precisar de mim até para bater uma punheta, eu garanto", "Vou quebrar o dedo que você usa pra fazer siririca em tua namorada", entre outras frases. Às vezes, Highway bate de frente com seus superiores, e então, já à beira de explodir e contendo-se ao máximo, lhes diz coisas do tipo: "Com todo o respeito, senhor, vocês estão começando a me encher o saco".

Clint Eastwood – que também é um E1 – inúmeras vezes interpretou protagonistas de seu próprio caráter. Um dos mais representativos talvez tenha sido Walt Kowalski, em *Gran Torino*, um idoso ex-combatente na Coreia, que percebe, amargurado, seu bairro se enchendo de imigrantes. Finalmente, e depois de muita resistência e preconceitos, este "Senhor Perfeito" acaba fazendo amizade com Tao, um oriental, e deixa a ele seu carro, como herança. Em seu testamento, escreve: "E eu gostaria de deixar meu Gran Torino de 1972 a uma pessoa muito especial, Tao, contanto que não lhe arranque o capô, como fazem esses *chicanos*, nem pinte nele lhamas ridículas como um branco Red-

Neck caipira, nem instale na traseira dele um enorme aerofólio de maricas, como costumam fazer todos estes de olhinhos puxados, é horrível. Se puder evitar fazer isso tudo, ele é seu".

Antes desta cena, o Senhor Kowalski tem um diálogo com o Padre Janovich que vale a pena reproduzir:

– *Bem, o que é que o senhor quer? – pergunta Walt.*

– *Eu prometi à sua esposa que eu ouviria a sua confissão – responde o padre.*

– *E por que você fez isso?*

– *Ela insistiu muito. Me obrigou.*

– *Que mania, essa de prometer coisas que não se pode cumprir, não, padre?*

– *Vamos falar sobre outra coisa.*

– *Sobre o quê?*

– *Sobre a vida e a morte.*

– *A vida e a morte? E que diabos o senhor sabe sobre a vida e a morte?*

– *Eu diria que muito. Sou padre.*

– *Sei, sei. O senhor se mete a pregar sobre a vida e a morte, mas a única coisa que sabe é o que aprendeu com quatro vigários e com o manual do pregador principiante.*

– *Não sei se é bem assim...*

– *A morte é agridoce, azeda pela dor e doce pela salvação. Isso é o que o senhor sabe sobre a vida e a morte, é patético.*

– *E o senhor, Senhor Kowalski?*

– *Sei muito. Estive quase três anos na Coreia. Levávamos tiros, empunhávamos baionetas, matávamos moleques de 17 anos a pauladas. Coisas que vou me lembrar até o dia da minha morte, coisas horríveis, mas tenho que viver com elas.*

– *E o que o senhor sabe da vida?*

— *Bom, eu sobrevivi à guerra, me casei, tive filhos.*

— *O senhor parece saber muito mais sobre a morte do que sobre a vida.*

— *Talvez, padre, talvez.*

Podemos concluir, enfim, que o Sargento Highway e Walt Kowalski são, na verdade, o mesmo personagem: Highway, um militar brutalhão e incontrolável, além de autoritário e insubordinado, ainda que rígido como se tivesse um cabo de vassoura enfiado no traseiro, eficiente porém apegado a ideias antiquadas, vive com o passar dos anos e dos filmes uma metanoia, uma total mudança de consciência no final de sua vida. Por meio do personagem de Kowalski, dá-se conta de que sua condição de Wasp (sigla em inglês para branco, anglo-saxão e protestante) não lhe dá o direito de esmagar ou depreciar pessoas de outras culturas; inclusive, abre-se a experimentar do afeto que lhe é oferecido por um jovem oriental como Tao. Há aqui um possível caminho de transformação para este eneatipo, que antes de mais nada precisa aceitar os outros tal como são, sem pretender mudá-los e sem autovalidar-se mediante a crença de que é superior ou aristocrático.

Para evitar confusão, convém lembrar que a maioria dos E1 são muito mais zelosos com seus modos do que os personagens de Clint Eastwood. Matilde, minha contadora, é uma mulher inteligente e alegre, muito querida por todos e jovial, mas se eu cometo um erro numa fatura, ela me responde em tom de censura, ou dando risada "desses tipos do mundo da filosofia ou das letras que não sabem sequer lidar com a tábua de multiplicar". Pedro, que foi meu professor, é cheio das boas maneiras, mas quando comento com ele sobre meus relacionamentos amorosos, ele só ergue as sobrancelhas e começa a me dar conselhos paternalistas sobre como eu deveria conduzir minha vida. Sergio, um amigo jornalista, demonstra um carinho sincero para comigo, mas quando foi meu chefe mostrava uma grande preocupação em deixar claro, a todo momento, quem é que mandava no pedaço, e me olhava como se eu me insubordinasse o tempo todo (não digo que eu não o tenha feito). Sergio também tem uma grande dificuldade com o contato físico: às vezes, quando lhe dou um abraço, além de ele ficar rígido feito pedra, logo depois ele olha para mim como se estivesse a ponto de me bater.

Todas estas pessoas são mais equilibradas do que os exemplos do universo da televisão, do cinema e da política que estou apresentando (às vezes, a política parece um gênero de ficção). No Brasil, encontramos claros exemplos de E1 em personalidades públicas como o empresário Abílio Diniz, o historiador, professor e apresentador de TV Leandro Karnal, o músico Egberto Gismonti e o juiz Joaquim Barbosa. Trata-se de quatro pessoas com uma personalidade forte, carismáticos, com uma autoridade notável, que projetam uma imagem de coerência pessoal, de quem se poderia dizer que, quando falam, sempre estão com a razão. Exagerando um pouco, poderíamos dizer que são "virtuosos irritados" – o exato oposto do já citado Donald Trump, um irritado nada virtuoso.

Trump é um bom exemplo do subtipo mais avassalador, competitivo e agressivo do E1: um valentão abusivo e arrogante, determinado a ter sempre razão, do que desfruta humilhando os mais fracos, com uma extrema necessidade de sentir-se superior. Mas, além disso, deve-se lembrar que o E1 é um tipo visceral, propenso à ação descontrolada e desconectada da cabeça e do coração: é um bruto que tem dificuldades em organizar suas ideias, em entender os detalhes, as nuances e tudo aquilo que possa ir além de seu limitado autoconceito enaltecido.

Donald Trump está num avião e, durante o voo, seu vizinho de assento – a propósito, um mexicano – lhe diz:

– Vou lhe contar algumas piadas de Trump.

– O que você acha que está dizendo? Quero lhe avisar que eu sou Donald Trump – grita ele, furioso.

– Não importa, eu logo vou lhe explicar as piadas.

Dando sequência às suas viagens, Trump visita a Alemanha, e pergunta:

– Que cidade é esta?

– Baden-Baden –, responde o guia turístico.

Trump lhe responde, grosseiro: – Não sou idiota, não é necessário que me diga duas vezes!

Apesar do exemplo extremado de Trump, aqui mostrado como um veemente perfeccionista e talvez acometido de psicopatia, a maioria dos E1 interpretam o papel cotidiano de um aristocrata. São inflexíveis, meticulosos, moralistas, hiper-responsáveis e muito controlados, tanto em seus relacionamentos pessoais quanto nos sociais e profissionais, o que não os impede de funcionar como se tivessem uma enorme turbina nas tripas: têm uma grande visceralidade. É por isso que, com frequência, levam vidas duplas ou se permitem grandes vícios quando não estão sendo observados pelos outros, para dar vazão a esta energia que, caso não o fizessem, lhes traria o risco de fazê-los explodir (alguns E1 já me confessaram, pelo menos uma vez, que temem deixar-se levar, pois "poderiam matar alguém". Talvez por isso não seja incomum que, mais de uma vez, junto às manchetes de tabloides, tenha sido estampado o cadáver de um altivo e afetadamente refinado lorde inglês, fotografado com um saco na cabeça e vestindo somente meias pretas: são bastante comuns entre os lordes as mortes causadas por jogos associados à asfixia sexual, como aconteceu a um outro E1, o ator David Carradine, ou ao deputado conservador britânico Stephen Milligan. Tanta energia reprimida talvez acabe voltando contra a própria pessoa, de maneiras inimagináveis.

da própria essência, além dos traços de personalidade, ao encontro com o amor.

Segundo, todas as "pistas" e a possibilidade de conhecer diferentes trabalhos e propostas nos quais se pode aprofundar no caminho de volta para casa, dentre eles o movimento corporal ou o trabalho com as relações parentais e, muito especialmente – no meu caso, pelo espaço que isso passou a ocupar em meu cotidiano –, na apresentação, na prática e no contato com a meditação.

Por último, me oferece a possibilidade de contato com uma bonita rede de irmãos e companheiros de viagem, companheiros de busca, testemunhas do processo de si mesmos, que vai além dos limites daquele salão, que percorrem o caminho contigo e te ajudam a sustentar e a integrar o que foi descoberto. Estes companheiros lembram você sobre uma maneira mais saudável de estar, uma maneira de ser na vida cotidiana que, no meu caso, é o maior dos desertos, e o lugar onde a desconexão ameaça instalar-se com mais tenacidade.

No sentido estrito, e de modo muito resumido, e no que diz respeito mais especificamente a meu eneatipo – E1 sexual – sinto que ao longo destes anos o trabalho com o Eneagrama me serviu, na verdade, para me desconfigurar e, em alguma medida, para me desprogramar, sem que eu voltasse a me reprogramar automaticamente. O processo, que foi acompanhado de um trabalho terapêutico intenso sem o qual não me teria sido possível atravessar muitos dos oceanos e das secas, foi um processo de me esvaziar, mais do que me preencher. Cada proposta dos SATs lançou luz sobre alguma sombra, e esta consciência me levou a aprofundar e a seguir iluminando certos espaços internos e encontrando luzes. Eu partia da ideia louca de percorrer esta trajetória como uma espécie de itinerário de formação e, como não?, com a ideia de "ser melhor" (se possível, a melhor), "mais perfeita". A própria experiência foi diluindo as expectativas, até que tive de me render à evidência de que eu não estava ali para seguir melhorando, mas justamente para entender que esta sede intensa de ser melhor ou de alcançar uma santa perfeição só fazia com que eu me sentisse

Um testemunho pessoal

Vejamos agora o testemunho de uma pessoa do caráter E1 que vem descobrindo as ciladas armadas pelo ego e que, portanto, em alguma medida, "colocou a coleira no cachorro" – o que em seu caso equivale, embora pareça contraditório, a soltar-se, fluir, deixar de esmagar outros (e de esmagar a si mesma) com suas normas, e adquirir consciência de sua ira reprimida.

Sinto que estou em movimento, e sei que boa parte desta suave ondulação interna, esta redondez que substituiu as arestas fora e dentro de mim, se deve aos cursos do programa SAT. Desde que iniciei este processo de desmonte da engrenagem do caráter e de desconstrução do ego não perco a chance de voltar, durante o verão de cada ano. Se você me perguntasse por quê, eu te diria: por amor. Amor, nada mais. Cada encontro, cada processo me devolve um contato comigo mesma, que me reconecta com a amorosidade, com a nutrição, com o humano, e cada vez que volto me traz a lembrança de que esta conexão é possível. Por isso, continuo voltando.

Para mim, cada um destes espaços foi, e continua sendo, uma volta para casa, para mim, para o outro, para os amigos, e me indicam onde está o caminho, do mesmo modo que este caminho é o do reconhecimento do que existe, da aceitação do que existe, de perdoá-lo, de sentir compaixão e empatia também por isso e, a partir de então, me abrir para a amorosidade como algo geral e também como algo particular e concreto.

A meu ver, o SAT tem três aspectos que fazem dele uma tecnologia terapêutica eficiente.

Em primeiro lugar, os processos propriamente ditos, nos quais as propostas servem como laboratório experimental, um espaço de ensaio onde se vislumbra, primeiro, as necessidades profundas e os traços de personalidade e, posteriormente, se coloca em prática, de um modo seguro, acompanhado e livre, tudo aquilo que a pessoa percebeu lhe ser útil e saudável e que, em resumo, sempre está orientado para a busca como elas são, entendendo que a vida é perfeita do jeito que é, e que não é preciso fazer nada para melhorá-la. O E1 acredita que não vale nada, e que não merece o amor, a menos que seja perfeito: um trágico erro de perspectiva. Não é verdade que as pessoas que nos amam fazem isso mais por causa de nossas virtudes, apesar (e por meio) de nossos defeitos?

Personalidade modal

Do ponto de vista da psicologia sistêmica, as famílias, os grupos, as organizações e até mesmo os países têm uma *personalidade* própria. É por isso que podemos aplicar o Eneagrama a questões sociais, aos problemas do mundo, a empresas e até mesmo a nações, e isso não é apenas uma intelectualização, ou um jogo. A psicologia utiliza a expressão *personalidade modal* para descrever o tipo de personalidade que se encontra com maior frequência numa cultura ou país, responsável, em grande medida, por aquilo que se denomina "caráter nacional". Assim, a Inglaterra vitoriana é tipicamente E1, assim como os Estados Unidos até o início do século XX, quando a personalidade modal puritana foi substituída pela atual personalidade modal mercantil, vaidosa e centrada no *show business*, típica do E3. Também representam o E1 o Japão imperial, a cultura samurai, a Inquisição e os Templários.

No livro *O Eneagrama da sociedade: males do mundo, males da alma*, Claudio Naranjo descreve como as paixões humanas individuais são as origens dos principais males sociais (e é por isso que o único antídoto contra a decadência do mundo é empreender uma viagem coletiva rumo à consciência). Como patologia social derivada da problemática E1, Naranjo menciona a repressão: quem julga os demais como inferiores atribui-se o direito de "educá-los". A aristocracia, ou a "casta" ou o assim chamado "1 por cento" são exemplos desta patologia na sociedade.

Não bastasse isso tudo, o E1 é um puritano, uma pessoa que se voltou contra seu próprio instinto. Eis aqui o mecanismo de defesa típico do E1: a *formação reativa*, ou seja, a expressão oposta ao desejo que ele realmente tem, mas que evita por causa da censura. O E1 não costuma se responsabilizar por seus próprios desejos. Um véu de censura moral o deixa cego. É desse modo que ele mantém resguardada a sua autoimagem. Um E1 pode expressar amor quando na verdade está sentindo ódio, expressa arrependimento quando na verdade está sentindo orgulho, ou então se reprime quando na verdade está sentindo desejo. É por isso que, muitas vezes, o indivíduo que se mostra como um imaculado perfeccionista durante o dia leva uma dupla vida sexual à noite, ou então se entrega às partidas de pôquer, ou se masturba colocando uma bolsa de plástico na cabeça, ou... quem sabe o que mais.

Alejandro Jodorowsky retrata este mecanismo de defesa com uma de suas típicas piadas, que pode ser perfeitamente aplicada à tendência do E1 de não se responsabilizar por seu próprio desejo:

Uma senhora sonha que acaba de se deitar em seu quarto. De repente, a janela se abre violentamente, e um negro musculoso entra no quarto. Está nu, e exibe um membro enorme, em plena ereção.

– Socorro! – grita a senhora. – Meu Deus! O que vai me acontecer?

– Não sei. Não sou eu quem está sonhando, mas você!

Tendo em vista a resistência deste caráter, o que pode curar um E1? Sem dúvida, a brincadeira, o cultivo do dionisíaco, o prazer, deixar de querer sempre ser a autoridade, esquecer-se das expressões latinas em seus discursos e outros pedantismos, trabalhar menos, ser mais carinhoso e menos preocupado com a *finesse*, não empurrar o rio da vida e, sobretudo, aceitar as coisas tal *ainda mais desgraçada, mais e mais distante de mim mesma, mais e mais sozinha. O passo a ser dado no princípio tinha a ver com o entendimento de que o que existia já é intrinsecamente perfeito, que está bem do jeito que é. Isto pressupunha, inevitavelmente, aprender a soltar – o controle, a ideia de que eu tinha de me responsabilizar por tudo, a desconfiança, o medo – e me permitir o espontâneo, o censurado. Assim, significou também trilhar o caminho de aceitar o que me parecia inaceitável. Coisas tão típicas do cotidiano, como sentir raiva, dor, desejo ou prazer me pareciam absolutamente intoleráveis; ser consciente de que, como para qualquer pessoa, elas faziam parte de meu mundo emocional e de minhas relações e me produzia um misto de profunda vergonha, irritação e urticária. Sempre achei que sentir estas "coisas" era algo indigno, mundano, vulgar, e elas me pareciam algo que eu deveria esconder. Assim, nesse sentido, um dos passos consistiu em me conscientizar de que eu era um ser humano como todos os outros seres humanos com os quais eu compartilhava o mundo, com emoções, com desejos, com um corpo, com limites. Foi um passo muito importante: me reconhecer humana e deixar de querer alcançar algum tipo de divindade. O passo seguinte tinha a ver com a percepção de como eu evitava todas estas emoções, e deixar de brigar e de me esforçar para que as coisas sejam como eu acredito que elas devem ser e quero que sejam (os relacionamentos, os amigos, o trabalho), com o processo de me aceitar, me permitir, e deixar de evitar a todo custo (enchendo minha rotina com atividades como o esporte, o trabalho, a vida social) a dor, com a compreensão de que há limites (do corpo, de saúde, motivacionais etc.). Neste passo, me dei conta de minha profunda irreverência em relação à autoridade, de minha falsa obediência e de meu sentimento de superioridade que, paradoxalmente, encobria um profundo medo de ser insuficiente, e de que alguém descobrisse isso. Nenhum esforço jamais me parecia suficiente. Vi com clareza minha dificuldade de reconhecer e de sentir a presença do outro.*

A partir daí, um dos saltos mais difíceis foi me atrever a transformar o invisível em visível, ou seja, tentar trazer à esfera pública aquilo que eu só vinha me permitindo (e em ocasiões muito específicas, e quando sentia muita confiança) nos círculos mais privados e mostrar tudo aquilo que eu rejeitava: o prazer, o desejo, a rebeldia, a indiferença, o riso, a preguiça, a raiva, a tristeza, em todos os lugares e em todas as suas formas e qualidades. O prazer estava proibido. A dor estava proibida. E era necessário mostrá-los em todas as suas facetas. E vou me dando conta de que torná-los visíveis aos outros me ajuda a estar mais sã, mais tranquila, mais confiante. Chego até mesmo a sentir, em momentos de muita lucidez (ou muito amor) que as pessoas gostam de mim sem que eu faça nada. Depois destas primeiras descobertas, foi essencial, mais recentemente, entender o significado do subtipo. Entender como meu olhar estava direcionado para meu parceiro, e como a intimidade, para mim, é tanto um anseio como uma batalha, um lugar onde me perco, e que, em vez de enfrentar os conflitos e minhas emoções, prefiro ir embora, dando a desculpa de que estava entediada. A conquista está em ficar e conversar, mostrar o que estou sentindo, escutar. Enxergar a profunda desconfiança no amor, e entender isso e a relação com o lado social – o que mais me mete medo –, aprender a combinar e a equilibrar ambos, sem me perder nos relacionamentos íntimos, está sendo um desafio e uma liberação.

Em toda esta caminhada, um dos maiores presentes que recebi foi a meditação. Tê-la descoberto no SAT me abriu a possibilidade de recuperar o sagrado, o divino, algo que, na verdade, me era profundamente familiar. Eu havia renegado o mais importante. A prática regular da meditação me ajudou a compreender que o sagrado se encontra no mundano, no humano, naquilo que eu sempre quis ignorar. Menciono a meditação como um aspecto à parte, pois eu a sinto como uma descoberta transversal a todas as demais. De algum modo, conhecer a prática de meditação no SAT e a partir daí tê-la transferido para uma ação mais continuada, representou um apoio a todos os outros processos de descoberta: dos amores, dos subtipos, da aceitação, da compreensão da morte e da impermanência. A prática constante da meditação e os retiros, combinados a trabalhos específicos – como são as meditações transpessoais, com música e, muito especialmente, contemplações sobre a morte – me permitiram apreciar a vida e ter a experiência de que a vida e a morte não passam de ideias, ou então me permitiram sentir o imenso gozo de desaparecer completamente, uma espécie de orgasmo universal, e não genital. Isso me abre a uma gratidão e a uma atitude mais compassiva.

Claro que os percursos nem sempre foram fáceis, nem aconteceram em linha reta. Sinto que às vezes dei passos para frente e para trás, para os lados, caminhei em círculos. Assim, embora seja verdade que sinto ter, em algum momento – neste sereno período de um ano – tocado o céu, senti também que a partir dali eu caía no inferno mais brutal. Este foi o período mais difícil: lutar contra a percepção de que não há nada mais (e nada menos) daquilo que existe, e de que o que há neste mundo é relativo. Tudo são luzes, não há sombras, mas às vezes me esqueço disso. É neste processo de aceitação que me encontro agora, e dou graças e abençoo tudo o que chega até mim. Às vezes.

Silvia Berdullas Saunders

Eneatipo 2 O bajulador

> Tríade dos emocionais
> Paixão: orgulho
> Fixação: adulação, falso amor

Um menino loiro, meloso e sensível se aproxima de sua mãe, com seus grandes olhos azuis a ponto de derramar lágrimas.

– Mamãe, por favor, me dá 2 reais. É pra um pobre senhor que está gritando na rua...

– Claro que sim – responde a mãe –. O que é que este pobre homem está gritando?

– Está gritando: – Olha o sorvete! Dois reais!

Esta piada simples toca na essência do caráter E2. Aqui está uma criança inocentemente enamorada de si mesma, que se glorifica diante de sua mamãe, e oculta sua imagem mais feia. Assim, que fique claro desde o início: o E2 não é o "ajudante", como nos querem fazer crer os eneagramistas açucarados, mas uma pessoa que tenta tirar proveito das situações, por meio da sedução. Nas primeiras oficinas do programa SAT ministradas por Claudio Naranjo em Berkeley, no início da década de 1970, ele se referia ironicamente aos E2 como os "ajudantes". Por uma desgraça, alguns poucos alunos seus não entenderam o humor implícito em sua fala e, portanto, Helen Palmer e companhia começaram a divulgar a atual visão obtusa e confusa deste eneatipo, transformando todo E2 em um arremedo de Madre Teresa de Calcutá.

Na piada que abre este capítulo podem ser observadas, em sua plena expressão, as características próprias do E2: sua estratégia básica de oferecer apoio emocional, a sedução manipulativa e a autoexaltação presentes na atitude de mostrar bons sentimentos e falsa generosidade. O E2 é uma pessoa com a intenção de deixar todos ao seu redor encantados (e normalmente o consegue, embora também haja pessoas deste caráter que agem como princesas desdenhosas, que não transmitem exatamente carinho). Desse modo, o E2 não é aquele que dá de uma maneira altruísta, e sim um especialista na manipulação e na sedução dos outros por meio de uma generosidade emocional estratégica. Além disso, é alguém que nega a si mesmo a sua verdadeira natureza: dar para receber. E, para completar, ele dificilmente aprende a tolerar a frustração.

Certa manhã, o filho de Nasrudin disse a seu pai:

— Esta noite sonhei que você tinha me dado uma moeda de ouro.

Nasrudin respondeu:

— Sim, é verdade. E já que você tem sido um bom menino, vou permitir que você fique com ela.

O E2 costuma ser uma pessoa atrativa e estimada por todos que o cercam, embora haja, às vezes, pessoas deste caráter que são desdenhosas feito princesinhas emburradas; tanto no primeiro quanto no segundo caso, seu deslumbramento e sua excessiva emotividade não lhe permitem dar-se conta de suas intenções ocultas. O que ocorre, de fato, é que o E2 atinge seus objetivos de manipulação emocional manobrando de modo estupendo a teatralidade. As pessoas deste eneatipo são espontâneas, alegres, maleáveis, descontraídas, carinhosas e profundamente sedutoras.

O E2 tem uma faísca de luz que atrai o outro, convence-o sem fazer esforço, como se tivesse sido tocado por um anjo. Ainda que isso tudo seja puro teatro.

Os E2 são, muitas vezes, grandes intérpretes de si mesmos, mas eles sequer sabem disso, ou não parecem dar-se conta disso. Muitos são incapazes de manter relações duradouras ou de experimentar afetos profundos. Para alguém que já está convencido de que é capaz de amar intensamente, é muito difícil reconhecer a triste verdade: não se ama mais do que a si mesmo.

As pessoas ao seu redor raramente suspeitam desta realidade. O E2 costuma ter tamanho magnetismo, costuma ser tão intenso, tão hipnotizante, parece ter tamanha capacidade de nos dar tudo e de saciar nossa sede de amor, que somente um louco seria incapaz de não se encantar por um ser como este. Por isso, não é raro que o E2 conte com inúmeros satélites humanos girando em sua órbita: ele adora se sentir no centro das atenções, saber que os outros precisam dele. E, quando um destes satélites se distancia demais, o E2 saberá como "puxar o fio" e trazê-lo de volta à sua órbita. Com tamanha rede de serviços e reverências tecida ao seu redor, não é de estranhar que este caráter tenda a ver a si mesmo de maneira nada problemática: pois tudo aparentemente está bem!

No entanto, nos primeiros séculos do cristianismo, os Padres do Deserto consideravam que o orgulho era o mais grave e fundamental dos pecados. E, embora no Eneagrama todas as paixões sejam consideradas igualmente tóxicas, um ou outro psicoterapeuta julga que este caráter é *incurável*, tal é o nível de rejeição à consciência e de cegueira diante de si mesmo, e das manipulações, mostrado, às vezes, pelo E2.

Um monge disse a Nasrudin:

— Eu sou tão desapegado, que nunca penso em mim; somente nos outros.

Nasrudin retrucou:

— Eu sou tão objetivo, que posso olhar para mim como se fosse outra pessoa; assim, posso me permitir pensar somente em mim.

Convém não confundir o orgulho do E2 com a altivez do E1. Com frequência chamamos de orgulhoso aquele que mostra uma atitude altiva e aristocrática, típica do E1. Porém, na realidade, o orgulho do E2 tem menos a ver com respeitabilidade, e mais com o desejo de ser necessário, especial, com sua demonstração de que lhe sobra amor para dar e, ao mesmo tempo, acreditar que não precisa de nada, e que pode viver sem receber dos outros (o que é uma ficção absurda, já que o E2 alimenta a constante expectativa de que lhe retribuam com juros pelas coisas que ele dá). Tampouco convém confundir o orgulho com a vaidade do E3: enquanto este último tende a nunca estar seguro em relação ao seu próprio valor (e por isso mantém-se tão atento ao olhar dos outros, para que o reconheçam), o E2 é alguém que se reconhece como internamente válido, e acredita estar num nível acima de suas capacidades.

Nasrudin cantava durante o banho. A acústica de seu banheiro era particularmente agradável. Um dia, cativado pela beleza da própria voz, ele pensou:

— Por que não compartilhar esse deleite com outros fiéis verdadeiros?

Ele correu até o topo do minarete mais próximo e começou a cantar, chamando para a oração da manhã.

Alguém gritou para ele:

— Idiota! Além de não estar na hora da oração, sua voz é horrível!

— Sim – respondeu Nasrudin, chateado –, teremos que esperar que construam um banheiro aqui em cima, para que me apreciem.

O orgulho guarda relação com a vaidade, aspecto central na tríade dos eneatipos emocionais, E2, E3 e E4, que têm um senso equivocado do próprio valor em função do olhar dos outros (é no olhar alheio que eles sustentam sua autoimagem e seu senso de valor próprio). Lembremos, também, que os caracteres emocionais estão marcados pelo apego ou pela cobiça (num sentido emocional) e por uma tristeza de fundo, com a qual tentam lidar de diversas maneiras. O E2, por exemplo, tenta escapar dela ao encantoá-la nas profundezas de sua própria sombra, enquanto deixa em primeiro plano sua representação de um personagem repleto de amor e de felicidade, hiperconectado com o que sente, para quem tudo está bem, e que é capaz de preencher as pessoas com seu reservatório de amor. Embora isso tudo não passe de uma farsa, já que na intimidade é revelada a sua sombra, aquilo que nega de si mesmo: a exigência, a inconstância caprichosa, a hipocrisia, o desprezo, a insolência, a impaciência, a arrogância, sua irreverência e incapacidade de obedecer ou de respeitar... O orgulho do E2, segundo Claudio Naranjo, "não apenas afirma seu próprio valor, mas o faz com uma agressiva exaltação de si mesmo diante dos outros, e sem qualquer consideração pelas autoridades e pelos valores estabelecidos", a ponto de que "seu lema poderia ser 'Faça amor... e guerra'".

Uma criança diz a um policial:

— Seu guarda, seu guarda, está tendo uma briga ali adiante, já faz meia hora!

— Se você sabe que a briga começou meia hora atrás, por que não me chamou antes?

— Porque meu pai estava ganhando.

Os E2 costumam ter formas arredondadas, suaves. A beleza física é mais encontrada neste caráter do que em qualquer outro. Trata-se de um eneatipo muito mais frequente entre mulheres do que entre homens (por uma simples questão cultural associada ao tratamento menos intelectualizado e mais permissivo com o emocional que as meninas recebem em nossa sociedade patriarcal). Elas costumam ser a filhinha predileta do papai; eles, o filhinho predileto da mamãe, a ponto de, às vezes, transformarem-se na "namorada" ou no "namorado" de seus pais. É por isso que costumam ter um histórico de confronto com o progenitor do mesmo sexo (na verdade, brigam para ocupar o seu lugar).

A *repressão* é o mecanismo defensivo por meio do qual as motivações existentes detrás dos comportamentos são mantidas inconscientes. Por meio da repressão eliminamos os conteúdos da consciência que não correspondem à nossa imagem idealizada. Não está claro se esta eliminação seletiva atende ao fato de que a pessoa não sabe o que faz, ou aparenta não saber. Os E2 costumam colocar o intelecto a serviço da emoção, a ponto de parecer que, mais do que pensar, eles "sentem que pensam". A emocionalização da vida facilita o processo de desviar a atenção da consciência e da verdadeira necessidade, que consiste em receber afeto, em vez de dá-lo. Nesse meio-tempo, eles seguem acomodados na crença de que "não precisam". Tal inconsciência da necessidade é, decerto, a base sobre a qual o orgulho está assentado. Por detrás de sua alegria e vitalidade, pode-se suspeitar de um pano de fundo oculto de vazio, que se transforma em sintomas histéricos, num erotismo bastante superficial e um certo apego às relações amorosas, como se fossem carrapatos emocionais.

O E2 costuma ser muito persuasivo, não com a lábia intelectual de seu companheiro de Eneagrama, o E7, mas com sua emotiva sensualidade colocada em cena (o orgulhoso seduz emocionalmente; o glutão, intelectualmente). Além de ser teatral, o E2 tem uma personalidade tremendamente erótica, capaz de colocar em ebulição o ambiente que ele adentra. Não é à toa que grandes musas e *sex symbols* do cinema e da canção são ou foram estupendos exemplos de E2, como as prima-donas Mae West, Marlene Dietrich, Liz Taylor ou Madonna, que certa vez declarou: "Sempre odiei fazer o que todos faziam. Acho que sou assim desde que nasci. Se as garotas se maquiavam, eu não me maquiava. Se elas se depilavam, eu não. Sempre fiz o contrário do que elas faziam para atrair os garotos". Na ficção, encontramos um exemplo de E2 na devoradora de homens e exageradamente sedutora Edie Britt, da série *Desperate Housewives*. E na história da cultura, é fascinante o caso de Lou Andreas Salomé, que seduziu celebridades como Freud, Rilke, Nietzsche e o poeta Paul Rée, amigo do filósofo, e propôs a estes dois últimos – que se apaixonaram por ela – formar um trio para produção e trabalho intelectual. Há uma foto em que aparecem os três, e na qual Salomé, empunhando um chicote, está sentada num carrinho de mão puxado pelos dois – desnecessário dizer algo a respeito. Outro exemplo muito revelador de E2 do tipo "rainha da sedução" é a pré-adolescente Lolita, do romance de Vladimir Nabokov, que, apesar de ser tão jovem, é uma bomba sexual, com enorme habilidade para arrastar os homens para a perdição, e de exercer um grande poder sobre eles. E não nos esqueçamos da diva da política argentina, Evita Perón, cuja sedução fez com que seus seguidores criassem em torno dela uma atmosfera devocional que perdura até hoje. Todas estas damas se encaixam no arquétipo da destrutiva *femme fatale* (os galãs de telenovelas, como os interpretados por Antônio Fagundes, outro E2, poderiam ser considerados a contraparte masculina deste eneatipo: *o homem fatal*).

A motivação deste subtipo do E2 é a sedução a qualquer custo. Talvez porque acredite que inspirar uma grande paixão lhe dará o direito a conseguir o que quiser. E muitas vezes são os maiores sedutores e conquistadores que existem. Alguém terá resistido aos encantos de Sônia Braga, na telenovela *Gabriela* (baseada no romance de Jorge Amado)? Ou então às canções melosas de Roberto Carlos, que contêm uma ternura implacável à qual o público não tem como não se render? Os E2 necessitam do desejo do outro, e não lhes é difícil conseguir isso, já que costumam ser pessoas irresistíveis, que vivem em ambientes onde impera a adulação e por estarem acostumados à autobajulação. Da mesma forma, têm uma grande tendência a desprezar todos aqueles que se deixam manipular por eles (os dedicados, os covardes que compram de olhos fechados o amor barato que lhes é oferecido), ao passo que as pessoas que lhes oferecem resistência são consideradas por eles peças valiosas, que tentam seduzir por todos os meios.

Um filósofo conhece uma mulher de grande beleza. Ela fica fascinada pela inteligência do homem. Ele, sentindo-se totalmente dominado pela beleza da moça, lhe diz:

– De agora em diante, você e eu seremos um único ser.

Arqueando uma das sobrancelhas, a mulher lhe responde:

– Um só? Meu amor, qual de nós dois?

Estamos aqui diante de um personagem que está completamente à mercê de sua emocionalidade e que, ao mesmo tempo, é mestre em envolver os outros nesta mesma rede de sentimentos inflamados. É uma pena que o E2 – e particularmente este subtipo que faz o papel de "vampira" – não tenha a honestidade de dizer às pessoas que seduz sobre sua intenção de lhes colocar uma coleira para que eles ajam como seus cãezinhos. Estes grandes sedutores são especialistas em montar nos ombros de suas vítimas e dominá-las, como ocorre quando Salomé seduz seu padrasto, Herodes Antipas, com uma dança, e lhe pede, como prêmio, a cabeça de São João Batista numa bandeja de prata. Ou então quando Dalila corta os cabelos de Sansão, fazendo com que este perca sua força. Que enorme capacidade para castrar!

O E2 costuma ser catalogado pela bíblia diagnóstica da psiquiatria americana (o DSM) como uma pessoa acometida pelo "transtorno histriônico da personalidade": um quadro de excessiva emotividade e de busca de atenção, um incômodo quando não está no centro das atenções, um comportamento sexualmente sedutor, uma expressão emocional rapidamente mutável e superficial, constante utilização do aspecto físico para chamar a atenção sobre si, teatralidade e sugestionabilidade. De fato, o E2 é um eneatipo especialmente dotado para o teatro, seja na comédia ou no drama – ou melhor, na tragicomédia. Carole Lombard, Jerry Lewis, John Travolta e um longo etcetera de histriônicos são E2.

Para reconhecer um E2, há que se prestar bastante atenção em seu comportamento orgulhoso, especialmente na exaltação de seu próprio valor, na maneira como desempenha o papel de "princesa/príncipe", "rainha" ou "imperatriz", conforme o subtipo: se tem a total necessidade de ser o centro da atenção, se pretende seduzir todo o mundo, ou se apresenta delírios de grandeza (ou pretende ser Deus).

Além do orgulho, outro traço de personalidade é sua necessidade de amor. Embora seja, em geral, bastante independente, este eneatipo leva uma vida direcionada ao romantismo e à intimidade (mesmo que tal intimidade só resista a dois cafés da manhã pois, quando o fogo de sua paixão fica menos intenso, ele costuma saltar para outra aventura – embora isso não signifique que um E2 não consiga passar a vida inteira ao lado da mesma resignada parceira). Esta característica transforma o E2 numa pessoa invasiva, que desconhece limites. É normal que demore a perceber que fala pelos cotovelos, e que sua tagarelice carece de interesse, mas... quem se atreverá a dizer a um ser tão belo e atraente que ele é tão maçante! Talvez somente a resignada cônjuge, que é quem melhor conhece a realidade do E2.

– *Sabe, querida, que, quando você fala, eu me lembro do mar.*

– *Que lindo, meu amor! Não sabia que eu te impressionava tanto.*

– *Não é que me impressione... você me provoca náuseas!*

Com o tempo, observei que o subtipo "princesa" do E2 é o mais propenso a falar muito. Trata-se de pessoas que confundem *ser amado* com *ser agradado*, como a personagem de "A princesa e a ervilha", conto dos irmãos Grimm. Estas princesas caprichosas, que geralmente são um modelo de ternura e de afeto, costumam ficar furiosas ou desdenhosas quando não recebem agrados, ou no mínimo lançam farpas depreciativas em seus torturados amantes – isso quando não se dedicam a submetê-los a pequenas e constantes provas para verificar a intensidade da paixão de que elas acreditam ser merecedoras.

A lista de "princesas" no universo do *show business* é incomensurável (o que não significa que todas as princesas – ou rainhas ou imperatrizes – sejam E2: a rainha espanhola Letizia Ortiz, por exemplo, é uma puritana e inexpressiva E3). Coloquemos no saco das E2 "princesas": Kate Moss, Shakira, Penélope Cruz, Sarah Jessica Parker, Xuxa – a "rainha dos baixinhos" – e Regina Duarte, a atriz espevitada que se transformou na secretária de Cultura mais desinformada e incompetente que o Presidente Bolsonaro poderia ter nomeado; e também o ídolo adolescente Justin Bieber, que, quando completar 50 anos, continuará sendo um principezinho insuportável. E o que dizer de Scarlett O'Hara, a maravilhosa protagonista de *E o vento levou*?

Tanto no romance de Margaret Mitchell como no filme homônimo, Scarlett é caprichosa e manipuladora a ponto de provocar náuseas. Tem plena consciência de seus encantos e adora flertar com os homens. Além disso, mostra grande perseverança a fim de conseguir o que deseja, e faz isso não por meio do esforço, mas pela sedução e pela manipulação. Scarlett se apaixona por Ashley Wilkes (um E6), pois ele é o único homem que não consegue seduzir e, por outro lado, esquiva-se de Rhett Butler (um E8 no romance, mas E7 no filme), seu pretendente desavergonhado e ardiloso. Scarlett costuma estar cercada de pretendentes, e faz com eles o que quer: é uma sedutora ativa, vivaz e coquete, mas não se trata de uma "mulher fatal", e sim de uma garota que deseja brincar e que sabe estar em posição de grande vantagem; que seduz e não se responsabiliza pelas consequências de sua sedução e, portanto, é especialista em "castrar" o homem e usá-lo, já que não tem o menor respeito por ele. Certamente Vivien Leigh, a atriz que interpretou Scarlett, também era E2. Seu marido, Laurence Olivier, de início confundido pelos encantos de Vivien, chegou a sentir-se desesperado com ela, a ponto de chegar a lhe agradecer por suas infidelidades, como um meio de libertar-se dela. Conta-se também que, quando a atriz teve uma fazenda, batizou todas as suas vacas com os nomes dos personagens do filme. Todos... exceto o de Scarlett, pois só poderia haver uma Scarlett: ela mesma.

Nasrudin estava passando ao lado de um poço quando teve o impulso de olhar para dentro dele. Era noite e, ao espiar o fundo da água, ele viu o reflexo da lua.

– Preciso salvar a lua! – pensou o Mulá. – Senão ela jamais minguará e o mês de jejum do Ramadã nunca chegará ao fim.

Ele encontrou uma corda, lançou-a para dentro e bradou:

– Aguente firme! Continue brilhando! O socorro está a caminho!

A corda ficou presa numa pedra dentro do poço e Nasrudin puxou com toda a força. Inclinando-se para trás, ele subitamente sentiu a corda ceder e caiu de costas no chão. Ainda deitado, recuperando o fôlego, ele viu a lua em sua trajetória no céu.

– Fico feliz em ter sido útil – disse Nasrudin –. Ainda bem que eu estava passando por aqui, não é?

Outro traço que distingue o E2 é o hedonismo, que costuma partilhar com o guloso E7. O orgulhoso busca compulsivamente o prazer, que lhe serve de base ao papel alegre e de autossatisfação que ele assume perante o mundo. Por isso mesmo, costuma sentir-se facilmente frustrado quando seus desejos não são atendidos ou quando não obtém o reconhecimento que esperava. No entanto, o E2 costuma manifestar seu desejo com assertividade, desenvoltura e atrevimento, e em geral não cede antes de conseguir o que quer.

Um traço também marcante no E2 é sua tendência a cuidar dos outros e a falsa abundância. O orgulhoso sabe reprimir sua necessidade de amor, pelo menos durante o tempo necessário para deixar os outros confusos e conseguir manipulá-los. Para tanto, transforma-se num especialista na arte de igualar sua própria necessidade à das pessoas a quem ele oferece sua simpatia e ternura. Um arquétipo da literatura ídiche, a típica "mãe judia", é inevitavelmente E2: com sua ternura e seus cuidados, ela aniquila suas crias, e as fagocita. Woody Allen mostrou isso muito bem no episódio *Édipo arrasado*, no filme coletivo *Contos de Nova York* (1989). Sheldon, interpretado pelo próprio Allen, percebe-se submetido a um intenso controle exercido por sua mãe, papel desempenhado pela encantadora Mae Questel. A invasão de sua intimidade, e até mesmo de sua vida sexual, chega a um ponto tal que sua mãe lhe aparece no céu de Nova York para lhe dar conselhos e censurar seu comportamento, e só volta à Terra no momento em que ele decide se juntar a uma garota muito parecida com ela. As "mães judias" são o pior pesadelo para uma criança.

> Quando uma mãe judia serve a refeição à mesa, todos os membros da família precisam estar com fome, porque ela mesma está com fome.
> Se ela se levanta cedo, está na hora de se levantar.
> Se está cansada e quer dormir, todos devem ir se deitar.
> Se um filho fica resfriado, ela tosse por seu filho.
> Se um filho tem febre, ela mede a própria temperatura com o termômetro, e começa a suar.
> Se uma filha está em trabalho de parto, ela empurra.

Se um filho vai prestar um exame, ela sabe todas as respostas.
Se no carro ela ocupa o assento ao lado do motorista, ela dirige por seu filho.
Se seu filho não lhe telefona, ela para de comer para evitar engasgar-se no caso de ele ligar.
Quando se reúnem, as mães judias são capazes de falar todas ao mesmo tempo, fazendo perguntas e respondendo umas às outras.
As mães judias são todas muito curiosas. Elas se interessam por tudo que esteja relacionado aos filhos das outras mães, para poder destacar as qualidades de seu próprio filho[7].

Uma mãe dá de presente a seu filho duas gravatas. Ele veste uma delas na sexta-feira, para o *Shabat* e, ao chegar à casa de sua mãe para celebrar o dia mais importante da semana, ela o olha e pergunta:

– Meu filho, você não gostou da outra?

Numa outra ocasião, esta mesma mãe se encontra com uma amiga para tomar chá, e lhe diz:

– Meu filho é um médico fantástico. É absolutamente necessário que você faça uma consulta com ele!

– Mas... não tenho nenhum problema de saúde – responde a amiga –, ir a essa consulta pra quê?

– Ele é um médico tão bom que... mesmo que você não tenha nada, ele encontrará alguma coisa.

Certos E2 agem como "imperatrizes". Trata-se dos viciados no prestígio. Cleópatra, tão acostumada aos banhos regados a leite de jumenta, foi um claro exemplo deste excesso de au-

---

7. ILES, R. "La madre judía". *La cultura hebrea*, 16/05/2011.

toimportância, que leva alguns seres humanos a acreditar que foram eleitos pelos deuses. O cineasta Oliver Stone mostrou muito bem o caráter excessivamente emotivo e impressionável de Alexandre o Grande, um típico E2 "imperador". Numa famosa cena do filme, Alexandre mata seu amigo Clito, comandante de seu exército, numa briga vulgar entre bêbados. Clito criticara Alexandre por seus delírios de grandeza, mas o imperador não tolera as críticas, perde a cabeça e o mata. Napoleão foi outro grande delirante. Não lhe bastou conquistar metade da Europa; também quis tomar posse da Rússia, e sucumbiu. Para quem anseia o prestígio, suas conquistas nunca são suficientes. Há também vários exemplos do E2 conquistador no cenário da política: Nicolas Sarkozy ou Cristina Kirchner. A arrogância destes dois indivíduos só se equipara a seus delírios de grandeza.

Daenerys Targaryen, de *Game of Thrones*, é outra orgulhosa com vícios de grandeza. Nesta série há abundantes exemplos de E2, como Margaery Tyrell ou Melisandre de Asshai. Mas a *Khaleesi* Daenerys, a Nascida da Tormenta, a Não Queimada, a Quebradora de Correntes ou Mãe dos Dragões leva o troféu. Ao longo de suas aventuras no Leste, a jovem rainha recebeu vários apelidos imperiais e, além disso, o povo a venera, já que ela se dedica a libertar escravos em cada cidade que conquista. E é claro que ela faz isso à base de sangue e de fogo, inclusive crucificando seus inimigos.

Isso nos leva ao verdadeiro ponto de conflito do E2: a verdadeira transformação só pode ocorrer se ele identificar este círculo vicioso mediante o qual preenche a sensação de vazio com o orgulho, com a manipulação e com a importância que atribui a si mesmo.

— Serei breve — anunciou Nasrudin, ao voltar da capital —, e limitarei meus comentários sobre essa ocasião à declaração de que meu momento mais notável foi quando o rei falou comigo.

Tomados de admiração e perplexos diante da glória que por reflexo os envolvia, a maioria das pessoas recuou e seguiu caminho, comentando esse maravilhoso acontecimento.

O camponês mais simplório de todos ficou para trás e perguntou:
– O que disse Vossa Majestade?
– Ele me disse: "Saia do meu caminho!"

Para curar-se, o E2 terá que começar a reconhecer sua sede de atenção e de distinção, e treinar-se para adotar atitudes humildes. No final das contas, o E2 representa papéis muito bem, e tal atuação é uma boa terapia. Alejandro Jodorowsky sempre conta que, quando seus filhos nasceram, ele os rejeitava, e que empregou o teatro para fingir que os amava, até que a farsa surtiu efeito, e ele se descobriu realmente amando os filhos. Isso é conhecido como o "teatro sagrado".

É fundamental que um E2 aprenda a não evitar a dor e as situações desagradáveis, e que cultive a autocrítica, que ouça aquilo que não quer ouvir, que ouse sentar-se junto de seus amigos (ou melhor, de seus inimigos) para lhes perguntar: "Qual é a sua opinião a meu respeito? Acha que eu me dou demasiada importância? Você poderia me falar sobre os meus defeitos?" Este caráter tem uma grande necessidade de sentir-se amado, e é por isso que ele manipula e seduz tanto os outros: se um E2 aprender a reconhecer sua necessidade, a reconhecer-se sedento de amor, descobrirá como é falso seu papel de pessoa carinhosa e em que medida ele recorre à simples adulação estratégica. Porém, para conseguir isso, terá que se disciplinar: este caráter, acostumado a viver na mais absoluta complacência, pouco conseguirá caso ninguém o confronte ou o questione. Ao ousar escutar as críticas, ao deixar de comprar sua própria mentira, o E2 dará o primeiro passo no caminho que conduz ao amor genuíno, que também é o caminho que leva à consciência.

Personalidade modal

O Facebook é uma empresa E2: um excelente exemplo de vampirismo emocional de seus usuários, que criaram para os servidores da rede social um enorme tesouro de dados dos quais o governo e as empresas de pesquisas corporativas se aproveitam para antever o que compramos, influenciar nossos hábitos de compra e nossas opções de voto. A internet está recheada de formas de parasitismo como esta, baseadas no conhecimento e aproveitamento do estado emocional dos internautas. Como diz o analista de mídias Douglas Rushkoff, "estamos lhes oferecendo enormes quantidades de informação sobre nossas vidas, as vidas de nossos amigos, de seres queridos e de conhecidos. O Facebook e as empresas de pesquisa de 'grandes dados' compram esta informação para poder fazer melhores previsões a nosso respeito, desde nossas próximas compras ou orientação sexual, até nossa disposição para cometer atos de desobediência civil e terroristas".

A França é um país tipicamente E2: a *grandeur*, o orgulho nacional, o tom depreciativo adotado pelos falantes, os ares de superioridade, a sedução de toda a sua produção cultural, o desprezo que os garçons de Paris parecem sentir pelos fregueses... A Argentina, também: os argentinos são orgulhosos, e a cultura popular é prova disso. Por que os argentinos não tomam banho com água quente? Porque isso faz embaçar o espelho. Qual é o resultado do sexo entre um argentino e uma funcionária de limpeza? Um porteiro que se acha o dono do edifício.

A patologia social do E2 é o falso amor: trata-se de pessoas capazes de conviver ao lado do poder e aproveitar-se dele, como uma forma de parasitismo, ou de uma entrega à vida fácil através da sedução. "Estas artes de sedução nos cegam diante da natureza do amor", e a praga do desamor é assim perpetuada através das gerações.

Um testemunho pessoal

Segue abaixo o relato de uma pessoa que se deu conta de que não é tão importante quanto acreditava. Ao livrar-se da autoimportância, também se liberou da compulsão de tentar satisfazer as necessidades afetivas dos outros. Agora só dá quando lhe é pedido, não a todo momento. Tampouco expõe sua intimidade de um modo histriônico, mas no momento em que opta por expor-se, faz isso de um modo mais autêntico. Sabe que o mundo continuará girando quando ela não estiver mais por aqui, e saber isso representa um descanso para ela.

Em cada etapa da formação de meu processo pessoal, meu terapeuta Francis Elizalde esteve presente, guiando e acompanhando meus passos. Graças a ele, minha caminhada tornou-se mais profunda e pausada, o que foi fundamental para que, em vez de simplesmente engolir o processo, eu pudesse sentir seu cheiro, seu sabor, que o mastigasse em mil e um pedaços, para que a verdadeira integração chegasse sem feridas falsamente cicatrizadas. Li todo o material que encontrei sobre o Eneagrama, e fizemos um trabalho de auto--observação durante cerca de dois anos, antes de eu começar o curso de Introdução à Psicologia dos Eneatipos (programa SAT), quando eu já me identificava com o E2. Percorri todos os eneatipos sentindo, raciocinando e me observando a partir de cada um deles. A curiosidade é uma de minhas companheiras de viagem, e aquilo que a princípio me pareceu uma brincadeira se transformou numa paixão. Tornou-se um caminho difícil quando, em certos momentos, eu perdia a noção de quem eu era. Era doloroso quando eu conseguia reconhecer partes mais escondidas de minha sombra, quando por exemplo aceitei que minha generosidade estava ligada a ter uma carta branca me outorgava um poder falso e estéril sobre o outro. Mas, acima de tudo, foi libertador. Sempre tive o anseio de ser livre, quando a única certeza é de que eu era uma escrava devota de tudo aquilo que me haviam dito, ou daquilo que eu havia concluído que deveria ser, para ter um lugar no mundo. Um dos presentes que me foram dados pelo processo SAT foi justamente isso: a liberdade consciente e responsável de ser. A cada dia, tento ampliar o registro de reações cognitivas, emocionais e comportamentais, o que me permite intervir ou não no mundo, de modos diferentes em cada momento ou situação, sem trair a mim mesma.

Antes de começar o SAT eu era extremamente rígida nos planos corporal e mental. Minhas emoções eram muito intensas, mas eu me expressava de maneiras limitadas, transitando basicamente entre a irritação, a culpa e a exigência. O prazer e o desfrute eram aspectos superficiais de minha vida, assim como a feminilidade ou a vulnerabilidade, que eu considerava típicas de pessoas covardes ou fracas. Levava a vida numa grande ausência de contato com minhas verdadeiras necessidades. A prepotência regia todas as minhas atitudes e relacionamentos, e eu acabava ficando muito sozinha, com um grande sentimento de incompreensão.

Há um aspecto fundamental que foi penetrando em mim ao longo do processo SAT: saber que nunca conseguirei dissolver completamente o ego. Antes, isto era apenas um conceito em minha mente; agora, uma vez que aceitei isso, me chega a integração de uma verdade da qual já não posso me esconder. Penso que a programação egoica é tão determinante, ela gruda ao ser de tal maneira que não é possível descolar-se dela por completo. E isso tampouco é necessário: não é questão de "matar o ego", mas de colocá-lo a nosso serviço. Quando entendo o orgulho como amor-próprio, isso me facilita o autorrespeito e o estabelecimento de meus próprios limites e os dos outros – o que para mim é tão difícil. Hoje me conformo em saber que estou no caminho, que dedico toda minha atenção e intenção a entregar-me à vida e ao serviço do outro, que posso observar se estou presente no aqui e no agora, e dar a mim mesma a *possibilidade de me abrir, de vez em quando, a novos registros e modos de contemplar o mundo.*

Comparecer, no verão de cada ano, à Casa Grande, sede do SAT, sempre me provocou uma grande excitação.Reencontrar-me com as mulheres, que até então me pareciam tão distantes, permitir--me descansar no peito delas, quando eu sentia desolação e tristeza profunda, que desagarra uma pessoa, de seu ventre até a garganta... Compartilhar o momento do banho a cada manhã deixou de ser desagradável – percebi como eu rotulava isso como superficial ou fútil – para ser um momento que eu esperava o resto do ano. Perfumes, olhares, risos entre bolhas de sabão que se espalham pela bela pele das mulheres, e eu entre elas, simplesmente como uma a mais. Os homens deixaram de ser inimigos a serem caçados ou derrotados, seduzidos ou usados; transformaram-se em meus irmãos. Creio que o Movimento Autêntico de Betina Waissman foi determinante para modificar meu olhar em relação a eles, seres divinos e humanos que também guardam uma dor em seu coração, que também foram expulsos do paraíso; e agora, como órfãos que se reencontram, podemos nos respeitar e nos admirar, sabendo que temos uma afinidade complementar e maravilhosa.

Um outro aprendizado imprescindível foi, a cada manhã, poder experimentar os diferentes enfoques possíveis para trabalhar com o movimento corporal. Meu corpo deixou de ser um cabo de vassoura – que só movia a cabeça e um dos pés, e passei a me sentir como uma pipa dançando no ar. Minha atenção às sensações corporais ficou mais aguçada, e se transformou num sinal de que algo está me inquietando, de modo que eu possa dar atenção a isso, antes de haver um transbordamento emocional. O formato do SAT me permitiu olhar para aquele espaço como um laboratório onde sei que a proteção e o cuidado estão garantidos, de modo que posso experimentar e me equivocar tantas vezes quantas sejam necessárias.

Um momento que no início eu temia, e que passei a buscar mais a partir do SAT 3, é a meditação. Minhas tentativas de acesso a esta prática remontam a um passado distante, embora tenham sido infrutíferas até aquele momento. A primeira dificuldade foi a postura: as dores se sobrepunham a meus desejos. Quando descobri as cadeirinhas para meditação, vi a luz, literalmente. O corpo se deixava estar sem ficar detonado durante a prática, mas as dificuldades não terminaram ali. Assim que o corpo alcançava o estado de meditação, apareciam os intermináveis pensamentos que se amontoavam em minha mente. Cada vez que eu começava a meditar se tornava uma tortura para minha cabeça, até que encontrei a origem: meu ego estava se agitando contra aquilo que – segundo minha compreensão – era um veneno mortal que o poderia diluir como a aguarrás faz com a tinta. Dei-me conta, então, de que o caminho deveria partir da ternura, do acompanhamento do ego com seu medo, que era o meu medo. Dei o último passo quanto tive a oportunidade de meditar com Claudio pela primeira vez, no SAT 3. Sua presença me possibilitou ter as primeiras experiências de meditação consciente, uma sensação de dissolução corporal e de pequenez, que me desconcertaram e me transformaram profundamente.

Ao longo deste caminho, dei muitas voltas em espiral, mas a raiva e a dor sempre valeram a pena. Às vezes me pergunto como consegui sobreviver emocionalmente à montanha-russa imposta pela histeria à vida cotidiana de um eneatipo 2. Eu chamo isso de vaudeville[8]. A vida é um teatro, um jogo praticamente sem limites, e no qual as emoções, se não são intensas e dramatizadas, não parecem autênticas, ou simplesmente não existem. Isso implica um desperdício de energia e numa desonestidade importante, bem como no desgaste da relação com o outro. Ano após ano, isso foi se diluindo, se acalman-

---

8. Comédia frívola, ligeira e picante, de argumento baseado na intriga e no equívoco, que pode incluir números musicais e de variedades [N.T.].

do e se tornando menos incômodo e mais divertido a cada vez que se apresenta. Trabalhar o meu desapego, minha desafeição e, sobretudo, a minha observadora interior tem sido uma chave para eu poder entender o que é uma emoção genuína. Agora, quando a emoção me chega, posso estar presente, sem que ela se sente no trono, e se transforme na dona da situação.

Antes, eu teria sido capaz de morrer por algumas ideias, por meus ideais, que na verdade não são tão meus como eu acreditava. Sempre achei que era bom ser fiel a alguns princípios, ser coerente apesar de ter medo ou de não querer, de fato, ser coerente. Este é o verdadeiro sacrifício tão valorizado em nossa cultura. Agora posso mudar de opinião, não tenho por que seguir os ideais de ninguém, posso não ser coerente se eu assim decidir, posso escolher a vida, mesmo que isso possa parecer um ato de suposta covardia.

A invasão é outro traço de meu caráter que consegui investigar em diferentes momentos do processo. Já não se faz tão imperiosa a "necessidade" de ocupar o espaço com a palavra. Já não me sinto obrigada a "entreter" os outros quando estamos num almoço. Certa vez me dei conta, amenizadas a prepotência e a arrogância, de que não é que as pessoas sejam entediantes ou não saibam conversar; mas elas comiam ou pensavam antes de falar. Num outro sentido, fui deixando minha tendência de transgredir minha intimidade me expondo, e recaindo no "honesticídio". Agora tento cuidar do meu mundo, e cuidar de mim.

Em relação à falsa abundância, já não me sinto responsável pelo sofrimento do outro, e tento não dar se a pessoa não me pede; ser moderada, não fazer alarde sobre os projetos que tenho em mãos, ou desfrutar da escassez me conecta com a realidade e me facilita responsabilizar-me por aquilo que é meu. Tornou-se desnecessário seguir levando nas costas fardos que não cabem a mim, para que precisem de mim, ou para que eu seja reconhecida; não sou imprescindível. O *mundo seguirá girando quando eu não estiver mais aqui, e isso me dá uma paz que me permite desfrutar do cotidiano, do "não sei", e recuperar o apreço pela ignorância. Tudo isso me ajudou a me sentir mais humana, mais verdadeira.*

Um aspecto muito presente é o imenso desejo de ser reconhecida, que sempre busquei, sobretudo em minha vida profissional. Sou um vagão de trem que ignora seu destino e segue a toda velocidade, sem se dar conta da paisagem, sem parar em nenhuma estação. Agora sei que, quando não busco tantos projetos, e sinto a segurança de estar no lugar que me corresponde, o restante vem por si. Há uma confiança no fato de que a vida me proverá, e que isso ocorrerá sem a necessidade de que eu empurre. Ir aonde o coração me levar: nisso está a paz.

Na relação com meus pais, um olhar compassivo e compreensivo se faz cada vez mais presente. Assumir apenas o papel que corresponde a mim me livrou de muitos fardos e me coloca no meu lugar em relação a eles. O trabalho do SAT com os "três amores" me ajudou a desenvolver o amor admirativo e a baixar a cabeça, o que me proporcionou muito descanso. Graças a isso posso me ocupar de meu filho a partir deste outro lugar.

Por falar em amor admirativo, este sempre foi o tipo de amor pelo qual eu menos transitei e o que menos valorizei; só comecei a experimentá-lo ao conhecer Claudio no SAT 3. Nunca gostei de tratar as pessoas de autoridade como se fossem superiores, e fazia questão de usar o pronome "você" no trato com elas como um gesto de rebeldia, mas quando senti a presença dele na sala, a vibração de sua voz, e a imensidão de seu saber, me apequenei sem pensar a respeito. Neste mesmo SAT, houve outro evento transcendental em meu processo. No outono, eu havia entrado em contato com a verdade inevitável de que eu era mortal. Eu não sabia disso. Alguém como eu não poderia ter data de validade, e enxergar a finitude de minha vida foi um momento muito doloroso para mim. Neste

SAT, estávamos fazendo um exercício de renascimento, mas nele eu não nasci; para mim, era necessário dar um passo anterior. Então aceitei, com a mais absoluta confiança, o fato de que uma morte simbólica era necessária, e me entreguei, curvando as costas, à morte e à sua irmã, a vida. Ao sair da piscina em que acontecia o exercício, e após um momento de descanso entre "meus pais", abri os olhos, e as nuvens que cobriam o sol se abriram até deixá-lo todo descoberto. De repente, surgiu em minha consciência uma convicção clara e contundente: "Há algo maior do que eu, e que faz parte de mim". Eu venho de uma família de ateus confessos, que têm orgulho de seu ateísmo. Não é fácil para minha cabeça, com a educação que recebi, admitir de forma racional o que me aconteceu, mas aprendi que há coisas que não precisam ser entendidas, basta aceitá-las. Há um mantra a que recorro com frequência para ser um pouco mais humilde e grata diante dos grandes: "Escutar é obedecer, e obedecer é entregar-se. Confie!"

Na relação de casal, deixei de buscar o amor ideal, prefiro aceitar, descobrir e compreender o outro com respeito, paciência e um olhar compassivo. Olhar para o que se tem, em vez daquilo que falta, deixando para trás, uma a uma, as expectativas infantis. Estar no cotidiano como algo natural e frutífero em si mesmo, e considerar a rotina como um espaço de segurança e não como um estado incômodo que se impunha em minha vida para obscurecê-la, me ajuda, no dia a dia, a descobrir um aspecto desconhecido da palavra amor.

Às vezes me esqueço de onde venho, de como foi o meu processo, e retomo minhas exigências; então respiro e sorrio para mim mesma. Estou num momento muito sereno, sou dona de minha vida e trabalho com o que gosto. Meu filho é um ser maravilhoso, que amo profundamente. Tenho uma família excepcional que adoro e que me adora. Pessoas que têm apreço por mim e confiam em mim; um homem que, apesar de toda a minha sombra, me ama, e a quem posso respeitar. Resta-me um longo caminho a percorrer, mas vou desacelerando meu ritmo e desfrutando da paisagem. Agora posso, inclusive, parar em determinado trecho do caminho e sentir o gozo, a serenidade e a gratidão por estar viva e por ser quem sou.

Ana Baza

Eneatipo 3   O artificial

> Tríade dos emocionais
> Paixão: vaidade
> Fixação: falsidade ou autoengano

Um advogado compra uma BMW nova em folha e sai para mostrá-la a seus colegas do tribunal. Chega e estaciona, abre a porta para sair e, neste momento, passa um caminhão que arranca por completo a porta do veículo.

O advogado desce do carro e começa a praguejar feito louco. Pega seu telefone celular e chama a polícia, que chega rapidamente:

– Meu carro, que acabou de sair da concessionária! Este animal, esta besta, arrancou minha porta!

E assim continua até que o policial lhe diz:

– Mas, senhor, como é que o senhor pode ser tão materialista? Não percebeu que, junto com a porta, o caminhão também lhe arrancou o braço, do cotovelo para baixo?

Atônito, o advogado olha para seu cotoco, e diz:

– Que merda! Cadê o meu Rolex?

Certamente esta piada descreve apenas uma das facetas do E3: a do "vencedor", como o chamam os eneagramistas açucarados. Mas... esse tipo retratado na piada é um vencedor, ou está mais para idiota? Na Grécia clássica, era considerado idiota aquele que se preocupava somente consigo mesmo e com seus interesses particulares, sem dar atenção aos assuntos públicos ou políticos. Que ótima definição para um E3! (e, de modo geral, para todo narcisista).

Todas as pessoas deste caráter estão, em maior ou menor grau, viciadas no sucesso ou no prestígio, ou no cumprimento de objetivos sociais ou na intimidade com o parceiro. Porém, enquanto o estereótipo do E3 costuma mostrar uma pessoa agressivamente impiedosa em seu afã pelo *status* e pelo lucro, outras pessoas deste caráter talvez pareçam frágeis e inseguras, conforme o seu subtipo. Há, inclusive, aqueles que talvez mostrem uma postura moral aparentemente contrária à vaidade, embora mostrem, igualmente, uma grande dependência do reconhecimento alheio.

Se é certo que no mundo de hoje quase todos nos ancoramos, em maior ou menor medida, no *status*, na beleza ou no dinheiro para nos atribuirmos importância pessoal, o caso do E3 é especialmente paradigmático. Quando é privado do Rolex, da segurança que lhe é concedida por sua profissão ou pelo seu rosto bonito, ele não encontra outros pontos de apoio aos quais possa se agarrar. Em geral, trata-se de pessoas que parecem necessitar muito das aparências – um substituto que ocupa o lugar do amor-próprio de que elas carecem.

Os E3 colocam seu valor no olhar do outro, e precisam da apreciação do público, da parceira, do chefe. É nisso que se baseia sua autoestima, que eles não são capazes de criar sozinhos. Por isso apoiam-se em valores externos como o brilho social ou, com maior frequência, na capacidade pessoal de enfrentar desafios ou de executar bem um trabalho. E é esta a tragédia do E3: sem contar com o apoio de tais fatores externos, sentem que não têm *valor* e, portanto, carecem do poder pessoal de autovalidação de que são dotados outros caracteres mais descarados.

Além disso, reconheceremos um E3 por sua precisão, capacidade, diligência e, às vezes, sua implacabilidade: alguém que, caso tenha de escolher entre a compaixão e o sucesso, dará prioridade ao sucesso. Assim, um E3 pode ser agradável, mas ter, no fundo, um caráter frio e calculista. Em diversas ocasiões, busca ascender na escala social ou profissional, e para isso vale-se da competitividade e das campanhas de autopromoção. Caso necessário, não hesitará em caluniar seus concorrentes. Também costuma ser uma pessoa sofisticada e dedicada à representação no teatro social, que pode se entreter diante do espelho durante horas. É muito provável que se deixe levar facilmente pela imagem, e que seja fascinado pela fogueira das vaidades sociais.

Nasrudin foi a um banho turco. Recebeu um péssimo atendimento dos funcionários, que lhe deram apenas uma toalha velha. Mas ele não disse nada, e deu a cada um deles uma moeda de ouro.

Na semana seguinte, o Mulá apareceu novamente. Desta vez, os funcionários lhe deram um tratamento de primeira classe, mas Nasrudin deu a cada empregado uma moeda de cobre, a de mais baixo valor.

– Senhor – perguntaram a ele –, por que uma gorjeta tão pequena por um serviço tão bom?

– Esta gorjeta é pela semana passada. Aquela é a gorjeta pelo serviço de hoje. Agora estamos quites.

É fácil observar que o número de pessoas E3 aumentou em paralelo com a consolidação da era do plástico, da cultura de busca do lucro fácil e rápido, do materialismo, do *show business* e do culto ao corpo. Porém, para além dos estereótipos, talvez não seja simples identificar um E3: sua capacidade de adaptação o transforma num admirável camaleão.

O E3 é um caráter tão diversificado quanto são diversificadas as formas que a autofalsificação e a fraudulência adotam em nossa sociedade mercantil: do *yuppie* feroz à abnegada secretária, passando pelo *fashion victim*, a secretária eficiente, a *hippie* do *design*, a especialista em moda, a intelectual sofisticada, e até mesmo a ativista chique, uma pessoa que, ao empunhar a bandeira de uma causa "autêntica", revela na verdade uma enorme capacidade de adequar-se ao entorno, para ser aceita. O E3 cultiva, sem dar-se conta, a típica personalidade mercantil: preocupa-se com o sucesso, deseja ser visto pelos outros como um vencedor, ser aplaudido por seus méritos profissionais, que o admirem por sua beleza. Sua vida é antecedida pelo "como se"; ou seja, falsifica a si mesmo para estar em sintonia com o entorno, mesmo que às custas de atropelar seus desejos e sua espontaneidade.

Em contrapartida, o nível de exigência do E3 em relação ao mundo é enorme: são capazes de fixarem-se nos menores defeitos estéticos em tudo que estiver em seu campo de visão. Não me refiro apenas a uma barba malfeita, ou de uma roupa desalinhada, mas a uma atitude exclusivista em relação ao outro. O E3 é uma pessoa com intenção de viver numa área VIP com entrada restrita a qualquer pessoa que não esteja antenada com ele, ou que não atinja o nível de sofisticação que ele exige. Não é de estranhar que lhe custe tanto entregar o coração. Simultaneamente, tenta controlar a situação o tempo todo. Poderíamos batizar seu comportamento como "a doutrina *modess*, fina e segura". O E3 aposta todas as fichas no comportamento "que não seja visto, ou que não afete sua boa imagem pública", o que resulta numa fraudulência ainda maior e numa adulteração pessoal.

Numa conversa entre duas secretárias, uma diz:

– Enquanto meu chefe agir como se estivesse me pagando um bom salário, continuarei agindo como se estivesse fazendo um bom trabalho.

A vaidade é uma preocupação apaixonada pela própria imagem. Os vaidosos vivem para o olhar dos outros, retiram da experiência própria o foco de interesse, para colocá-lo na antecipação ou na fantasia da experiência do outro. Assim, o vaidoso parece não apenas estar preocupado com a estética, mas também com o insubstancial, já que vive consagrado cegamente à sua própria imagem.

Diferentemente do E2, que baseia seu orgulho no autoelogio e no coro bajulador de uma série de indivíduos que lhe servem de plateia, o E3 não se sente como uma pessoa que merece a atenção dos outros apenas por existir; em vez disso, ele se mobiliza constantemente para demonstrar seu valor, razão pela qual ele é chamado de *ego-go* (alguém que segue a vida correndo atrás do sucesso profissional, ou do cultivo do bom gosto ou das boas maneiras). Se o E2 acredita que "merece" porque tem valor, que tudo lhe será dado por Deus por simpatia, o E3 faz todo o possível para merecer e ser visto: trabalha, amplifica seus próprios méritos, se esforça e, portanto, vive estressado.

Porém, o E3 é sobretudo uma pessoa autoiludida que acreditou na imagem que vende, que se identificou com sua máscara, com o reflexo que lhe é devolvido pelo espelho social, pelo olhar dos homens (ou das mulheres) ou de seus superiores hierárquicos, a ponto de ele sentir terror ao suspeitar que debaixo de sua máscara talvez não haja nada. Um bom exemplo da capacidade do E3 de vender uma imagem estilizada de si mesmo é o ex-Presidente Fernando Collor de Mello. Muitos lembrarão da imagem de Collor, dos anos que antecederam seu *impeachment*, com seu cabelo engomado, vestindo caros ternos de grife, em meio a uma inflação galopante. Nos anos de 1990, Collor era a nítida imagem de um corretor da Bolsa de Nova York administrando um país do Terceiro Mundo com modos refinados, e a primeira medida que tomou ao chegar à presidência foi confiscar o dinheiro da caderneta de poupança dos aposentados e da classe média. Ainda hoje, a impressão é de que Collor trabalha somente para reparar sua imagem pessoal, e seu nome se une ao de outros vaidosos da política, como o mais simpático – mas igualmente decepcionante – Fernando Henrique Cardoso.

Mas, o que aconteceria se o vaidoso afrouxasse o nó de sua gravata, se deixasse de encolher a barriga e de se manter limitado a um roteiro escrito por seus assessores de *marketing* para manter uma boa imagem? Provavelmente, ele descansaria de si mesmo.

– *O que o senhor gostaria de beber, Senhor Bond?*

– *Um Martini com vodka...*

– *Não tem ninguém olhando para o senhor...*

– *Ah, nesse caso, me traga um café com leite e um pão de queijo. E me traga também o jornal* Lance.

Se a vaidade é a paixão do E3, sua fixação é o autoengano. Trata-se de uma forma específica de engano: a simulação no que diz respeito aos sentimentos. O E3 costuma estar desconectado daquilo que sente: prefere simular que sente aquilo que acredita se ajustar melhor à sua imagem. E faz isso de maneira inconsciente, pela qual ele se condena a viver uma infelicidade reprimida. Reconhece ou expressa apenas os sentimentos "corretos", o que significa que um E3 é uma pessoa submetida a um hipercontrole, desconectada de seus instintos, do prazer e do fluxo da vida.

O E3 costuma apresentar-se diante dos outros como uma pessoa que sabe se adequar ao comportamento exigido pelos diferentes ambientes, que sabe como se vestir, que entende de vinhos, que sabe como parecer estar atualizada, mas que bem no fundo sente-se vazia, não é autêntica, finge seu *status*, preocupa-se mais com o cultivo do próprio corpo, com o conteúdo de sua carteira ou com sua aparência do que com seu coração...

Na lanchonete de um hospital, três cirurgiões discutem as experiências que tiveram em suas cirurgias. O primeiro diz:

– *Eu prefiro operar os contadores: quando você os abre, está tudo ali, numerado.*

O segundo replica:

– *Já eu prefiro os bibliotecários, porque eles têm todos os órgãos dispostos em ordem alfabética.*

Ao que o terceiro opina:

– *Mas os mais fáceis de operar são os advogados. Eles não têm coração nem rins; e, no caso deles, a cabeça e a bunda são intercambiáveis!*

O protótipo do *yuppie* do Rolex ou do advogado sem coração encaixa-se muito bem com o subtipo mais agressivo do E3: o que vive preocupado com o prestígio. Trata-se do típico executivo ou do tubarão de Wall Street com gel no cabelo, que vive somente para os negócios, o lucro e o consumo, no estilo do filme *O lobo de Wall Street*; da típica *fashion victim* que vive em sua redoma de alto estilo, perfumes caros e decoração ostentatória; do repugnante colega de escritório que vive puxando o saco do chefe e é extremamente competitivo com os colegas; do escritor lambedor de botas que sabe muito bem posar para fotos, numa permanente campanha de autopromoção; dos típicos especialistas em *marketing*, tecnocratas, assessores políticos, marqueteiros eleitorais, criativos publicitários e outros profissionais com tendência a vender alegremente sua alma ao diabo. Outras figuras arquetípicas do E3 são o barão do petróleo ao estilo de J.R. Ewing da série *Dallas*, ou então *Blake Carrington*, de *Dinastia*; a controladora e elegante Angela Channing, de *Falcon Crest*, ou a malvada madrasta de *Branca de Neve*, tão preocupada diante de seu espelho e em ser a mais bela. Para citar alguns exemplos reais do E3, podemos mencionar Silvio Berlusconi (viciado nas aparências a ponto de se transformar na imitação moral do mesmíssimo retrato de Dorian Gray).

Para todos estes seres ambiciosos, o que importa particularmente é brilhar, e as aparências. São pragmáticos e calculistas, orientam-se de acordo com o que é moderno e com o que tem um grau de excelência, mas são conformistas em relação ao *statu quo*, e moldam-se conforme a moral dominante sem questioná--la, mesmo que seja a do lucro a qualquer preço.

Interrompam o transplante, tivemos uma rejeição! – diz o cirurgião-chefe, em plena cirurgia.

– Dos rins, doutor? – pergunta a enfermeira.

– Do cheque! – responde o médico. – Voltou, sem fundos.

O psiquiatra viciado nos rótulos do DSM não encontraria nele nenhuma possível classificação para o indivíduo E3. Este eneatipo predomina na sociedade norte-americana a tal ponto que seus doutores e sábios não o encaram como um problema, mas como um protótipo de normalidade. Quando muito, o E3 seria rotulado como uma personalidade "tipo A": cumpridora de seus objetivos, competitiva, sempre acelerada e com tendência a sofrer de doenças cardíacas.

No entanto, Erich Fromm suspeitou da existência desta patologia da personalidade, e a denominou *orientação mercantilista*, que consiste em confundir o valor de uma troca comercial com o valor das pessoas. Para o E3, tudo consiste num intercâmbio de bens, às custas, inclusive, de sua própria realização na vida. Mesmo que já saibamos que "somente o estúpido confunde valor e preço".

Um homem entra num restaurante ao lado de uma loira impressionante, e um pinguim logo atrás deles. Durante horas, o pinguim mostra um apetite voraz, que resulta numa conta de milhares de reais. Ao final da refeição, o maître *pergunta:*

– Senhor, desculpe, mas estamos todos intrigados com o seu pinguim.

– Pois bem, eu encontrei um gênio da lâmpada, que me concedeu três desejos: eu lhe pedi uma grande quantidade de dinheiro, e

por isso não é um problema eu pagar esta conta. Também lhe pedi uma loira impressionante. Por último, lhe pedi um pássaro enorme, que se mantivesse sempre ereto, e fosse insaciável. E veja só... me deu um pinguim!

Voltemos agora a atenção à loira impressionante da piada acima: é um personagem secundário, quase um manequim que aceita qualquer condição, contanto que esteja ao lado de um homem influente. Certamente sabe sorrir muito bem, com um sorriso tão falso quanto brilhante. É o arquétipo da boneca Barbie (ou do boneco Ken, na versão masculina). É capaz de se apresentar diante do mundo de uma maneira bastante intimidatória, como estas modelos que dão passos firmes na passarela, ou estas rainhas da beleza de quadris sensuais e com mirabolantes peitos siliconados. Mesmo assim, ela também pode ser afetuosa e frágil, lânguida e vaporosa, de estética chique ou *grunge*, mas está sempre bem-produzida, seguindo a última moda, pois sabe bem como "levar vantagem". Pode, inclusive, chegar a usar óculos *hipster*, ler uma biblioteca inteira de clássicos e falar com fluidez sobre o *Tractatus* de Wittgenstein, sem que isso tudo não passe de pose. Em todo caso, com frequência é alguém que, por sua preocupação com a aparência e o *status*, abdica do cultivo a valores próprios e entrega-se aos valores sociais predominantes, às modas e à opinião dos outros.

Na academia de ginástica, uma morena diz a uma loira:

– Minha menstruação está atrasada; vou fazer um teste de gravidez. A loira responde:

– As perguntas são difíceis?

As famosas piadas de loiras burras, tão caras à cultura popular, representam outra importante faceta da personalidade E3: o culto ao corpo e à beleza, acima do intelecto, das emoções ou de qualquer outro valor. Tais piadas acabam se transformando em estereótipos culturais, mas também denunciam a obsessão pela compostura, pelo capricho, pelo esmero e elegância, pela personalidade de plástico, pela falsificação e, por último pela tendência à adulteração de si mesmo, tão própria das pessoas com este caráter.

Segundo o Eneagrama, vaidosos são aqueles que se renderam aos valores sociais, que duvidam de seu próprio valor e, por isso mesmo, apoiam-se em suas conquistas, no *status* ou na aparência física. É uma desgraça que vivam numa ficção que se perpetua além do imaginável. O E3 ignora que possa haver algo além da ficção social ou da falsificação emocional que ele desenvolveu. Assim, o E3 pode ser o melhor dos *yuppies*, mas também o melhor dos *hippies*. Na verdade, ele pode ser o que bem entender: o mais esforçado dentre os atores, a mais sofisticada dentre as donas de um bordel (como Karin, interpretada pela atriz Rafaela Mandelli, na série *O negócio*), ou a melhor dona de casa (o estereótipo da esposa loira norte-americana da década de 1950 é uma expressão absoluta deste eneatipo), ou o vendedor mais bem-sucedido e com o sorriso mais branco.

Há uma grande quantidade de garotas E3 dentre as *influencers*, as instagramers e outras viciadas em exibir-se com ostentação nas redes sociais... A necessidade de algumas pessoas de serem admiradas ou de receber a atenção de uma câmera as leva a considerar seus corpos como uma mercadoria ou um "capital corporal" com que poderão obter reconhecimento, algo em fina sintonia com a concepção do corpo como uma mercadoria à venda, tão em voga em nossa cultura. É por isso que muitas pessoas (não apenas o E3) vivem na dependência do olhar alheio, a ponto de se tornarem prisioneiras de seu automatismo narcisista.

Uma loira deslumbrante está caminhando pela rua quando dá de cara com um assaltante, que lhe grita:
– É um assalto! Me dá seu telefone!

– *Está bem. É o 9 6554...*

Haverá quem ache um exagero a identificação do E3 com o estereótipo da loira burra, mas não é. Há uma estupidez intrínseca à atitude de confiar na beleza para todas as coisas. "Como é perfeita a ilusão de achar que a beleza é uma virtude", dizia Sócrates (e a feiura, um pecado, eu acrescentaria). Para contrabalançar esse tema, tomemos o exemplo de Sharon Stone: ela é uma E3, não há sombra de dúvida em relação à sua inteligência, como já demonstrou ao desempenhar inúmeros papéis que contrariam sua fama de garota frágil, de suas primeiras incursões no cinema. Em minha vida, conheci muitas mulheres E3 extremamente sofisticadas, muitas vezes numa ótima posição social, e de uma inteligência excepcional, além de terem uma beleza admirável. Sendo dotadas de tantas virtudes simultâneas, que problema pode haver com elas?

Para responder a esta pergunta, vou me deter um instante no caso de uma cineasta que, sem dúvida alguma, é acometida de vaidade: Sofia Coppola. A filha patricinha do grande Francis Ford Coppola passou de modelo a uma cineasta bem-sucedida graças a uma série de filmes caracterizados por uma habilidosa vacuidade (mais ou menos o que ocorreu com Darren Aronofsky). Um de seus piores filmes é, sem dúvida alguma, *Maria Antonieta*. O filme carece de contexto político, usa uma trilha sonora *pop* para ilustrar o século XVIII e cria uma Maria Antonieta que luta para encontrar sua "verdadeira identidade" no meio da realeza. Porém, o problema não está no fato de Sofia Coppola mostrar a superficialidade de uma corte dedicada aos caprichos e à sua infame rainha, mas que tal superficialidade seja o *leit motiv* do filme, que em momento algum é questionada. Maria Antonieta foi a rainha francesa que, ao ser informada de que o povo se queixava por não ter pão, supostamente teria dito: "Pois que comam brioches". Pouco tempo depois, acabou sendo executada na guilhotina.

A cineasta disfarça seu esteticismo escudando-se em questões de gênero (um recurso muito batido, certamente) e é convincente a tal ponto que um crítico chegou a escrever: "Este é o terceiro filme de Sofia Coppola cujo foco está na solidão de ser mulher e em como é terrível viver rodeada por *um mundo que sabe como usar você, mas não como valorizá-la ou entendê-la*". Os grifos são meus, e esta frase revela uma das eternas queixas de todo E3: "Não sabem me dar valor, não me entendem, só me usam" (pode-se imaginar tal argumento saído da boca de uma atriz *sexy* com quem todos querem ir para a cama, na de um *yuppie* encarcerado por corrupção ou na de uma cineasta ofendida pelas vaias da crítica no Festival de Cannes, como ocorreu com a própria Sofia após a primeira exibição de *Maria Antonieta* para a imprensa).

É curioso observar que as pessoas E3 costumam renegar sua beleza, buscando serem aceitas em razão de outros valores, como sua típica inteligência de comerciante com uma calculadora entre as pernas ou sua sensibilidade prostituída, tão atenta ao brilho e à moda. De modo contraditório, elas se "produzem" durante horas diante do espelho, alisam os cabelos, besuntam-se com cremes antienvelhecimento. Debaixo de tanto verniz, certamente uma voz de alarme faz com que elas considerem que qualquer pessoa disposta a comprar a oca beleza vendida por elas seja muito "tola por acreditar neste engano".

– *Querido, você acha que eu exagerei na maquiagem?* – *pergunta uma E3 a seu marido.*

– *Depende. Você está saindo para matar o Batman?*

Se minha hipótese estiver correta, e Sofia Coppola for, de fato, uma E3, talvez isso explique o fato de que esta filha edípica tenha retratado de maneira icônica esse tipo de caráter em quase todos os seus filmes, desde as encantadoras Irmãs Lisbon de *As virgens suicidas* até as ladras patricinhas de *A gangue de*

Hollywood e, particularmente, a melindrosa e sentimentaloide Scarlett Johansson de *Encontros e desencontros* (uma típica E3 do subtipo "beleza frágil de pálpebras caídas e curvas arrebatadoras, que também poderíamos definir como "olhe para mim, mas não me toque").

Abre-se aqui o debate: alguns poderão considerar que os personagens dos filmes de Sofia Coppola retratam tanto garotas E2 como E3. Porém, conforme escreveu Jane Austen em *Orgulho e preconceito*, "a vaidade e o orgulho são coisas distintas, embora muitas vezes sejam usadas como sinônimos. Uma pessoa pode ser orgulhosa sem ser vaidosa. O orgulho está mais relacionado à própria opinião que temos de nós mesmos; a vaidade, àquilo que gostaríamos que os outros pensassem sobre nós".

Uma mulher de 45 anos sofre um ataque cardíaco, e já na mesa de cirurgia ela tem uma experiência de quase-morte. Quando encontra a morte, pergunta a ela se realmente irá morrer. A morte lhe responde que não, que ela viverá mais 30 ou 40 anos.

A mulher se recupera e decide aproveitar a internação no hospital para fazer uma lipoaspiração na coxa e no abdômen. Duas semanas depois, já recuperada, ela vai ao banco pedir um empréstimo para fazer uma cirurgia estética. Faz um lifting de mama, coloca um pouco de silicone nas nádegas, conserta o nariz, injeta colágeno nos lábios, retira as rugas e os pés de galinha, faz um tratamento para varizes e celulite, paga adiantado por 120 sessões de massagem para redução de abdômen, faz uma cirurgia bariátrica, retira duas costelas e faz mais outros truques para rejuvenescer... E pensa: "se vou viver mais 30 ou 40 anos, que minha aparência fique fantástica".

Após sua última cirurgia, ela deixa o hospital, atravessa a rua e... é atropelada por uma ambulância.

Ao chegar ao hospital, vê-se novamente de frente com a morte e, antes de dar o último suspiro, queixa-se a ela:

— *Você me prometeu que eu viveria mais 30 ou 40 anos! Você me prometeu!*

— *Sim, é verdade, sua idiota –, mas eu não consegui te reconhecer!*

Um dos problemas mais frequentes do E3 é sua desconexão entre a reação amorosa e a sexual: as relações íntimas são um tema turbulento em sua vida, e é comum que ele sinta um grande desejo por um ser que ele não ama, ao mesmo tempo em que ama outro ser pelo qual não sente desejo sexual. É difícil que uma pessoa deste caráter possa reunir amor e atração sexual numa mesma pessoa: costuma viver esta cisão mantendo as aparências, encontrando um amante e levando adiante, com aparente normalidade, um matrimônio vazio, que carece de um contato real e profundo...

Em relação a este vazio, cabe acrescentar que estas pessoas costumam buscar terapia somente quando seus parceiros as abandonam, ou quando estão a ponto de fazê-lo, e com frequência repetem o mesmo estribilho queixoso: "O que eu fiz de mal?", o que em certa medida é revelador de sua visão mercantilista das relações humanas, ou seja, da relação que eles estabelecem entre seus esforços e os resultados que esperam obter. É bastante comum que o E3 perpetue um relacionamento que não vai a lugar algum, que já esgotou o seu potencial, no qual o sexo há tempos já se transformou numa lembrança, e no qual a paixão foi substituída, na melhor das hipóteses, por uma relação de irmandade ou de companheiros que dividem o mesmo teto.

O E3 encara sua parceira como um investimento; por isso, não é de estranhar que ele se empenhe em levar o relacionamento adiante, apesar de tudo, entregando-se facilmente àquilo que a sociedade espera dele, e deixando clara sua dificuldade para soltar-se, render-se e entregar-se à vida.

— *Este relacionamento nunca vai dar certo. Tem dias que sinto que eu não te conheço, Marcos.*

– *Márcio.*

– *Sim, seja lá qual for o teu nome...*

Se o *yuppie* buscava o *status* social, a Barbie buscará o sucesso sexual e amoroso, desenvolvendo seu *sex appeal*. E, desta maneira equivocada, embora se empenhe em graduar-se em três universidades, dois mestrados e um doutorado *cum laude*, a E3 continuará incapaz de livrar-se da má fama de "loira burra" das piadas. E, ainda por cima, por ser um caráter tão controlado, a Barbie muitas vezes sofre de repressão sexual: não se entrega na cama, e depende tanto "do que as pessoas dirao" que não se permite relaxar. Tanto assim que seu excessivo autocontrole muitas vezes a levará à frigidez ou a uma reação sexual superficial (o que não significa que todo E3 seja frígido: por sorte, os corpos são mais honestos do que as mentes).

– *Doutor, tenho um problema sexual – confessa uma atraente garota ao psicólogo.*

– *Me diga, qual é seu problema?*

– *Ah, doutor, é que tenho um caráter muito fraco. Os homens conseguem tudo o que querem de mim, e depois fico sentindo remorso.*

– *Ah, este seu caso não é difícil de lidar, há muitos métodos para reforçar o caráter.*

– *Mas doutor, você não me entendeu: o que eu quero é deixar de sentir remorso!*

Marilyn Monroe interpretou o estereótipo desta espécie de mulher em *Os homens preferem as loiras*, embora neste filme Marilyn não demonstre um pingo de burrice. O que ocorre é que ela se comporta de maneira infantil e estúpida como uma forma de buscar a proteção do homem, que é exatamente o que fazem muitas mulheres E3 do subtipo *sexy* (ao passo que os homens deste mesmo subtipo se empenham mais em encarnar o estereótipo do macho-alfa hipersexual: elas se transformam em Barbie; eles, em Ken). Conforme já vimos na piada do pinguim, atrás da loira burra se esconde, na verdade, uma loira (ou loiro) à venda.

A vida de Marilyn é um bom exemplo disso tudo. Durante muitos anos, ela batalhou para se transformar na mulher mais desejada do mundo, e conseguiu. Não é difícil imaginar em que medida ela deve ter se sentido vazia e estúpida ao longo desse caminho. Por isso, buscou homens poderosos ou notáveis do ponto de vista intelectual, que lhe compensaram e taparam este incômodo "buraco no ser", como Arthur Miller, o ator Yves Montand ou o diretor Elia Kazan. Talvez isso tudo também explique por que ela acabou tomando uma overdose de barbitúricos. Há uma divertida piada apócrifa que relata um suposto encontro entre Marilyn e Albert Einstein:

– *Professor – diz ela –, você não acha que deveríamos ter um filho juntos? Consegue imaginar um bebê com a sua inteligência e a minha beleza?*

– *Lamento – responde o gênio –, mas meu receio é que o experimento tenha o resultado inverso, e nosso filho nasça com minha beleza e a sua inteligência.*

Mesclemos, agora, dois dos estereótipos já descritos: o ambicioso agressivo e a loira burra. O resultado é a abominável protagonista do filme *Eleição*, de Alexander Payne. No filme, Jim McAllister (Matthew Broderick) é um professor do ensino médio que entra em conflito com Tracy Flick (Reese Witherspoon), uma aplicada aluna que é, além disso, uma sedutora sensual. Tracy seduz o melhor amigo de Jim, o Professor Dave, que acaba sendo demitido do emprego e abandonado pela esposa quando se descobre que ele dormiu com uma menor. Após causar estes estragos, Tracy anuncia que se apresentará como candidata à presidência do Conselho Estudantil. Horrorizado, Jim tenta dar a Tracy uma lição de humildade, estimulando outra pessoa a candidatar-se a esta vaga: Paul Metzler, o típico atleta idiota e popular do Ensino Médio. Porém, Tracy é especialista em autopromover-se, em seduzir, manipular e fazer bolos para seus colegas, trabalhar duro, colocar cartazes, fazer desaparecer os rivais...

Os trabalhos comunitários não remunerados, aparentemente altruístas, podem ocultar uma boa dose de astúcia e são um terreno perfeito para políticos em campanha eleitoral – o que faz lembrar outra famosa história do Mulá Nasrudin sobre como alguns investem tempo e energia para serem notados:

Nasrudin comprou uma grande quantidade de ovos e imediatamente os vendeu a um preço menor do que o custo. Ao ser indagado sobre por que havia feito isso, respondeu:

– Você não vai querer que me chamem de especulador, certo?

Atenção, *spoiler*! A partir daqui, não continue a ler se não quiser estragar a surpresa sobre o final do filme *Eleição*. Depois de uma série de peripécias, a venenosa e manipuladora Tracy consegue vencer as eleições pela margem estreita de um voto (O tolo Paul, tendo votado nela, deu o voto de Minerva). Diante do fato consumado, Jim elimina duas cédulas para evitar a vitória de Tracy, mas o bedel as descobre na cesta de lixo, e denuncia a fraude. Enquanto isso, a esposa de Jim o abandona, ao descobrir que ele a trai com outra mulher. Para completar, ele é expulso da escola em razão de sua fraude eleitoral. Humilhado, muda-se para Nova York, onde começará uma nova vida. No final do filme, Jim por acaso avista Tracy entrando na limusine de um importante político (o que reforça nossa impressão de que ela teve uma ascensão social inescrupulosa, e atira uma lata de Coca-Cola no vidro traseiro do carro, estilhaçando-o. (Fim do *spoiler*.)

Curiosamente, este filme tão irônico serviu de modelo para muitas séries de adolescentes colegiais, que carecem totalmente de ironia, e glorificam a personalidade E3, como a série *Glee*. O ambiente *high school* sempre foi um viveiro de pessoas deste eneatipo: séries como *Barrados no baile* ou *Melrose Place* levaram a fase vaidosa da adolescência até a faixa etária dos trinta anos – ou mais além.

A sociedade de consumo foi bem-sucedida ao nos vender a ideia de que todos somos únicos, especiais, aristocratas em potencial e que, portanto, temos não somente a possibilidade, mas a obrigação de nos elevarmos ao cume da pirâmide social. Esta ideia parece estar bastante disseminada na escola secundária norte-americana, se prestarmos atenção a outros filmes sobre *teenagers*, como *American Pie – A primeira vez é inesquecível*, *As patricinhas de Beverly Hills* ou *Prova final*, nos quais multidões de garotas lutam para conquistar o líder da equipe de rúgbi, competem fervorosamente para ser a mais popular e comportam-se como se fossem estrelas de pornô chique. Todas estas garotas estão marcadas pela sedução do pai que, de um modo ou de outro, lhes inculcou a ideia do "vamos, querida, você pode fazer melhor", o que as deixou neuróticas.

A apoteose do caráter E3 no mundo *teen* pode ser encontrada em um dos filmes mais estranhos do diretor Paul Verhoeven, *Tropas estelares*. Baseado no romance homônimo de Robert Heinlein, Verhoeven retratou a idílica vida escolar de um grupo de adolescentes no século XXIIII. O pior é que: a) sem dar-se conta, eles vivem numa sociedade fascista na qual o militarismo, o clima de agitação e propaganda (*agitprop*) dos meios de comunicação e a hipertecnologização da vida conduzem a uma total negação da individualidade e à aceitação cega do uso da força bruta; b) um ataque dos insetos gigantes do planeta Klendathu destrói milhões de humanos, dentre os quais estão os parentes de nosso grupo de amigos, de modo que o governo da Terra prepara um contra-ataque e envia estes combativos *teenagers* ao planeta alienígena. Os garotos acabam aniquilando os pobres insetos gigantes – apesar da resistência destes –, em relação aos quais o espectador sensível talvez sinta asco, a princípio, e logo em seguida, compaixão: a vitória humana é esmagadora, e não há sentimento de piedade diante da diferença e da alteridade. O massacre será brutal e trará ecos de um holocausto.

No entanto, os adolescentes norte-americanos, público ao qual o filme é dirigido, não notaram a intenção paródica do cineasta. Não à toa, costuma-se acusar a Hollywood atual (*tão* E3) de não levar suas histórias a sério e de fazer críticas e paródias tão sutis que o público as ignora e, pior ainda, acaba simpatizando com o alvo da paródia. Isso nos lembra, aliás, que a paródia é o grande gênero da vaidosa pós-modernidade, tão afeita ao uso da ironia para celebrar sua própria ausência de compromisso com a realidade. Desse modo, presta-se atenção somente à encenação e à produção, relegando todo o restante a um segundo plano, e traindo a intenção derradeira da narração: a de fazer progredir o espírito humano através do mito, da metáfora, da viagem. Voltando a *Tropas estelares*, parece que somente alguns críticos se deram conta da intenção crítica; um deles, lembrando a série juvenil *Beverly Hills 90210* (intitulada *Barrados no baile* no Brasil e *Sensação de viver* na Espanha), rebatizou o filme de Verhoeven com o nome *Sensação de morrer*. Sem comentários.

Duas garotas de 12 anos se encontram num shopping center *de Beverly Hills.*

– Na sua escola vocês têm problemas com as drogas?

– Sim, a cocaína anda muito cara e difícil de encontrar.

Coloquemos juntos, agora, o *yuppie* agressivo e Marilyn Monroe, Barbie e Ken, a modelo e o estilista, o supérfluo Paul e a calculista Tracy, a cantora Sandy e os *teenagers* militarizados de *Tropas estelares*. Uma ótima síntese do resultado desta mistura está descrita em *Turbinada*, canção de Zeca Baleiro, em que a mulher coloca botox, 250ml de silicone em cada seio, fica com uma "cinturinha de pilão", e se transforma numa mulher "sarada e envenenada", numa "máquina", como diz o refrão da canção.

Os mauricinhos, também chamados de filhinhos de papai – ou patricinhas, filhinhas de papai, na versão feminina – ou também conhecidos pelos adjetivos *playboys*, engomadinhos, burguesinhos, ou... metidos a besta – são a quintessência do E3: os mais propensos a deixarem-se levar pelo culto às aparências. A cultura os coloca em evidência por meio das piadas: Como é que um mauricinho reza um Pai-nosso? "Papai santo, *darling* que estás no mais *top* dos *tops*..." São também mauricinhos (ou patricinhas): Ricky Martin, Cacá de Souza, a rainha do silicone Andressa Urach, as revistas *Caras*, *Contigo*, *Quem Acontece*, *Tititi*, *IstoÉ Gente*, a série *Nip/Tuck*, a cirurgia estética e os solários de raios ultravioleta. Há uma alta probabilidade de que uma garota *hipster* seja E3. Há alguns anos, nas faculdades de Jornalismo, havia uma grande quantidade de aspirantes a escritores; parece que hoje há muitos que aspiram ao cargo de "bustos falantes" nos programas de televisão, como tantas e tantos apresentadores deste eneatipo na TV brasileira.

Pessoas vazias, vendidas ao espelho, com um intelecto colocado a serviço do alcance de objetivos calculados ou com a mente pouco dotada, a "patricinha" ou o "mauricinho" aproveitam qualquer ocasião para mostrar seu *corpinho* ou sua marca. Os E3 não são tolos, mas superficiais: sua encenação estudada, seu frio cálculo das possibilidades e seu modo reprimido de controlar-se e de controlar os outros fazem com que eles levem a vida de uma maneira adulterada, como se fossem um produto humano excessivamente formatado, carente de espontaneidade e de originalidade.

Na sequência, reproduzo um diálogo delirante entre um senhor paquistanês e uma celebridade famosa (esta coisa de celebridades é muito E3!), mostrado num *reality show* da TV. Convém dizer que Paris Hilton responde a todas as perguntas estampando um impecável sorriso de orelha a orelha – que não a abandona em nenhum momento.

Sr. Ghauri: O que você sabe sobre o Paquistão? Onde fica este país?

Paris Hilton: Bem... geografia não é meu ponto forte.

SG: Bem, e você sabe qual idioma é falado no Paquistão?

PH: Paquistanês!

SG: Esta é a resposta que geralmente se dá...

Sr. Ghauri: Isso não existe [na realidade, urdu é o idioma oficial do país].

SG: Vejamos, então... qual é a principal religião no Paquistão?

PH: Hum...

SG: Eu lhe darei uma pista: é a religião de que mais se fala desde o 11/9.

PH: [dando um largo sorriso] A Cabala!

Em países como Colômbia, Venezuela ou Brasil, há inúmeras atrizes de telenovela, modelos e apresentadoras de TV do eneatipo três, como Silvio Santos, Fátima Bernardes ou Luciano Huck. O universo da moda é outro celeiro de E3 no mundo: Cindy Crawford, Gisele Bündchen, Adriana Lima, Claudia Schiffer, Alessandra Ambrosio. O mundo do *glamour* de Hollywood também é indiscutivelmente E3. De Rita Hayworth a Gwyneth Paltrow, de Sharon Stone ("a prostituta da América" desde *Instinto selvagem*) até Julia Roberts ("a namorada da América" desde *Uma linda mulher*), todas estas *sex symbols* têm em comum uma certa vaporosidade, além de um corpo cheio de curvas que, atuando como publicidade passiva de beleza, tanto serve para anunciar sabonetes como automóveis. Compartilham desta sedução a partir da passividade tanto Elvis Presley quanto Tom Cruise (especialmente o Cruise pretensioso e *filogay* do filme *Top Gun – Ases indomáveis*), para citar também alguns homens.

Cate Blanchett desempenhou um papel brilhante como uma E3 no filme *Blue Jasmine*, de Woody Allen, em que interpreta uma ex-milionária que, tendo perdido toda sua fortuna, sonha em recuperar seu antigo *status* e é capaz de tudo para conseguir isso. Jasmine é um verdadeiro abutre, embora não saiba disso. Ela tolera sua nova vida, em que não sente que pertence a nenhuma classe social, à base de antidepressivos e delírios de grandeza do passado. Além disso, recorre a uma ampla rede de mentiras para caçar um marido.

No extremo oposto da arte da tragicomédia, que Woody Allen mostra dominar, o filme *Soul Surfer – Coragem de viver* narra sem graça nem nuances a história real da surfista Bethany Hamilton, uma E3 que aos 13 anos perdeu um braço, arrancado por um tubarão. O filme todo é uma ode à autossuperação, à perseverança e à cultura do empenho em prol de resultados concretos: voltar a surfar. Foi um sucesso de bilheteria: grande parte do público encantou-se com a história desta adolescente, um modelo de eficácia, ao superar sua deficiência física.

Eva Longoria (uma E3 na vida real) é um belo exemplar de beleza lânguida, fria e calculista em seu papel de Gabrielle Solís, na série *Desperate Housewives*, cuja narradora, Mary Alice Young, diz a seu respeito: "eu deveria ter percebido o quanto ela estava infeliz, mas não consegui, somente enxergava suas roupas de Paris, suas joias de platina e seu novo relógio de diamantes; se tivesse olhado mais de perto, teria visto que Gabrielle se afogava em desespero, buscando um salva-vidas..."

O caso de Jamie Lannister, o alto e belo cavaleiro loiro da série *Game of Thrones*, também é um exemplo evidente deste caráter: um tipo que se preocupa, em igual medida, com sua fama e em manter sua armadura sempre reluzente, e só entra em crise quando perde uma mão e sua habilidade de espadachim é colocada em xeque.

Ainda mais flagrante é o caso do *yuppie* simpático, cínico e extremamente competitivo Don Draper (Jon Hamm), da série *Mad Men: Inventando verdades*. Don é o diretor de criação da agência de publicidade Sterling Cooper, em Manhattan. George Lois, um publicitário cuja vida, segundo dizem, serviu de inspiração para criar o personagem Draper, define os personagens desta série como "filhos de cadela republicanos de camisa engomada, racistas e antissemitas que passam o dia bolinando suas secretárias bem-penteadas, dando tragos de Martinis e fumando até morrer, enquanto produzem anúncios estúpidos e sem vida". Por fim, arremata seu bombardeio descrevendo Draper como um "mulherengo racista". Draper é falso como uma moeda de plástico. Na verdade, nem sequer chama-se Don Draper. Haverá alguém melhor do que ele para vender felicidade? "A publicidade – diz ele no primeiro capítulo – se baseia numa coisa: a felicidade. E sabe o que é a felicidade? A felicidade é a fragrância de um carro novo, é livrar-se das amarras do medo, é um *outdoor* à beira da estrada que lhe confirma que o que você está fazendo é bom, que você está bem". Como sempre, o E3 acredita que a valorização se encontra fora, mesmo que ela esteja numa mensagem de *outdoor*.

Na literatura, Emma Bovary, protótipo da insatisfação conjugal, é uma E3, sem a menor dúvida. O termo *bovarismo* foi justamente cunhado para definir, segundo a Wikipédia, "o estado de insatisfação crônica de uma pessoa, produzido pelo contraste entre suas ilusões e aspirações (em geral desproporcionais em relação a suas próprias possibilidades) e a realidade, que costuma frustrá-las". Daisy Buchanan, a atraente e insegura *flapper* [jovem independente e estilosa dos anos de 1920] dividida entre dois homens em *O grande Gatsby* é outra E3. E o que dizer de Anna Kariênina, a protagonista do romance de Tolstói, que também sofre entre dois homens, até que se atira numa linha de trem? Um escritor de autoajuda já usou a expressão "síndrome de Anna Kariênina" para definir uma paixão obsessiva e idealizadora do outro. Todas estas Annas, Daisys e Emmas são mulheres que desmaiam de amor, são incapazes de integrar amor e paixão no mesmo homem, vivem vidas duplas, sofrem, mas mantêm a pose, a aparência, o sorriso, o casamento estéril e entediante... em suma, são especialistas em fingir que tudo está bem, enquanto, por dentro, desejam algo melhor.

– *Querido, hoje faz 20 anos que nos casamos. Pra comemorar, que tal matarmos um peru?*

– *Mas que culpa tem o peru? Por que não matamos o teu irmão, que nos apresentou?*

Também são tipicamente E3 a cultura norte-americana, a arte *pop*, a paixão dos italianos pelas roupas, o universo das comissárias de bordo, o estereótipo do subgerente de banco sorridente e das secretárias fiéis com óculos de armação *carey*. Atentemo-nos a uma delas: a famosa Eve Moneypenny, eterna namorada de James Bond. Qualquer um poderia dizer que estamos diante de um típico exemplar de E3, desta vez em sua vertente antivaidade (lembremos que, às vezes, uma coisa e o seu oposto costumam ser duas faces da mesma moeda). Moneypenny é uma mulher eternamente dedicada à eficiência, mantém-se nos bastidores e faz um trabalho de formiguinha. Tudo isso oculta, na verdade, uma busca constante de reconhecimento da parte da autoridade, para compensar um déficit crônico de amor-próprio. Moneypenny é viciada na segurança e no trabalho, é detalhista e discreta. Sem ela as coisas não funcionariam, mas basta que seus chefes alisem suas costas de vez em quando para deixá-la satisfeita. Em sua vida, a estabilidade é prioridade, mesmo que ela morra de tédio ou reprima seu ardente desejo sexual por James Bond. Também é sofisticada, e até mesmo *sexy* por trás de seus óculos de armação grossa.

Para sua própria desgraça, Moneypenny é acometida de uma doença muito difundida em nossa época: a normose. Embora todos sejamos acometidos de neuroses em alguma medida (lembremos que a neurose é uma expressão exagerada do sofrimento, que adquire a forma de um caráter ou ego), esta costuma ser expressada na sociedade como uma interferência, uma armadilha cognitiva que leva a pessoa a supor algo parecido com "Se eu agir de determinada maneira, obterei o que desejo". Por exemplo, os E4 costumam exagerar sua dor com uma *atuação* muito elaborada, com reclamações e lágrimas; os E7 conseguem arrastar os outros para a farra artificial e ao otimismo escapista, mesmo que eles estejam num funeral. No entanto, outros caracteres, como o E3, padecem de uma forma de neurose caracterizada pela aparência de normalidade. Pierre Weil a batizou de *normose*, e explica como supostos comportamentos a que somos levados em prol da normalidade criam, no fundo, um sofrimento sufocado e frio. Em geral, a norma é alienante.

Uma das grandes diferenças entre a personalidade E2 histriônica e a E3 histérica é que a primeira desconhece limites, é impulsiva, e se permite a tudo, enquanto a segunda demonstra o afeto de modo controlado e adaptado ao que supõe que o entorno espera dela. Os E3 são pessoas que podem se mostrar emocionalmente instáveis e fazer cenas de vez em quando, mas não são imprevisíveis como os E2, e preferem comportar-se segundo as regras sociais e manter as aparências. Tal tendência, que é semelhante ao controle, acaba criando uma das piores características da normose: a repressão.

Uma freira chega correndo ao convento, gritando:
– Madre superiora, madre superiora! Eu fui estuprada, fui estuprada!
– Calma, minha filha, eu já vou cuidar disso.
A madre superiora sai e volta da cozinha com um limão mergulhado no vinagre.
– Tome, filha, morda isso com força.
– Mas, madre, a senhora acha que isso vai me purificar?
– Não, isso não. Mas pelo menos vai tirar esse sorriso do teu rosto.

Os homens E3, também muito controlados, costumam ser caracterizados por uma "pseudo-hipermasculinidade" (lembremos do já mencionado Ken, o companheiro de Barbie), e bastante histérica, que reproduz o modelo do que se supõe ser a masculinidade: os ubersexuais e os *hipsters* barbudos costumam ser fortes candidatos a serem E3. Assim, o cinema comercial, particularmente o norte-americano, está repleto de personalidades E3, que são claros estereótipos da masculinidade: desde o caubói de estilo suave de Jake Gyllenhaal (John Wayne era um E8) até o bruto, anabolizado e estereotipado – mas sempre estiloso – Arnold Schwarzenegger, passando por galãs como Richard Gere, Robert Redford ou Kevin Costner.

Tais estereótipos masculinos tiveram um sucesso incrível na política norte-americana, o que nos dá indícios da medida em que a democracia do país mais poderoso do mundo está à mercê do *marketing*. Não é de estranhar que boa parte dos presidentes norte-americanos dos últimos 50 anos tenham sido personalidades E3, caracterizadas pelo seu carisma midiático, mas frequentemente com discursos vazios, repletos de falsidades e incongruências gigantescas, embora, isso sim, com uma cuidadosa encenação e uma grande preocupação com os índices de popularidade. John Fitzgerald Kennedy, Ronald Reagan e Barack Obama são alguns deles.

A vitória eleitoral de Kennedy decorreu, em grande medida, de um inédito debate olho no olho televisivo com seu rival, Richard Nixon, no qual este último recusou-se a ser maquiado: isso lhe parecia pouco viril. Mesmo sem um discurso de grande profundidade, JFK acatou todas as sugestões de seus assessores e seduziu os telespectadores. Reagan também era um especialista em vender a própria imagem: sua carreira política, marcada por um virulento ultradireitismo, foi precedida por sua carreira como ator de faroeste. O presidente francês François Mitterrand afirmou, certa vez, que Reagan "seguia duas religiões: o livre-mercado e Deus". E o mesmo Reagan, imbuído do espírito mercantil, por sua vez afirmou: "A história ensina que as guerras têm início quando os governos consideram que o preço da agressão é baixo".

Reagan preocupava-se muito com as aparências: "Um *hippie* é alguém que se veste como o Tarzan, tem os cabelos da Jane e fede como a Chita", declarou durante seu repressivo mandato como governador da Califórnia. Por outro lado, sua relatividade moral estava em fina sintonia com os valores do mercado: "Washington era incapaz de dizer uma mentira, Nixon era incapaz de dizer a verdade, e Reagan é incapaz de notar a diferença", disse sobre ele Mort Sahl, comediante e ator canadense.

Obama é um dos presidentes mais decepcionantes da história dos Estados Unidos. Seus discursos comoventes com sua voz tão bem empostada e seu perfil fotogênico, seu impressionante *marketing* de campanha, e até mesmo o fato revolucionário de ele ser o primeiro presidente negro do país não escondem uma realidade marcada por um profundo fracasso do reformismo, pela intensificação da guerra, pelo militarismo e pelo aumento da desigualdade social. Depois dele, não é de estranhar que, devido a uma exagerada reação de seus inimigos, ou à decepção que seus eleitores tiveram, o próximo presidente dos Estados Unidos fosse um milionário racista, sexista e mentiroso patológico como Trump.

Um político[9] está tentando se conectar numa página de relacionamentos amorosos na internet.

– Olá, quero te conhecer melhor. Tenho 38 anos, sou deputado há 10 anos e sou honesto.

– Olá, muito prazer. Tenho 30 anos, sou prostituta há 15, e sou virgem.

No fundo de uma pessoa E3 há uma profunda desconfiança em relação à verdade, que advém de outra desconfiança ainda mais profunda em relação à vida: acredita que ninguém será capaz de cuidar dele. Assim, além de mostrar-se hipervigilante, é incapaz de entregar-se ao prazer, de render-se, de baixar as defesas... Um dos grandes passos adiante que podem ser dados por uma pessoa afetada por esta neurose é viver uma vida dionisíaca, não tanto do ponto de vista do hedonismo aristocrático, e mais no que se refere à entrega ao prazer, ao orgasmo, à autorregulação organísmica e à exploração das sutilezas do corpo.

A pessoa do eneatipo 3 parece estar constantemente repetindo para si mesma o típico *slogan* norte-americano da busca

---

9. Embora a piada aparentemente ajude a reforçar a imagem estereotipada do político desonesto, convém lembrarmos das honrosas exceções à regra, as pessoas íntegras na política brasileira. Dois ótimos exemplos de tais pessoas são Mario Sergio Cortella (de quem falaremos no capítulo dedicado ao E9) e o grande educador Paulo Freire, que exerceram cargos políticos na Prefeitura de São Paulo [N.T.].

do sucesso, de *status* ou de aplausos, busca na qual é impossível simplesmente parar para contemplar o próprio mundo interior. Ocorre algo deste gênero com Nina, a esforçada e reprimida protagonista do filme *Cisne negro*, uma mulher que, a fim de criar uma arte que seja realmente valiosa, precisa distanciar-se dos caminhos da correção e das boas maneiras que lhe foram inculcadas por sua mãe. A contemplação, a meditação e o não fazer nada são grandes remédios para esse tipo de cegueira ontológica, sem esquecer que os E3 são capazes de levar uma vida aparentemente normal, sem notar que sua principal patologia consiste na perda da interioridade e do sentido do sagrado, consequências de seu materialismo e de sua normalidade.

O E3 encontrará a liberação ao desapegar-se de sua máscara e ousar atravessar o deserto que há debaixo dela. No início, ele achará que debaixo da máscara não há nada, e sentirá terror e angústia. Porém, caso se entregue ao vazio, verá que, depois de caminhar às cegas em meio à escuridão, amanhecerá no paraíso de seu verdadeiro eu, contanto que seu anseio pelo lucro e seu apego à imagem não sabotem seu processo de liberação.

Um homem perdido no deserto, prestes a morrer de sede, avista afinal uma pequena barraca de lona, onde consegue chegar arrastando-se. Ali encontra um judeu que lhe diz:

– Compre algumas de minhas gravatas, farei um bom preço para você.

– O que eu quero é água! – responde o homem, desesperado.

– Neste caso, vá até a próxima duna. Ali tem um restaurante.

Duas horas depois, o homem retorna à barraca de lona, arrastando-se e com a língua para fora.

– Saciou sua sede? – pergunta-lhe o vendedor, esfregando as mãos.

– Não. O sem-vergonha do teu irmão nem sequer me deixou entrar no restaurante. Não admitem fregueses sem gravata!

Personalidade modal

A cultura norte-americana, E3 por excelência, exportou seu modelo ao planeta inteiro, dotando o Ocidente moderno com uma personalidade modal E3. Hoje já é comum que os massai, da África Oriental, bebam *Coca-Cola: Sinta o sabor!* O McDonald's, que já chegou até mesmo ao Tibet, é um típico fenômeno E3, assim como é a *junk food* de modo geral: gorduras saturadas embaladas num bom *marketing*. Andy Warhol e a arte *pop* transformaram a arte em um fenômeno de consumo do qual nenhum artista que comece a ser valorizado poderá escapar. Recentemente, a socióloga inglesa Catherine Hakim cunhou a expressão "capital erótico" para referir-se ao impacto da atração (sobretudo a feminina) nas relações profissionais e comerciais, assim como o conceito de "déficit sexual masculino": homens que têm "o filme queimado" ficam numa situação de inferioridade diante das mulheres, e isso, minhas amigas, segundo a autora (uma E3), precisa ser rentabilizado!

Fruto da invasão cultural norte-americana, muitas sociedades estão mudando o centro de gravidade de sua personalidade modal, na direção do eneatipo 3. A sociedade está se tornando vaidosa, e estatisticamente há cada vez mais jovens com este caráter. Porém, nem todas as sociedades ocidentais estão desenvolvendo uma personalidade vaidosa como consequência da influência norte-americana: a personalidade modal catalã é E3, e a projeção de uma boa imagem, as aparências, a eficiência, o *seny* [ponderação e prudência típicas dos catalães em sua fala e seus gestos], assim como a *rauxa* (uma espécie de arrebatamento controlado), têm sido valores sociais nesta terra pelo menos desde o auge do mercantilismo no século XVIII. As piadas sobre catalães, assim como as sobre os judeus e outros, fazem referência a uma avareza que, curiosamente, não têm tanto a ver com o E5 (o avarento emocional, patológico em seu desapego e em não doar de si mesmo aos outros); têm mais a ver com o lucro a qualquer custo do E3, e sua orientação mercantilista.

– Oi, Jordi, de onde você está vindo, suado desse jeito?
– Vim correndo atrás do ônibus, para economizar 1 euro.
– Cara, mas que decepção! Você poderia ter corrido atrás de um táxi, e teria economizado 10 euros!

Em nível social, o E3 relaciona-se, justamente, com o mal social do mercantilismo: "Don Dinheiro é um poderoso cavaleiro". Vivemos excessivamente distraídos daquilo que realmente importa – o amor, a amizade, a família, a natureza – e transformamos tudo isso em mercadorias. A vaidade e seu equivalente na sociedade – o *business* – estão acabando conosco.

Um testemunho pessoal

Esta pessoa nunca podia imaginar que seu eneatipo fosse o da falsidade e do autoengano. Dar-se conta disso foi para ela um choque e o início de uma viagem muito difícil: transitar pelo "nada", pelo deserto interior, e dar-se conta de que o contato com o autêntico começa neste vazio foi um elemento de grande poder curador. O resultado não se fez esperar: abrir o coração, deixar o medo para trás...

Quando eu tinha 20 anos comecei minha terapia individual com Annie Chevreux, e depois de três anos de um processo intenso e muito sanador iniciei, seguindo o conselho dela, o processo SAT. Fiz primeiro o curso Introdução à Psicologia dos Eneatipos, no qual, pela primeira vez de modo consciente e sem escapatória, vi o que eu era, e foi muito difícil suportar aquilo. Nunca imaginei que eu pudesse me identificar com um tipo de caráter mentiroso e manipulador, superficial e baseado nas aparências. Jamais imaginei, enquanto lia Carácter y neuroses, *que eu pudesse ser um E3, por me achar uma pessoa muito comprometida, devido à repugnância que eu sentia pela frivolidade e pela superficialidade, por me achar autêntica.*

No entanto, de repente percebi (pois a ressonância que me causou aqui dentro foi a de um furacão) que eu era isso, que eu estava muito mais longe de mim mesmo do que eu imaginava, que usava uma máscara enorme, que era muito egoísta e muitíssimo fechada. Visualizei-me caindo num vazio dentro de meu próprio corpo; um vazio com paredes de gelo, às quais eu não conseguia me agarrar. Senti desaparecer o chão embaixo de meus pés; um pânico desconhecido me invadiu: eu não sabia quem era, me sentia indefesa, como se não tivesse mais as ferramentas que sempre me acompanharam anteriormente, me trazendo bons resultados; como se elas não servissem mais. Dentro de mim, eu sabia que não estava à altura da imagem que eu vendia, e me senti uma fraude, "era tudo mentira": esta era minha sensação, e a partir disso só me restou silenciar e me distanciar. Eu me sentia muito pequena, muito frágil, muito desequilibrada, muito insegura, confusa e devastada.

A partir de então, abri uma grande porta. Pouco a pouco comecei a integrar esta experiência e confiar que aquilo que emergiria deste "nada" seria, pelo menos, mais honesto, mais sadio. Com frequência, pensava: "Sei que o que eu acredito estar sentindo não é o que realmente estou sentindo". Ainda não sabia o que eu sentia de verdade, mas pelo menos desconfiava daquilo que, até então, eu acreditava estar certo. Sob supervisões pontuais de Annie, pude ir integrando e aprendendo com paciência, e fazendo o mínimo de julgamentos possível, quem era este "monstro" que eu carregava dentro de mim, com o qual me diziam que seria bom fazer amizade, mesmo que, àquela altura, eu só quisesse eliminá-lo.

Foi-nos proposto um trabalho detalhado entre o curso de Introdução e o SAT 1, de auto-observação diária, que serviu para que eu conhecesse meus mecanismos. No início, era decepcionante comprovar que a tomada de consciência deles não fazia com que eles desaparecessem de imediato. Eu queria, no final das contas, que a terapia fosse tão lucrativa quanto as outras coisas de minha vida e, no entanto, aqui eu precisava ir devagar, e para mim a lentidão do processo era muito difícil. Eu queria me iluminar rápido, fazendo os deveres e sem perder tempo, e aí tive que aprender, uma vez mais, a ir mais devagar, a me entregar ao ritmo daquilo que está vivo, que se movimenta do jeito que bem entende, e não como eu pretendia. Era frustrante observar que havia assuntos que eu imaginava já ter resolvido e que, no entanto, reapareciam – nunca tão nocivos como no princípio, mas em meu esquema produtivo não havia espaço para a recaída. Aos poucos fui me reconciliando com um processo terapêutico que me exigia calma, atenção e, sobretudo, muito amor em relação a mim mesma, em relação ao processo em si, em relação a tudo que eu não sabia (e nem sei), e este foi o aprendizado até o SAT 1 e durante o restante do processo SAT.

Sem contar o olhar dirigido a mim mesma e a meu caráter, no processo SAT foi para mim muito sanativo ver como o Eneagrama fazia com que eu compreendesse, não a partir da cabeça, mas de um lugar mais profundo e experiencial, que somos todos iguais. Além disso, me ajudou a ver com mais clareza os meus entes queridos, e a partir daí adquiri consciência da grande luta que eu ainda travava com os meus pais por não serem o que eu imaginava. Nos dois primeiros SATs, ficou muito presente o quanto eles eram diferentes da imagem idealizada que eu tinha deles, e era difícil eu não brigar com isso. Depois do SAT 2, isso mudou, dando lugar a uma aceitação profunda que não me abandonou mais desde então. Compreendi todas estas coisas e, quase sem querer, elas foram se modificando. Durante o processo SAT eu enxergava minhas próprias mudanças e, embora eu seguisse afrouxando minha exigência, eu não acreditava nisso: todos ao meu redor percebiam isso claramente e comentavam a este respeito, normalmente me diziam que eu estava muito mais acessível, mais humana, mais próxima deles e relaxada.

O mapa do meu caráter que me foi proporcionado pelo Eneagrama, assim que comecei a transitar por ele, me foi conduzindo rumo às portas do espiritual. À medida que o ego foi se dissolvendo, pude me aproximar de meu ser mais espiritual. A meditação é um dos meus maiores focos de interesse, embora eu reconheça que me é difícil praticá-la. No entanto, cada uma das práticas me dá forças, me ajuda a me conectar comigo mesma e com o mundo, faz com que eu persista e tenha claro que é neste caminho que está a minha saúde.

Poucas coisas têm tanto sentido quanto meditar. Meditando, eu me dissolvo, deixo de ser importante, tudo se passa sem a minha interferência, tudo se equilibra, tudo está bem, não preciso fazer nada, chego a sentir que não existo, que nada existe: aí estão as respostas e também a maior das vertigens. Meditando, cheguei a sentir isso em breves momentos, e isso me trouxe muita luz. Desde que conheci Claudio Naranjo, encontro-me neste caminho, e a cada dia eu o cultivo mais.

Outro tema que começou a ganhar prioridade com o processo SAT é o de abrir o coração, a entrega e o compromisso com um companheiro. A janela que se fechou quando terminei minha primeira e única relação de casal começou a se abrir com alegria, e com vontade. Para isso, foi determinante o trabalho de terapias mútuas que fizemos no SAT 3, no qual pude fazer uma retrospectiva de todas as feridas que eu carrego em relação ao amor e, ao respirá-las, habitar nelas e lhes dar lugar, cheguei a um entendimento profundo do medo lógico que eu sentia ao me entregar e me comprometer. Quando compreendi isso, além de algo ter se acalmado, pude sentir compaixão por mim mesma e, a partir daí, com suavidade e paciência, acompanhei a mim mesma, no ritmo de que realmente eu necessitava, respirando este medo a cada dia. Quando dei lugar ao carinho e ao medo, este desapareceu, e após um tempo encontrei um companheiro com quem me sinto plena e feliz; com ele sinto que posso ser mais eu do que jamais eu fui, e que sinto que amo tal como ele é, sem tentar mudá-lo, com suas virtudes e fraquezas.

Estar profundamente apaixonada e entregue é a minha maior transformação, visto que para isso tive que afrouxar o coração e minhas exigências. A felicidade que traz consigo a sensação de que estou fluindo com o outro, que me entrego, que me equivoco, que aceito que ele me ame do jeito que sou, sem que eu precise acrescentar artifícios, é o maior presente que os SATs já me deram. Tudo o que aprendi e o lugar para o qual todo o processo SAT me conduziu é um lugar muito mais honesto, autônomo e responsável em relação a mim mesma e com o mundo.

Hoje tenho muita consciência de estar num caminho longo e com muitos labirintos, muitas vezes difíceis, confusos e dolorosos, mas o enriquecimento e a satisfação que isso me trouxe e ainda traz – estar mais próxima de mim mesma, poder viver mais plenamente, sem máscara, e poder, a partir daí, enxergar o outro e me sentir em sintonia comigo mesma e com o mundo – eu não trocaria por nada.

Violeta Pérez Temporelli

Eneatipo 4 A bruxa

> Tríade dos emocionais
> Paixão: inveja
> Fixação: melancolia ou falsa carência

Um homem está sempre se lamentando por ser azarado e ver-se forçado a trabalhar horas a fio para conseguir ter o que comer... Cansados de suas queixas, os deuses resolvem ajudá-lo. "Este infeliz, em seu caminho para o trabalho, passa todas as manhãs pela ponte sobre o rio do Leste. Colocaremos ali um cofre cheio de moedas de ouro". Ao amanhecer, o homem se levanta de mau humor, como sempre. Ao chegar no lugar previsto pelos deuses, ele resmunga: "Que coisa irritante é cruzar esta ponte todo dia, este lugar é feio demais! Para não ter mais de ver estas cenas, cruzarei de olhos fechados". E assim faz.

Nesta piada, contada por Alejandro Jodorowsky, vemos claramente o quanto o eneatipo 4 é viciado no sofrimento e na carência, a tal ponto que, no fim das contas, não consegue ver a realidade, mas somente uma tragédia construída na medida para que ele se sinta infeliz, como neste outro exemplo abaixo.

Certa noite, voltando para casa, um homem se surpreende ao encontrar a casa vazia, abandonada pela sua mulher. Logo descobre sobre a penteadeira um envelope em seu nome. Exasperado, abre o envelope e lê o seguinte bilhete: "Fernando, estou farta de você. Fui embora com seu amigo Pedro. Para a janta, te deixei carne de vitela na geladeira".

– Oh, não – geme o infeliz – Não é possível! Carne de vitela gelada, de novo, não!

O eneatipo 4 não é somente um resmungão e um manipulador profissional; além disso, o E4 costuma levar a vida com uma cara amarga e sombria (assim, ao mesmo tempo, se vinga do mundo), e mostra uma tendência – mais do que qualquer outro caráter – ao pranto e à *encenação* ou à exteriorização de sua emotividade. No entanto, alguns E4 também disfarçam sua sensação de serem infelizes exibindo um sorriso que só faz esconder a vergonha e a tristeza que eles sentem.

O E4 é uma pessoa que construiu um ego baseado no sofrimento e na autoprivação das coisas boas da vida. Aí é que mora a sua neurose: ele não é capaz de dar valor à felicidade, à alegria e ao prazer, que lhe parecem coisas superficiais. Não percebe que já está completo, que não necessita do sofrimento para ser. Seu maior engano consiste em acreditar que, por sofrer, ele está mais "conectado" do que os demais.

O E4 é viciado na tristeza, tende a centrar o foco nas coisas que podem não dar certo; ele precisa sentir-se irritado para sentir-se vivo. Caso contrário, o mundo lhe parecerá pouco intenso. Seu excessivo anseio de amor faz com que ele necessite tanto, que jamais se sente saciado, e quando as coisas para ele começam a dar certo, ele arquiteta para que sinta que o copo está meio vazio. Faz com que o sentir-se mal seja algo necessário. Em seu interior há uma criança eternamente irritada e pessimista.

– *Senhor, me compra um sorvete?* – *pede um menino, com o olhar triste.*

– *Claro, meu pequeno. Qual sabor você quer?*

— *Tanto faz. De qualquer jeito, ele vai me escapar da mão e cair no chão.*

Para completar, os E4 costumam ser muito exigentes. Parecem sanguessugas emocionais e comportam-se como verdadeiros malas-sem-alça, reclamando o tempo todo e fazendo uma afetada encenação de sua dor. Já que se sentem sempre carentes, os E4 pedem aos outros que lhes seja dado, que eles o preencham ("quem não chora não mama", diz o ditado).

O E4 se identifica com a sensação de vazio, de falta de valor, com a angústia, com o choro e com a convicção de que é uma pessoa má e imperfeita. Na realidade, o único problema com estes viciados no sofrimento é que eles consideram a sua dor como algo nobre. Em razão de sua baixa autoestima, enxergam a si mesmos como pessoas dotadas de uma sensibilidade especial que cultivam méritos por meio do sofrimento, o que tem muito a ver com certas atitudes dos vaidosos E3.

A piada narrada a seguir exemplifica às mil maravilhas o que está oculto pelo sofrimento, a queixa e a reclamação do E4, o que não é nada mais do que um claro exibicionismo e um sentido de exagerada autoimportância.

No vagão de um trem, à noite, uma senhora não para de reclamar, enquanto os outros passageiros tentam dormir.

— *Ai, que sede! Estou com tanta sede!*

Suas queixas vão ficando cada vez mais brandas e mais insistentes, até que um rapaz se levanta, vai até o bar, e lhe compra uma garrafa de água.

— *Tome aqui, senhora. Beba e nos deixe dormir.*

— *A senhora sacia sua sede. Poucos minutos depois, ouve-se em meio à escuridão:*

— *Ai... que sede... que eu tinha!*

Enquanto o E3 se identifica com sua própria imagem idealizada, o E4 se identifica com a parte da psique que é incapaz de ajustar-se a essa imagem idealizada, e está sempre buscando alcançar o inalcançável, com a consequente frustração. Há grande semelhança entre o sentimento de privação do E4 e o do E5; porém, enquanto o avarento emocional E5 fica ensimesmado, abandona sua expectativa em relação ao mundo exterior e poupa sua energia, o E4 mostra não ter limites: demanda intensamente aquilo que lhe falta e manipula o quanto for necessário por meio do choro e do sentimento de pena ou, inclusive, recorrendo à reclamação agressiva, conforme o subtipo.

Trata-se de dois caminhos contrastantes: ambos os caracteres, E4 e E5, podem ser descritos como deprimidos e carentes, mas no E5 esta depressão é seca, marcada pela culpa, apática e fria, enquanto no E4 ela é úmida, energizante, menos caracterizada pela culpa do que pode parecer, e muito apaixonada (o E4 é o caráter mais apaixonado).

Nosso amigo psiquiatra definiria o E4 como um caráter depressivo com uma síndrome oral-agressiva ou oral-pessimista com tendências masoquistas. Tivesse ele que se basear nos critérios do DSM, talvez o definisse como alguém acometido de um distúrbio *borderline* de personalidade, já que, quando o E4 sente raiva, ele facilmente cria encenações apaixonadas, com maior ou menor autopiedade, segundo o subtipo. O E4 costuma mostrar uma abundância de comportamentos impulsivos, mudanças bruscas de estado de ânimo e dificuldade para tolerar a frustração e a solidão. Tudo isso poderá desencadear transtornos alimentícios, o abuso de tóxicos e comportamentos nocivos como autolesões ou, em casos extremos, o suicídio.

Dentre os E4 há muitos suicidas ilustres: Yukio Mishima, as célebres depressivas Clarice Lispector, Virginia Woolf e o mítico Kurt Cobain, talvez o mais famoso dos suicidas contemporâneos, cujas frases revelam muito sobre seu caráter: "Um amigo não passa de um inimigo conhecido", "Para mim, a juventude só dura até os 27 anos; a partir desta idade, junto com a juventude, a vida também vai embora" (Cobain suicidou-se quando tinha 27 anos); "Às vezes, tenho a sensação de que as pessoas querem que eu morra para consumar a clássica história do *rock*".

Na história do *rock* e do *pop* o suicídio e a morte por overdose são muito comuns (o que não significa que toda pessoa que tenha sucumbido às drogas seja um E4. Elvis Presley e Marilyn Monroe morreram devido ao abuso de barbitúricos, e ambos eram E3). Michael Jackson – um nítido E4 – foi vítima de doses letais do anestésico propofol. Seu caso é paradigmático: sua timidez, sua fragilidade, a aura de mistério que havia em torno dele e, ao mesmo tempo, sua obsessão pela estética, são claras evidências de seu caráter. Isso sem falar de suas seguidas cirurgias plásticas, que mais pareciam uma forma de autoagressão, atitude típica de algumas pessoas deste eneatipo.

Com frequência, o E4 é o pior inimigo de si mesmo. Não respeita nem valoriza a si mesmo, sente-se um pobre de espírito.

Uma menininha está chorando, desconsolada.

– Por que você está chorando? – o amiguinho dela pergunta.

– É que minha mãe vai comprar um irmãozinho novo.

O menino, comovido, diz:

– Mas o que isso tem de ruim? Você deveria estar contente.

– É que na semana passada eles compraram um carro novo.

– E o que isso tem a ver?

– É que eles deram o carro velho como entrada para o pagamento!

O caso de Amy Winehouse tem muitos traços do distúrbio *borderline* ou, no Eneagrama, do subtipo conhecido como E4-Ódio. Enquanto alguns E4 são lamuriosos, resmungões, desanimados, autopiedosos e sofrem em silêncio, esta outra variedade de personalidade invejosa não vê o menor problema em fazer ataques cínicos, denunciando as outras pessoas como falsas, dizendo que a vida é asquerosa, e que ninguém merece o respeito deles. São pessoas que transformam sua carência em agressividade e tomam para si aquilo que acham que lhes foi negado, mesmo que seja por meio da força, o que lhes confere uma aura de agressividade raivosa. Tal personalidade irada é correspondente ao arquétipo da bruxa odiosa dos contos de fada. Gargamel, o bruxo dos Smurfs – que se parece muito com o raivoso Pastor Silas Malafaia – é um E4 que odeia, assim como o gato Frajola, o Coiote e outros geniosos da série Looney Tunes.

Amy Winehouse era muito mais bela do que Gargamel ou Malafaia, mas basta lembrarmos de algumas de suas frases para nos darmos conta de que a comparação entre eles não é totalmente absurda: "Tenho a boca de uma ratazana de esgoto", "Não acho que a tua capacidade de lutar tenha algo a ver com você ser grande ou pequeno. Tem a ver com a quantidade de raiva que há dentro de você", "Eles tentaram me convencer a ir a uma clínica de reabilitação. Eu disse: 'não, não, não'". Algumas frases de suas canções também são muito reveladoras: "Tudo que eu posso ser para você é uma escuridão que já conhecemos", "Me sinto mais tensa do que as equipes de segurança de aeroportos", "Eu te disse que eu era um problema, você sabe que eu não presto".

Pessoalmente, adoro duas bruxas muito bem caracterizadas em histórias de ficção: a primeira é Livia (Nancy Marchand), a mãe de Tony Soprano (James Gandolfini), na série *Família Soprano*. A capacidade de Livia de manipular emocionalmente o maior, o mais gordo e o chefão mafioso mais autossatisfeito desde Al Capone é simplesmente magistral. Que mau humor do cão, o dela! Que artista da frustração! Que lágrimas de crocodilo! (Certamente, o instável, resmungão e *borderline* Christopher Moltisanti – sobrinho e protegido de Tony – também parece ser um E4).

A segunda é a Rainha Cersei Lannister de *Game of Thrones*. Alguns a confundem com um E2, talvez por causa de sua beleza, mas estão equivocados. Cersei é imprudente, vingativa, rancorosa, desdenhosa, incapaz de tolerar a menor crítica. Além de ser uma megera, vive torturada, paranoica, com medo de ser assassinada pelo seu irmão Tyrion, e deixa entrever em todos os seus gestos uma fragilidade e um sentimento infantil muito típicos deste caráter.

Falando em bruxas, reais ou fictícias, podemos mencionar Angelina Jolie, que interpretou o papel de uma maga E4 no filme *Malévola*, uma inquietante recriação do conto da Bela Adormecida, que mostra a feiticeira como alguém que se tornou malvada "porque o mundo quis assim", como no verso da famosa canção *Sou rebelde*, interpretada por Lilian. Na vida real, Angelina Jolie também é uma "bruxa" E4. Certa vez, ela declarou que sonhava com uma carreira diferente: queria ser... dona de funerária! "Passei por momentos muito duros e sombrios – afirmou numa entrevista para o programa *60 Minutes* –, sobrevivi a eles, não morri jovem. Sinto que sou uma pessoa de sorte: há muitos que não sobrevivem a certas coisas... por uma série de motivos, eu não deveria estar aqui". Não temos a menor dúvida sobre a verdade das palavras dela: alguém que retira os próprios seios para prevenir a possibilidade de *um dia* ser acometida pelo câncer de mama merece toda a credibilidade do mundo quando diz sentir-se uma pessoa de sorte.

Num concílio de feiticeiras, duas bruxas de pele esverdeada e com uma verruga no nariz misturam num caldeirão seus horríveis ingredientes: olhos de coruja, asas de morcego, miolos de sapo, patas de aranha, cauda de serpente, bigodes de rato... Quando a poção já está no ponto, uma delas prova um pouco e grita:

– Que nojo! Um cabelo teu caiu na sopa!

Malévola, o filme da Disney, tem um roteiro inquietante: o beijo do príncipe não tem serventia para despertar a bela princesa Aurora, e Malévola, que se sente arrependida por ser tão malvada, mas não pode desfazer o feitiço que havia lançado sobre ela; Malévola jura protegê-la enquanto a princesa estiver adormecida e a beija na testa. Este beijo, sim, é de um amor verdadeiro, e funciona: a princesa Aurora desperta e sai para viver com Malévola no bosque. Não insistiremos nas implicações sexuais envolvidas nesta história, mas diremos apenas que um crítico acusou o diretor do filme de ter "sodomizado um clássico". Em contrapartida, outro crítico escreveu que "seu questionamento da demonização do feminino, entendido como força associada a uma natureza irracional, transforma o filme em um companheiro de viagem (infantil) do filme *Anticristo*, de Lars von Trier (de 2009)"[10].

Anticristo talvez seja o filme mais inquietante dentre os inúmeros trabalhos inquietantes de von Trier, outro E4 depressivo e dominado pela ira; "um melancólico dinamarquês masturbando-se em meio à obscuridade diante das imagens da indústria cinematográfica", como ele descreveu a si próprio. Porém, von Trier também é um grande artista, capaz de revirar as entranhas do mais sereno dos habitantes do planeta, com seus filmes que denunciam as farsas sociais, a exploração e a falta de dignidade. Ele também mostrou audácia ao inserir em seu sobrenome o aristocrático "von", depois que um professor o acusou de ser esnobe. Fato é que estes E4 abrigam em sua alma de pobre diabo um pequeno aristocrata decadente.

Um menino rico e um menino pobre estão brincando numa gangorra do parque. O rico diz ao pobre:

– Na minha casa, se come com a carta do menu.

---

10. COSTA, J. "En un principio fue el mal..." *El País*, 21/08/2009.

O pobre responde:
– Na minha casa, também comemos com a carta. Quem tira a maior é quem come.

Anticristo trata de bruxaria e feminilidade; neste filme, a violência e o dionisíaco se entrelaçam com a culpa e a dor. O filme parte da ideia de que o ser humano contém em si mesmo o bem e o mal, a loucura e a santidade. Numa coletiva de imprensa para a apresentação do filme, von Trier afirmou que *O anticristo*, famoso livro de aforismos de Nietzsche, salvou sua vida quando ele estava à beira do suicídio. Se nesta obra Nietzsche identificou o mal (entendido como a fraqueza a partir da qual surge a violência) com o cristianismo, von Trier identifica o mal com a mulher. "Só resta nos perguntarmos se ele está tentando ironizá-lo ou criticá-lo para levá-lo às últimas consequências, ou se realmente acredita nisso", escreveu Helena Lugo num excelente artigo sobre Lars von Trier e Nietzsche[11].

"Uma obra-prima do grotesco", "Misógino e ofensivo", "Um trabalho asqueroso cujo objetivo é pouco mais do que provocar seu público da maneira que for possível". Foi assim que parte dos críticos acolheu este filme capaz de provocar o incômodo, a repulsa e o vômito da pessoa mais dissimulada. "Há algo de neurótico e reacionário na polêmica acerca deste filme, beirando a histeria", escreveu o crítico australiano John Waters sobre *Anticristo*: "Se Ingmar Bergman tivesse se suicidado, ido ao inferno e voltado à Terra para dirigir um filme de arte e um ensaio, é o que ele teria feito". Tudo isso é muito E4.

Charlotte Gainsbourg, musa do diretor, rebelou-se contra ele após ter sido a protagonista do filme *Ninfomaníaca* (cinco horas e meia sobre as desventuras e orgias de uma viciada em sexo). "Von Trier leva suas obsessões sexuais longe demais. É exageradamente

---

11. LUGO, H. "El anticristo: la estética de la violencia". In: *Cultura Colectiva*, 01/10/2013.

explícito, tanto em seu discurso como nas imagens... Algumas vezes me senti realmente mal. Nunca vivi nada tão forte".

O marido pergunta à esposa:

– Vamos experimentar uma posição diferente hoje?

A mulher responde:

– Ótima ideia! Você fica na cozinha lavando a louça, e eu me sento no sofá para ver TV.

Lars von Trier é tão descaradamente sincero, subversivo e do tipo desmancha-prazeres, que parece ter sido trazido a este mundo como antídoto da literatura de Paulo Coelho, outro E4. Porém, não causaria surpresa a constatação de que, em seu íntimo, Lars von Trier odeia as mulheres. Embora tudo isso talvez não seja tão relevante considerando que estamos falando de um tipo que odeia a si mesmo e, muito provavelmente, também odeia o resto do mundo. Basta mencionar que, durante uma coletiva de imprensa no Festival de Cannes, ele declarou que simpatizava com Hitler – também ele um E4 do subtipo "ódio".

Por sua vez, Paulo Coelho também é um E4 sofredor. Seus romances, muitas vezes açucarados, contrastam com sua penosa biografia: foi torturado pela ditadura militar, chegou a assinar um documento no qual "vendia" sua alma ao diabo, e chegou a ser internado diversas vezes em um manicômio. Recentemente, seus inimigos bolsonaristas queimaram seus livros (diante desta indigência intelectual que já chegou ao Brasil, Paulo Coelho tem todo o nosso apoio). Deste modo, não é de estranhar que, quando os jornalistas que o entrevistam não se mostram simpáticos, Coelho se mostre um homem inseguro e mal-humorado, com um discurso confuso e inclinado a reações emocionais exageradas[12], e não como um mestre iluminado, como suas frases

---

12. "¡Qué mal rollito, Paulo Coelho!" Entrevista a *El Periódico* de Catalunya, Espanha, 25/08/2018.

lapidares deixam transparecer. Na internet, há uma abundância de declarações que parodiam o estilo de Paulo Coelho, que tanto aprecia as frases vazias: "Café com leite é como café... mas com leite"; "Quando uma porta se fecha, não se pode sair"; "Seja sempre você mesmo... mas se você puder ser o Batman, melhor que seja o Batman".

Não encontrei nenhuma anedota que ilustre o caráter de von Trier, nem de Coelho, nem de Hitler. Em compensação, trago esta outra piada, com a peculiaridade de que se trata de uma amostra do humor judaico-alemão na pesada década de 1930, quando os judeus desmistificavam Hitler e davam alento uns aos outros por meio do humor:

Dois judeus estavam prestes a ser fuzilados. De repente, sua sentença de morte é alterada, e eles são condenados à forca. Um diz ao outro:

– Está vendo só? Eles já estão ficando sem balas.

Tomemos o exemplo do filme *A queda – As últimas horas de Hitler*, que relata os últimos dias do ditador, e nos serve como ilustração do subtipo irado-odioso do E4. Hitler era um mestre da histeria discursiva. Sua oratória era incendiária, sua capacidade de manipular lhe permitiu uma rápida ascensão ao poder, e com sua liderança ditatorial ele deslumbrava as massas. Começava seus discursos num tom de voz baixinho, quase inaudível, e assim as pessoas simpatizavam com ele; então, começava a gesticular como um louco e a elevar o tom de voz até acabar em estrondosas explosões vocais. As pessoas ficavam loucas com esse teatro. Era um grande ator, mas duvido que tudo isso tenha sido muito estudado. Pelo contrário, parece a típica atuação histérica de um *borderline*.

Numa grandiosa e precisa interpretação, o ator Bruno Ganz reproduziu os últimos dias do genocida nas horas que antecederam a queda de Berlim. Na famosa cena do *bunker*, seus generais o informam que o inimigo já está prestes a entrar na cidade. A cena reproduz com fidelidade o discurso histérico de Hitler:

– *O inimigo conseguiu atravessar o* front *em vários pontos – informa um general.*

– *O ataque de Steiner nos permitirá retomar o controle – responde Hitler, com calma.*

– *Mein Führer... Steiner... – começa a dizer o informante, nervoso.*

– *Steiner não conseguiu mobilizar homens suficientes – termina a frase um outro general, com mais desenvoltura.*

A reação de Hitler/Ganz é magistral: ergue a vista, retira nervosamente seus pequenos óculos e, retendo um vulcão interior prestes a entrar em erupção, ordena com uma voz baixinha de bruxa malvada que todos saiam do escritório, à exceção daqueles que ele considera responsáveis pela catástrofe. Começa, então, a abandonar sua moderação inicial e entrega-se a uma gritaria selvagem, crescente e cada vez mais venenosa, direcionada a seus aflitos aliados:

– *Isso era uma ordem! O ataque de Steiner era uma ordem! Quem vocês pensam que são para ousar desobedecer a uma ordem minha?*

Do lado de fora, uma câmera enfoca a maioria dos que foram expulsos do gabinete, que escutam por detrás da porta, com um imenso temor estampado nos rostos.

– *Todos estão mentindo pra mim. Até a SS! Nossos generais não passam de um bando de covardes, desprezíveis e desleais! [...] Nossos generais são a escória do povo alemão! [...] O que eu devia ter feito era liquidar todos os oficiais de alta patente, como fez Stalin!! [...] Foi uma monstruosa traição de todo o povo alemão! Mas todos esses traidores vão pagar! Eles vão se afogar em seu próprio sangue!!!*

No exterior, por detrás da porta, a secretária Gerda começa a soluçar.

Sei muito bem que passar de Hitler a Raul Seixas poderá parecer algo de mau gosto, mas aqui temos um outro E4. Não é um pouco inquietante descobrir que Raul Seixas compartilha o mesmo caráter de Hitler? Porém, o que importa não é saber qual é o eneatipo de cada um, mas o que cada pessoa faz com sua vida e com o "karma" (chamemos assim) que recebeu. Charles Chaplin nasceu quatro dias antes de Hitler e também era um E4. Entretanto, enquanto um colocou o próprio ego a serviço do terror, o outro dedicou-se ao riso. Tendo dito isso, podemos voltar a Raul Seixas, o pai do *rock* brasileiro, que acabou morrendo vítima de seu alcoolismo aliado a diabetes, tendo levado uma vida de excessos, entre os quais a fundação de uma seita satânica secreta ao lado de seu amigo Paulo Coelho. Por esse motivo, ambos foram presos e torturados pelos militares, que acreditavam que a "sociedade alternativa" imortalizada nos versos de uma canção da dupla fosse, na verdade, um movimento armado contra o governo. Depois disso, ambos foram obrigados a exilar-se.

Para arrematar, convém lembrarmos da letra de uma canção de Roberto Carlos, *Ciúme de você*. Nela, quando a amada do ciumento doentio coloca um vestido lindo e alguém repara nela, ele diz a ela que já não gosta mais do vestido! E não só: ele não a deixa sair sozinha, justificando que seu coração "tem amor demais [...] e essa é a razão de meu ciúme de você". Lembremos que um dos traços de caráter mais salientes do E4 – sua fixação – é justamente a melancolia.

O imenso desassossego existencial que acomete as pessoas deste caráter às vezes é expresso por meio da arte, o que não significa que estes inescrupulosos, que usam sua sede de amor como uma espécie de carta branca para poder gritar ao mundo o seu desespero, sejam necessariamente "artistas", "românticos", "sonhadores", "artesãos" ou outros eufemismos tolos com que os pseudoeneagramistas batizaram o invejoso. Pelo contrário, o E4 posa de artista para compensar seu sentimento de inferioridade, e com isso consegue montar uma patética encenação romântica. Uma vez que é possível desativar as armadilhas verbais com as quais a psicologia positiva tenta sabotar o processo de autoconhecimento, não seria mais exato batizar o E4 como "o vergonhoso esquisitinho que se acha original"? Ou como "a viúva controladora e lúgubre"? (Substitua o gênero nesta frase, caso ache oportuno.) Ou como "a bruxa tóxica de língua venenosa"? (Você poderá encontrar uma definição semelhante para o seu eneatipo no capítulo "Batizando o ego sem eufemismos").

A essa altura, espero que tenha ficado claro que aqui não se entende a inveja como um ódio frio, mas que se associa à melancólica e dolorosa comparação com o outro (que é considerado mais afortunado, mais agraciado ou mais completo do que ele mesmo). O E4 costuma sempre sentir-se numa condição inferior e sofre horrores com a comparação.

– *Um homem senta-se junto do balcão do bar e o* barman *lhe pergunta:*

– *O que o senhor vai querer?*

– *O que eu vou querer!? Uma casa maior, mais dinheiro, que minha mulher seja mais bonita.*

– *Não, meu senhor. O que o senhor deseja?*

– *O que eu desejo... Desejo uma mansão, ser milionário, uma mulher fantástica.*

– *Não, homem! O que você vai beber?*

– *Aah, você deveria ter dito antes! Que opções você tem?*

– *Eu mesmo não tenho opção alguma... a não ser essa vida triste, sempre atrás do balcão...*

Outra característica marcante do E4 é sua grande capacidade para a crítica venenosa. O E4 costuma ter uma língua afiada e uma enorme capacidade não apenas para a autodepreciação, mas também para sentir e projetar esse desprezo em relação aos outros. No Brasil, um bom exemplo disso são os sermões de alguns pastores evangélicos, às vezes racistas, frequentemente homofóbicos e sempre sexistas. Paulo Coelho definiu-os, com precisão, como o "talibã cristão". Não gastaremos muita tinta com o já mencionado Silas Malafaia, pois uma característica deste pregador milionário, graças à crença de seus fiéis (uma fortuna de 400 milhões de reais em 2013, segundo a revista *Forbes*), é sua capacidade de difamar seus inimigos, de culpar quem é diferente e também as vítimas, de envenenar o ambiente com suas palavras...

Mais do que todos os pregadores evangélicos com língua ferina que, desgraçadamente, habitam no Brasil, há um outro personagem brasileiro com grande influência sobre o bolsonarismo: o astrólogo e guru ultradireitista Olavo de Carvalho, recém-falecido. Este filósofo panfletário, conspiracionista, menosprezado pelos acadêmicos e destilava ódio até mesmo nos títulos de seus livros, como *O imbecil coletivo*, uma crítica àquilo que considera o "bom-mocismo" dos brasileiros. Outra das obsessões deste ativista antidemocracia foi o comunismo (ele mesmo foi comunista em sua juventude), porém ele considerava "comunista" qualquer um que não concordasse com suas ideias. Para Olavo de Carvalho, o "pessoal da esquerda" era essencialmente genocida: "[...] se você lhe responder educadamente, estará conferindo dignidade a estas ideias. [...] Educação, o caralho! Vai tomar no cu, seu filho de uma puta! Tá entendendo?"[13] Língua suja, ódio, veneno no coração, e... pobreza de espírito.

---

13. Apud PATSCHIKI, L. *Os litores da nossa burguesia: a mídia sem máscara em atuação partidária (2002-2011)*. Universidade Estadual do Oeste do Paraná, 2012 [Dissertação de mestrado]. Apud CALIL, G. *Le Monde Diplomatique*, fev./2020.

Um sujeito com pálpebras caídas e cara de quem nunca transou na vida, ao sair do elevador, encontra-se com o porteiro à entrada do edifício.

– Manoel, sabe de uma coisa? No domingo, fui ao apartamento da viuvinha do 4º andar. Na segunda, me deleitei com ela a tarde toda, na terça fui para a cama com a divorciada do 7º andar, que é uma fera na cama, e hoje à noite combinei de visitar a ruiva do térreo...

– Seu Olavo – responde o porteiro, com malícia –, se continuar assim, o senhor e sua esposa vão acabar transando com o edifício inteiro.

A inveja pode ser entendida como um desejo muito intenso de incorporar em si mesmo a boa mãe, o que equivale a querer devorar os seios; isso coincide com a noção de impulso canibal, tão cara aos psicanalistas: um impulso inconsciente que pode se manifestar não somente como sede de amor insatisfeito, mas também pelo fato de este caráter mostrar uma "cobiça culposa", uma voracidade generalizada que é inseparável da tendência à autofrustração que acompanha os invejosos. Assim como acontece com o E2, o mecanismo de defesa conhecido como *repressão* também ganha aqui um lugar de destaque: por meio do masoquismo, a pessoa reprime qualquer tentação de sentir-se superior aos outros, e certifica-se de que as coisas darão errado para ela.

Uma moça entra no supermercado e compra um sabonete, uma escova de dentes, um potinho de iogurte, uma refeição individual congelada e uma lata de cerveja. Ao chegar diante do caixa, o atendente a olha com compaixão e lhe pergunta:

– Solteira, não é?

A moça olha para os itens de sua compra, tentando imaginar o que poderia ter denunciado seu estado civil, e diz:

– Sim. Como você adivinhou?

– Por ser feia, minha filha, por ser feia.

Em certa medida, neste caráter atua também o mecanismo da *retroflexão*, que consiste em direcionar para si mesmo a ira gerada pela frustração e pelo desamor. Porém, o mecanismo de defesa mais característico do E4 é a *introjeção*, um automatismo neurótico por meio do qual incorporamos ou assimilamos padrões de conduta, atitudes, modos de pensar e atuar que são de outras pessoas (p. ex., de nossos pais) e que, ao serem maldigeridos, interferem na saúde de nossa psique. A introjeção de um objeto ou da pessoa amada reduz a ansiedade e as tensões da distância em relação ao ser ou objeto amado, porém à medida que não são assimilados, estes corpos estranhos ou *introjetados* criam obstáculos ao nosso desenvolvimento e à nossa expressão. A autoavaliação depreciativa feita pelo E4 provém diretamente de "ter introjetado um pai ou uma mãe que rejeitava a si mesmo(a)". O E4 é aquele que tragou a "mãe má" ou o "seio mau", como diria a metáfora da psicanalista Melanie Klein.

Disse uma mãe:

– Tive um filho que nasceu tão feio, mas tão horroroso que, em vez de lhe dar o peito, eu lhe dei as costas.

"A inveja do pênis", conceito cunhado por Freud, é insuficiente para definir o que hoje seria mais bem-entendido como uma "inveja sexual" num sentido mais amplo, que, segundo Naranjo, transcende o gênero, ainda que "devido à origem patriarcal de nossa civilização, não é de estranhar que a inveja em relação ao homem seja mais comum (de fato, as mulheres do eneatipo 4 se destacam no movimento feminista)". A inveja também pode adquirir uma dimensão social, política, de classe ou de gênero.

Outro traço evidente dos E4 é sua baixa autoestima, com uma inclinação a sentirem-se ridículos, a sentir vergonha e frustração ou a acreditar que são repulsivos, pouco inteligentes e inadequados. Esta tendência à autodepreciação é, justamente, a origem do vazio existencial do qual surge a voracidade da inveja, que se faz presente e clara nas pessoas emocionalmente muito apegadas, muito exigentes, mordazes e dependentes.

O aspecto masoquista é típico deste caráter. O E4 vive concentrado em seu sofrimento, pois inconscientemente espera obter desse modo o amor pelo qual anseia. O E4 acredita que, ao exibir em público seus defeitos e fraquezas, terá garantida a atenção do outro, perpetrando uma atitude de mártir virtuoso que se combina à sua tendência crônica a rebaixar-se e a infligir dor a si mesmo.

Certo dia, Nasrudin chorava de modo inconsolável numa esquina.

– Qual é o problema, Nasrudin? – perguntou o vizinho.

– Estou triste hoje – respondeu Nasrudin –, minha esposa está doente.

– Mas achei que o seu burro é que estava doente – retrucou o vizinho, confuso.

– Sim, na verdade é, mas estou me habituando ao choque a partir de estágios mais fáceis.

Uma variante do E4 é a do tolerante masoquista. T.E. Lawrence – o famoso Lawrence da Arábia – foi um exemplo deste E4: para resistir ao sol do deserto, ele praticava apagando cigarros na própria pele. Assim como as viúvas eternas de tantos povoados no sul da Espanha, o E4 costuma prolongar seu luto *ad aeternum*. Mas não nos enganemos: embora ele exiba sua angústia em público ou sofra em silêncio, o E4 vangloria-se secreta e inconscientemente dos benefícios que conseguirá com sua desgraça.

No enterro de um homem rico, Nasrudin chorava de modo desconsolado, quando alguém lhe perguntou se ele era parente do morto.

– Não – respondeu ele –, é por isso mesmo que estou chorando.

O E4 obtém a atenção dos outros por meio do choro. É assim que consegue comover e fazer com que prestem atenção nele. Marcel Proust era um claro exemplo de E4, alguém que se agarrava a uma *madeleine* como símbolo perfeito da nostalgia. Os E4 também costumam se apegar a tudo aquilo que os prejudica, incluindo relacionamentos amorosos tóxicos, no estilo de algumas canções da talentosa Adriana Calcanhoto. A canção *Mentiras* em que a protagonista arranha os discos do amado, diz querer "quebrar suas xícaras", "publicar seus segredos", só pra ver se você volta", é uma perfeita ilustração deste apego.

Outra característica de muitos E4 é que costumam mostrar-se impotentes e deprimidos. É desta maneira que conseguem evitar as responsabilidades, e fazer com que suas parceiras e familiares as assumam. Naturalmente, às vezes eles se rebelam contra a exclusão e contra a dependência, como ocorre com a famosa garota órfã e E4 no romance *Jane Eyre*, de Charlotte Brontë e no filme homônimo, que descreve as aventuras e desventuras de uma professora capaz de suportar em silêncio todas as dificuldades de uma vida de abandono e de pobreza, até o momento em que é redimida por sua confiança no amor.

Um homem acaba de ganhar sozinho o prêmio máximo na loteria. Quando lhe entregam o cheque milionário diante dos jornalistas, um deles lhe pergunta:

– Muito feliz, não?

– Mais ou menos. Sou um cara azarado. Comprei dois bilhetes de loteria, e com o segundo deles não ganhei nada.

Em defesa deste eneatipo tão autopunitivo, há que se dizer que os E4 costumam ser os mais empáticos do Eneagrama, capazes de se emocionar intensamente com a dor alheia, mediante um mecanismo de identificação. Trata-se também de um cuidador nato, que às vezes chega ao ponto de escravizar a si mesmo pelos outros. E, quando conseguem trabalhar melhor a sua má relação com o prazer de viver, são capazes de mostrar uma grande criatividade, e de dar ao mundo imensos frutos. É o que se sente quando escutamos canções de alguns dos grandes cantores e cantoras brasileiros, muitos dos quais são E4, e fazem de seu caráter uma fonte de inspiração, tais como Elis Regina, Milton Nascimento, Elza Soares e vários outros gênios. A meu ver, Caetano Veloso é o exemplo de como um E4 pode transcender muitos traços de personalidade de seu eneatipo para presentear o mundo com um exemplo de compromisso com a vida, a arte, a liberdade, a alegria de viver, e uma música repleta de poesia, interpretada por uma das mais lindas vozes do planeta. Caetano não é um anjo, mas parece.

Poético e provocador como Cazuza, sensível e refinado como Djavan, nostálgico e sofrido como Frida Kahlo, com frequência o E4 tenta ser original, único, insólito (certamente, às vezes surge um grande artista com este caráter, embora haja grandes artistas em todos os demais caracteres do Eneagrama). Marlon Brando é um claro representante dos E4, um ator tão genial quanto insuportável. Quando jovem, impunha castigos físicos a si mesmo devido à sua beleza, e ao longo de sua vida esteve sempre envolvido em inúmeros romances turbulentos. Seu desinteresse pelas convenções da indústria cinematográfica e sua capacidade de mergulhar até a medula nos papéis que interpretava contrastavam com sua fama de atormentado e exigente. Em seus últimos anos de vida, transformou-se numa diva: cobrou 4 milhões de dólares por uma aparição de 10 minutos no filme *Superman*, sabotou Francis Ford Coppola em *Apocalypse Now*, e morreu quase indigente após ter enterrado dois de seus filhos, que morreram em circunstâncias bastante dolorosas.

Humphrey Bogart também era um E4, um ator de sangue quente com uma vida privada tempestuosa, e vários casamentos destruídos pela violência e pelo álcool. Seu estilo não era o de um frio E8, como alguns poderiam acreditar; a tristeza de seu olhar me lembra um pouco os olhos de Raul Seixas.

Estes exemplos de grandes artistas tendem a ser raridades. O comum é que, em seu esforço para ser original, a atitude imitativa do E4 perpetue sua falta de originalidade e o transforme em alvo de desprezo dos críticos. Não escapam disso nem mesmo grandes criadores como Pedro Almodóvar, considerado por muitos um cineasta inspirado pelas musas. Porém, Almodóvar também já recebeu duras críticas. Em um artigo publicado há alguns anos no jornal *La Nación*, o jornalista o acusava de "difundir alguns estereótipos com os quais somos identificados mundo afora. A Espanha é um país de travestis, homossexuais, viciados em heroína e histéricas". Quem dera isso fosse verdadeiro. Mas a Espanha não é tão divertida assim. No livro *Intransiciones, crítica de la cultura española*, coordenado por Eduardo Subirats, um artigo de Rafael Lamas intitulado "Zarzuela y Restauración en el cine de Almodóvar" nos dá indícios da ideologia não manifesta do diretor espanhol, cuja cinematografia talvez represente o cinema antipolítico por excelência na Espanha. Lamas assinala que, apesar do comportamento aparentemente desinibido de seus personagens, "a modernidade defendida por Pedro Almodóvar parte de um presente atemporal e acrítico, tal como se – aqui cito o cineasta – "Franco não tivesse existido"[14]. O cinema de Almodóvar está repleto de prostitutas que abandonam seu ofício, lésbicas que descobrem o amor heterossexual e casamentos, muitos casamentos com noivas de branco e celebrados pela Igreja. "Os personagens dos filmes de Al-

---

14. LAMAS, R. "Zarzuela y Restauración en el cine de Almodóvar". In: SUBIRATS, E. (ed.). *Intransiciones*. Madri: Libertarias, 2003, p. 54.

modóvar, que terminam com a aceitação desproblematizada das convenções, deixam claro que seus comportamentos modernos não passavam de encenação"[15].

No cinema almodovariano não há qualquer crítica das bases culturais da identidade tradicional espanhola. No fundo, Almodóvar e seus travestis correspondem, nas décadas de 1970 e de 1980, ao que Carlos Arniches e suas floristas representaram na época da Restauração, no final do século XIX. Mesmo assim, muitos estrangeiros consideram que seu cinema é a representação fiel da realidade espanhola, embora não se possa dizer que esta Espanha de mães choronas, viúvas de luto, autos sacramentais e freiras fogosas seja exatamente realista.

Em plena procissão da Semana Santa ocorre um apagão, e a Plaza Mayor, em Sevilha, fica totalmente às escuras.

– Mariano, me dá um beijo – ouve-se no meio da multidão.

– Já te disse que não.

– Mas todos os casais se beijam no escuro...

– Sim, mas não os da Polícia Militar.

O E4 costuma exaltar o amor romântico e o final feliz das histórias como uma espécie de inveja amorosa, já que está convencido de que a sua redenção está no amor. É por isso que ele costuma desenvolver um comportamento parasitário ou oral-agressivo nos seus relacionamentos amorosos. E, para completar, uma vez conquistado o seu amor, o E4 começa a alimentar suspeitas: "Por que é que ele(a) prestou atenção em mim, se eu não tenho valor nenhum?" "Será que ele(a) tem algum valor?", "É melhor que eu o/a abandone agora, antes que ele(a) me abandone". Em suma, os E4 costumam caracterizar-se por serem pessoas que "sugam" o outro, um traço que pode chegar a limites inimagináveis:

– *Estacione o carro. [...] Agora sopre aqui, por favor.*

---

[15]. Ibid, p. 58.

– *Mas, seu guarda... isto é um bolo de aniversário!*
– *É que eu não tenho amigos.*

Embora este guarda rodoviário seja um manipulador emocional de primeira linha, a atitude típica de um E4 consiste em esconder a raiva e a dor, e atuar como se acreditasse ser uma pessoa muito especial. O E4 costuma ser uma prima-dona: caprichoso, temperamental, arrogante e capaz de "botar a boca no trombone" por quase nada. O universo ridículo das rivalidades das divas da ópera foi devidamente ironizado no filme *E la nave va*, de Federico Fellini, cujo universo criativo também é o de um E4.

Alejandro Jodorowsky (também E4, e do subtipo "ódio"), por sua vez, recriou um universo original em seus filmes, fortemente marcados pelo seu caráter invejoso. A influência de Fellini no psicomago chileno é enorme. O cinema jodorowskiano é um cinema integral, sem limites, sem censuras, sem diferenças entre sonho e realidade: "Libertado de todas as amarras ou condicionamento apriorístico, situado além da imaginação simbólica de seu autor, o cinema de Jodorowsky é um cinema em liberdade criadora"[16]. Ao mesmo tempo, seu universo de anões, seres deformados, mulheres obesas, litros de sangue, vísceras e metáforas grotescas coloca-o no fio da navalha entre o cineasta de autor e um exibicionista de feiras. Há alguns anos, durante uma estranha entrevista em sua casa de Paris, perguntei a Jodorowsky sobre sua paixão pelos mancos, coxos, caolhos e mutilados de modo geral. Ele tentou me explicar que há algo de artístico na deformação. Na condição de um grande aficionado pelo humor, ilustrou isso com esta piada:

Uma viúva multimilionária publica um anúncio no jornal buscando um marido com as seguintes qualidades:

---

16. MOLDES, D. *Alejandro Jodorowsky*. Madri: Cátedra, 2012, p. 40.

- *Que não me maltrate;*
- *Que não me largue por outra mulher;*
- *O mais importante: que seja incrível na cama.*

Vários homens se candidatam e vão até a casa dela, mas todos são recusados. Até que um dia alguém toca sua campainha e, quando ela abre, depara-se com um homem sem braços nem pernas, sobre um carrinho de madeira.

A viúva lhe diz:

– O que você está fazendo aqui?

O sujeito lhe responde:

– Eu sou perfeito para você. Veja, não tenho braços, não posso te bater. Como não tenho pernas, não posso me distanciar de você.

A mulher pergunta:

– E o que faz você acreditar que é incrível na cama?

O homem responde:

– Como é que você acha que eu toquei a campainha?

A obra de Jodorowsky sempre criou muita polêmica, mas poucos, hoje em dia, se recusam a reconhecer que ele é um autêntico artista e um criador original. Às vezes, sua postura de mestre infalível também não o ajuda (postura em grande contraste com sua perspectiva antiautoritária: em sua obra, ele às vezes "mata o pai" com uma fúria digna de alguém com uma amarga capacidade de manter viva a chama do ódio infantil).

"Alegre-se com os seus sofrimentos: graças a eles, você chegará a mim", diz a voz do psicomago ancião a Alejandro, menino que protagoniza *A dança da realidade*, uma ode à serenidade de um menino eternamente sofredor que, mediante a tenacidade, chegará a transformar-se em artista. No livro em que o filme se baseia, Jodorowsky relata como seu pai o torturava. Nele, há uma famosa passagem em que o menino Alejandro vai ao dentista e, acatando a sugestão de seu pai, recusa a anestesia, suporta a dor e por fim desmaia, atitude que seu pai despreza, considerando-o "covarde". Mais famosa ainda é a cena inicial de seu filme *El Topo* – talvez o faroeste mais atípico da história do cinema – no qual um caubói (o próprio Jodorowsky) cavalga pelo deserto carregando um menino nu em seus braços, e o obriga a enterrar o retrato de sua mãe e seu ursinho de pelúcia. A seguir, diz a ele: "Agora você é um homem".

Alejandro Jodorowsky é apaixonado por piadas. Gosto muito de uma que ele costuma contar, em que um anão salta várias vezes à frente do balcão de uma cafeteria, gritando:

– *Me vê um café? Me vê um café?*

Ninguém parece lhe dar atenção. Então, atrás do balcão, um outro anão se esgoela, saltando e lhe perguntando aos berros:

– *Puro ou com leite? Puro ou com leite?*

Nesta piada encontramos uma bela metáfora sobre o quanto estamos sós. Assim como o anão na cafeteria, somos vítimas da carência e da ausência de comunicação. Não olhamos para nós mesmos com objetividade: se fizéssemos isso, nos daríamos conta de que nossa sina não é tão terrível. O E4 começa a se curar quando, diante de sua sensação de tragédia existencial, é capaz de superar-se e chega a olhar para si mesmo a partir de fora, com equanimidade, com serenidade de espírito, sem dramalhões manipulativos.

Todos nós (não apenas os E4) manipulamos a fim de compensar nossa sensação carencial, em vez de nos dedicarmos àquilo que realmente poderia nos curar: crescer, desenvolver nosso amor-próprio, nos valorizarmos a partir do interior e abrirmos os olhos à realidade de que não nos falta nada para estarmos completos. Se aceitarmos isso, não será tão difícil acessar este ponto zero, a esta indiferença criativa recomendada pelos gestaltistas, na qual a pessoa se dá conta de que não é necessário viver a vida como se esta fosse uma telenovela passional para se sentir viva; a própria vida é que abre caminhos sozinha, se a deixarmos fluir em paz, sem tantas exigências.

Nasrudin chorava de modo inconsolável na rua, quando um vizinho o abordou.

– Você pode ter perdido seu burro, Nasrudin, mas não precisa lamentar isso mais do que lamentou a perda de sua primeira esposa.

– Ah, mas você deve se lembrar de que, quando perdi minha esposa, todos na vila disseram: "Encontraremos outra pessoa para você". Mas, até agora, ninguém se ofereceu para substituir meu burro.

Personalidade modal

Dizem que o bolero é a canção do chorão e o tango, a canção do corno. A cultura espanhola, com suas procissões da Semana Santa, seus rigorosos lutos de preto, o choro de suas carpideiras e sua inveja ancestral, tem um forte ingrediente E4 (especialmente nas mulheres). A cultura árabe, em geral, também fez da dor, do sacrifício e da tenacidade valores proeminentes, ao mesmo tempo em que o dionisíaco é condenado e que se reprime a livre-expressão do corpo (sobretudo nas mulheres). Também podemos situar na órbita E4 toda a cultura do oprimido cujo estereótipo tenha se estruturado ao redor da queixa, ou que faz de sua dor uma forma de vida: "Eu poderia estar matando ou roubando, mas preferi vir aqui pedir a ajuda de vocês".

Em seu aspecto social, o E4 está relacionado com o mal social da dependência: o fato de que existem oprimidos no mundo não tem a ver apenas com a injustiça social, que no Brasil é muito grande e um problema real, mas também com um componente de servilismo. A codependência, a cultura do auxílio financeiro proporcionado pelo Estado, a atitude parasita e a de calar-se diante de abusos e de injustiças – tudo isso é muito diferente de rebelar-se, deixar de viver às custas de alguém, recusar as migalhas e insurgir-se contra os exploradores.

Um testemunho pessoal

No caso a seguir, o acesso a uma consciência mais profunda tem a ver, curiosamente, não apenas com o desapego do sofrimento neurótico (ou seja, do "melodrama"), tão caro ao E4, mas com a experimentação de uma dor nova, real e profunda, quase como um rito de passagem ou uma iniciação a um estado de ser mais profundo e conectado. É o que aconteceu na vida de uma psicóloga que, quase como fruto natural de seu processo de amadurecimento, tornou-se uma reconhecida teatroterapeuta.

Reconheço com clareza um antes, um durante e um depois em relação ao trabalho com o Eneagrama, e minha passagem pelo SAT. Por isso, quero compartilhar minha experiência e fazer com que meu agradecimento alcance Claudio Naranjo e os terapeutas do SAT.

Em relação a antes do SAT, minha sensação é de que eu vivia mergulhada num melodrama denso, carregado de sofrimento e de mal-estar. Eu encenava o melodrama usando uma cenografia escura e adereços de um passado doloroso. Minha vida era assim tão terrível, eu era tão frágil assim? Claro que não! Olhando da perspectiva de meu eneatipo 4, eu enxergava a vida através de um personagem capaz de escurecer até mesmo o cenário mais claro. Reconheço este personagem em mim, noto a presença dele sobretudo nos momentos críticos, em que ele aproveita para entrar em cena e mostrar seu peso. O que realmente mudou durante o SAT foi minha relação com este personagem.

Desde que reconheci meu eneatipo 4, percebo mais claramente a caricatura do personagem, vejo-o chegar (tenho uma foto dele em casa), e isso faz com que a força, o poder e o protagonismo dele sejam reduzidos. Ao mesmo tempo, posso olhar para ele como a um velho conhecido, com compaixão e amor.

Antes de conhecer o Eneagrama, era tudo simplesmente "assim", e eu era "assim", esses sentimentos e emoções tão SENTIDOS *compu-*

nham o material cotidiano do drama em que eu vivia. Aos 19 anos, escrevi um poema que começava assim:

> Rápido, uma corda,
> que eu caio pisando em serpentes,
> rastejei até o mais baixo, morri por dentro
> você sabe que morri, sangrei e me esvaziei?
> o que mais eu posso fazer?...

Esta era o roteiro do personagem, e eu estava em completa sintonia com ele. Eu me sentia atraída pelos ambientes que envolviam risco, pelos desequilibrados, pelos conflitos e pelas profundezas amargas. Em alguns momentos, a trama da vida ficava grotesca; em outros, trágica ou melodramática, e a verdade é que em pouquíssimos episódios eu desfrutava da comédia e da leveza.

Nos primeiros anos de Gestalt me entreguei por inteiro à tarefa de sentir, e eu sentia "muito", "bastante", e isso me confirmava que minha realidade dolorosa e sofrida era verdadeira. Não via nenhum inconveniente em me aprofundar, cada vez mais, na dor ou no sofrimento. Com o tempo, a Gestalt me ajudou a me reconhecer em diferentes rostos, e enxergar partes minhas com repertórios bastante diferentes, e pude dizer: "Sou isso, e também sou muito mais".

O Eneagrama deu nome a este personagem que era o protagonista de minha vida, desenhou sua silhueta como se eu o conhecesse desde sempre, como se o tivesse estudado a partir de meu interior. O Eneagrama iluminou o personagem vital que eu encarnava, e me mostrou este personagem entrando em cena vestido de preto, com a maquiagem borrada, olhos tristes e suplicantes: um personagem exibicionista de seu sofrimento, que não queria descer do palco, tampouco perder a atenção de seu público. O trabalho com o caráter me ajudou a questioná-lo, a suspeitar de sua atuação tão verossímil e autêntica, pois eu me sentia muito autêntica nestas profundezas, e me gabava disso. De que modo o Eneagrama me ajudou no SAT? Principalmente, mostrando-me com clareza os fios que movem este personagem melodramático e toda a encenação de seu drama. Ensinou-me a reconhecer sua dança e seu ritmo, e a não segui-lo de modo automático. Ensinou-me a respeitá-lo e amá-lo, e finalmente a alterar o roteiro, a mostrar-lhe outros caminhos, ou simplesmente estar em quietude. Tratava-se de abrir os olhos e às vezes fechá-los para respirar, deixar de atuar de modo automático e cego. Entrar e sair de cena, e entre estes dois movimentos, fazer o que há de ser feito com valentia.

Este personagem aprendeu a não revidar os golpes que acreditava receber. A estar tranquilo e a fazer menos drama, a praticar a abstinência consciente daquilo que não o beneficia.

Mas isso tudo levou tempo. No início do trabalho com o Eneagrama durante o SAT, sobretudo no curso Introdução à Psicologia dos Eneatipos e no SAT 1, parecia-me que tudo ia de mal a pior. Quanto mais eu descobria sobre o E4, mais eu sofria pela desgraça de pertencer a este eneatipo. Eu argumentava que, para os E4, não era bom ficar olhando para o lado sombrio do caráter, que ser um E4 já era suficiente e demandava um trato diferente e especial. Estava certa de que eu era a que mais sofria, que nós E4 tínhamos uma desvantagem congênita que exigia um trato diferente. Eu estava totalmente consumida por este papel, e achava que a existência havia me dado uma rasteira; não conseguia me desprender do personagem nem sequer por um momento, quase tudo o que eu aprendia servia de alimento para o seu repertório. Cada nova descoberta era um golpe novo, e eu o sofria em cenários novos ou já familiares.

Porém, com o tempo fui penetrando na estrutura de trabalho com o caráter no processo do SAT, e o personagem começou a tocar na dor verdadeira, na dor sem plateia, uma dor humana que nos une como humanos, uma dor que comove sem parafernália. Uma dor solitária que não exigia nada. E então meu personagem soube que já não podia seguir adiante com seu show. Foi esta queda real na dor que fez com que ele interrompesse a encenação e o espetáculo, e o personagem quis então descer do palco no qual estava acostumado a pedir a atenção dos outros, com todo tipo de dramas. E então ele liberou espaço.

Foram momentos de solidão, de não saber, de cair sem poder confiar em nada nem em ninguém, sem confiar em mim, nem nos mestres nem nos ensinamentos, momentos de vazio e de verdade. E finalmente, depois de alguns anos, durante o processo do SAT, algo mudou sem a minha interferência; talvez a dor tenha se transformado em compaixão e em amor por mim mesma e por tudo o que me cercava. Eu havia escutado as falas de Claudio Naranjo, as dos mestres do SAT, estas coisas todas, mas tinha dificuldades para confiar, até que simplesmente aconteceu.

Uma das coisas importantes durante e depois do SAT foi a mudança no relacionamento com meus pais. Procurei e conheci meu pai quando eu tinha 33 anos, e ele morreu cinco anos depois. Quando eu nasci, minha mãe tinha 17 anos, ela se casou com outro homem de quem herdei o sobrenome e no ano seguinte ela se separou. O trabalho com as relações parentais do SAT me ajudou a dissolver a raiva que eu sentia de minha mãe, a quem eu acusava por não ter cuidado de mim e me amado do modo que eu precisava. E me ajudou a deixar de lado as eternas queixas que eu tinha em relação a meu pai, que não havia estado presente, queixas que se estendiam a outras pessoas. O SAT e o trabalho realizado com Joan Garriga, nas Constelações Familiares, me colocaram no caminho do reconhecimento, da valorização e do amor a estes pais verdadeiros. Um caminho de amor que se prolongou na direção do meu entorno. Em meu trabalho como terapeuta e como psicóloga, posso dar algo do que recebi no SAT, aquilo que me foi mais útil: o contato com o amor e o respeito a mim mesma, aos outros e à vida que está mais além de todos seus vaivéns.

No SAT 3 e no SAT 4 comecei a sentir que era digna de amor e que podia descansar; que meu personagem melodramático não era um ser sombrio que merecia ser rejeitado tampouco uma prima-dona que merecia aplausos. Tudo isso faz parte de mim e é digno de ser amado, compreendido e respeitado.

O SAT também me ajudou com a meditação, como uma prática que me ajuda a parar, a me observar com um senso de perspectiva, com tranquilidade e suavidade, uma prática que está sempre disponível para todos.

Depois *do trabalho com o Eneagrama e o SAT, muitas coisas aconteceram e continuam a acontecer. Reconheço o meu eneatipo 4, subtipo conservacional, me considero emocional, tenaz, com uma tendência negativa e melodramática, e ter consciência disso me ajuda a não me deixar ser seduzida pelo personagem que me é familiar, um velho conhecido.*

Muitas vezes respiro fundo, paro e sorrio, e sorrio também para o personagem e para tudo o que me cerca. Em outras situações, choro para me aliviar, sobretudo quando sinto frustração, raiva ou irritação. O choro me alivia quando é verdadeiro, se não carrega consigo a teatralização do choro. Parece que a produção e a direção do meu drama interior decidiram deixar de lado todo o sensacionalismo de minha história, e simplesmente tento viver as sensações que aparecem, que vão e vêm.

Trabalho com teatro no ambiente terapêutico, e foi o conhecimento do Eneagrama que me ajudou a reconhecer diferentes personagens da comédia humana, a olhar para eles com amor, com respeito e, quando possível, com humor. Outra coisa que eu levo do SAT é o trabalho de teatro feito com Consuelo Trujillo. Em alguns dias do SAT 2, me propuseram trabalhar com o teatro no Instituto Gestalt, junto com Isabel Montero, companheira de eneatipo no SAT. Esta oportunidade me deu uma alegria enorme, mas eu não sentia que tinha direito a isso, tampouco capacidade. Meu personagem trágico percorria meu cenário interior dizendo: "Não sou ninguém para trabalhar com teatro" (embora eu já trabalhasse há aproximadamente 15 anos com teatro e psicologia), e em outros momentos a imaginação me levava ao extremo oposto: me colocava num pedestal, e a partir desta posição, eu dava aulas. Aproximei-me de Consuelo Trujillo com minha história e meu roteiro: "Eu não sei nada, como é que posso trabalhar com isso?" A resposta dela ainda me acompanha: "Você não sabe nem muito nem pouco, você sabe o que sabe, e está tudo bem. Isso foi um bálsamo para minha vida profissional, que nunca me satisfazia completamente. Desde a adolescência eu vinha me esforçando, estudando e trabalhando, chegando a extremos exagerados de tenacidade neurótica; uma luta sem descanso era o único caminho que eu via como possível para a sobrevivência. Porém, cada uma das conquistas era tachada como insignificante e desvalorizada pelo meu personagem, que apontava para aquilo que estava faltando. De um modo angustiado, eu invejava os meus companheiros, e me comparava de maneira pouco justa com os demais, o que me fazia exigir de mim, e nunca me contentar. Esta também foi uma mudança importante em minha vida: já faz quase 10 anos que sinto orgulho de atuar com Isabel no Instituto, e me sinto contente com o livro que publicamos, fruto de nosso trabalho. Também me traz satisfação ter o meu próprio consultório, coordeno uma equipe de amigos psicólogos e sinto alegria com este trabalho.

Depois do SAT, faltava-me abordar um tema pessoal que há anos não caminhava bem: a relação de casal. Até que dois anos atrás escrevi esta frase: "Gosto da pessoa que me tornei", e esta frase foi lida por um homem amoroso, chamado Delfín, que, quando a leu, quis me conhecer, e assim comecei a abordar o tema que para mim estava pendente, em que estou agora: a vida compartilhada em casal. Eu havia tido vários relacionamentos sem conseguir construir um projeto de vida sólido e confiável junto com um homem. Antes de conhecer meu parceiro, fazia vários anos que eu estava solteira; no início, me sentia frustrada e desesperada para estar com alguém, mas com o passar dos anos comprovei que me era possível ser feliz sem um parceiro, e me sentia à vontade com minha vida. Escrevi esta frase, "Gosto da pessoa que me tornei", porque era verdade. E naquele momento me chegou o amor, um bom amor, uma relação sólida e confiável com um projeto de vida juntos, com respeito, aceitação e vontade de continuarmos juntos.

Convém sempre seguir aprendendo e crescendo, sigo no caminho de colocar em prática, entre outras coisas, a virtude do contentamento e a equanimidade que aprendi no SAT, e a não me esquecer do corpo como base saudável em que posso estar.

Por tudo que comentei, quero manifestar meu agradecimento por este trabalho profundo e transformador com o Eneagrama no SAT.

Maria Laura Fernández

Eneatipo 5   O imbecil

> Tríade dos mentais
> Paixão: avareza
> Fixação: mesquinhez, desapego patológico

O vizinho do Mulá queria seu varal emprestado.
– Desculpe – disse Nasrudin –, mas ele está em uso, secando farinha.
– Como é que você consegue secar farinha num varal?
– É mais fácil do que você imagina, quando não se quer emprestá-lo.

Uma vez mais, uma simples piada nos revela o núcleo psicológico de um caráter: o E5 é um ego que colonizou internamente a pessoa, levando-a a uma reclusão existencial que lhe impede um contato com o mundo e a deixa emocionalmente isolada. Eis aqui um desapegado patológico, que busca informações mentais como substituto do amor, do contato e das relações interpessoais; alguém que confia mais no mapa do que no território e que, em vez de percorrê-lo a pé, de caminhar junto com os outros, confia apenas na teoria e deixa de lado o contato verdadeiro e cotidiano, o único que realmente poderia curá-lo.

A avareza é uma paixão que tem a ver não somente com ser mesquinho em relação ao dinheiro, mas relaciona-se principalmente com um obstáculo espiritual: uma paixão pela retenção, pela economia de esforços, pelo não desperdício, pelo não compartilhamento de si com os demais. A tal retenção soma-se uma tendência constante a abandonar qualquer esperança de ser nutrido, a renunciar aos prazeres do mundo, ao amor, a qualquer expectativa, tudo isso para não se frustrar. Pelo contrário, o avarento se agarra a si mesmo e desenvolve sua vida interior (ainda que somente no que diz respeito às funções intelectuais ou – na melhor das hipóteses – artísticas). Como costumava dizer um famoso personagem E5 da literatura – o escriturário Bartleby, de Herman Melville – "eu prefiro não fazer isso".

– *Eu gostaria de viver numa ilha deserta.*
– *Eu também.*
– *Xii... esta ilha já está começando a ficar cheia de gente, não?*

O E5 manifesta também uma atitude que esconde sua cobiça: dentro de todo avarento há um aristocrata que se sente intelectual ou artisticamente superior aos outros, embora viva tal sentimento em silêncio, e o manifeste somente por meio desta retenção (dos afetos, do conhecimento, dos talentos). O E5 sente que lhe falta energia, que é um pobre de espírito, que não tem nada, e vive com a ideia louca de que se ele deixar escapar o pouco que tem, caso ele se atreva a dar-se aos outros, ficará empobrecido de uma maneira catastrófica.

Deste modo, o ego E5 se contém e mantém-se estagnado em seu autocontrole, transformando-se no mais introvertido dos caracteres. As pessoas deste eneatipo costumam ser apáticas, falar pouco, tendem à frieza, são intelectualizadas, obedientes e com um baixo nível de energia, ao passo que internamente tratam a si mesmas com muito pouco carinho, e vivem esmagadas pela autoexigência de um forte superego. Em razão de sua atitude desapegada, que o isola do mundo, o E5 é definido com palavras e expressões nada simpáticas, como por exemplo "autista emocional".

Nosso amigo, o psiquiatra cognitivo-comportamental, colaria ao E5 mais prototípico a etiqueta de "transtorno esquizoide", patologia que o DSM aplica a indivíduos caracterizados pela falta de interesse em relacionar-se socialmente e por uma limitação da expressão emocional: nem deseja nem desfruta dos relacionamentos pessoais (inclusive ser parte de uma família). É por isso que o E5 quase sempre opta por atividades solitárias e mostra um interesse relativo – ou pequeno – em ter experiências com outra pessoa, não tem amigos íntimos e mostra uma frieza emocional. Às vezes, pode ter também delírios de grandeza. (Atenção, convém não confundir "esquizoide" com "esquizofrenia": são transtornos muito diferentes!).

Assim que o paciente se instalou confortavelmente no divã, o psiquiatra começou a sessão de terapia:

– Não estou a par de seu problema – disse o psiquiatra –. Que tal começarmos pelo princípio?

– Está bem, doutor... No princípio, criei o céu e a Terra...

Simeão Estilita é um caso histórico paradigmático de E5: um asceta que escolheu como penitência permanecer 37 anos sobre um pilar de mármore no deserto, a 17 metros do chão. Antes disso, ele morou numa cisterna seca e numa caverna, mas como as pessoas costumavam visitá-lo em bandos (devia ser uma espécie de atração exótica numa feira), decidiu empoleirar-se em um pilar para não ser incomodado. Além disso, ele é considerado o inventor do cilício[17], e era tão rigoroso em seu retiro do mundo que chegou a ser expulso de seu monastério.

---

17. Cinto, cordão ou corrente com pontas ou farpas, geralmente de metal, que se usa apertado contra a pele, provocando dor constante, como forma de penitência ou como disciplina moral e corporal [N.T.].

Tal rigor nos lembra o do E1, embora uma das grandes diferenças entre os dois caracteres seja que o iracundo costuma ser um tipo rígido, extrovertido, exigente com as pessoas que o cercam, inclinado a obter conquistas sociais, e tem uma autoimagem idealizada, enquanto o E5 é um pobre de espírito que na verdade teme os outros, é frágil, considera-se um pobre diabo e é vítima de sua própria autoexigência.

Numa comparação com o E9, enquanto este mostra uma tendência geral a engordar (o que não significa que todos os E9 sejam gordos), o E5 tende a ser fraco, seco, esquelético, esquálido. É muito comum que as pessoas deste caráter tenham corpos longos, tensionados e compridos, raquíticos, ectomórficos, como se tivessem implodido ou estivessem recolhidos dentro de si mesmos (o que não significa que todos os E5 sejam magros).

Sua fixação é a mesquinhez, à qual a teoria do Eneagrama confere um caráter muito amplo ao descrevê-la como uma "incapacidade inconsciente de dar". Assim como o indivíduo da piada, que se mostra tão avarento, mas tão avarento que vai ao cartório para registrar seu testamento, e no documento coloca a si mesmo como herdeiro.

O E5 só pode começar a sanar-se à medida que compreender que seu desapego provém de uma atitude de defesa diante das relações afetivas, pois teme secretamente perder a si mesmo no outro, ou que o amor acabe sendo destrutivo ou o transforme num ser dependente. O E5 prefere sentir-se onipotente, despreza a humanidade e se desapega das pessoas que gostam dele, e chega até a sentir-se aliviado quando um relacionamento acaba.

Um homem muito mesquinho chega de repente em casa, depara-se com a van de uma empresa de serviços hidráulicos estacionada diante do portão de sua casa e exclama:

– Eu lhe imploro, Senhor, que seja o amante dela!

Além disso, o E5 tem certa tendência ao mau humor; é o caso do insuportável Professor Serebriakov, da peça teatral *Tio*

Vânia, de Tchekhov: um intelectual que se autocompadece de modo dramático, com quem ninguém simpatiza devido às suas constantes queixas sobre os outros e sobre a vida, que não sabe valorizar. Não raro os E5 são misantropos, pessoas acostumadas a uma agressão passiva, e a semear a desilusão. A literatura está repleta de personagens passivos-agressivos, como os já citados Bartleby, Serebriakov e o excêntrico Ignatius J. Reilly (certamente o seu criador, John Kennedy Toole, era um representante deste caráter).

O E5 pode ser facilmente identificado com esta frase de Jonathan Swift que deu origem ao livro *Uma confraria de tolos*, de Toole: "Quando um verdadeiro gênio se mostra ao mundo, é possível identificá-lo do seguinte modo: todos os idiotas se juntam e conspiram contra ele". O protagonista deste livro é um tipo incapaz de manter um emprego estável, mas acredita ser um gênio incompreendido. Odeia a sociedade moderna, que considera carente de teologia e de geometria, e sente saudades da Idade Média, um tempo que não viveu. Sua cabeça ferve com fantasias, que ele acaba misturando com o mundo real.

Um crítico literário classificou Ignatius J. Reilly como um psicótico paranoide: "Isto é, um transtorno de personalidade parapsicótico, do eixo II do grupo A, sem a marca da descontinuidade psicótica do grupo I, se adotarmos a terminologia do DSM". Embora o comportamento de Ignatius seja mais abertamente típico do esquizoide, pois ele se sente vítima do destino, ele adota um papel passivo e, ao mesmo tempo, sente que seu talento não é deste mundo: em seu delírio, para ele os estúpidos são os outros.

> Ao colocar no fundo de minhas botas uma simples palmilha de borracha, sentado nos velhos bancos de cimento do Bairro Francês, em minha batalha febril pela subsistência contra uma sociedade desprovida

de raciocínio e precaução, fui abordado por um velho conhecido (um invertido). Em pouco tempo de conversa, na qual estabeleci facilmente minha superioridade moral sobre aquele degenerado, encontrei-me mais uma vez considerando a crise de nossa era. Meu intelecto, incontrolável e caprichoso como sempre, sugeriu-me um plano tão magnífico e ousado, que me senti tenso só em pensar nele. "Pare!", supliquei à minha mente genial. "Isso é uma loucura!" Mas ouvi até o fim o conselho do meu cérebro. Era-me oferecida a oportunidade de salvar o mundo por meio da degeneração.

Por outro lado, Ignatius sofre de uma característica extremamente comum entre os E5: a falta de interesse pela higiene pessoal, pela aparência física e pelo modo de vestir. Sujos, inimigos do desodorante, desconjuntados, vestindo camisas sem-graça, todas manchadas e compradas no Carrefour, paletós fora da moda e, às vezes, com quilos de caspa sobre os ombros, os espécimes deste caráter são certamente os menos interessados em estética dentre todos os eneatipos: simplesmente não a entendem, pois não têm a expectativa de que sua aparência seja valorizada.

A agressividade passiva é, como já dissemos, um traço comum a alguns E5 (outros são tímidos demais para permitirem-se exibir este traço). A ironia ácida, carregada de um humor inteligente, mas implacável e impiedoso, entra em cena quando você menos espera, um pouco ao estilo do Dr. House, da série homônima. O E5 também costuma exibir uma grande rebeldia (também passiva, pois ela inclui um extenso palavrório em tom de desafio, e pouca ação). Nosso amigo Ignatius é um bom exemplo disso:

– Ignatius, você não acha que está precisando fazer um repouso numa casa de saúde?

– *Está se referindo ao hospital psiquiátrico, por acaso?* – *indagou Ignatius, furioso*. – *Acha que sou louco? Supõe que algum psiquiatra tenha capacidade para desvendar os meandros da minha psique?*

– *Só para descansar, meu bem. Você pode ficar escrevendo nos seus caderninhos.*

– *Eles vão querer me transformar num robô, que vê televisão, dirige automóvel e come comida congelada. Você não percebe? A psiquiatria é pior do que o comunismo. Eu me recuso a ser submetido a uma lavagem cerebral. Não vou virar um robô!*

– *Mas, Ignatius, eles ajudam tanta gente a resolver seus problemas!*

– *Você acha que eu tenho algum problema?* – *berrou Ignatius* –. *O único problema do pessoal que está lá é que eles não gostam de automóvel nem de spray para cabelos. É por isso que eles são colocados lá. Eles assustam os outros membros da sociedade. Cada hospício deste país está repleto de almas cândidas, que simplesmente não suportam detergentes, matéria plástica, televisão e derivados.*

Eu tinha um colega de classe que sempre me lembrou muitíssimo de Ignatius J. Reilly. Era um tipo de poucas palavras, mas quando desatava a falar era para agredir psicologicamente a quem estivesse por perto. Há uma frase que Ignatius dedica a seus ex-colegas de universidade, e que meu amigo poderia muito bem ter dito, e não veríamos a menor estranheza nisso: "Disse a todos os estudantes que, pelo bem do futuro da humanidade, eu esperava que todos eles fossem estéreis".

Meu amigo era um verdadeiro manancial de informações sobre qualquer assunto extravagante, e desta maneira conseguia sentir-se mais inteligente do que os outros. Relacionava-se pouco – e mal – com as pessoas e era um irremediável grafomaníaco; a literatura parecia lhe interessar mais do que a vida. Assim como meu amigo, Ignatius só vive para escrever um ensaio interminável que ele define como uma obra-prima contra a cultura moderna, e em razão disso passa longas temporadas recluso em seu quarto, até que se vê obrigado a sair à busca de um trabalho, devido aos estragos produzidos por sua mãe, ao dirigir embriagada.

Lembro-me de que numa primavera em que o *campus* ficou repleto de formigas voadoras, meu amigo percorreu todo o trajeto até a estação pisando nelas com crueldade. As pessoas o odiavam, e ele parecia gostar disso. Porém, num dia em que saímos para tomar uns drinques, ele me olhou com uma expressão muito triste e me perguntou:

– Por que você não vai com a minha cara?

Respondi que isso não era verdade, muito pelo contrário (apesar do episódio das formigas, sempre gostei dele). Ele se limitou a responder:

– Então, por que é que você está sempre tentando me machucar?

Fiquei surpreso ao descobrir esta fragilidade em meu amigo. Eu costumava responder a seus insultos à altura, mas o que para mim era só uma brincadeira, nele causava dor. Com o tempo, meu amigo se tornou um escritor, teve filhos, e a rispidez de seu caráter foi diminuindo; embora este ainda seja emocionalmente mesquinho e intelectualmente violento, poderíamos dizer que os filhos deixam a pessoa "mais aberta" e a literatura cura. Mas essa já é outra história.

Numa penitenciária da Escócia, um preso pergunta a outro:

– Você foi preso por quê?

– Eu quebrei a vidraça de uma loja com um tijolo.

– E te pegaram em flagrante?

– Não, me prenderam no dia seguinte, quando fui recuperar o tijolo.

A literatura está repleta de misantropos grafomaníacos e arredios, como é o caso de Cormac McCarthy. Este escritor tem por regra conceder uma entrevista a cada 10 anos. Certa vez, foi entrevistado por ninguém menos que Oprah Winfrey, no horário nobre da TV. A entrevista foi um fiasco. McCarthy respondeu a todas as perguntas de um modo seco, e sem revelar o menor detalhe sobre sua vida pessoal. A misantropia do autor também está refletida em sua obra: *Meridiano de sangue* é uma ode ao caos, ao desconsolo e à desorientação. *A estrada* vai muito além: um romance pós-apocalíptico situado numa Terra destruída e sem vida, na qual se pratica o canibalismo para a sobrevivência, e que deixa no leitor um sentimento de profunda solidão.

J.D. Salinger é um caso ainda mais extremado que o de McCarthy. Aliás, há uma doença chamada de "Síndrome de Salinger", que explicaria o desaparecimento, durante décadas, do autor de *O apanhador do campo de centeio*. Salinger foi um homem maníaco, tirano e malcriado. Sua própria filha, Margaret, disse sobre ele: "Não me causa o menor estranhamento que o mundo dele esteja tão vazio de pessoas reais, nem que seus personagens fictícios se suicidem com tanta frequência"[18].

Outro exemplo do caráter E5 no universo da literatura é o de Thomas Pynchon, que jamais deu uma entrevista (pelo menos, com seu nome verdadeiro). "Durante um tempo acreditou-se que este ermitão da literatura era, na verdade, J.D. Salinger", afirmou o jornalista Antonio Paniagua, em um excelente artigo sobre escritores arredios. "Quando ganhou o National Book Award, ele enviou, para receber a premiação, um humorista que agradeceu a Brezhnev, a Henry Kissinger e a Truman Capote pelo prêmio. Nos *Simpsons*, ele fez uma intervenção estelar: emprestou a própria voz para o desenho dele mesmo: "Isso sim, o

---

18. Apud PANIAGUA, A. "Huraños y esquivos". In: ABC, 29/01/2012.

personagem de Pynchon trata de cobrir o próprio rosto com um saco de papel".

A timidez é mais um dos traços característicos do E5.

Um sujeito muito introvertido entra em um bar na noite do Dia dos Namorados, e então vê uma bela mulher sentada no balcão. Depois de uma hora juntando coragem, finalmente ele se aproxima dela e pergunta:

— Você aceita um drinque?

Ela responde aos berros:

— Não, não vou dormir com você esta noite!

Todos no bar ficam olhando para eles. Morrendo de vergonha, o sujeito abaixa a cabeça e volta para a sua mesa.

Pouco tempo depois, a mulher se aproxima da mesa dele, sorrindo, e lhe diz:

— Me desculpe se eu te envergonhei. Sou psicóloga e estou fazendo uma pesquisa sobre a reação das pessoas diante de situações constrangedoras.

Então o homem responde, aos berros:

— Não, não vou te pagar 500 reais!

O Doutor Sheldon Cooper (Jim Parsons), da série *The Big Bang Theory*, é o E5 perfeito. Nerd, aficionado de *Jornada nas estrelas*, uma pessoa que se dá ares de superioridade, mas que evidentemente é frágil, quase um menino, não compreende quase nada do mundo a seu redor apesar de ter um QI de 187 pontos e de sua memória fotográfica, e refugia-se na ciência para evitar o contato excessivo com os humanos. Alguém me disse, uma vez, que Sheldon se parece muitíssimo com o Comandante Spock de *Jornada nas estrelas*, mas a diferença entre ambos é visível: enquanto Sheldon apresenta todos os traços do transtorno esquizoide e alguns fãs da série consideram que ele seja acometido pela Síndrome de Asperger (assim como outros

E5 famosos, como Albert Einstein, Bill Gates, Tim Burton e Keanu Reeves), o Comandante Spock (um E1) é um tipo duro e anal (no sentido psicanalítico), que acredita possuir uma autoridade moral absoluta.

Sheldon é hipocondríaco, cheio de manias, não tolera sons agudos, parece ser assexuado (acredita que o sexo é anti-higiênico) e emocionalmente está mais morto do que vivo: sua interpretação da linguagem é quase literal, o que lhe traz enormes dificuldades para entender qualquer metáfora, piada ou frase de duplo sentido. O delírio de grandeza está implícito na maior parte das frases deste personagem: "Claro que eu não sou Newton! Eu teria descoberto a gravidade mesmo sem a maçã!" Porém, às vezes vacila e deixa-se levar por um sentimento interior de desvalorização: "Me sinto como uma função inversa da tangente, que se aproxima de uma assíntota". Sua maneira de agredir é incrivelmente rebuscada: "É um prazer conhecê-lo, Doutor Gablehauser. Que sorte nossa, a universidade tê-lo contratado, embora o senhor não tenha empreendido nenhuma pesquisa original em 25 anos, e em vez disso tenha publicado uma série de livros populares que reduzem os grandes conceitos científicos a 'uma série de anedotas', cada uma delas idiotizada o bastante para que possa caber no tempo médio de uma diarreia".

Por trás de um E5 aparentemente inibido costumamos encontrar um menino E8, ditatorial e vingativo: "Oh, Mário... Se você pudesse controlar todo mundo da forma como eu controlo você... Pule, seu encanador ridículo!, vamos, pule", diz Sheldon.

O E5 costuma ser mais frequente nas pessoas do sexo masculino, o que não é de estranhar se considerarmos que vivemos numa cultura que ainda hoje reserva o espaço da racionalidade quase exclusivamente aos homens. Isso não significa que não haja mulheres E5: Sinnead O'Connor, Susan Sontag, Jane Goodall, Emily Dickinson e Agatha Christie são exemplos deste caráter. Todas são muito mentais, pouco afeitas a expressões sentimentais desmedidas e com vidas voltadas à interioridade.

Convém não esquecer que o universo dos cientistas, engenheiros, físicos, matemáticos e bichos raros da computação é um império masculino: Bill Gates, Steve Jobs, Mark Zuckerberg etc., todos eles também são E5. Nesse sentido, *The Big Bang Theory* é manancial para este caráter: assim como costuma ocorrer entre os *freaks*, os nerds, os *geeks* e os fãs de *Star Trek*, a maioria de seus protagonistas – não apenas Sheldon, mas também Leonard e Rajesh – são E5, cada um de um subtipo diferente. O quarto protagonista masculino da série, Howard Wolowitz, é provavelmente um ator E6 interpretando um personagem E7 (ou vice-versa), com um resultado realmente grotesco.

Leonard Hofstadter (Johnny Galecki) é um E5 um pouco diferente de Sheldon. Tal como ele, é *freak* e nerd, e tem uma verdadeira falta de habilidade com os relacionamentos humanos apesar de seu QI de 173. Além disso, está convencido de que morrerá sozinho, e preocupa-se muitíssimo em ter uma companhia feminina. Porém, diferentemente de Sheldon, Leonard é simpático, um bom menino, que faz o que lhe é pedido e não discute com ninguém. Com exceção do próprio Sheldon, naturalmente.

Leonard: Tenho o meu emprego, um dia ganharei o Prêmio Nobel e morrerei sozinho.

Sheldon: Você não vai morrer sozinho.

Leonard: Obrigado, Sheldon, você é um grande amigo...

Sheldon: E também não vai ganhar o Prêmio Nobel.

Leonard é um sofredor romântico: o ponto de fuga de sua solidão existencial são as mulheres. Isso acontece com muitos E5: em sua luta contra a solidão, apelam ao triste recurso de levar para dentro de sua toca uma parceira que acaba se tornando seu único vínculo sólido com o mundo. Trata-se de uma espécie de sequestro emocional por meio do qual, em contrapartida, eles se deixam castrar por suas mães ou esposas, assumindo um papel passivo no relacionamento. E não são raros os casos em que a faísca erótica tende logo a desaparecer.

– *Minha namorada me deixou e, ainda por cima, me trocou pelo meu melhor amigo.*

– *Eu te entendo perfeitamente.*

– *Aconteceu a mesma coisa com você?*

– *Não, mas eu falo português.*

O Eneagrama açucarado batizou o E5 com o adjetivo "investigador". Porém, convém não confundir as coisas: não estamos diante de Sherlock Holmes (certamente um E1), e sim de um completo imbecil, ou "inteligentonto". Na Roma antiga, *imbecillis* era aquele que carecia (prefixo *im*, de negação) de bengala, bastão (*becillis*, diminutivo de *baculum*), e assim eram chamadas as pessoas que precisavam de ajuda para poder caminhar. Os romanos usavam esta forma de insulto com o sentido de "fraco de espírito". Porém, *imbecillis* não tinha a conotação negativa que hoje damos à palavra; tal conotação era um pouco diferente: significava "frágil", "vulnerável" e também "enfermiço", "sem caráter" ou "covarde" – algo que se conecta totalmente à fragilidade existencial do E5 e à sua falta de ancoragem na vida.

Rajesh Koothrappali (Kunal Nayyar) é o terceiro dos protagonistas E5 da série *The Big Bang Theory*, e é particularmente imbecil. É o mais tímido do grupo, com um retraimento patológico evidente: ele é acometido de um transtorno raro, um mutismo seletivo que o impede de falar com mulheres. Seus pais suspeitam que ele seja homossexual, e ele se sente discriminado pela sua origem indiana, o que faz com que ele se recolha ainda mais dentro de si.

Este tipo de E5 é o mais retraído e "autista" de todos. Dentre suas fileiras, encontramos muitos casos de Síndrome de Asperger (Greta Thunberg é uma E5) e outros casos de pessoas ensimesmadas. Sua reclusão pode ser comparada à dos hikikomoris, estes adolescentes japoneses que não saem de casa durante anos. O hikikomori é aquele que decidiu isolar-se da vida social. Costuma ser acometido de fobias, de transtornos da personalidade em razão do afastamento e da timidez extrema: um verdadeiro apalermado. O universo da tecnologia, uma vez mais, se transforma no substituto ideal a estas relações humanas que lhe parecem tão complicadas.

Existem inúmeras piadas de nerds, a maioria delas são bastante ruins, ou então quase incompreensíveis para os não iniciados: "Qual é o ruído produzido pelo choque entre um fóton e um elétron? Planck!" "Como é que um elétron boceja? Bohhhr!" Um lógico que acaba de tornar-se pai recebe os parabéns: "Você teve um menino ou uma menina?" Ele responde, emocionado: "Sim!"

O lógico desta piada tem um problema muito típico deste caráter: os E5 bloqueiam a si mesmos facilmente, e têm uma expectativa tão baixa de serem atendidos que costumam retirar-se para um canto (mesmo que este seja um canto psicológico). E ali permanecem, a salvo de serem absorvidos pelos outros, livres e íntegros em seu mundo mental. O E5 é um ser solitário, um desapegado patológico, um asceta que se priva de suas necessidades mais básicas, alguém que leva a vida de maneira desconectada, que castrou seu impulso agressivo de pegar aquilo de que necessita para nutrir-se e, ao mesmo tempo, exibe uma cara de morto de fome emocional que certamente impulsionará muitos dos caracteres emocionais (especialmente o E2) a aproximar-se dele e lhe dar amor.

Porém, muito além da avareza compreendida em seu sentido psicoespiritual, o E5 pode ser descrito como uma pessoa com nítida falta de generosidade em questões financeiras, pouco afeito a atender às necessidades dos outros, tacanho com seu tempo e mesquinho quanto à sua capacidade de se entregar. É o caso de Nasrudin, cujo vizinho veio novamente lhe pedir um favor:

– *Ouvi dizer que você tem um vinagre que foi envelhecido durante 40 anos. Você me daria um pouco?*

– *É claro que não – responde o Mulá –. Ele não teria 40 anos de envelhecimento se eu o ficasse dando de presente por aí.*

O E5 também costuma entregar-se ao cultivo do conhecimento. Há muitas mentes brilhantes com este eneatipo: Isaac Asimov, Samuel Beckett, Stephen Hawking, Albert Einstein, John Nash, Nikola Tesla, Noam Chomsky, David Lynch. Um caso paradigmático é o do sábio da Antiguidade Diógenes de Sinope, também conhecido como Diógenes, o Cínico, que vivia como vagabundo pelas ruas de Atenas, dormia no interior de um barril e transformou a pobreza extrema num exemplo de virtude que lhe servia para denunciar a corrupção da sociedade. De dia, caminhava pelas ruas da cidade com uma lâmpada acesa, dizendo a quem quisesse escutar: "Estou à procura de um homem". Entenda-se, aqui, um homem honesto, uma pessoa de verdade. A figura de Diógenes aparece no arcano IX do tarô, representado pela figura do *hermitão* (grafado com H em homenagem a Hermes, o deus das descobertas afortunadas e dos significados ocultos, e também em homenagem a Hermes Trismegisto, o sábio egípcio criador da alquimia e da filosofia hermética). Certo dia, Alexandre o Grande foi visitar Diógenes em seu barril e lhe disse:

– Sou Alexandre o Grande. Pode me pedir o que você quiser.

E ele respondeu:

– Eu lhe peço para sair da minha frente, pois você está me encobrindo o sol.

Parece que estas palavras não bastaram para Alexandre, pois pouco tempo depois ele retornou, e encontrou Diógenes observando uma pilha de ossos humanos. Diógenes disse:

– Estou procurando os ossos de teu pai, mas não estou conseguindo distinguir entre eles e os ossos de um escravo.

Graças à sua grande sabedoria, Diógenes foi capaz de transcender seu próprio caráter e adquirir um ar de zombaria (E7) e, em certa medida, violento (E8). Certa vez, um homem rico convidou Diógenes a um banquete em sua mansão, mas o advertiu que naquela casa era proibido cuspir no chão. Depois de fazer alguns gargarejos, o filósofo cuspiu diretamente na cara do homem, enfatizando que não havia encontrado outro lugar mais sujo em que ele pudesse se descarregar.

"A tradição obituária grega descreve as mortes dos filósofos de uma forma anódina ou vergonhosa", escreve o filólogo Sergi Grau, autor de um livro sobre o tema[19]. "É uma maneira de desmerecer a sua altivez." Sobre a morte de Diógenes inventaram-se várias versões: segundo uma delas, ele morreu depois de tentar ingerir um polvo cru (indigestão por fome ou infecção por cólera, por ter optado por não cozinhá-lo antes?). Outra versão afirma que ele simplesmente prendeu a respiração até morrer. Por fim, conta-se que ele tentou compartilhar uma porção de polvo com alguns cães, e estes morderam seu calcanhar de Aquiles: seu desapego era a base de sua virtude e, ao mesmo tempo, seu ponto fraco. Os gregos não perdoavam a *hubris* [conceito que pode ser definido como "tudo que passa da medida"; por exemplo, uma confiança excessiva, orgulho exagerado, arrogância ou insolência], e a tradição golpeava os orgulhosos com uma morte humilhante. O mesmo acontecia com os avarentos.

---

19. Em sua *Antologia obituària dels filòsofs de la Grècia antiga*, Sergi Grau descreve as mortes ridículas que a tradição inventou para cada um de seus orgulhosos sábios. Peleu, Antíoco IV e Herodes morreram de ftiríase (dermatose provocada por piolhos). Platão, de embriaguez. Tales de Mileto teria morrido ao cair em um buraco devido a um mau hábito de caminhar olhando para o céu. Heráclito, enterrando-se no esterco. Aristóteles, de uma dor de barriga no final de um banquete – depois de brincar com um eunuco.

Em seu leito de morte, um avarento diz:

– Matias, você está aqui?

– Sim, papai.

– Maria, você está aqui?

– Sim, papai.

– Então, por que diabos a luz da cozinha está acesa?

Conheci algumas pessoas que, apaixonadas pelas teorias orientais sobre a não dualidade, dedicavam-se a exaltar a natureza ilusória de todas as coisas, a vaidade da realidade material e a impossibilidade de interferir em nosso destino. A explicação delas sobre o tema era impecável, exceto pelo fato de que estas expressões de espiritualidade *advaita* [não dualista] são vividas por muitos ocidentais como uma teoria que só reafirma seu desapego patológico e separa-os ainda mais de seus sentidos, de seu corpo e de seu coração. A isso, eu prefiro o *dzogchen* tibetano: não há dualidade, mas nesta vida a pessoa veio para trabalhar com os pés enfiados no barro.

O E5 suspeita (e com razão) que o ser somente pode ser encontrado além do mundo aparente dos sentidos. Porém, esta transcendência não pode ser compreendida em profundidade por aqueles que vivem evitando seu corpo, seus sentimentos e a própria vida. Enquanto não adquirir consciência corporal, o E5 continuará olhando para os demais – uns pobres insetos, na sua visão – de cima para baixo, fechado em sua torre de marfim, numa lamentável idealização da autonomia pessoal, que reforça a repressão de seus desejos.

Um paciente vai à consulta com o psiquiatra.

– Doutor, estou desesperado!

– Qual é o problema?

– Tenho um terrível complexo de superioridade.

– Não se preocupe. Eu vou te ajudar.

— *Quem é você pra me ajudar, seu doutorzinho caipira?!*

A insensibilidade emocional é um traço de personalidade associado ao E5. Neste caráter, o desenvolvimento dos sentimentos está obstruído e nele se produz um certo estado de catatonia emocional: o indivíduo já não sabe reconhecer o que sente, perdeu-se de si mesmo até chegar a um estado de frieza. Tem dificuldades para sentir empatia e para compreender a compaixão.

Um menino pequeno tem um cachorro chamado Pepe, que ele adora. Um dia, enquanto o garoto está na escola, Pepe foge de casa, atravessa a rua e é atropelado por um carro.

Sabendo do amor que o menino tem pelo cãozinho, a mãe fica com receio de que o filho tenha um choque terrível quando ficar sabendo do acidente. Decide, então, ir buscá-lo à porta da escola, para lhe dar a má notícia de um modo delicado.

— Eu sei — diz ela, enquanto os dois caminham de volta para casa — que você é um menino muito corajoso. E eu gostaria que você me provasse isso, e que não chorasse porque... eu vou lhe contar uma coisa muito triste: o Pepe morreu.

— Ah, é? — diz o menininho, com a maior indiferença — E como foi que aconteceu?

—Agora há pouco, foi atropelado na rua...

— Estas coisas acontecem, mami, *não se preocupe.*

O menino não chora nem se desespera. Continua brincando com seu ioiô.

A mãe, que temia pelo pior, está espantada.

Quando eles chegam em casa, o pequeno percorre todos os cômodos da casa, gritando: "Pepe! Pepe!" Logo volta para perto da mãe e pergunta:

— Cadê o Pepe?

— Mas, meu filho, eu te disse que ele morreu.

Então o menino desaba a chorar, soluçar e berrar.
— Mas o que aconteceu com você? *Agora há pouco, quando eu te dei a notícia, você não se comoveu, nem chorou, nem nada...*
— É que eu te entendi mal – diz o menino, entre lágrimas –. Achei que você tinha dito que o papi *tinha morrido.*

O E5 também costuma postergar a ação. Franco prolongou tanto quanto pôde as hostilidades na guerra civil da Espanha a fim de destruir lentamente o inimigo e de livrar-se de qualquer oposição interna, mesmo que às custas do imenso sofrimento causado a seu povo. A apatia é uma marca indelével neste caráter desapaixonado.

Podemos também nos perguntar se Franco teve algum sentimento de culpa durante seu longo período de agonia, enquanto sua equipe médica deleitava-se com o sofrimento de seu velho corpo, na tentativa de prolongar-lhe a vida. "Como é difícil morrer!", sussurrava ele quando estava prestes a morrer: nem sequer uma palavra sobre os milhares de assassinatos que perpretou.

Outro ditador baixinho, de voz muito aguda e gestos discretos, que mostrava um total desprezo pela vida e uma ridícula grandiloquência foi Humberto de Alencar Castelo Branco, primeiro chefe da ditadura militar brasileira nos anos de 1960 ("no máximo, ele aspirava ao cargo de capitão", afirmou um jornal da época). É muito alta a probabilidade de que Castelo Branco tenha sido um E5.

A culpa costuma ser um outro traço típico neste covarde propenso à inferioridade. Assim como o E1, o E5 também tem um forte superego que torna a sua vida mais difícil, embora no caso do avarento não haja um desejo de "melhorar" os outros, e sim um forte e secreto autocastigo, que contrasta com sua hipersensibilidade psicológica, com sua baixa tolerância à dor e sua fragilidade física. Toda essa atmosfera existencial acaba sendo muito kafkiana: não causa surpresa que Kafka tenha sido um E5, cujo estranhamento ele tão bem reproduziu em sua narração da vida, paixão e morte de Gregor Samsa em *A metamorfose*.

Nasrudin estava sem um tostão, envolto num cobertor e todo encolhido, enquanto o vento uivava lá fora. – Pelo menos – pensou – as pessoas da casa ao lado não sentirão o cheiro de comida vindo de minha cozinha, e não virão mendigar um prato de comida.

Nisso, a ideia de uma sopa quente, perfumada, veio à sua cabeça e ele a saboreou mentalmente por vários minutos.

Então bateram à porta. – Minha mãe me mandou aqui – disse a filha da vizinha – para perguntar se você teria um pouco de sopa para nos dar, uma sopa quente e temperada.

– Meu Deus do céu – retrucou Nasrudin –, os vizinhos sentem o cheiro até dos meus pensamentos.

Há alguns versos de Fernando Pessoa (também um E5), que definem muito bem a sensação interna das pessoas deste caráter diante do mundo.

> Não sou nada.
> Nunca serei nada.
> Não posso querer ser nada.
> À parte isso, tenho em mim todos os sonhos do mundo.
> Janelas do meu quarto,
> Do meu quarto de um dos milhões do mundo que ninguém sabe quem é.
> (E se soubessem quem é, o que saberiam?)

O mecanismo de defesa prototípico deste caráter é o que a psicanálise denomina de *isolamento*: a interrupção da relação consigo mesmo e com os outros dentro do próprio mundo interno. Por meio deste mecanismo, os impulsos instintivos se separam de seu contexto, e a pessoa lembra-se das emoções experimentadas de uma maneira fria, como se fosse um observador. Temos aqui um tipo com o eu dividido, que pode pensar bem e mal ao mesmo tempo, que pode sentir-se superior e inferior aos outros ao mesmo tempo. Isso não significa que o E5 não consiga deixar-se levar por sentimentos muito intensos; isso acontece, contanto que estes sejam direcionados à arte, à música, à teoria e ao abstrato, e não às outras pessoas.

Após um naufrágio, um homem boiava na água enquanto implorava a Deus para que lhe enviasse ajuda. Um bote salva-vidas se aproximou do lugar onde o homem estava, mas ele o repeliu, dizendo:

— Não se preocupem comigo, Deus me salvará.

E o homem continuou ali, rezando.

Logo depois, chegou até ele uma lancha da Cruz Vermelha, mas o homem também recusou.

— Não se preocupem comigo, Deus me salvará.

Passaram-se algumas horas, e as forças do homem iam se esgotando, mas quando chegou um helicóptero, de onde lhe lançaram uma escada, ele também recusou a ajuda.

— Não se preocupem comigo, Deus me salvará.

Pouco depois, ele morreu afogado.

Quando chegou ao céu, começou a gritar, furioso:

— Deus, se eu confiei em ti até o final, por que permitiu que eu me afogasse?

— E quem é que você acha que te enviou o bote, a lancha e o helicóptero de resgate?

O E5 é alguém que desconfia da vida. Sua ferida existencial foi aberta muito cedo: nunca teve a oportunidade de estabelecer um vínculo profundo com sua mãe, ou porque ela era muito fria, porque estava doente ou, simplesmente, por ter se distanciado do bebê devido aos azares da vida. Embora o que ocorreu possa ter sido justamente o contrário: que ele teve uma mãe invasiva, muito manipuladora, da qual teve que se proteger para não ser "devorado" por seu carinho. É de tal situação que emana sua atual suspeita de que todo amor que lhe possam oferecer seja interessado ou manipulativo.

Apesar disso tudo, também há pessoas deste caráter com uma enorme criatividade artística, e que têm oferecido abundantes frutos à vida, como o compositor e romancista Chico Buarque ou os não menos maravilhosos Belchior e Maria Bethânia: três verdadeiras lendas da música popular do Brasil. Com grande sobriedade e estilo profundo, alguns dos escritores mais interessantes da literatura brasileira também tinham este caráter, como a incomparável Hilda Hilst. O romancista Machado de Assis, extraordinário observador da sociedade de seu tempo; gago e epilético, foi certamente um E5, assim como seu famoso personagem Dom Casmurro. O poeta Carlos Drummond de Andrade foi outro grande escritor com este caráter, além do Prêmio Nobel português José Saramago, que retrata muito bem a sua personalidade tímida e introvertida no personagem José, funcionário da Conservatória Geral do Registo Civil, protagonista do romance *Todos os nomes*.

O que uma pessoa deste tipo pode fazer para sanar seu caráter? De início, tem de compreender que o desapego patológico não é uma virtude, mas o sintoma mais claro de sua enfermidade. Logo ele terá que aprender a dar, a não reter, a cultivar a generosidade. Porém, qual é o significado, aqui, de ser generoso? Refiro-me, claro, a uma generosidade emocional que pode ser traduzida em escuta, abraços, gestos calorosos, carícias, ternura sustentada ao longo do tempo, que pouco a pouco começará a lhe aquecer o coração. Somente desenvolvendo sua própria capacidade de amar os outros, de entregar-se e estabelecer relações profundas o E5 poderá preencher tal vazio existencial.

Caso contrário, ele continuará se conformando com as migalhas que recebe da vida.

— *Há um ladrão lá embaixo* — *disse a esposa de Nasrudin, certa noite.*

— *Não faça barulho* — *sussurrou o Mulá. Se quiser encontrar alguma coisa aqui, primeiro ele mesmo terá de trazê-la para dentro de casa. E talvez ele até deixe algo para trás.*

Personalidade modal

Embora não se possa dizer que um país tem, propriamente, uma personalidade modal E5, há pessoas que habitam regiões de difícil acesso – ilhéus, ermitãos montanheses – que se veem afetados por uma certa retração relacionada à avareza e ao isolamento. A Galícia e a Escócia têm fama de serem culturas nas quais a avareza e a rispidez campeiam livremente. Vem de longe a tradição de acusar os escoceses de serem mesquinhos. Dizem que o Castelo de Edimburgo mantém o costume centenário de disparar tiros de canhão todos os dias. Esta tradição costumava ser celebrada em muitos lugares ao meio-dia. Porém, em Edimburgo deram-se conta da significativa economia que eles poderiam fazer caso adiassem os tiros até a uma da tarde. Assim, hoje em dia eles disparam... uma única bola de canhão, e economizam onze!

Um escocês encontra um amigo:

– Me diga, onde está a sua aliança de casamento?

– Esta semana é minha esposa que a usa.

No ambiente social, o E5 costuma comportar-se como se não soubesse defender seus direitos. A anomia e as características antissociais costumam apoderar-se das pessoas cuja crença é que lutar não vale a pena, já que tudo está muito amarrado. Esta patologia afeta aqueles que observam a realidade sentindo-se alheios a ela, sem dignar-se a intervir, sentindo que nada pode ser feito para mudá-la, ou para mudar a si mesmo. Não se deve confundir isso com o conformismo; na verdade, os E5 sofrem de uma negligência existencial relacionada com o desenraizamento dos esquizoides. Estamos numa época em que é muito fértil a *neurose do sem sentido*, expressão cunhada por Viktor Frankl e que hoje denomina um mal muito disseminado.

A frieza da ciência e da tecnologia também é uma expressão do caráter E5 no plano social. Com frequência, são introduzidos novos avanços no mercado sem uma reflexão profunda sobre as consequências sociais e ambientais que eles podem causar. Refiro-me aos problemas derivados do uso de tecnologias armamentistas, do petróleo ou da energia nuclear.

Como exemplo de desenraizamento e de conformismo, me surpreende a mansidão com que milhares e milhares de operários chineses se deixam explorar em condições quase medievais por escravizadores de indústrias como a Foxconn, onde são montados os celulares iPhone. Diante da onda de suicídios entre os operários de sua fábrica, a Foxconn apostou numa solução tão inútil quanto desumana: instalar uma rede ao redor do edifício. Não fizeram absolutamente nada em prol da melhoria das condições de trabalho dos operários ou para lhes oferecer algum tipo de assistência humanitária. Os empregados seguiram trabalhando e não fizeram greve. Foram divulgados casos de operários que morreram por exaustão, após jornadas extenuantes na fábrica, onde reina um ambiente de terror e de abusos. Além disso, os funcionários são obrigados a assinar contratos em que se comprometem, tanto eles quanto suas famílias, a não denunciar nem processar a empresa em caso de acidente, suicídio ou morte: um ambiente kafkiano, diante do qual nós, consumidores ocidentais, nos mostramos indiferentes.

Um testemunho pessoal

Nosso próximo convidado é um advogado italiano bem-sucedido, que vivia fechado em si mesmo, e entediado com a vida. Seu processo pessoal tem sido tão rico e fértil que hoje, aos 45 anos, pela primeira vez ele conta com verdadeiros amigos, com uma vida afetiva real e com um bebê nos braços.

Receio que este espaço se revele pequeno para que eu possa descrever todas as mudanças que experimentei como consequência do processo SAT, no qual estou mergulhado faz uma década. Há alguns dias, um velho amigo com quem eu jogava futebol, e que eu não via há anos, me disse no meio de uma conversa: "Você não tem mais aquele olhar cheio de raiva que costumava ter". Pergunto-me como poderei explicar o alcance de uma mudança tão sutil e, ao mesmo tempo, profunda e clara, a ponto de conseguir mudar o olhar de uma pessoa. Sinto que não foi somente a raiva que desapareceu de dentro de mim, mas também o medo, a amargura, a desconfiança, o pessimismo, a insatisfação, o receio, a preocupação e toda a dor que eu havia acumulado.

Antes, eu me enxergava como uma pessoa infeliz e insatisfeita, alguém irritado com a vida. Hoje, por outro lado, sinto-me afortunado, abençoado, e até mesmo um privilegiado. Foi uma mudança de chip, *não há dúvidas; uma mudança total de* chip. *Mas que mudanças são estas, e como elas foram acontecendo? Qual foi o processo?*

Terei dificuldade para dar uma ordem lógica aos acontecimentos. Ocorre-me contá-los de um modo caótico, pois foi assim que as mudanças foram se manifestando em minha vida: brotaram feito cogumelos. Creio que o processo tem sido lento e o que se vê e o que se percebe é mais a mudança do que o processo em si. De repente, você presta atenção a algo, ou alguém lhe faz um comentário, e você se dá conta de que o seu padrão já não é mais o mesmo. É como se você tivesse saído de um movimento em espiral sem se dar conta de quando e como isso aconteceu, exatamente.

A primeira coisa que se altera é o comportamento, e o que leva mais tempo para mudar me parecem ser as crenças, as ideias preconcebidas e interiorizadas que a pessoa tem de si mesma. Pelo menos comigo foi assim. Particularmente, de uns tempos para cá sinto que me tornei mais sociável, mais eloquente, mais empático, mais colabo-

rativo; mas se alguém me pergunta sobre isso, continuo respondendo que sou tímido, sério, quieto, antissocial, individualista, ainda que isso já não tenha muito a ver com o que sou e com a maneira como eu ajo hoje em dia.

Mais do que como cogumelos, eu poderia dizer que estas mudanças surgiram como peças de um quebra-cabeças que aos poucos vão formando outras identidades; dele caem constantemente peças velhas e a ele se juntam peças novas – como uma dança, a dança da vida, imagino.

E, para poder começar a dançar esta dança, desfrutar dela e começar a me sentir parte deste universo, em vez de me sentir um bicho raro e solitário, tive que soltar, no sentido mais amplo da palavra. Soltar identidades: a de advogado renomado e a de professor, que me davam segurança econômica e prestígio social; a máscara de menino bom e obediente; a da pessoa coerente, confiável, trabalhadora, em situação estável; a do marido burguês. Também tive que soltar algumas facetas e costumes, como por exemplo a do homem racional e prudente, a do poupador previdente. Por fim, tive que desfazer, pedaço por pedaço, toda a vida que eu havia construído e sair de minha zona de conforto, até cortar definitivamente o cordão umbilical em relação à minha mãe, minha família, minha terra, e me mudar para outro continente.

Comecemos pelas mudanças mais objetivas, as mensuráveis, sobre as quais há menos espaço para equívocos. No plano especificamente biológico, uma mudança muito profunda e revolucionária foi que há alguns anos já não tenho mais problemas de constipação, ou seja, defeco com regularidade, e isso foi uma grande mudança para alguém que praticamente desde o primeiro dia de vida teve problemas em relação a isso (eu tinha poucos dias de vida, e nem havia deixado o hospital ainda, quando introduziram em mim um minúsculo supositório de glicerina). Também me curei da psoríase invertida que eu tinha na região anal há uns 15 ou 20 anos. Sem falar que hoje posso urinar num banheiro público sem me sentir inibido por ter alguém a meu lado.

Outra mudança considerável foi meu vegetarianismo, que, embora não tenha relação direta com algo que tenha me chegado a partir do SAT (no qual ninguém lhe dirá que hábitos alimentares você deve seguir), sinto que tem a ver com o fato de eu ter me tornado menos agressivo e mais sereno, e isso, sim, devo ao processo SAT.

Quero mencionar outras mudanças que podem parecer minúsculas, mas que para mim são muito importantes: antes, eu não perdia nenhum programa de notícias ou debate televisivo que tratasse de política, economia ou esportes. Costumava ler alguns jornais por dia, e acompanhava com assiduidade as notícias da imprensa; hoje, não leio jornais nem assisto à TV, exceto para ver filmes que escolho.

Antes, eu não tinha um único amigo sequer, devido às minhas dificuldades de me relacionar com os outros. Ano passado, fiz o Caminho de Santiago, sozinho, e me assustei com a facilidade que eu havia conquistado para me relacionar no contexto social. Fui capaz de conseguir companhia, ou de ficar sozinho, sentindo-me à vontade em ambas as situações, tanto socializando como no recolhimento. Foi assim que descobri polaridades que antes eu não sabia que tinha: posso ser, ao mesmo tempo, tímido, extremamente tímido, e atrevido; carinhoso e forte. Também sou capaz de afirmar: "Bem, sou uma pessoa séria, calada, falo pouco e não dou muitos sorrisos, e daí?" Reconhecer esta parte minha, dar a ela o seu devido lugar, e até mesmo honrá-la, fez com que quase por mágica eu me tornasse uma pessoa que fala e sorri muito mais.

Antes, eu não conseguia me permitir ficar uma hora sem trabalhar, sem ser produtivo, não me perdoava por isso. Hoje, passo dias inteiros sem fazer nada, ou fazendo só o que me dá vontade (ler, passear, ouvir música etc.).

Eu achava que não gostava de crianças, já que tinha muita dificuldade de me relacionar com elas. Logo comecei, pouco a pouco e de modo natural, a me aproximar delas, a ser mais carinhoso, a me sentir mais à vontade, primeiro com os animais, e logo depois com as crianças. Não é por acaso que, aos 45 anos de idade, eu tenha sido pai pela primeira vez.

Também constatei que meu hemisfério esquerdo começou a falhar (perco molhos de chaves, a carteira de motorista, esqueço-me das coisas em geral), ou então é possível que ele esteja começando a relaxar um pouco. Ao mesmo tempo, vou dando mais espaço a meu lado intuitivo, à sabedoria do corpo, a meu lado artístico e criativo que meu lado racional havia enterrado sabe-se lá onde.

No plano emocional, posso dizer que agora vivo tudo com muito menos pathos, *com menos drama. Sinto que, lá no fundo, as coisas já não me afetam tanto. Sinto uma serenidade de fundo que é muito mais difícil de ser perturbada do que antes, sinto-me mais equânime. Tomara que tudo isso seja um vislumbre daquele desapego sadio, aquele desprendimento que se reconhece como sendo a virtude de meu eneatipo.*

Hoje aceito a vida tal como ela é, do jeito que ela chega. Tenho uma capacidade maior de tolerar a insegurança e de aceitá-la como uma companheira de jornada. Sou menos exigente e autoexigente, me tornei mais flexível, mais aberto e receptivo às mudanças. Permito-me mudar de opinião, perdoo-me com mais facilidade quando cometo erros, e não me envolvo em discussões fúteis que não levam a nada além da perda de energia e da ruína de relacionamentos.

Porém, a mudança mais profunda é a mudança existencial, que não é tão visível do lado de fora. Diria que eu mudei minha visão de mundo e da vida. O SAT despertou em mim uma espiritualidade explosiva que estava ali, dormindo sob minha pele. Agora, praticamente toda minha vida, todas as minhas ações, todos os meus pensamentos, tudo se tornou espiritual, por assim dizer. É uma espécie de atenção, um olhar constante para o sutil, para as sincronicidades, uma fé profunda, a crença de que tudo o que acontece é para o bem, uma oportunidade de ver, experimentar, entender coisas para poder seguir no caminho com maior consciência. Não que não haja sofrimento, mas penso que o sofrimento não é algo gratuito nem uma desgraça, mas algo que sempre traz consigo alguma coisa positiva, um presente.

Cheguei ao SAT sem ter a menor ideia do que encontraria, e sem saber praticamente nada sobre a psicoterapia, de modo geral. Tinha muitos preconceitos, achei que se tratava de coisas para gente endinheirada que, como não tinha problemas reais, passava a vida inventando problemas psicológicos e emocionais. Obviamente, nunca tinha passado por uma sessão de terapia individual, e minha chegada no SAT foi, digamos, bastante traumática. Por um lado, eram-me confirmadas todas as minhas ideias preconcebidas: definitivamente, eu me encontrava numa jaula de loucos, gente que gritava, chorava, vivia emoções fortes. Eu não sabia o que fazer, ficava paralisado, cheguei a pensar que era tudo fantasia, teatro, vontade de exibir-se. Por outro lado, havia algo de familiar ali: ou seja, nem todos me pareciam ser loucos, alguns pareciam sofrer com as mesmas doenças, dificuldades e bloqueios. Creio que foi assim que, pela primeira vez, foi despertado em mim um pouco de compaixão, conforme a etimologia desta palavra: padecer-com, compadecer-se, reconhecer-se, acompanhar o outro, estender a mão no mesmo sofrimento *e, acima de tudo, não se sentir sozinho e diferente. Embora eu não tenha me tornado um especialista em compaixão, a verdade é que agora tenho mais interesse pelos outros, pelos seres humanos, pelos relacionamentos.*

No SAT aprendi a olhar e a me olhar mais, a escutar mais, a sentir mais. Aprendi a ternura e o respeito, a diferenciá-los do abuso e do descuido, e me dei conta de quanto gosto de ser tratado com ternura e respeito. Aprendi a reconhecer, a nomear e expressar minhas emoções. Reconectei-me com meu corpo, me dando conta de como e de quanto, durante muitos anos, eu só o havia explorado e ignorado. Aprendi a desfrutar mais, a me entregar, a fluir com a vida, sem resistir ou me apegar tanto. Em resumo: me tornei mais humano.

Maurizio

Eneatipo 6   O paranoico

> Tríade dos mentais
> Paixão: medo, covardia
> Fixação: dúvida, desconfiança

Numa bela tarde de primavera, Nasrudin espalhava migalhas de pão em volta da casa.

– O que está fazendo? – seu vizinho lhe perguntou.

– Mantendo os tigres afastados – disse Nasrudin.

– Mas não existem tigres por estas bandas! – exclamou o vizinho.

– Justamente. Vê como é eficaz?

Com frequência, deparamo-nos na vida com pessoas que, devido a uma excessiva racionalização, recaem em atitudes como a que está ilustrada nesta anedota. Quando estão ao volante, brigam com os motoristas que não os deixam ultrapassar, irritam-se ao serem questionados, são rebeldes, desconfiados, discutem por qualquer coisa e estão constantemente enfrentando todo tipo de autoridade (embora, ao mesmo tempo, eles não consigam viver sem regras e limites claros).

Por detrás destes comportamentos obsessivo-compulsivos subjaz uma intensa ansiedade, que é uma das bases comuns ao caráter medroso. A ansiedade se origina no medo, e permanece no indivíduo como a sensação de alarme diante de um perigo que, na verdade, já ficou para trás. É um medo congelado, mas que continua vivo na imaginação daquele que o sofre. Para evitá-lo, o E6 costuma agir de um modo hiper-racional, o que gera pensamentos circulares que, por sua vez, pode desencadear atitudes absurdas que o indivíduo tenderá a considerar lógicas. Temos aqui uma pessoa que sempre tem boas razões para justificar tudo, que se perde em seus labirintos mentais, e suspeita dos outros e de si mesmo.

Um dos principais preços a pagar pelo medo é a desconfiança; do mesmo modo, um dos traços de personalidade principais do E6 é a hipervigilância. Sempre atento a possíveis significados ocultos e secretos, e a conspirações, o E6 procura se adiantar a possíveis perigos. A maneira como ele tenta sair dos atoleiros mentais a que é conduzido pela dúvida constante é por meio do intelecto. O E6 tem muito a ver com o Hamlet que segura uma caveira enquanto se pergunta pelo sentido da existência, com seu "ser ou não ser".

De modo semelhante ao que ocorre com Dom Quixote (também um personagem tipicamente E6), na cabeça do medroso se estabelece um processo de pensamento circular, por meio do qual os moinhos se transformam em gigantes. Da paranoia ao delírio há um simples passo, e uma vasilha de barbeiro se transforma no Elmo de Mambrino, e a camponesa Aldonza Lorenzo, na nobre Dulcinea del Toboso. Porém, infelizmente, o pensamento circular não costuma ser tão criativo como o do Quixote, e o aflito não enxerga em seu horizonte nada mais do que conspirações com as quais se distancia de sua própria responsabilidade no percurso dos acontecimentos de sua vida.

Chico está em casa, entediado, e começa a imaginar que gostaria de tocar um pouco de violão. Quem sabe seu vizinho, Zeca, possa lhe emprestar o seu... No caminho rumo à casa de Zeca, Chico começa a achar que seu vizinho talvez não queira emprestá-lo: "E se ele me der uma desculpa pra não emprestar? E se ele me interpretar mal? E se ele ficar irritado? E se...?" Quando Zeca abre a porta, fica contente de ver Chico:

— Oi, rapaz! Tudo bom com você?
— Quer saber de uma coisa, Zeca? Enfie teu violão no rabo!

Estamos aqui diante de um medroso patológico: uma pessoa que acabou ficando enroscada nesta emoção, e que vive uma intensa ansiedade por não poder desapegar-se dela. É comum que a ansiedade se transforme em dúvida (que, por sua vez, é a fixação do E6) e que, entre ambas, crie-se um círculo vicioso que o indivíduo muitas vezes resolve investindo agressivamente contra o outro, ou então entregando-se cegamente à obediência e à autoridade. De fato, o E6 costuma ter uma atitude extremamente servil perante as leis e a hierarquia, embora ao mesmo tempo continue existindo dentro de si uma enorme rebeldia contra a autoridade, sob a qual ele vive esmagado. Alguns E6 permitem que sua agressividade aflore, colocando-a a serviço de "causas" supostamente "justas" ou de objetivos quixotescos, o que na verdade costuma transformar-se, com as primeiras mudanças, em violência e em repressão contra o mais fraco. Estamos falando, aqui, da típica agressão do funcionário contra o cidadão, da violência sectária ou da dedicação cega à causa de um grupo, como se pode observar no filme alemão *A onda*, que reproduz, no interior da sala de uma escola, as condições psicológicas que possibilitam o surgimento do fascismo e da exclusão social.

Na escola, o filho de um trabalhador argelino é constantemente agredido por seus colegas de classe. Então, para resolver o problema, seu pai o transfere para outra escola, e muda o nome do filho.

— A partir de agora, seu nome não será mais Ahmed, mas Maurício. E não diga a ninguém que você é argelino, entendeu bem?

Um mês depois, o garoto volta para casa com notas catastróficas no boletim. Na manhã seguinte, chega à escola com um olho roxo.

– O que aconteceu, Maurício? – lhe perguntam seus colegas.

– Uma coisa horrível: ontem, ao chegar em casa, fui atacado por um árabe asqueroso.

De certa maneira, o E6 parece continuar vivendo num pátio de escola: procura seguir as normas para agradar aos professores, e comporta-se ora como um valentão para evitar ser vítima de *bullying*, ora como um fraco e submisso para conquistar a proteção daquele que é mais forte. Ele tem uma tendência marcante a acusar a si mesmo por tudo, transformando-se num pai que despreza a si próprio, e em seu próprio inimigo; quando não acusa a si mesmo, acusa os outros, projetando neles a sua sensação de culpa.

O E6 é um perseguidor e, além disso, sente-se perseguido. Ao adotar o comportamento de juiz e de fiscal de si mesmo e daqueles que o cercam, sua vida muitas vezes parece a de um inquisidor que também se sente um herege por estar submetido a uma incerteza crônica. O fato de ele sentir-se atraído pela fortaleza e pelo heroísmo só faz piorar as coisas. Não é raro que o E6 recaia em fortes polarizações maniqueístas: diviniza aqueles que ele admira e demoniza os seus inimigos. Quem não está comigo está contra mim, parece ser o pensamento constante dele em relação a qualquer um que o contrarie, e ele costuma expressar suas opiniões com muita assertividade e, inclusive, de um modo fanfarrão. É desta maneira que ele esconde sua insegurança.

A dúvida cria um parentesco entre o E6 e o E3: trata-se de dois caracteres dominados pela indecisão. O E3 a expressa tratando de tomar as decisões que, a seu ver, mais agradarão aos que o cercam, prostituindo com isso os seus verdadeiros desejos; o E6, por outro lado, fica paralisado na dúvida, com frequência atribuindo a responsabilidade por suas decisões àqueles que considera como autoridades.

Um homem indeciso queria encurtar o rabo de um cavalo. Perguntou ao Mulá de que tamanho deveria deixá-lo.

– Não faz muita diferença – respondeu Nasrudin –, porque, independentemente do que você fizer, as opiniões vão divergir; até mesmo a sua própria opinião mudará, de tempos em tempos. Longo demais... não, curto demais...

Apesar do alto grau de idealismo do E6, seu mundo ideal não costuma coincidir com a realidade, e por isso costuma conviver com muita frustração. Já foi dito que há uma autêntica "degradação da fé" que explica a insegurança existencial que sufoca o E6. Para ele, a palavra *fé* pode significar viver sob o jugo da submissão cega a uma série de crenças. E, no entanto, a fé verdadeira é o que falta ao E6: fé na autorregulação organísmica, no fluir livremente e no prazer. Em contrapartida, o E6 substitui esta fé na vida por uma dedicação submissa às normas – ele também é um caráter "normótico" – ou pela entrega a uma agressividade amedrontadora que afaste os seus temores.

Estamos aqui diante de um caráter com subtipos muito distintos. Uma das características mais surpreendentes do medroso é sua enorme polaridade. Dentro dele convivem dois seres: um é fraco, inibido e covarde, oferece uma obediência cega à autoridade e tende a submeter-se ao mais forte; o outro é forte, fanático e paranoico, protege-se da dúvida, não suporta a ambiguidade, e reage "latindo" com fúria diante de qualquer situação que possa lhe parecer injusta e que desencadeie uma sensação de temor dentro dele. A polaridade se estabelece, portanto, entre a covardia e a valentia, entre a fuga e a luta, entre a fobia e a contrafobia (ambos os extremos deste espectro não são mais do que as duas faces do medo). Quem diria que Woody Allen, com sua covardia hipocondríaca, e Sylvester Stallone, com sua reatividade raivosa e seu EEG que apresenta um silêncio elétrico cerebral, representam dois extremos da mesma polaridade medrosa. Também são excelentes representantes desta polaridade dois personagens dos Simpsons: o inibido, covarde e normativo Ned Flanders e o rabugento – porém covarde e complexado – *barman* Moe Szyslak.

Dito de outro modo: por um lado, temos o medroso, o cagão que busca refúgio junto à barra da saia de uma mamãe-parceira, ou a proteção de um papai-amigo, e que vemos representado por Tom Hanks, Tintim, Michael J. Fox ou em qualquer outra encarnação do "menino bonzinho". O caráter assustadiço e fraco é geralmente chamado de "seis Calor" e tem um quê de coelho assustado. Um traço característico do E6 mais medroso é a sua busca de uma amizade insinuadora: sua calidez está relacionada com uma necessidade de proteção, e ele costuma agir como um "cão fiel". A timidez e o desânimo, bem como os sentimentos de culpa, são traços comuns no E6 "Calor".

Do lado oposto, temos o contrafóbico, ou "seis Força", que, diante da sensação de medo, desenvolve um esforço heroico que, na maioria das vezes, desencadeia abusos, agressividade e uma atitude de buldogue. A Tenente Ripley da série *Alien*, o Capitão Haddock [....], Popeye, Rambo, Chuck Norris e boa parte da malta de valentões de Hollywood são representantes deste subtipo do E6. B.A. Baracus, da série *The A-Team*, é um sujeito enorme, musculoso, mal-encarado e todo adornado de pingentes de ouro que, apesar de sua força e seus adereços agourentos, é muito desconfiado, tem medo de voar e se assusta quando alguém o substitui no volante de seu famoso furgão GMC.

Também são característicos deste eneatipo a possessividade e o ciúme, já que sente muito medo de ser enganado. Não é de estranhar que na Espanha – onde há muitos indivíduos masculinos com este caráter e muitas mulheres E4, sofredoras e masoquistas – o índice de mortes por violência de gênero tenha sido, durante décadas, tão alto e, ao mesmo tempo, ignorado.

– Não vou te obrigar a ficar comigo – diz Woody Allen a Soon--Yi quando esta tenta abandoná-lo. – Se você não me ama, a porta está aberta. Desligue o alarme, quebre o cadeado e as correntes, despiste os cães, pule a cerca eletrificada e vá embora.

No universo da política costuma haver muitos E6, como é o caso de Luiz Inácio Lula da Silva, ex-presidente do Brasil, que sobreviveu a quase tudo (à pobreza, à ditadura, ao câncer, a Sérgio Moro...), que partiu do mais pobre e árido sertão, e que se caracteriza por lutar de modo quase quixotesco contra os poderes estabelecidos no Brasil (pelo menos, durante boa parte de sua vida como líder sindical). Outros políticos da esquerda brasileira, como Fernando Haddad e Leonel Brizola, também são E6. Porém, é na direita (melhor dizendo, na ultradireita) que encontramos mais fanáticos por metro quadrado.

É comum que os fanáticos atribuam às suas preocupações uma espécie de importância pública, como tem ocorrido com o ímpeto punitivo ou com o populismo correcional dos novos partidos de ultradireita que cresceram impulsionados pelas *fake news*, e também com aqueles que buscam bodes expiatórios entre imigrantes ou minorias sexuais. Na política espanhola, o ex--Presidente Aznar foi um exemplo de fanático amedrontador, pretensioso e mal-educado. O fanatismo é uma forma extremada de medo que se expressa por meio do ataque, o que, por sua vez, é uma maneira de combater a ansiedade. Aznar foi o protagonista de muitas cenas de submissão nas quais ofereceu seu próprio pescoço ao "buldogue mais forte", como ocorreu em sua visita ao rancho de George W. Bush, onde se expôs ao ridículo de imitar o sotaque e os gestos arrogantes de seu anfitrião. George Bush filho foi um político dominado ora pela fobia (p. ex., quando foi informado sobre o ataque às Torres Gêmeas, continuou lendo uma história às crianças de uma creche que visitava) e, em outras situações, ora pela contrafobia militarista mais destrutiva do Império Norte-americano nas últimas décadas. Richard Nixon foi outro buldogue (compare seu olhar paranoico com o de Aznar, e se surpreenderá com a semelhança), assim como o Senador Joseph McCarthy, inspirador da caça às bruxas na América da década de 1950, e o diretor do FBI J. Edgar Hoover.

A CIA é uma organização altamente paranoica. Ao longo de sua história, recrutou assassinos nazistas e os "reciclou" como agentes do bloco ocidental, instituiu centros de detenção ilegal e de tortura como Guantánamo (Cuba) ou o de Abu Ghraib (Iraque) e participou de todo tipo de assassinatos, golpes de Estado e massacres em todo o planeta. A CIA se assemelha a esta grande distopia romanceada por George Orwell. O romance *1984* tem um caráter tipicamente E6, com todos os seus conceitos, tais como o Grande Irmão, o Ministério da Verdade, a Polícia do Pensamento e a Novilíngua, que reduz e transforma o léxico com finalidades repressivas, com base no princípio de tudo o que não é parte da língua não pode ser pensado. A dicotomia entre a submissão passiva à ordem estabelecida e a rebelião cega, presente em *1984*, representa muito bem as duas polaridades do medroso. É o que acontece na anedota a seguir, um gracioso exemplo de humor ídiche:

Dois judeus, Samuel e Moisés, acusados de espionagem, estão diante de um pelotão de fuzilamento. Minutos antes da execução da sentença, o oficial comandante da tropa se aproxima de Samuel.

— Você quer um charuto?

— Sim, sim, claro! – responde Samuel, muito feliz por ter ganhado uns minutos de vida.

Na sequência, o oficial se aproxima de Moisés.

– E você, o que você quer?

Como resposta, Moisés cospe no rosto do oficial.

– Acho que este não é o melhor momento para provocações! – intervém Samuel – As tuas tolices ainda vão fazer com que algo de ruim nos aconteça!

Nossos piores pesadelos sobre o controle social, o totalitarismo, a injustiça e o envenenamento maciço do planeta parecem estar virando realidade. Nós seres humanos temos medo e, ao mesmo tempo, caímos numa espiral de *hubris*, de violência e de destruição ambiental sem precedentes. Em nosso foro íntimo, um medo atávico nos leva a suspeitar que seremos duramente castigados por isso.

A pessoa que se deixa conduzir pela covardia é, na verdade, viciada no medo, alguém que diz a si mesmo algo como: "Tenho medo, logo existo". Aqui, o substituto do ser é a sensação de temor. Assim como Abracurcix, o chefe da aldeia gaulesa de Asterix, este caráter vive com um medo permanente e indefinido que "o céu lhes caia sobre a cabeça" (medo que traz ecos do castigo paterno e de uma sensação de inadequação). Diante deste medo indefinido, o E6 age feito um gato escaldado, como um cão com o rabo entre as pernas: ou segue pela vida pedindo desculpas por existir ou recorre a gestos rotineiros, obsessivos e compensatórios, para superar a ansiedade.

– O que está fazendo nessa árvore, Mulá?

– Procurando ovos.

– Mas esses ninhos são do ano passado!

– Bem, se você fosse um pássaro e quisesse um lugar seguro para botar seus ovos, faria um ninho novo, com todo mundo olhando?

A "conspiranoia" é um fenômeno tipicamente E6. Nosso inquietante século XXI trouxe consigo um rastro de atentados, guerras e conspirações que reativaram uma série de crenças populares, nas quais se refugiam os desconfiados e os devotos do silogismo aristotélico. Ao mesmo tempo, a época atual da política fictícia em que vivemos tem sido o terreno ideal para o sucesso de *best-sellers*, *blockbusters*, gurus e desvairados que mesclam habilmente possibilismos históricos (o suposto *affair* entre Jesus e Maria Madalena, a passagem de Heinrich Himmler por Montserrat, as andanças do Clube Bilderberg) com teorias da conspiração. O jornalista David Icke é um exemplo de paranoide descontrolado. Com cerca de 20 livros publicados, este autor acredita que vivemos imersos numa grande conspiração liderada por uma força oculta que controla a humanidade. A esta força ele dá o nome de *Os Illuminati*: uma sociedade secreta que pretende instaurar um governo mundial dirigido pelas elites, no estilo do romance de George Orwell. Os Bush, os Rockefeller, os Rothschild e a família real inglesa formariam parte dos *Illuminati*. No entanto, os *Illuminati* não passam de marionetes dos mandachuvas do planeta: os reptilianos, uma raça de malvados répteis alienígenas que manipulam o mundo a partir das trevas e que se disfarçam de pessoas normais e comuns para logo se metamorfosearem em lagartos, na vida privada.

Num congestionamento nas ruas de Paris, ouve-se a voz de um senhor, muito irritado:

– Estou farto! Não aguento mais pessoas falando às minhas costas!

– Mas, senhor, você é um taxista.

– Ah, é mesmo, é verdade...

Admiro David Icke por sua denúncia de que "eles tentam nos transformar em ratos de laboratório". Ele tem toda a razão: estamos claramente mergulhando num novo totalitarismo de consequências planetárias. Porém, para explicá-lo, não é necessário recorrermos a extraterrestres, aos annunakis ou a organizações maçônicas: os humanos estamos suficientemente loucos para alcançar nossa destruição recorrendo a nossos próprios meios. O mais fácil é suspeitar dos outros; o mais difícil é admitir que você mesmo faz parte do problema.

Ao submeter-se ao medo, o E6 invalida a si mesmo, coloca-se ao lado do opressor, do superego: age como um rato que dá razão ao gato. O E6 acredita que é melhor castigar a si mesmo do que esperar que o castigo lhe chegue a partir de fora. Desse modo, consegue amenizar um pouco a ansiedade que a vida lhe traz, como se um perigo iminente estivesse prestes a lhe cair sobre a cabeça.

O Mulá Nasrudin tinha se desentendido com o shaykh de um monastério onde estava hospedado. Um dia, um saco de arroz sumiu e o chefe ordenou que todos se enfileirassem no pátio. Então, disse-lhes que o homem que havia roubado o arroz tinha alguns grãos em sua barba.

– Esse é um velho truque para fazer com que o culpado toque em sua barba – refletiu o verdadeiro ladrão e ficou imóvel.

– O chefe está tentando se vingar de mim – pensou Nasrudin –, e certamente colocou arroz em minha barba enquanto eu dormia. É melhor eu remover o mais discretamente possível.

Passou os dedos entre a barba e viu que todos olhavam para ele.

– Eu sabia que, mais cedo ou mais tarde, me descobririam – disse Nasrudin.

No romance *O deserto dos tártaros*, de Dino Buzzati, o jovem soldado Giovanni Drogo aguarda a chegada de uma ameaça indefinida e quase infinitamente adiada. "O deserto é real e é simbólico", dizia Jorge Luis Borges sobre este livro. "Está vazio e o herói está à espera das turbas". Do mesmo modo, podemos dizer que a implacabilidade deste caráter hiper-regrado e hierárquico produz monstros que não são de carne e osso, e que habitam o recanto mais obscuro do homem: a cabeça, a partir de onde eles nos atormentam, sem que jamais se façam totalmente presentes.

Quando Giovanni Drogo chega à fortaleza a que estava destinado, acha que ela se parece com uma prisão. Ali ele perderá os primeiros anos de sua juventude, à espera deste inimigo fantasma, que promete cobri-lo de glórias. Porém, os anos passam sem qualquer contratempo, enquanto seus velhos amigos vivem felizes na cidade, casam-se e têm filhos. A solidão do confinamento de Drogo torna-se cada vez mais lúgubre, mas ao mesmo tempo também é fortalecido o seu sentimento de pertencimento à hierarquia militar. Sua mente fantasia com a promessa da batalha que nunca chega, enquanto a rigidez da vida militar segue acabando com sua saúde e suas ilusões.

O E6 não é apenas uma vítima da hierarquia, da burocracia ou da implacabalidade do sistema, como pôde sentir na pele o cidadão K. dos romances de Franz Kafka; ele também participa ativamente do sistema, abriga-se neste sistema, identifica-se com o "opressor". Ao mesmo tempo, o E6 tem medo de perder a cabeça, das consequências horríveis que, em sua imaginação, seriam decorrentes do fato de soltar-se, de fluir, de deixar de controlar a vida com a mente. Quem sabe se ele não é vítima de uma desconhecida sede de sangue ou de um incontrolável impulso sexual. É uma pena que ele pense tanto! Entregar-se ao descontrole, fluir com a vida: aqui está a sua salvação.

O E6 é o amigo mais íntimo da lógica dentre todos os caracteres mentais. Também é de espantar a sua capacidade de inventar novos perigos, que só existem em sua imaginação.

O Mulá Nasrudin foi a uma entrevista de emprego numa companhia marítima. O diretor lhe disse:

— Nasrudin, este é um trabalho perigoso. Às vezes, o mar fica revolto. Se você estivesse no meio de uma tempestade, o que faria com seu barco?

– Não haveria problema. Eu simplesmente acionaria o mecanismo de defesa que há em todos os barcos: pesos, enormes lastros que garantem a estabilidade do barco até mesmo no meio de uma grande tempestade.

– E se surgir uma nova e grande tempestade...?

– Problema nenhum. Eu me livrarei de outro lastro enorme.

– E se aparecer uma terceira tempestade?

– Problema nenhum. Me livro de um novo lastro.

O diretor não sabia o que fazer com aquele homem. Perguntou a ele:

– E de onde você tira todos estes lastros?

– De onde você tira todas estas tempestades?

Tenho grande admiração pelos roteiristas da nova ficção da TV norte-americana. Duas das séries de maior sucesso nos últimos tempos têm como protagonistas personagens E6. O primeiro é Rick Grimes (Andrew Lincoln), o heroico e paranoico policial comprometido em cumprir seu dever – um personagem, podemos dizer, inspirado no xerife Will Kane do filme *Matar ou morrer*, também um E6. Por um mero acaso, Rick torna-se líder de um grupo de sobreviventes do apocalipse zumbi na série *The Walking Dead*, e desde o primeiro momento assume a responsabilidade de manter seus companheiros vivos; é um democrata convicto, embora ao longo de vários episódios da série ele envenere por um caminho autoritário, chegando inclusive a atirar em seu companheiro Shane (um E6 buldogue) quando este se mostra petulante. Em suma: paranoia e dupla personalidade, o que não é nada estranho para um E6. Rick luta para defender seu código moral num mundo sem leis, e vive eternamente preocupado (e quem não estaria, em sua situação?) com a pesada responsabilidade que é liderar um grupo humano em meio a manadas de zumbis famintos. *The Walking Dead* mostra algo assustador: depois de uns poucos capítulos, a horda zumbi deixa de causar medo, e fica evidente que os verdadeiros zumbis, os autênticos monstros, são os vivos – uma metáfora perfeita do que ocorre com os seres humanos de hoje. J.G. Ballards dizia que nós humanos somos os verdadeiros alienígenas no Planeta Terra. E ele tinha razão. Porém, não podemos esquecer que há 6 mil anos a história de nosso planeta não tem sido mais do que uma coleção de cenas de sangue e de fogo, disfarçadas de progresso.

Nossa civilização é muito incivilizada. Cria neuroses, normoses e personalidades psicopáticas que são presas de um medo extremo. Às vezes, enquanto assistia a *The Walking Dead*, eu era tomado por um horroroso pressentimento: o apocalipse já aconteceu. Os relógios pararam. Vivemos o final da história. Os zumbis são o futuro da humanidade. A humanidade é o passado dos zumbis. É como se um experimento científico tivesse dado errado. Na realidade, talvez já estejamos mortos, mas ainda não fomos enterrados.

Quando Gandhi visitou a rainha da Inglaterra, esta lhe perguntou, com um tom arrogante:

– Qual a sua opinião sobre a civilização?

E Gandhi, com um senso de humor visionário, respondeu:

– Civilização? Isso poderia ser uma boa ideia...

O segundo personagem que eu gostaria de abordar é Walter White (Bryan Cranston) – também conhecido como Heisenberg –, o fascinante e cruel narcotraficante da série *Breaking Bad*. Outro caso típico de paranoia e dupla personalidade. Walter White é um professor de Química inibido, um autêntico *loser*, segundo a típica visão mercantil norte-americana. Walt complementa sua renda trabalhando meio período em um lava-rápido, e um dia descobre que está com câncer de pulmão. Fica obcecado com a ideia de deixar dinheiro suficiente para a família, a fim de que eles possam sobreviver a este mundo cruel.

Para isso, associa-se com um ex-aluno, um caso perdido chamado Jesse Pinkman (Aaron Paul), um Peter Pan toxicômano que estraga tudo aquilo em que coloca a mão (um E7). Juntos, Walter e Jesse criam uma sociedade de infratores que começa quase como uma brincadeira, e que várias temporadas depois acaba tendo o controle absoluto do mercado de metanfetamina na região da fronteira entre os Estados Unidos e o México.

A postura de Walter – a princípio, tímida, controlada, moral – aos poucos vai se transformando graças a uma atitude cada vez mais "testicular", de uma pessoa "com colhões", um vício por vencer o medo e uma mente paranoica capaz de desafiar todo o cartel das drogas da fronteira, bem como preparar armadilhas para seus inimigos e manipular psicologicamente seus supostos amigos e familiares.

Walter White é uma espécie de Dom Quixote que luta contra moinhos de vento (em seu caso, os moinhos de vento são a DEA [órgão de Administração de Fiscalização de Drogas dos Estados Unidos] e o cartel). Também mostra uma polaridade entre a retidão moral do professor de Química e a imoralidade psicopata do gângster desvairado. Se no início Walter é um homem que batalha em prol de sua família, pouco a pouco ele vai se transformando numa pessoa viciada em situações-limite, em experimentar o medo e vencê-lo. Seu vício é tal que ele chega a dizer: "Eu sou o perigo".

A essa altura, não é exagero dizer que o E6 não é "o leal", "aquele que duvida", ou outros eufemismos do repertório habitual do Eneagrama açucarado. O E6 é um viciado no medo, na insegurança, na dúvida, na indecisão e na paralisia, o que também pode incluir somatizações como a paralisia física ou a fraqueza nas pernas, graves episódios de hipocondria ou até mesmo a psicose paranoide. O medo das consequências de seus atos costuma transformar o E6 em um covarde que chega a se assustar com a própria sombra.

— *Doutor, doutor... Há uma semana, minha mulher me largou por outro, e meu chifre ainda não nasceu. Será falta de cálcio?*

O E6 tampouco é "o amigo"; na verdade, seu comportamento amistoso e conciliador esconde outras intenções. O E6 fóbico sonda o terreno, e calcula a oportunidade de encontrar proteção e desarmar o adversário mediante um pacto de *lealdade* que ele não hesitará em trair se com isso puder salvar a própria pele. O E6 contrafóbico, com seu caráter amedrontador e valentão, também não é "o defensor", como alguns sustentam. Tanto em sua faceta de fanfarrão que amedronta suas vítimas como na do covarde que murcha diante da autoridade, o E6 se comporta de um modo inconsistente. Como se sabe, ambos os papéis (vítima e carrasco) são, muitas vezes, intercambiáveis. Um E6, Immanuel Kant, provavelmente ao dar-se conta de seu caráter, disse: "Nunca discuta com um idiota; é possível que as pessoas não reparem na diferença". E outro E6, Che Guevara, não por acaso chegou a exclamar: "É melhor morrer de pé do que viver sempre ajoelhado".

Um caubói baixinho, frágil e fracote sai do bar e, um minuto mais tarde, vermelho de raiva, retorna, gritando com sua voz esganiçada:

— Quem foi que pintou meu cavalo de verde?

Um caubói enorme, com uma musculatura impressionante, se levanta, coloca as mãos nos coldres de suas pistolas e diz:

— Fui eu. Você tem alguma coisa contra?

— Não... eu só queria te perguntar... quando você tinha intenção de dar uma segunda demão na pintura... pra poder te ajudar.

Um querido amigo meu, E6 contrafóbico, escreveu um livro de contos muito polêmico a que ironicamente deu o título de *Todas putas*. Um dos contos, narrado em chave de humor, tinha como protagonista um estuprador que fazia apologia de sua condição. O livro talvez tivesse passado totalmente despercebido não fosse pelo fato de a mulher que o editou ter sido nomeada diretora do Instituto da Mulher. A oposição a acusou de publicar um livro depreciativo para a mulher, e pediu a demissão dela. Passado um tempo, meu amigo contra-atacou com um segundo livro de contos, intitulado *Putas é pouco*.

"Todas estas feministas radicais estão adotando criancinhas porque não há quem as aguente", ele me disse. "No fundo, sou somente uma pessoa acometida de um certo quixotismo: costumo proclamar verdades que ninguém quer ouvir. Gosto de defender os monstros, os diferentes, as causas perdidas. Uma sociedade que não sabe rir dos próprios tabus é uma sociedade doente. E esta é especialmente doente. Imagino que, para meu desgosto, isso me faz muito espanhol. Deve ser algo quase biológico: me interessa fazer as coisas retirando a força de meus colhões. Além disso, adoro quando me fazem críticas duras, entrar em conflito me dá um prazer quase sexual. Eu me oriento pela oração de Conan, o Bárbaro: não importa qual é a nossa causa, só importa que se trata de um contra muitos. Só enxergo a injustiça do linchamento de massa contra o indivíduo."

Um testemunho como este nos dá indícios de como funciona um contrafóbico: em modo "testicular" (ou "ovárico", segundo a perspectiva), como ocorre com frequência nas piadas com as pessoas do País Basco, que ilustram tão bem o caráter "seis forte". Este subtipo é fechado, fanfarrão, ensimesmado, tem dificuldades para ultrapassar os próprios limites e acredita que tudo o que existe além de sua cultura é pior do que a sua; porém, quando chega a hora da verdade, ou ele exagera, de modo paranoico:

– *Não vou pagar o dízimo. E diga ao seu senhor que a água pertence a todos; ele sabe que eu sou capaz de montar um exército...*

– *Dá licença, rapaz, deixe eu fazer a leitura do registro.*

Ou então ele recua e é vencido pelo medo:

Um homem do País Basco, que tem a fama de valentão, como todos os bascos, entra numa barbearia e diz ao barbeiro:

– Faça minha barba, mas sem o creme de barbear, pois sou de Bilbao!

O barbeiro olha para ele com estranheza, e começa a lhe fazer a barba com a navalha, e sem o creme. Sem querer, corta o rosto do homem.

– Desculpe, é melhor eu colocar um pouco de creme de barbear...

– Já lhe disse pra não usar creme, que eu sou de Bilbao!

O barbeiro continua e, de repente, zás!: outro corte, desta vez, maior. O homem basco começa a sangrar novamente e, quando o barbeiro sai para apanhar o creme de barbear, agarra sua mão e lhe diz:

– Eu sou de Bilbao, comigo não tem essa de usar creme!

O barbeiro continua seu trabalho, todo nervoso e tremendo, até que sua mão lhe escapa e ele acaba cortando a orelha do homem, um corte ainda maior. O basco, com lágrimas rolando pelo rosto, então lhe diz:

– Escute... passe um pouco de creme; eu sou de Bilbao, mas não muito...

A literatura está repleta de famosos deste subtipo do E6, denominado "contrafóbico", como Tartarin de Tarascon, no romance homônimo de Alphonse Daudet, um valentão linguarudo que se gaba de ser um grande viajante, mas que na verdade nunca deixou sua pequena cidade. O E6 contrafóbico é uma pessoa com uma grande habilidade de inventar proezas e manter sua imagem de "valente" mediante um emaranhado de mentiras.

O Mulá Nasrudin, que costuma adotar os jeitos e os vícios de todos os caracteres, demonstra certa preferência em apresentar-se, em alguns de seus contos, como um destes fanfarrões covardes. A covardia é um traço principal em todos os E6, inclusive o contrafóbico (que se esforça muito para disfarçá-la).

O rei havia permitido que um elefante de estimação andasse solto nas proximidades do vilarejo de Nasrudin, e o animal estava destruindo as plantações.

O povo decidiu ir em bando até Tamerlão para protestar. Nasrudin, conhecido por entreter o rei de vez em quando, foi nomeado líder da delegação.

Eles ficaram tão intimidados com a magnificência da corte que empurraram Nasrudin para dentro do salão de audiências e fugiram.

– Sim – perguntou o rei –, o que quer, Nasrudin?

– É sobre o seu elefante, Vossa Majestade – gaguejou o Mulá, percebendo que o rei estava de mau humor naquela manhã.

– Sim... o que tem meu elefante?

– Nós... quero dizer, eu... estava pensando que ele precisa de uma parceira!

Nos ambientes militar e policial também há uma abundância de caracteres E6. O Sargento Hartman, do filme *Nascido para matar*, de Stanley Kubrick, é um dos militares E6 mais desagradáveis da história do cinema. No contexto da Hollywood direitista da década de 1980 – e somente um ano após a estreia de *O destemido senhor da guerra*, de Clint Eastwood –, Stanley Kubrick lançou um filme que passaria à história do cinema como uma das melhores películas antimilitaristas de todos os tempos. O Governo Reagan não deve ter gostado nem um pouco que o Sargento Hartman, interpretado por Ronald Lee Ermey, tenha sido mostrado um pouco como o antípoda malvado e antipático do Sargento Highway, interpretado por Clint Eastwood. Enquanto este último nos é mostrado como um pai severo, porém bondoso, cujo único objetivo é salvar a pele de seus homens que estão em combate, Hartman também é um pai severo, mas cujo nível de testosterona, mau humor e fanatismo é incomparável. Ao apresentar-se às tropas, grita: "Sou o sargento de artilharia Hartman, o inspetor-chefe de vocês. A partir de agora vocês só falarão quando eu lhes dirigir a palavra, e a última palavra que deverá sair de suas bocas imundas será 'Senhor'. Me entenderam bem, seus imbecis?" Chega a quase ser um alívio para o espectador que, no final do filme, o recruta Patoso (um típico E9) dê um tiro na cabeça deste opressor.

Na casa de chá, alguns soldados se vangloriavam de sua última campanha. Os residentes locais se amontoavam avidamente em torno deles para escutá-los.

— E então — narrava um dos guerreiros de aparência assustadora —, peguei minha espada de dois gumes e avancei sobre os inimigos, dispersando-os para a direita e para a esquerda como joio. Nós vencemos a batalha.

Houve uma salva de palmas.

— Isso me lembra — disse Nasrudin, que havia presenciado algumas batalhas em sua época — da vez em que cortei fora a perna de um inimigo no campo de batalha. Decepei-a num só golpe.

— O senhor teria feito melhor — replicou o capitão dos soldados — se tivesse cortado a cabeça.

— Não seria possível — disse o Mulá. — Alguém já tinha feito isso antes.

Se, por um lado, Nasrudin reconhece a si mesmo como um irremediável covarde, a maioria dos E6 costuma abrigar-se no conforto do subtipo mais normativo, cumpridor das regras, organizado, condicionado e conformista dos três subtipos deste caráter. O E6 "dever", também chamado de "prussiano", é aquele que transformou seu espírito de burocrata em uma modalidade grave de "normose". Este caráter se transforma num escravizador de si mesmo ao submeter-se, em busca de regras e leis claras que possam guiá-lo, a um regime de disciplina desumano que o distancia da vida. O E6 prussiano é o funcionário ideal: frio, inflexível, arbitrário, irritadiço, carente de senso de humor e inclinado à desconfiança. Seus hábitos são tão automáticos que nem sequer se dá conta deles, como costuma acontecer àqueles que pensam demais, ou àqueles que são paralisados pelas teorias, como Tom Edison (Paul Bettany), protagonista do filme *Dogville*, um jovem escritor fracassado com aspirações de filósofo, que se encontra com uma fugitiva chamada Grace (uma E3, interpretada por Nicole Kidman), e lhe propõe que ela se esconda na cidade. Com uma retórica moralista, ele logo consegue convencer os seus vizinhos, e fica acertado que, após duas semanas, caso algum deles não concorde que ela deva permanecer na cidade, ele se livrará dela. Logo os vizinhos começarão a abusar de Grace de variadas maneiras, inclusive com violência sexual, e Tom será incapaz de defendê-la, escudando-se na normatividade e em nome da boa convivência, e também mostrando sua incapacidade de admitir seu medo. Também neste caso, o espectador não fica desconsolado com o desfecho do filme (atenção: *spoiler!*): um justo banho de sangue.

Um caso diferente é o do inexpressivo e medíocre capitão da Stasi [polícia política da Alemanha Oriental], Gerd Wiesler, no filme *A vida dos outros*, ambientado na Berlim Oriental de 1984. Neste belo filme, o dramaturgo Georg Dreyman é submetido à vigilância pelo regime comunista, e Wiesler, nosso "E6 prussiano" é encarregado de monitorar conversas por meio de aparelhos de escuta. Uma equipe de membros da Stasi instala microfones em toda a casa de Dreyman. Porém, o amor entre o dramaturgo e sua namorada, a atriz Christa-Maria Sieland, bem como suas vidas de pensadores livres e artistas, acabam comovendo o funcionário Wiesler, que protegerá o casal usando sua aptidão para a burocracia de um modo original: preenche relatórios sobre os espionados com dados irrelevantes e anódinos que ocultam a verdade, permitindo-lhes, com isso, viver tranquilamente suas vidas, o que resulta numa maneira criativa de colocar o ego a serviço da virtude.

Idries Shah conta uma anedota que se aplica perfeitamente a este caráter tão burocrático e tão preocupado com os costumes:

Um missionário foi capturado por canibais e está agora no interior de um caldeirão de água, que se aquece rapidamente. De repente, vê os canibais ao seu redor juntando as mãos em oração. Dirige-se àquele que está mais perto, e lhe diz:

– Então vocês são cristãos devotos?

– Além de eu ser cristão – respondeu o canibal, incomodado –, me parece bastante inoportuno me interromper enquanto estou abençoando minha refeição!

Esta personalidade obsessiva, que pode ser facilmente confundida com o iracundo E1, se diferencia deste no sentido de que é incapaz de tolerar as incertezas, e precisa da hierarquia e da ordem para não sucumbir no mar de dúvidas que o inunda. O E6 "prussiano", ou "dever", como é chamado no trabalho do Eneagrama, é submisso e obediente: vive para cumprir ordens; justamente o oposto do E1, sempre mandão, insubordinado e visceral.

Gosto muito da transformação vivida, no filme *Os nomes do amor*, de Michel Leclerc, pelo personagem de Arthur (Jacques Gamblin) por meio do amor. Arthur, especialista na gripe aviária, um homem grisalho e de mente quadrada, encontra-se com Bahia Benmahnoud (Sara Forestier), uma jovem despudorada e provocante que se dedica a seduzir direitistas para convertê-los ao esquerdismo. Ela empenha-se em levar para a cama variados representantes da direita (um líder dos jovens da Frente Nacional, outro da Ação Católica etc.) para, em seguida, ilustrar suas façanhas num livro intitulado *Na cama com os fascistas*, que reúne as conversões milagrosas que esta Joana D'Arc moderna é capaz de realizar por meio do sexo. Um após o outro, os fascistas vão deixando para trás sua identidade anterior cheia de caspa, o terno, a gravata ou o uniforme paramilitar, e adotam um estilo de vida comunista, indignado, em defesa dos direitos humanos ou de um *hippie* de ecovila. Esta é uma metáfora perfeita do poder redentor do prazer (justamente aquilo de que um E6 mais precisa). Você consegue imaginar o que aconteceria com um pequeno exército de mulheres como Bahia, estrategicamente distribuídas pelos corredores da Casa Branca? Em três meses alcançaríamos a paz mundial, a justiça social e, quem sabe, o orgasmo universal. Sem dúvida, o amor é a melhor e a mais importante ferramenta que temos para a transformação.

É claro que Arthur se rende aos encantos desta garota irresistível. A rigidez do E6 torna-o intolerante à ambiguidade. Porém, a jovem Bahia representa a ambiguidade encarnada, que se choca com a personalidade controlada de Arthur.

— *Eu te amo!*
— *Como você sabe que isso é amor?*
— *Porque, quando penso em você, me falta o ar.*
— *Então isso não é amor, é asma!*
— *Certo, então eu te asmo!*

Assim como o Arthur do filme francês, todo E6 sofre de uma excessiva orientação teórica. Antes de empreender qualquer ação ou de tomar uma decisão, ele tem de conhecer todos os detalhes, como uma maneira de combater o medo (o mesmo acontece com o E5 e o E7). O E6 tende a colocar o intelecto no nível mais alto de sua escala de valores, e dedica a ele um respeito fanático. O intelecto não é apenas uma fonte de possíveis respostas para seus problemas, mas também complica sua vida, com novos desafios mentais. O E6 é um especialista em criar dores de cabeça.

Embora Sigmund Freud tenha sido um E6 contrafóbico, a psicanálise tem traços nitidamente "prussianos": é uma disciplina altamente intelectualizada, aspira à sublimação dos instintos, desconfia da natureza humana e apoia-se terapeuticamente na suspeita, em níveis extremos e doentios:

Dois psicanalistas se encontram no meio da rua.
– Bom dia – diz um.
– Bom dia – responde o outro.
E ambos se distanciam e, alisando a barba, pensam: "Bom dia? O que será que ele quis dizer?"

A partir da psicanálise, podemos relacionar o E6 com o "caráter fóbico", cujos traços também coincidem com a definição de "Transtorno de Personalidade Dependente" do DSM. Um psiquiatra cognitivo-comportamental, com base em sua bíblia diagnóstica, definiria o E6 como um "caráter paranoide", caracterizado por uma desconfiança e uma suspeita excessivas em relação aos outros, embora no DSM também se possa encontrar coincidências entre o E6 e o Transtorno Misto de Personalidade.

Seu mecanismo de defesa habitual é a *projeção*: atribuir aos outros sentimentos, emoções, comportamentos ou ideias que não sou capaz de reconhecer como minhas. O E6 costuma projetar nos outros o seu universo de dúvidas, de autoacusação e de desconfiança. Ao mesmo tempo, mediante a projeção da culpa, o E6 se esquiva de sua insuportável autoinvalidação culposa.

Alguns E6 (não todos) costumam agredir as pessoas que considera estarem abaixo deles na escala hierárquica. Por outro lado, praticamente todos os E6 costumam mostrar-se submissos diante de seus superiores, ao mesmo tempo que estabelecem com a autoridade uma relação de amor e ódio mais típica de um bando de chimpanzés do que de seres humanos. O E6 mostra uma competitividade em relação à autoridade paterna e um desejo de ocupar o seu lugar. Uma vez conquistada sua posição de poder e de privilégio, o E6 trata de conseguir o que quer, já que se sente mais seguro para usurpar por meio da força, embora esta atitude conviva lado a lado com o remorso e com o medo de ser castigado.

Assim, ele costuma ocupar pequenos espaços de autoridade, a partir dos quais se destaca por meio de um poder autoritário com o qual ele se protege atrás da razão, da tradição e da intimidação para colocar-se acima dos outros.

Um casal "moderno" está preparando seu casamento islâmico e visita um Mulá para lhe pedir conselhos.

– Nós sabemos que, conforme uma tradição do Islã, os homens dançam com os homens e as mulheres, com as mulheres. Porém, em nossa festa gostaríamos de lhe pedir sua permissão para que dancemos todos juntos.

– Absolutamente, não! – disse o Mulá. – Isso é imoral. Homens e mulheres devem sempre dançar separados.

– Então, depois da cerimônia, eu não vou poder dançar com a minha esposa? – perguntou o noivo, aflito.

– Não! Você sabe que isso é proibido no Islã.

– E... em relação ao sexo? Poderemos praticar posições diferentes?

– É claro que sim. Alá é grande! No Islã, o sexo é algo muito bom, por meio dele se pode ter filhos.

– Com a mulher por cima? Com ela de lado? De conchinha? Sobre a mesa?

– Claro! Alá é grande!

– Então eu vou poder fazer sexo com minhas quatro esposas juntas, em colchões de água, com uma vasilha de azeite morno, chantili, acessórios diversos, um pote de mel e alguns vídeos?

– Claro que pode. Alá é grande!

– E podemos transar em pé?

– *Não, não, não... de maneira nenhuma.*
– *E por que não? – pergunta o homem, surpreso.*
– *Porque vocês podem se empolgar e terminar dançando.*

Como é um E6 que conseguiu transcender? Alguém que aprendeu a dançar sem pedir permissão, que aprendeu a gozar sem culpa, que toma decisões com clareza, que assume a responsabilidade pelas próprias atitudes, que habita no corpo em vez de habitar exclusivamente na cabeça. Um E6 "dever", o tipo prussiano, com a mentalidade de um burocrata, que não questiona a autoridade, talvez mande seu trabalho às favas – como faz Arthur em *Os nomes do amor* –, e ouse revelar o artista ou o ser sensível e gozoso que sempre morou dentro de si. Um E6 medroso, o típico inseguro e inibido ao estilo de Woody Allen, com sua maçante tagarelice, começará a falar a partir de seus testículos (ou ovários) e amadurecerá rumo à própria individuação, deixando de comportar-se como uma criança abandonada em busca de uma mãe substituta. Mas um E6 "forte" renunciará à sua força intimidatória? A história oriental relatada a seguir nos mostra um caminho possível:

Um cruel guerreiro, depois de matar seus inimigos no campo de batalha, entra numa pequena aldeia com a espada desembainhada, sedento de sangue. Todos os aldeões fogem, apavorados, exceto um velho monge, que medita sentado junto à porta de um templo.

– Todos os seus conterrâneos fugiram, morrendo de medo – diz a ele o guerreiro –. Por que você, velhote, não faz o mesmo? Com esta espada, eu posso partir você em dois sem pestanejar!

– E eu – responde o velho, tranquilamente –, sem pestanejar, posso me deixar partir em dois.

Furioso, o guerreiro primeiro parte o velho em dois, e, logo a seguir, com golpes ferozes, o retalha. Aos poucos, se acalma. Fica observando os restos ensanguentados do homem. Só então compreende o imenso valor do ancião. Então, corta as tranças de seu próprio cabelo, quebra sua espada e ali mesmo, diante das portas do templo, senta-se para meditar.

> ### Personalidade modal
>
> Há muitos países com uma personalidade modal E6. Isso talvez explique por que este ego é o típico sustentáculo do patriarcado. O típico caráter espanhol é o E6 "forte": fanfarrões que se vangloriam de sua força, que tendem a abusar de seu poder quando o detém (basta ver a incontável série de ministros do Interior com cara de buldogue que tivemos na Espanha) e que costumam atacar em bandos, como é o caso dos "conquistadores" da América, dos bandeirantes do Brasil, dos membros das milícias paramilitares, dos filhos do Capitão Cloroquina ou dos *hooligans* das torcidas de futebol.
>
> Stefan Zweig conta que compreendeu qual seria o destino de seu país quando, durante uma reunião do Partido Social-democrata, reparou que, de repente, apareceram dois caminhões repletos de nazistas. Rapidamente, uma força paramilitar de combate, perfeitamente ordenada, desceu dos veículos, atacou a multidão a pauladas, e desapareceu. Naquele momento, Stefan Zweig se deu conta de que sua pátria, sua cultura e seu mundo haviam terminado, e decidiu exilar-se. Este covarde comportamento de manada é típico deste caráter, e explica muitos fenômenos de violência grupal.
>
> Os alemães sempre tiveram a reputação de terem uma mentalidade "prussiana", excessivamente organizada e obediente, hierárquica. Quando a cavalaria da polícia desferia golpes de sabre nos manifestantes na época da República de Weimar, as pessoas fugiam de modo organizado por entre as trilhas dos parques e jardins, sem pisar na grama. Tamanha normatividade é capaz de explicar o nazismo como um fenômeno de obediência cega e de submissão acrítica à autoridade. Por um lado, a covardia se manifesta no fato de desviar o olhar quando os seus vizinhos estão sendo levados à morte; por outro, o ódio aos judeus

ou o atual revisionismo histórico dos neonazistas é um fenômeno moldado pelo pensamento paranoico.

Hannah Arendt cunhou a expressão "banalidade do mal" quando o nazista Adolf Eichmann foi capturado e julgado em Jerusalém, na década de 1960. Segundo Arendt, Adolf Eichmann não tivera uma trajetória antissemita, tampouco era um doente mental. Ele simplesmente agiu como um funcionário leal que cumpria ordens, sem refletir sobre suas consequências, até mesmo quando foi incumbido de colocar em ação a "solução final", ou seja, o extermínio de seis milhões de pessoas. Eichmann era um burocrata, um funcionário eficiente, um operário do terror. Segundo Arendt, muitos indivíduos atuam dentro das regras do sistema sem refletir, sem se importarem com o sofrimento causado a um grande número de pessoas. A tortura, as execuções e a repressão poderiam ser consideradas como o mesmo fenômeno de autoritarismo galopante, em cujo pano de fundo podemos perceber a covardia, a incapacidade de opor-se a algo que a pessoa, em seu foro íntimo, reconhece como injusto ou desumano.

O exército e a polícia costumam estruturar-se em hierarquias autoritárias baseadas no medo e na coerção. Uma excessiva tendência à obediência a uma educação com base na dependência da autoridade fazem com que muitos povos do mundo sintam o desejo de exaltar e obedecer àqueles que desenvolvem uma paixão desenfreada pela ordem e pelo comando. Entre a submissão e o fanatismo há apenas um pequeno passo. E é justamente nesta dicotomia entre a subserviência e o fanatismo que se vê enredado Jair Bolsonaro, um ultradireitista com aspirações ditatoriais, e do mesmo eneatipo que Eichmann: um homem cujo rosto expressa um forte elemento de pânico (olhar crispado), a repressão sexual (lábios fortemente cerrados), uma personalidade autoritária, uma crueldade evidente, uma tendência à paranoia e ao messianismo, uma megalomania e uma grande fragilidade narcisista, conforme vários psiquiatras o descreveram. O psicanalista Fernando Rocha afirmou que, com

> seu discurso linha-dura contra a criminalidade, Bolsonaro tenta encarnar para os brasileiros o "substituto de um pai", de quem "se sente medo", mas a quem "se submete em troca de proteção". Para Fernando Rocha, Bolsonaro é uma figura "idealizada" que estimula as pessoas a uma adesão "completamente primitiva", como "ele mesmo o é"[20].

Um testemunho pessoal

Um dos primeiros alunos do processo SAT na Espanha nos descreve sua experiência. Ele foi criado em um ambiente de repressão e de medo, mas aos poucos foi descobrindo que o medo da vida era um tema central em seu caráter e conseguiu deixar para trás suas dúvidas, e libertar-se, tanto no plano emocional e corporal quanto no psicológico, até conseguir reintegrar sua criança interior, que ficara anestesiada. Esta pessoa hoje é um grande terapeuta. Uma de suas maiores qualidades é sua honestidade pessoal, que está muito bem ilustrada no relato a seguir.

Comecei a viajar pelos territórios do SAT quando tinha 24 anos. Com base em minha precoce caminhada pessoal, posso dizer que o encontro com Claudio Naranjo catalisou toda uma série de esclarecimentos essenciais. Antes, eu havia feito incursões pela Gestalt e pela bioenergética, caminhos que para mim implicaram uma ruptura com uma série de mecanismos que iam da negação à idealização, passando pelo acesso a uma angústia que, no fundo, se revelava conhecida; mas foi só quando participei do workshop *de Gestalt, e me aprofundei na pedagogia radical do SAT, que pude perceber com maior nitidez todas as máscaras, os papéis e os automatismos que acompanhavam minha vida.*

---

20. Citação do artigo "Bolsonaro: el narcisista, autoritário, messiânico..." In: *Portafolio*, Colômbia, 29/10/2018.

Os cursos ministrados a cada verão, que então duravam um mês inteiro, implicaram uma viagem terapêutica, integrativa, naquele lugar mágico chamado Babia [na Espanha], onde foram se entrelaçando os diversos âmbitos daquela pedagogia do ser. O plano psicológico, o emocional, o interpessoal, o espiritual... configuravam todo um tear. Por outro lado, aquele lugar desértico criava um impacto poderoso, toda uma ressonância com os aspectos mais desérticos de nosso ser. De um lado, o vazio; do outro, a compulsão.

No meio daquele deserto, mergulhávamos numa viagem introspectiva e numa gama de vivências e workshops *nos quais o trabalho corporal, o suporte e a confrontação, bem como a viagem por entre as figuras parentais, o renascimento, as terapias mútuas, as meditações e, como não?, o sopro da música, criavam uma rede de trabalho intenso e incessante.*

Se naquele workshop *de Gestalt já pude experimentar o impacto de seu trabalho, as experiências dos três verões e um dormitório do retiro me proporcionaram numa onda expansiva, em todos os aspectos.*

No workshop *de Gestalt, em determinado momento me vi no meio do círculo de um grupo fazendo uma série de perguntas. Diante de minhas expressões racionalizadoras, diante de meu apelo a manipulações a fim de obter respostas, diante da atitude de proximidade dos terapeutas, e de sua empática indiferença, minhas tentativas foram sendo frustradas até que me deixei cair num estado de* impasse, *conectado com meu vazio e com uma clara sensação de desconhecimento de mim mesmo, que estava além de minha rigidez, de minha racionalização, minha obsessão pelo "dever ser" e a consciência do medo de simplesmente ser.*

Medo de minha liberdade, de minha espontaneidade.

A perspectiva fenomenológica deste trabalho, impecável e de certa maneira impassível, deixou-me a sós com minha sensação de desorientação. Minha tendência a ficar em estado de alerta e a captar as expectativas das pessoas ao redor, meu consequente autoes-

quecimento, ou até mesmo minha tensão vital, que tinha origens num ideal de ser, impediam-me de funcionar com naturalidade.

A partir dos workshops *sobre o Eneagrama em Bilbao, e do aprofundamento neles, no espaço do SAT, em Babia, pude constatar e compreender uma série de questões essenciais.*

A partir de uma série de experiências (como a do renascimento), pude me abrir a uma percepção na qual a memória corporal me permitiu um afloramento de sensações que, com o passar dos dias e semanas, foram se transformando em imagens e compreensões que costuravam minha história pessoal.

Meu nascimento prematuro – aos sete meses e num estado tal que o médico chegou a pedir à minha mãe que estivesse preparada para o pior, já que meu estado era grave, e meus gemidos eram intensos – configurou uma cristalização de minhas bases vitais, que se mostravam fendidas.

Aqueles dois meses, a perspectiva já absorvida por minha mãe, de que eu não conseguiria sobreviver, e a passagem por um estado de contração corporal e de alma daquela criatura, associada, posteriormente, a uma acolhida repleta de ansiedade e de superproteção, plasmaram os meus rastros iniciais.

A partir da experiência do SAT, por meio do trabalho corporal, do renascimento e da meditação vipassana *(que me proporcionou um poderoso banho sensorial), assim como outras técnicas, pude amplificar e criar uma abertura nas marcas de minha memória corporal, iluminando os pilares de minha vida, a partir de onde eu era capaz de compreender aquela insegurança difusa que me acompanhava desde sempre, aquela convivência com o medo que acompanhou boa parte de minha infância.*

A partir de minha experiência de proximidade com a morte até a reação de proteção materna, que me transmitiu e me injetou uma série de medos, pude compreender que, na verdade, todos estes se condensavam no medo da vida.

Meu pai não estava presente; era marinheiro e passava longas temporadas no mar. Com isso, minha mãe passou a ocupar-se de minha educação, protegendo-me de um mundo ameaçador. Por outro lado, duas figuras masculinas revelaram-se importantes no meu sistema familiar: a primeira foi meu tio Basil, que morreu na Guerra Civil (e cuja morte foi traumática para minha avó e para minha mãe). A segunda foi meu tio materno, o monge, cujo nome eu herdei. Um homem que abraçou tardiamente a vocação monástica e retirou-se da vida e do mundo.

Neste ambiente, fui me impregnando de um temor dilacerante, que me levou a me refugiar na imaginação transbordante e nas brincadeiras solitárias.

Cada vez que meu pai chegava, era uma festa, mas sempre que ele ia embora a ferida de sua ausência ficava mais profunda.

Quando chegou a hora de eu sair para o mundo, de me integrar ao processo de escolarização, deparei-me com uma demonstração de autoritarismo e um abuso de poder repleto de castigos, humilhações e golpes. Era a época em que se aprendia à base de muito esforço e castigos corporais, tempos em que alguns professores nos levavam a uma espécie de desfile, em que devíamos erguer o braço para uma saudação fascista. Aprendi a obedecer e a cumprir as normas, fui sendo domesticado apesar de minha raiva e meu ressentimento. E era preciso ficar alerta, pois um incidente ou um castigo poderia surgir, vindo de qualquer direção.

Aprendi a estar vigilante e a desconfiar. Até mesmo pensar era perigoso: a liberdade e a espontaneidade eram perigosas. Era necessário interiorizar uma série de códigos de conduta e cumprir com o "dever ser".

Por outro lado, havia o onipresente "olho de Deus", que tudo vê, que tudo capta, associado a uma série de ideais que, por sua vez, se vinculavam com a escuridão do castigo divino e seus infernos terríveis e eternos.

Os castigos dos homens, associados ao castigo divino, acabavam criando sombras excessivamente dilatadas.

Os castigos e o autoritarismo não deixavam suas marcas apenas no que se referia à disciplina e à domesticação; incluíam, também, a repressão da alegria, do riso e do gozo. Muitos de nós levávamos uma bofetada simplesmente por estarmos rindo ou nos divertindo.

Tudo isso foi criando uma série de atitudes vitais em que imperavam a sobriedade e a austeridade, bem como o sacrifício e o valor do esforço, em detrimento do desfrute da vida.

A falta de apoio, de abraços, de calor, de contato com o peito e o corpo materno me proporcionaram uma aterrissagem semelhante à de um astronauta: sem apoio, sem ancoragem, a arcaica insegurança de base foi criando em mim uma atitude de controle, de emprego de esforços e de autoexigência, além de uma mentalidade ligada à sobrevivência e baseada na desconfiança no mundo e na vida.

Muito além do medo e da desconfiança, encontrava-se a repressão da espontaneidade, que foi cristalizando outro tipo de insegurança, mais social. A partir desta perspectiva de medo aparece, igualmente, a culpa. Uma culpa primitiva, mítica, religiosa, a partir da qual emerge uma consciência crítica que exige e acusa. A partir desta perspectiva de temor à culpa e temor ao erro e ao castigo, surge o medo da liberdade, da vida em si, de ser no mundo.

Por tudo isso, uma vivência importante é a renúncia e o esquecimento das próprias necessidades, como modo de sobreviver numa floresta repleta de normas e castigos. A sensação de ter sentido toda uma "colonização" da criança interior, uma "demonização", que aniquilava, desse modo, a diferença e a espontaneidade.

Durante a travessia dos mares do SAT fui compreendendo todas estas dinâmicas, e pude resgatar esta criança colonizada, domesticada, para dar espaço à sua dor e à sua raiva. Pude me descongelar e sentir minha ferida. A ferida do medo e a contração devido à ausência de apoio e de acolhimento. Aquela criança que eu fui precisou se desconectar, alienar-se e esquecer. As lágrimas cálidas foram derretendo minhas gélidas comportas e eu pude olhar com ternura para aquela criança. Também pude expressar gritos sufocados, gritos ancestrais, arcaicos, saídos de lugares profundos de meu ser para resgatar meu direito de simplesmente ser. Uma agressividade escondida em meio aos escombros da rebeldia diante daquelas autoridades abusivas que impunham códigos invasivos.

A partir da escuta íntima e do respeito às minhas percepções, pude percorrer o caminho rumo à confiança no mais sagrado de minhas intuições, despertando uma criativa sensação de perceber dentro de mim uma autoridade benevolente e empática, um esteio onde eu pudesse me amparar, uma espécie de guia na forma de voz interior, de sensações físicas, de visão. Um aspecto essencial do caminho terapêutico tem a ver com o respeito a esta voz interna, muito além da desqualificação ou da exigência, e com poder oferecer àquela criança um olhar mais inocente e confiante no mundo, que possa, assim, conectá-la com os reflexos do divino na vida cotidiana.

Iñaki

Eneatipo 7 O impostor

> Tríade dos mentais
> Paixão: gula
> Fixação: planificação, charlatanismo

Um comediante desempregado bate às portas de um zoológico para pedir emprego. Ele conversa com o encarregado, e este lhe dá uma resposta positiva, dizendo que o macaco havia morrido e que este posto estava livre; mas ele deveria se fantasiar de macaco e dar guinchos. Encantado, o ator aceita o cargo, e chega a se emocionar durante sua atuação, e se dependura num cipó guinchando alto, até que o cipó se rompe e ele, por azar, cai na jaula do tigre. Assustado, o ator se esquece de seu papel de macaco e grita:

– Me ajudem, o tigre vai me devorar!

Ao que o tigre responde:

– Cale a boca, se não eles vão nos demitir!

Esta situação descreve com grande precisão o caráter guloso: alguém que está constantemente atuando, que costuma interpretar um *show*, que encara a vida como uma comédia, que se entusiasma bancando o palhaço e vive num clima de fraudulência que contagia os outros.

O guloso costuma ser um formidável intérprete de si mesmo. É alguém que se apresenta diante da sociedade como um indivíduo com muita experiência de vida, viajado, vivido, um *bon vivant*, um *connaisseur*, talentoso, intuitivo, inventivo, divertido, tolerante, condescendente e amistoso. Alguém, em suma, capaz de fascinar os outros com os floreios de suas palavras, de encantar todo mundo, assim como o flautista de Hamelin, que conseguia fazer com que os ratos e as crianças o seguissem, ao som de sua flauta. Poderíamos dizer que estamos diante de uma pessoa capaz de vender uma geladeira a um esquimó.

Não é de estranhar que os comediantes e os humoristas da TV, enfim, estes sujeitos que gesticulam o tempo todo e contam piadas no ritmo endiabrado de um cocainômano terminal constituem uma atividade profissional na qual o E7 encontra um refúgio natural. Estamos falando de um bufão, de um engraçadinho, divertido para alguns, insuportável para outros, mas sem dúvida dotado de certa capacidade de entreter os outros e a si mesmo, pois alguém que é capaz de distrair desta maneira também é um especialista em distrair a si próprio. Porém, o E7 é, sobretudo, alguém com uma inegável destreza para diminuir a importância das situações comprometedoras e, portanto, para transformar situações profundas em superficiais comédias burlescas. No anseio de evitar a dor, muitas vezes ele se transforma numa pessoa superficial, emocionalmente empobrecida. A ansiedade o leva à busca compulsiva pelo prazer, e quanto maior é seu vazio, maior é a orgia de sua vida.

Basta ligar a TV numa noite qualquer, em horário nobre, para encontrar, em qualquer canal, uma cambada de *showmen*, comediantes de *stand-up*, imitadores, bufões e trapaceiros, todos eles marcados por um mesmo senso de humor gracioso, atrevido, mais ou menos irônico e frívolo: Fábio Porchat, Danilo Gentili, Felipe Neto, José Simão, vários atores e atrizes dos grupos Porta dos Fundos e Embrulha pra Viagem, e a quase totalidade de apresentadores de *talk shows* e programas humorísticos brasileiros são E7 – incluindo alguns apresentadores de programas culturais que se parecem com *shows* de humor (como Jô Soares e Abelardo Barbosa, o Chacrinha, um dos mais irreverentes apresentadores de programas de auditório que a TV brasileira já teve), e que imitam o grande David Letterman, outro E7. Todos eles são igualmente engraçadinhos e charlatães.

– *Boa tarde. Vim aqui, pois li num anúncio no jornal que você quer vender um cachorro que fala. Como sou dono de um circo, me interessei muito. Posso fazer um teste pra ver se ele realmente fala?*

– *Claro, vá em frente.*

– *Então, meu cãozinho, você consegue falar?*

– *Claro que sim! E também sei atirar canivetes de olhos vendados enquanto pedalo no triciclo sobre a corda bamba.*

– *Mas isso é incrível! Este cachorro é uma mina de ouro! Com ele, meu circo será muito famoso. Mas, me diga, por que é que você quer vendê-lo?*

– *Hum... é que ele é mais mentiroso...*

O E7 pode ser definido como uma raposa que esconde seu egoísmo e sua cara de pau debaixo de uma pele de ovelha. Não é de estranhar que em suas fileiras encontremos libertinos maravilhosos como Groucho Marx e Pepe Biondi, ou descarados irremediáveis do calibre de Bill Clinton, o ex-jogador e hoje deputado Romário de Souza, e Edir Macedo, o astucioso autodeclarado pastor que ensinava seus bispos como arrancar mais dinheiro de seus fiéis por meio da manipulação da credulidade das pessoas, e que hoje é o pastor mais rico do Brasil (fortuna de 1,1 bilhão de dólares, segundo a revista *Forbes*). Costumam ser E7 estes *showmen* de chapéu de palha e cajado, que às vezes também fazem o papel de vendedores ou que se lançam ao mundo da política. A mescla de um *showman*, um político e um vendedor talvez seja o que mais se aproxima de um E7 desbocado.

Porém, também é verdade que, às vezes, a alegria transbordante, o bom humor, o riso e a celebração da vida que os E7 buscam promover a cada minuto de suas vidas oferece à sociedade espaços maravilhosos para espairecer e para a felicidade, como o Carnaval e todas as festas pré e pós-Carnaval celebradas no Brasil todos os anos. O problema não está no prazer, mas na medida do prazer (todo vício é uma questão de dose). Nesse sentido, o Brasil deu ao mundo inúmeros músicos deste eneatipo, como os maravilhosos Gilberto Gil, Tom Jobim, Vinícius de Moraes, Carlinhos Brown, Rita Lee e mais uma lista interminável. Um viva a todos eles!

Ao passar em frente a uma confeitaria, o Mulá Nasrudin sentiu uma enorme vontade de comer um doce de amêndoas. Embora não tivesse um tostão no bolso, entrou, pediu alguns e começou a comer. Dali a pouco, o dono da confeitaria lhe apresentou a conta, mas Nasrudin não lhe deu a menor atenção. O homem pegou então um porrete e começou a bater em Nasrudin. Mesmo enquanto levava as pancadas, o Mulá seguia se empanturrando de doce. Sorrindo, comentou:

– Que cidade generosa! Que povo simpático, este! Mesmo que seja na base da pancada, nos obrigam a comer doce de amêndoa!

Estes espertalhões surgem de onde menos se espera, inclusive no mundo intelectual. Alan Sokal, professor de Física e Matemática norte-americano, escreveu uma paródia dos textos pós-modernos, intitulada *Transgredindo as fronteiras: rumo a uma hermenêutica transformativa da gravidade quântica*, e a enviou a uma prestigiosa revista acadêmica, para ver o que aconteceria. Era um texto absurdo, repleto de baboseiras rebuscadas e pretensiosas, mas a revista aceitou o artigo e o publicou. Sokal publicou um livro intitulado *Imposturas intelectuais*, no qual denunciou o abuso da terminologia científica nas Ciências Humanas, e criticou o relativismo cognitivo e cultural, segundo o qual a ciência não é nada mais do que uma "narração", um "mito" ou uma "construção social". Sokal também mencionou a natureza fraudulenta destas extrapolações pretensiosas em mãos de intelectuais de grande prestígio, como o psicanalista Jacques Lacan. Sobre isso, não há nada a acrescentar, tampouco sobre a casualidade de Lacan também ter sido um E7. Porém, esta suspeita surge assim que você vê o rosto de Sokal: olhar nervoso, um sorriso permanente, uma cara de trapaceiro. Leva todo o jeito de ser um guloso!

Jacques Derrida escreveu se manifestando contra as manipulações de Sokal, enfatizando que Sokal só escolhia intelectuais franceses para criticar, numa operação midiática que foi muito aplaudida nos ambientes conservadores dos Estados Unidos. Sem falar que Sokal e seu colega Bricmont – coautor do livro – nem sequer haviam lido a maioria dos autores que criticaram em sua obra. Baudouin Jurdant, doutor em Filosofia da Ciência, também ressaltou a falta de fundamentação e conhecimentos teóricos de Sokal e seu uso abusivo do *mainstream* midiático e universitário no ambiente conservador norte-americano.

Na cultura popular, a "setice" já entranhada nas imposturas intelectuais foi retratada de um modo muito apropriado em algumas piadas sobre argentinos (o leitor argentino poderá encontrar sua vingança buscando as piadas sobre os galegos, no capítulo dedicado ao eneatipo 9).

– *Qual é a melhor universidade do mundo?*

– *As Aerolíneas Argentinas.*

– *Por quê?*

– *Porque, ao embarcarem na Argentina, os passageiros são garis, caixas de banco ou secretárias; quando chegam no exterior, são diretores de cinema, professores de Literatura ou psicanalistas.*

O personagem do detetive Jimmy McNulty (Dominic West) da série *A escuta* é um E7 do subtipo oportunista, uma pessoa situada entre um impostor e um malandro. No dia de seu falso enterro (atenção, *spoiler*!), o detetive Jay Landsman diz algumas palavras sobre McNulty que descrevem com perfeição o seu modo pervertido – embora fascinante – de ser: "Este homem... era a ovelha negra, o eterno pária. Jamais implorou algo a seus chefes, e estes nunca lhe deram nada. Não aprendeu lição nenhuma... nunca reconheceu os próprios erros. Era o irlandês mais cabeça-dura das províncias do Oeste dentre os que já ostentaram no peito a insígnia de policial. Não se submetia à autoridade. Fazia o que bem entendia, dizia o que lhe desse na telha e, no final, isso dava resultados. Era um policial nato. E não digo essas coisas sobre muitas pessoas, nem mesmo quando elas estão aqui, de corpo presente. Eu não diria isso se não fosse verdade".

"Um policial nato... Sim. Mas, porra, que babaca! E não estou me referindo a esta babaquice natural que todos nós temos, em certa medida. Mas sim que, no caso dele, era algo desproporcional, algo que obscurecia qualquer outra faceta de sua personalidade."

Menos evidente é o papel de Jesse Pinkman (Aaron Paul) da série *Breaking Bad*: um E7 do subtipo Peter Pan, um sujeito irresponsável e engraçadinho que vive no mundo da lua e que, antes de se transformar num "cozinheiro" de metanfetamina, não passava de um traficante de quinta categoria que acrescenta pimenta chili em pó a seu produto para lhe dar um sabor característico. Outro E7 desta série se destaca por ser o retrato perfeito do jogador fraudulento, também do subtipo oportunista: o advogado Saul Goodman é conhecido não apenas por seus peculiares anúncios na TV, mas também por ser um advogado vigarista e inescrupuloso, cujos únicos interesses são ter uma boa vida e ganhar dinheiro fácil. O E7 é um caráter pseudossocial que esconde, em seu íntimo, um ser associal. Porém, Goodman mostra grande competência quando precisa encontrar brechas jurídicas com as quais poderá livrar seus duvidosos clientes – todos eles, criminosos da pior espécie – das responsabilidades previstas em lei.

Outro E7 maravilhoso é o inteligentíssimo, habilidoso, perspicaz, calculista e hedonista anão Tyrion Lannister (Peter Dinklage), talvez o personagem mais interessante da saga *Game of Thrones*. Um homem capaz de ser cruel com seus inimigos e, ao mesmo tempo, empático e protetor com as pessoas de seu grupo, com os marginalizados ou com as vítimas de maus-tratos. Notamos este mesmo comportamento no personagem de Oskar Schindler interpretado por Liam Neeson no filme *A lista de Schindler*, de Steven Spielberg (outro E7, certamente): a princípio, ele se aproveita da mão de obra dos judeus, mas logo tenta salvar a maior quantidade possível dentre os que estão nos campos de extermínio.

Com certa dose de compaixão, poderemos considerar que muitos E7 são praticamente humanistas ou caras de pau simpáticos, sujeitos graciosos e meio loucos com a cabeça no mundo da lua, como o Capitão Murdock (Dwight Schultz) – outro do subtipo Peter Pan – da série *Esquadrão Classe A*. Porém, a crua realidade é que dentro de todo E7 habita um descarado egoísta e arrogante, muito hábil em vender a si mesmo e que acredita que o trabalho duro deve ser feito pelas pessoas menos inteligentes que ele. Este é o comportamento do galante Templeton Peck (Dirk Benedict), um sedutor que se encarrega de fornecer ao famoso esquadrão todo o material difícil de ser obtido por meio de todos os tipos de fraude e de "engenharia social". Ou do eterno e fracassado escritor Hank Moody (David Duchovny), da série *Californication*, ocupado demais com o prazer para conseguir escrever seus romances. Seja ele um louco ou um sem-vergonha, o E7 costuma ser um refinado aproveitador ou um oportunista vulgar, isso quando não é um manipulador descarado que praticamente equivale, no que diz respeito a fazer acordos, aos trapaceiros, aos vendedores de tônico capilar do Oeste ou aos jogadores de pôquer do Mississipi.

— *A Ikea acaba de lançar um novo mobiliário para a sua casa, ainda mais econômico!*

— *Me desculpe, mas isto aqui é um machado, e este aqui, um mapa do bosque...*

— *Pois então, ainda por cima, o conjunto é customizado!*

A esta altura, talvez poderíamos pensar que ser um E7 não é tão ruim, descontando o fato de que ele leva a vida na base da brincadeira, e que tenta, o tempo todo, fazer passar gato por lebre. Qual é o problema de ser um malandro hedonista? Afinal, não nos parecem simpáticos: Bart Simpson com suas badernas juvenis, ou o robô Bender da série animada *Futurama*, um cleptômano irresponsável que parece saber como divertir-se em grande estilo; ou ainda Jim Carrey, Steve Martin, Peter Sellers e suas grandes festinhas, e tantas outras pessoas dentre estes que parecem levar a vida na base da brincadeira? Aproveitemos este momento para deixar claro que este eneatipo que parece não ter problemas não é nenhum "entusiasta" ou "epicurista", como o definiram os pseudoeneagramistas, com seu desejo de pintar o mundo de cor-de-rosa. Na realidade, nos vemos diante de alguém que finge ser feliz: o E7 mascara sua tristeza e até mesmo sua depressão com muita facilidade, levando este sentimento para sua zona de sombras. Além de negar a realidade, é um mentiroso compulsivo que se encanta com suas próprias mentiras.

O E7 se apresenta como um sabichão, quando na realidade costuma ter um conhecimento bastante superficial sobre qualquer assunto, e aquilo que ele não sabe, ele inventa, com maior ou menor talento para engambelar. É delicado, mas agressivo com sua ironia. Fica facilmente entusiasmado com algo, mas também se desinteressa facilmente em relação a projetos e pessoas, deixando-as a ver navios. Revela-se igualitário e um bom companheiro, mas na verdade é arrogante e mostra ares de superioridade. Aparenta generosidade, mas sob a máscara de uma pessoa prestativa esconde suas intenções de explorador, de oportunista.

Nasrudin foi acusado de ter roubado verbas dos cofres públicos. Porém, pairavam dúvidas sobre quem, de fato, havia desviado o dinheiro, se foi Nasrudin ou um outro réu.

Sempre astuto, Nasrudin propôs a seu advogado:

– Por que não enviamos ao juiz um presente caro, para facilitar o julgamento?

– Você está louco... este juiz é muito íntegro, e condenaria você sem apelação.

No dia seguinte, o juiz, sem dar ouvidos a muitos argumentos, e de modo assertivo, condenou o outro réu. Ao sair do tribunal, o advogado de Nasrudin lhe disse:

– Que surpresa! Eu poderia jurar que nós perderíamos este caso, e que você seria condenado. Por sorte, você enviou um presente caro ao juiz... Imagino que você tenha feito isso!

Nasrudin respondeu:

– Confesso que fiz isso. Mas não resisti à tentação de colocar o nome do outro réu como remetente.

A moralidade do E7 não tem nada a ver com a moral estabelecida. Sua postura pseudossocial pode nos levar a pensar que se trata de alguém que cumpre as normas, um "bom cidadão", muito embora ele concorde com tudo e todos para, no fim das contas, acabar fazendo o que lhe dá na telha, sem respeitar qualquer compromisso que ele tenha assumido antes. O E7 é um especialista em "tocar a campainha da casa e sair correndo". Sua palavra não vale um tostão furado, e ele tem dificuldades em manter compromissos. Sua negligência e preguiça são maiores do que as de qualquer outro caráter. Além disso, ao acreditar que sabe mais do que realmente sabe, ele baseia uma considerável parte de suas ideias e justificativas em postulados teóricos equivocados, confusos ou simplesmente inventados. O E7 é um especialista em ler somente os textos das orelhas dos livros e logo na sequência apresentar conferências sobre o tema. Não é de estranhar, portanto, que o fenômeno de expansão do Eneagrama açucarado tenha se concentrado particularmente nas mãos de pessoas E7 (alguns dos mais famosos autores de livros sobre o Eneagrama são E7, embora acreditem equivocadamente, e com frequência, que pertencem a outro eneatipo, que consideram mais *cool* ou com uma melhor reputação).

Um homem acaba de presentear uma linda garota com um anel em que está encravada uma pedra de brilhante do tamanho de uma noz.

A jovem pergunta:

– Este diamante é verdadeiro?

– Espero que sim – responde ele. – Porque, se não, me roubaram 3 dólares!

A postura do E7 poderia ser definida como "faça vista grossa comigo, que também farei vista grossa contigo". Um caso peculiar é o do catalão Perico Vidal, que foi amigo de Frank Sinatra, Orson Welles e outros grandes nomes de Hollywood. Seu biógrafo, Marcos Ordóñez, relata que Perico Vidal amava o *jazz*, festas, mulheres, e as melhores bebidas. Era um cavalheiro simpático, cortês, galante. Na Espanha franquista, Vidal e seus amigos viviam como lordes: ele não se metia com a política, e se dava bem com todo mundo. Era um autêntico *bon vivant*, como bem demonstra a seguinte anedota, narrada por ele mesmo:

Minha intenção não é contar vantagem, agora que estou praticamente de volta e, como costumam dizer os ilhéus de Maiorca, "a fruta já está colhida"; o certo é que eu trepava feito um coelho, a tal ponto que eu nem me lembrava mais dos nomes ou dos rostos das garotas. Numa noite dessas, fui apresentado a uma garota belíssima. Eu a cumprimento. Ela me diz:

– Você não se lembra de mim?

– Desculpe, mas assim, de bate-pronto...

– Dormimos juntos dois meses atrás.

Me encolhi todo, cruzando os braços e disse a ela:

– Me bata! Sou um idiota, eu mereço!

Outro volúvel famoso é o fotógrafo espanhol Oriol Maspons. Quando ele morreu, o jornalista Ramón de España escreveu um obituário de Maspons intitulado "O homem que conseguiu reinar". Oriol Maspons, relata o jornalista, era o sujeito que ficou famoso em Ibiza por ter tatuado um crocodilo Lacoste no peito para tomar banho de sol nu sem perder a elegância (quando eu o conheci, durante um jantar, a primeira coisa que ele fez foi erguer a camisa para me mostrar. O fotógrafo recorria a outra de suas *boutades* para justificar suas infidelidades conjugais: "Mas como é que eu posso dormir com a mãe dos meus filhos? Isso seria uma falta de respeito que beira o incesto". E, entre uma gargalhada e outra, o artista era mais lembrado por suas piadas do que pela qualidade de suas fotos.

No entanto, escreve Ramón de España, "no início da carreira, Oriol Maspons era um artista muito promissor [...], provas disso eram suas fotos do litoral catalão no auge da era do turismo em massa e suas impactantes imagens do bairro de Somorrostro, em Barcelona. Mas não demorou muito para que ele começasse a decantar na direção de uma linha de trabalho mais frívola, enquanto o personagem que ele havia criado continuava na mesma direção: era como se ele preferisse seguir levando uma vida boa, em vez de seguir aprimorando seu ofício". Que formidável descrição de um E7 Ramón de España acaba de fazer! (talvez porque ele mesmo seja um E7). "A única dúvida que me resta em relação a Oriol Maspons", continua Ramón – "está no porquê de ele ter escolhido o caminho da frivolidade. Nunca saberei por quê. Nas situações em que meu caminho cruzou com o dele, fui incapaz de penetrar esta camada de simpatia e habilidosa frivolidade que o revestia constantemente. Só me resta agora voltar às imagens de Somorrostro e a alguns magníficos retratos seus e me perguntar: 'O que será que aconteceu com o homem que fez estas fotos'?"

Um hedonista morre e desce ao inferno. Encontra-se, então, pela primeira vez com o demônio:

– Por que você está tão triste?

– Por que está me fazendo uma pergunta estúpida como esta? Estou no inferno!

– Mas o inferno não é o exército. Na verdade, aqui embaixo nós nos divertimos muito. Você gosta de beber?

– Claro, gosto muito.

– Ótimo, então vai adorar as segundas-feiras, quando recebemos bom uísque e bebemos até cair.

– Uau, isso me parece ótimo!

– Você é fumante?

– Sim, e muito viciado.

– Excelente, então você vai adorar as terças-feiras. Neste dia nos chega o melhor tabaco do planeta, a melhor maconha e o melhor haxixe, e fumamos até expelirmos os pulmões pela boca.

– Isso é fantástico!

– Aposto que você também joga! Às quartas-feiras abrimos o cassino e apostamos verdadeiras fortunas. Você também curte drogas?

– Claro que sim!

— *Pois então você tem sorte: quinta-feira é o dia das drogas. Cocaína, heroína, crack, ketamina, LSD, ecstasy... Você poderá conseguir todas que quiser, e de graça.*

— *Nunca imaginei que o inferno fosse um lugar tão maravilhoso!*

— *Você é gay?*

— *Não... isso, não.*

— *Aaaaaaah! Se você não se adaptar um pouco, parece que não vai desfrutar muito do que temos às sextas-feiras...*

O prazer, com sua grande eficácia para desarmar os outros caracteres, não será útil ao E7, que está sempre postergando a dor. O E7 é um frouxo descomprometido, com uma séria incapacidade de amar (em vez disso, ele se conforma com interesseiras trocas de favores). Portanto, o E7 não apenas se permite fazer tudo, como também permite que os outros façam tudo, na esperança de que eles nunca lhe peçam para prestar contas de suas atitudes. É por isso que é tão fácil que ele abuse da confiança alheia quanto que os outros abusem de sua confiança, enquanto ele, a fim de manter o *statu quo* de sua fingida felicidade e harmonia, passará a impressão de que não percebe o que está acontecendo, ou então mostrará irritação por meio de ironias ou sorrisos amarelos, sem realmente ousar a confrontar a situação de abuso.

Tudo isso é uma forma bastante peculiar de sentir-se (fraudulentamente) amoroso, quando na verdade ele esconde uma perigosa suspensão da crítica que, às vezes, o leva a fazer vista grossa a atitudes corruptas ou desonestas: o germe da corrupção é um pacto de silêncio feito entre comparsas, pessoas entre as quais a camaradagem é colocada acima da justiça e da verdade.

A máfia de Nova York contrata um surdo-mudo para cobrar as dívidas contraídas em troca de "proteção", acreditando que, caso ele seja preso, não poderá dar com a língua nos dentes.

Durante a primeira semana, o surdo-mudo consegue arrecadar 500 mil dólares. Na segunda, ultrapassa US$ 1 milhão, e na terceira semana, US$ 1,5 milhão. Ele então tenta escapar da cidade.

Quando a máfia o encontra, eles o interrogam com a ajuda de um intérprete. O capo ordena ao intérprete:

– Pergunte a ele onde está o dinheiro.

Por meio de sinais, o intérprete faz a pergunta, ao que o surdo-mudo responde também com sinais: "Não sei do que você está falando".

O capo saca um tresoitão e o aponta para a orelha do surdo-mudo. Ordena novamente ao tradutor:

– Pergunte a ele onde está o dinheiro. Quero ver o que ele diz, agora.

O surdo-mudo responde por meio de sinais frenéticos: "Está no Central Park, debaixo da terceira árvore à esquerda, a partir da entrada da 81st Street West".

O intérprete, um E7, faz uma expressão muito séria e traduz:

– Ele diz que não sabe de que cazzo você está falando. Diz que você não tem colhão para apertar o gatilho, e está mandando você à merda.

Nosso amigo psiquiatra lançaria mão do transtorno narcisista da personalidade para descrever um E7. Mas o que é o narcisismo? O DSM, a bíblia diagnóstica dos psiquiatras, o descreve com os seguintes traços: uma pessoa que transmite uma aparência de segurança em relação a si mesma, confiante, satisfeita, mas que na verdade se traduz em arrogância, presunção, esnobismo, soberba. O E7 sempre diz que está ótimo, que tudo em sua vida está bem, que seu mundo é um paraíso, que a vida lhe sorri. Enquanto não entrar em contato com seu sentimento de carência, o E7 seguirá acreditando que é um ser muito especial, com uma inteligência privilegiada e um encanto extraordinário, que costuma usar a fim de seduzir.

No entanto, é com incrível facilidade que, às vezes, este otimista se afunda no desânimo e no vazio, uma vez que suas expectativas de se satisfazer se revelam truncadas. Não é raro que o E7 beire, às vezes, os transtornos bipolares (alternando as típicas fases maníacas e as depressivas), embora a psiquiatria costume rotular este caráter como hipomaníaco: alguém que vive constantemente excitado, à beira de uma mania.

Uma característica típica dos E7, relacionada a seu narcisismo, é sua tendência a explorar os outros. Este hábil manipulador confia demasiadamente que os outros estão aí para satisfazer os desejos dele. Ele se acredita merecedor de tudo, e as pessoas que o cercam – embora já suspeitem das intenções dele e possam sentir-se incomodadas com sua presunção – muitas vezes se deixam entreter com suas piadas ruins.

Outra característica do E7, muito associada a seu narcisismo e à sua percepção de si mesmo como um ser especial, é que ele se esquiva das responsabilidades. O E7 tem uma grande facilidade para tirar o corpo fora de qualquer situação, seja nas tarefas domésticas, nos trabalhos pesados ou com tudo aquilo que não estiver à "sua altura". Este temperamento escapista é parte de seu narcisismo: como é que alguém com capacidades tão elevadas pode degradar-se lavando pratos, como todo mundo? É melhor deixar este trabalho para os estúpidos!

Pepe Biondi, o genial humorista argentino, criou um ser presunçoso até a medula, chamado Narciso Bello. O personagem é um narcisista da cabeça aos pés: tagarela, trapaceiro, astuto e um belo jovem, este insensato e repugnante fantoche agradece à plateia que o aplaude dizendo: "Este aplauso é uma prova da inteligência de vocês. Os cientistas norte-americanos, por meio dos satélites que colocaram em órbita, descobriram uma nova estrela: eu!" E continua: "Aliás, quero cumprimentar meu pai, por ter tido um filho tão bonito".

Por fim, uma senhora visita seu consultório sentimental e lhe diz:

– Narciso, vim consultá-lo para pedir sua ajuda, porque eu gosto muito de você.

– Eu também – responde Narciso.

– Obrigada! – diz a mulher – Eu não sabia que você gostava de mim!

– Não, estou dizendo que também gosto muito de mim. Eu me adoro. Sou profundamente apaixonado por mim mesmo.

Groucho Marx era outro E7, embora tivesse um talento inato para dizer a verdade. Vejamos algumas de suas frases famosas: "Partindo do nada, já alcançamos os picos da miséria", "Eu nunca frequentaria um clube que me aceitasse como sócio", "Atrás de um grande homem há uma grande mulher, e atrás desta, a esposa dele", "Estes são os meus princípios. Se você não gosta deles, tenho outros", "Desculpem-me por chamá-los de cavalheiros, mas é que eu ainda não os conheço bem", "Não pense mal a meu respeito, senhorita, meu interesse por você é meramente sexual", "Há tantas coisas na vida mais importantes do que o dinheiro... Mas... custam tanto!"

O E7 não tem consciência de suas falácias, armadilhas e limitações. Em seu foro íntimo, ele talvez suspeite que seja uma pessoa um tanto quanto ruim, mas seu alto grau de narcisismo o impede de olhar para si mesmo com clareza. Sua voz interior lhe diz que, apesar de seu caráter aproveitador, ele é uma grande pessoa, que sua inteligência é de um nível mais elevado e que seu talento faz com que ele seja merecedor de privilégios.

Na verdade, o E7 é capaz de dissimular relativamente bem até o ponto em que é condicionado pelo medo (o mesmo ocorre com o E5 e o E6). Alguém que finge que tudo está bem tende a enfrentar a vida com uma ansiedade considerável – para dizer o mínimo. No interior deste caráter que busca somente o que é prazeroso, o fantasma do que é doloroso amplia o seu espectro, chegando a limites inimagináveis. O E7 sente um grande medo de experimentar a escassez, sofrimentos ou doenças, e para ele isso se torna um constante motivo de incômodo, um ruído de fundo que lhe causará grande aflição nos momentos em que ele não puder se distrair com bobagens.

Embora ele pareça estabelecer vínculos facilmente, e seja sociável, por trás de sua simpatia está escondido um mesquinho emocional. No E7, assim como no E5, a percepção de ser superior coexiste com uma percepção de inferioridade: uma das grandes diferenças entre estes dois caracteres tão interligados é que no caso do E5 o complexo de inferioridade costuma prevalecer, ao mesmo tempo que sua arrogância não deixa de aparecer como um pano de fundo em tudo o que ele faz e diz. Em contraste, no E7 os parâmetros são invertidos: o complexo de superioridade é que prevalece como figura, embora a insegurança esteja no pano de fundo de suas atitudes, que costumam ser desleixadas.

O E7 raramente se conecta com seu coração. Em seu borboleteio social, ele se sacia facilmente com o contato superficial, e não se dá o tempo necessário para se conectar profundamente com os outros. Sua natureza volátil lhe traz insatisfação e desassossego, sentimentos que ele tenta compensar com um árduo empenho em buscar a variedade e a novidade. Quando se conecta a uma parceira, a um trabalho ou a um estilo de vida que tem algo de sedentário, não raro ouvimos ele dizer que está entediado: um eufemismo que esconde a crua realidade de sua dificuldade de conectar-se com a sutileza feliz e com o sereno erotismo de uma vida tranquila.

O juiz pergunta à mulher, uma E7:

— *Me diga, que motivo faz você querer divorciar-se de seu marido?*

— *Meu marido me trata como se eu fosse uma cadela.*

— *Ele a maltrata? Bate em você?*

— *Não. Ele quer que eu lhe seja fiel...*

Em relação ao sexo, o E7 costuma ser um hedonista que gosta de galinhar. Não é capaz de manter-se numa relação de casal e, quando consegue, o faz pulando de cama em cama. O subtipo oportunista (ou aproveitador), isto é, o E7 denominado conservacional, é o mais claramente guloso em sua lascívia, de modo que alguns dos grandes sedutores de todos os tempos (p. ex., Giacomo Casanova) pertencem a este caráter. Este mítico personagem do século XVIII nos legou, em suas memórias, um relato detalhado de suas conquistas amorosas e sua picardia. Casanova cometeu fraudes, falsificou letras de câmbio, envolveu-se com monarcas e aristocratas, e gostava de vadiar pela Europa. Apesar de sua rebeldia e de sua natureza transgressora, Casanova jamais deixou de ser um aristocrata conservador (algo muito típico em um caráter falso como este). Em Barcelona, foi preso por ter um *affair* com a mulher do capitão-general. Um de seus amigos nobres, quando se viu impossibilitado de ter filhos, lhe pediu que dormisse com sua esposa, sem suspeitar que ela era filha biológica do próprio Casanova. Uma descrição feita pela Inquisição veneziana da época apresentava o libertino e esbanjador Casanova da seguinte maneira: "Circula por todos os cantos, com um semblante sincero e a cabeça erguida, bem-vestido... É um homem de no máximo 40 anos, um bom moço, de aparência saudável e enérgica, de pele muito morena e um olhar penetrante. Usa uma peruca curta de cor castanha. Pelo que me contaram, tem um caráter descarado e um ar desdenhoso, mas acima de tudo tem uma grande lábia e, portanto, é inventivo e culto". Em suma, eis uma expressiva imagem de um E7, alguém capaz – conforme descreve um de seus biógrafos – de ser "o sedutor mais bem-sucedido da história", graças a uma técnica simples: "Ao conhecer uma mulher, ele a estudava, descobria o que faltava na vida dela e lhe oferecia isso. Enfim, transformava as fantasias dela em realidade".

Não posso deixar de fazer uma breve referência a outro personagem de ficção E7. Trata-se de Jacques Kohn, personagem que é protagonista no livro de contos *Um amigo de Kakfa*, do maravilhoso autor ídiche Isaac Bashevis Singer. Esse autor descreve este papagaio de pirata (uma das características do aproveitador é a sua capacidade de brilhar por meio dos outros) como "um homem velho e derrotado", que usa um monóculo e que no café literário que costuma frequentar é tratado pelo apelido de "lorde". Kohn está constantemente tentando conseguir um empréstimo com alguém. Porém, o que o narrador considera mais admirável neste Don Juan da terceira idade é a "sua maneira de tratar as mulheres". Ele sempre encontra algo de agradável para dizer às mulheres menos atraentes. "Bajulava todas elas, ainda que sempre usasse um tom de ironia bonachona, adotando a postura do hedonista estragado que já experimentou de tudo". Seu modo de falar do sexo feminino está a meio caminho entre o sincericídio e o oportunismo narcisista:

– Meu jovem e querido amigo, a verdade é que eu estou praticamente impotente. A impotência sempre aparece com o surgimento de alguns gostos excessivamente refinados. Quando uma pessoa realmente está com fome, ela não precisa de caviar e de torrone. E eu já cheguei a um estágio em que nenhuma mulher me parece realmente atraente. Não há defeitos que passem despercebidos por minha visão. E isto é impotência. Os vestidos e os espartilhos já são transparentes para mim. Não há perfume ou ruge que possa me enganar. Não me resta mais nenhum dente, mas quando uma mulher abre a boca, consigo enxergar o menor sinal de obturação.

Duas viúvas se encontram num cemitério. Uma delas, muito feliz, está limpando a lápide de seu marido e cantando feito uma louca; a outra, muito triste e se debulhando em lágrimas.

Minutos depois, a mulher desconsolada olha para a outra e lhe pergunta:

– Olá, senhora, quanto tempo faz que você enviuvou?

– Uma semana – respondeu a outra, num tom alegre.

– E como é que você faz para estar tão feliz, quando eu, em três anos, ainda não consegui superar minha dor?

– É porque é a primeira vez, em muitos anos, que eu sei onde ele está e quem está comendo ele.

A paixão que sustenta toda a estrutura do caráter do E7 é a gula. Mas o que entendemos por gula? No universo católico, este "pecado" é reduzido ao apetite desmedido por comida. Na verdade, poderíamos estender a paixão da gula a algo muito mais grave: um vício generalizado no prazer. O hedonismo é um dos traços mais característicos do E7, e se materializa na vida na forma de uma fraqueza pelo prazer que arrasta o indivíduo na primeira oportunidade que aparece, e o desvia da possibilidade de viver uma vida mais autêntica, comprometida e profunda. O pano de fundo da gula é a insaciabilidade: uma pessoa desconectada das próprias emoções não se nutre com nada, nada basta para preenchê-la. No fundo, o E7 é um frustrado, um insatisfeito crônico.

Enquanto ele vaga pelo mundo sem adquirir consciência de sua insatisfação, o E7 se permite tudo: sua gulodice o leva à busca constante de experiências novas, petiscando isto e aquilo, indo daqui para ali, o que o condena a não se aprofundar em nada. Esta característica, misturada à sua insaciabilidade e à sensação de que a vida é como uma grande teta que deve ser ordenhada a todo curso, transforma o E7 em um cara de pau especialista em fazer com que os ventos soprem a seu favor: um aproveitador, um sem-vergonha.

Nasrudin pulou para dentro do quintal de alguém e começou a encher uma sacola com tudo em que podia botar as mãos. Um jardineiro o viu e foi correndo até ele.

– O que você está fazendo aqui?

– Fui arremessado pra cá por uma rajada de vento.

– E quem arrancou as verduras?

– Me agarrei nelas para não ser arrastado.

– E como estas verduras foram parar dentro desta sacola?

– Era justamente isso que eu estava me perguntando quando você me interrompeu.

Ao E7 não basta ser uma pessoa caprichosa que tenta satisfazer seus desejos aqui e agora; ele está sempre imerso numa busca de novidade. O E7 é um amante do diferente, do desconhecido, e costuma buscar novos prazeres em horizontes distantes, ao mesmo tempo em que logo se cansa daquilo que já experimentou. Costuma ter mais interesse pela satisfação de sua insaciabilidade do que pela atenção às necessidades daqueles que sofrem, ou daqueles que simplesmente tentam compartilhar com ele algo de suas dores.

No entanto, por detrás de tamanho otimismo guloso está, oculto na sombra, o monstro do E7: a gula disfarça na forma de falsa abundância aquilo que, na realidade, é puro vazio, insuficiência, sensação de carência. O E7 – assim como o E5 – não tem consciência deste vazio, embora este sentimento o invada com frequência, na forma de mal-estar existencial, depressão ou tristeza quando se apagam as últimas luzes e quando acaba a festa da vez.

A gula também está relacionada àquilo que a psicanálise chamou de *oralidade*: a boca assume um papel central na vida de um E7, tanto pela grande quantidade de palavras que ele usa ao longo do dia como por um desejo mais primitivo de sugar. Estamos falando aqui de um vício: se a orientação do insatisfeito E7 ao futuro acaba sendo uma prisão em vez de lhe garantir liberdade, sua orientação ao prazer também acaba sendo uma prisão, o que o impede de permanecer com as coisas que lhe acontecem, ainda que elas sejam dolorosas (o que o faria ganhar em profundidade).

Conde Drácula entra numa padaria e pede:
– Me dê uma baguete!
– Ei, mas você não é o Drácula, aquele que suga o sangue das pessoas etc.?
– Sim, mas é que teve um acidente logo ali na esquina e... eu só quero molhar um pedacinho de pão no sangue...

Assim como acontece com o Conde Drácula, este ego confunde o amor com o prazer, o fazer contato com o sugar, e tenta "absorver" a vida, ainda que em vão. Trata-se de pessoas excessivamente otimistas que, ao constatarem que a realidade é muito mais crua do que eles esperavam, em vez de desanimarem, elas começam a fantasiar até conseguirem obter algum benefício da situação adversa. Esta característica, que a outros tipos humanos poderá parecer invejável, na verdade é puro lixo psicológico. O E7 tem uma expectativa de futuro que só se esvazia por meio da sustentação e do contato direto com as experiências dolorosas. E todo este otimismo, autoconfiança, ambição, esta brilhante oratória, sociabilidade e camaradagem no fim das contas se transformam facilmente em pura fumaça: a força dos E7 lhes escapa pela boca. Este "sabichão" que tudo sabe, mas que nada conhece em profundidade, é uma pessoa carente de substância, torna-se cansativo por seu senso de humor sem filtros, seu desejo constante de ser visto, sua habilidade de chamar a atenção com um comportamento inadequado, sua ânsia insaciável de protagonismo e sua incapacidade de evitar brincadeiras e piadas até mesmo em enterros. Será talvez um gracioso patológico, um otimista absurdo, um charlatão irritante e, particularmente, um otimista obstinado? O E7 é tudo isso, alguém capaz de transformar "merda em chantili"!

– *Como vai você? – pergunta Jaime.*
– *Estou muito bem – responde Samuel.*
– *Está mesmo bem? – insiste Jaime.*
– *Sim, claro. Moro numa casa bastante velha. No inverno, morro de frio; no verão, sufoco de calor. Com o passar dos anos, minha mulher se transformou num monstro, e eu tenho que aguentá-la. Não tenho um tostão. E, devido à minha idade, sofro cada vez mais de várias doenças. Mas, tirando isso, estou muito bem!*

Roberto Benigni é um exemplo inconfundível de E7. Benigni é um otimista incorrigível. Assim como na piada acima, é um tipo com certa incapacidade de validar sua tristeza. A meio-caminho entre Peter Pan e o louco do tarô, Benigni, além de ser um humorista genial que sempre interpreta a si mesmo, também é um especialista em transformar "merda em chantili". É o que ele demonstra no filme *A vida é bela*, no qual um pai judeu – interpretado por ele mesmo – chega a fazer seu pequeno filho acreditar que um campo de extermínio nazista é um parque temático onde está acontecendo uma competição rocambolesca: os prisioneiros judeus são os participantes, os brutais soldados nazistas são apenas os instrutores e a equipe que mostrar maior resistência levará como prêmio, no final, um belo tanque de guerra; tudo isso numa salada sentimental *kitsch*, na qual o otimismo patológico atinge um clímax sórdido. A motivação aparente dele é proteger a inocência de seu filho. E é por trás de "boas razões" como esta que os E7 costumam se escudar, quando sua motivação mais profunda é normalmente a de proteger a si mesmos do contato com a dor.

Mulá Nasrudin estava sentado em uma casa de chá, em Khanabad, quando um estranho entrou e sentou-se ao seu lado.

O recém-chegado perguntou:

— Por que aquele homem ali está se debulhando em lágrimas?

— Porque acabei de chegar de sua cidade natal e lhe contei que toda a sua forragem de inverno para os camelos foi perdida durante um incêndio.

— É terrível ser o portador de uma notícia dessas — comentou o desconhecido.

— Também é interessante ser o homem que em breve lhe trará boas notícias — continuou Nasrudin. — É que os camelos morreram de uma praga, então ele não vai mais precisar da forragem.

O otimismo dos E7 geralmente é maçante, e as pessoas com este ego em geral costumam ser uns abutres e aproveitadores da pior espécie. Não causa surpresa que um E7, graças à sua incapacidade patológica de respeitar qualquer limite, durma com a mulher (ou marido) de seu melhor amigo (ou amiga), ou que alimente intrigas para passar uma boa impressão a seu chefe, até que, por um passe de mágica, acabe ocupando o seu lugar. O E7 também costuma ser um traidor, um maquinador pouco confiável, além de ser um alpinista social profissional, embora dissimule isso tratando todas as pessoas ao redor (incluindo seus chefes, que ele não considera como uma autoridade, mas como parceiros e como iguais) com uma camaradagem e um companheirismo mais do que suspeitos.

O E7 adora influenciar as pessoas, fazê-las escutar o relato de suas artimanhas, manipular para que seus projetos sejam executados pelos outros sem que ele precise fazer qualquer esforço. Sua capacidade para sugestionar lhe serve de ajuda inestimável para que suas manipulações sejam bem-sucedidas. Para a desgraça de suas vítimas, além de ter habilidade verbal e nenhum escrúpulo moral, o E7 costuma ser bastante inteligente (no mínimo, é um espertinho).

Este sedutor que aparenta não ter problemas costuma mostrar-se carinhoso, generoso e prestativo: seria possível até mesmo considerá-lo como o genro ideal de todas as sogras. Porém, que ninguém pense que o E7 se entrega de coração: em geral, sua ternura tem o único propósito de comprar o outro. Ao mesmo tempo, o E7 costuma julgar-se merecedor do mesmo tratamento privilegiado que aparentemente dá, ou finge dar, aos outros: não é difícil identificar os E7 em meio a amigos parasitas, especialistas em aplicar golpes, penetras em eventos culturais, impostores de meia-tigela ou, também, criminosos envolvidos em redes de corrupção. O oportunismo aproveitador é uma das características menos agradáveis e mais escondidas deste caráter.

Idries Shah escreveu um magnífico conto sobre o dom de saber o momento e a circunstância oportunos. Embora este relato possa ser lido como um convite às pessoas para que elas saibam o momento oportuno para cada coisa, ele também descreve perfeitamente a postura manipuladora deste caráter.

Um homem comprou um papagaio. Ao chegar em casa, disse:

– Vou ensinar você a falar.

– Não se incomode com isso – respondeu o pássaro –, eu já sei falar!

O homem ficou tão espantado que levou o papagaio a uma casa de chá.

– Vejam, eu trouxe aqui um fantástico papagaio que fala!

Mas o papagaio não disse uma única palavra, embora o homem insistisse que o animal podia falar. As pessoas apostaram dez contra um que o animal não falava, e o homem perdeu a aposta. Nada era capaz de fazê-lo falar.

Ao chegar em casa, importunado com a gozação de seus amigos, o homem deu uns tapas no papagaio e disse:
– Seu imbecil, olhe só quanto dinheiro você me fez perder!
– Você é que é imbecil – respondeu o papagaio –. Amanhã, me leve de volta à casa de chá, aposte cem contra um e você vai ganhar.

Uma das palavras usadas para definir a fixação do E7 é justamente a *planificação*: assim como o papagaio da piada, o E7 costuma projetar otimistas cenários futuros de que possa tirar algum proveito, e nos quais não seja necessário ter a experiência da dor. Porém, convém não confundir isso com um planejamento ordenado, com agenda e planilhas de Excel, como poderia ocorrer com outros eneatipos mais normóticos. Definitivamente, o caso do E7 é o de um ser completamente desinteressado em programar a própria vida; em vez disso, ele constrói castelos no ar no que diz respeito à busca de novas satisfações, como fazer com que "a vaca continue dando leite" ou como seduzir novas vítimas com seus discursos cheios de boas intenções ou com suas hábeis intrigas.

Talvez seja possível entender, agora, um de seus traços mais característicos: a indulgência em relação a seus próprios desejos, graças a uma espetacular capacidade de racionalizar tudo, e de encontrar justificativas inapropriadas para seus comportamentos abusivos e injustificáveis.

Um brasileiro chega em casa, logo após a folia de um dia de Carnaval. Sua mulher, furiosa, grita para ele:
– João, a empregada está grávida!
– Ah, isso é problema dela – responde ele.
– Como assim, problema dela? – berra a mulher. – Ela disse que o filho é teu!
– Ah, isso é problema meu.

– *E eu? Onde eu fico no meio disso tudo?*
– *Ah, isso é problema teu.*

O E7 é alguém que, para além de se entregar ao prazer, se especializou em fugir da dor, esquecendo-se de que a dor é um maratonista que, cedo ou tarde, o alcançará e lhe cobrará a fatura de todas aquelas situações em que a pessoa não quis encará-la.

Um livro de Neil Postman, intitulado *Amusing ourselves to death: Public discourse in the age of show business* (*Divertirse hasta morir*, na edição espanhola), descreve um mundo asquerosamente E7. Já em suas primeiras páginas, o autor evoca algo de que o E7 não deveria se esquecer: o aparente clima de liberdade oferecido por uma cultura que aposta no prazer como uma forma de narcotização esconde, na verdade, uma forma de controle social. Nesse sentido, o E7 é um prisioneiro de si mesmo, alguém que, ironicamente, está perdendo a chance de viver uma vida mais plena devido a seu vício nos opiáceos mentais. Postman compara os livros *1984*, de George Orwell, e *Admirável mundo novo*, de Aldous Huxley:

> O temor de Orwell eram aqueles que proibiriam os livros; o temor de Huxley era que não houvesse qualquer motivo para proibir os livros, pois não haveria ninguém que os quisesse ler. Orwell achou que seríamos privados da informação; Huxley, que esta seria abundante a ponto de nos reduzir à passividade e ao egoísmo. Orwell profetizou que a verdade nos seria ocultada; Huxley, que esta se afogaria num mar de superficialidade. [...] Como disse o próprio Huxley em *Regresso ao admirável mundo novo*, os militantes civis e os racionalistas que estão sempre alertas em sua oposição à tirania "se equivocaram ao não levar em consideração o apetite quase infinito do homem pela diversão". Em *1984*, acrescentou Huxley, as pessoas eram controladas por meio da dor. Em *Admirável*

mundo novo, isso ocorria por meio do prazer. Definitivamente, enquanto Orwell temia que nossa ruína estivesse naquilo que odiamos, Huxley temia que ela estivesse naquilo que amamos.

De tanto rirmos, de tanto cultivar o riso, "somos um povo prestes a nos divertir até a morte", afirma Postman. Quanto mais feio, fascista, injusto e deteriorado estiver o mundo, mais estará estampado em muitos rostos o sorriso amarelo, irônico, incrédulo: são risos de hiena.

Postman prossegue:

> Há duas maneiras de enfraquecer o espírito de uma cultura. Com a primeira, a orwelliana, a cultura se transforma em prisão; com a segunda, a huxleyana, a cultura se transforma em paródia... é mais fácil que a ruína espiritual tenha origem num espírito com um rosto sorridente do que em outro cujo rosto irradie suspeita e ódio.

O E7 é um espírito gozador. Isso não significa, necessariamente, que ele seja um cínico, mas que ele se afasta de uma realidade trágica. O E7 distorce a realidade por meio da racionalização. De fato, *racionalização* é o mecanismo de defesa mais comum ao E7: ela consiste na busca de argumentos racionais para esconder as verdadeiras motivações egoístas presentes por trás de suas atitudes, ou para ocultar as arestas e as infelicidades da vida. Assim, ele faz passar por lógica intelectual aquilo que não costuma ser nada além de puro oportunismo ou depredação a serviço de seu hedonismo, ou então de mero pânico diante de situações de conflito.

Porém, por mais fascinantes que seus argumentos possam parecer, este caráter costuma emanar ares de artificialidade. "É mais fácil descobrir um mentiroso do que um manco". Suas explicações, sua autoconfiança cega, seus ares de sabichão jogam contra ele, e quem o conhece sabe que ele deseja parecer admirável quando, na verdade, só se pode acreditar parcialmente no que ele diz. A tendência a exagerar, a fabular e a mistificar é outra característica comum ao E7: ele cria enredos e histórias com grande facilidade, e decora as explicações que oferece com tamanha riqueza de detalhes que seu interlocutor poderia realmente se deixar persuadir e comprar tudo o que o E7 vende, não fosse pelo fato de que, logo que se olha para ele de perfil, repara-se que este charlatão gosta, acima de tudo, de escutar a si mesmo: sente deleite com o timbre da própria voz e com a perspicácia de suas ideias (em geral, ele não mostra a menor inibição em copiá-las dos outros, simplesmente as enfeita com frases que ele mesmo improvisa).

A segunda palavra normalmente usada para definir a fixação do E7 é justamente *charlatanismo*. Temos aqui um cara de pau com domínio da oratória e que, sobretudo, é um hábil manipulador intelectual. Porém, o charlatão é um sonhador, uma pessoa que se entusiasma com suas próprias fabulações: não apenas encanta os outros com sua prosa, mas encanta a si mesmo, sugestiona a si mesmo e chega a acreditar em sua própria mentira, como na seguinte história:

O Mulá estava andando pelas ruas do vilarejo, absorto em pensamentos, quando alguns pivetes começaram a jogar pedras nele. Nasrudin foi pego de surpresa e, além disso, ele não era um homem grande.

– Parem com isso e eu contarei algo do seu interesse.

– Está bem, o que é? Mas nada de filosofia.

– O emir está oferecendo um banquete a todos que aparecerem por lá.

As crianças correram em direção à casa do emir, e Nasrudin foi se empolgando com o tema, as iguarias e as delícias do evento...

Levantando a cabeça, viu as crianças desaparecendo a distância. De repente, ele ergueu seu manto e disparou atrás delas. – É melhor eu ir conferir – *disse, ofegante –. Afinal de contas, pode ser verdade.*

Um mecanismo de defesa mais complexo do E7 é o de *sublimação*, que pode ser definido como "a reorientação da energia instintiva rumo a objetivos socialmente desejados", e que o leva a confundir interesses pessoais com motivações altruístas. Assim, o E7 costuma viver num mundo de fantasia, substituindo a ação eficaz no mundo por imagens e planos que se realizam somente dentro de sua cabeça.

Outro de seus mecanismos de defesa é a *idealização*: o E7 se associa a causas justas, sente-se um revolucionário, acredita num mundo melhor, embora no fundo ele participe disso tudo a partir do sofá de sua casa. Idealizar é um bom modo de esconder o próprio egoísmo, disfarçando-o de motivações altruístas que só existem na cabeça do indivíduo, e raramente na vida real.

Nasrudin viu alguns patos que pareciam saborosos brincando numa lagoa. Quando tentou capturá-los, eles voaram para longe. Ele jogou um pouco de pão na água e começou a comer.

Algumas pessoas lhe perguntaram o que estava fazendo.

– Estou tomando sopa de pato – respondeu o Mulá.

A idealização leva o E7 a ter meios de contato pouco profundos com o espírito, que têm a ver com uma fuga da realidade em direção à vida paranormal, ao misticismo barato ou à literatura de Paulo Coelho. O interesse pelo extraordinário, pelo que é pouco comum, faz com que o universo esotérico esteja infestado de pessoas E7. É impressionante a quantidade de charlatões E7 que já conheci em minha vida. Alguns chegaram até a munir-se de um diploma de psiquiatra ou de psicanalista obtido via internet ou comprado de alguma instituição exótica. Outros – a maioria – graduaram-se na "Universidade da Vida", obtiveram títulos que não passam de um castelo de cartas ou reafirmam sua autoridade com penas e plumas ou com outros elementos étnicos. A New Age é um fenômeno E7, e o irritante e patológico otimismo deste caráter costuma conduzir – no caso dos que têm pretensões pseudoespirituais – a atitudes que beiram a "cosmose".

A "cosmose" pode ser entendida como uma forma de neurose que não mostra sinais externos de mal-estar. A neurose é, por si, um certo indicador, se não de saúde, mas de busca da saúde: com ela, a pessoa mostra seu mal-estar diante do mundo. Certos indivíduos aprenderam a camuflar este primeiro nível de mal-estar naquilo que denominamos de normose: uma aparência de normalidade relacionada com a orientação mercantil da personalidade, na qual a pessoa deixou de ter contato com a sensação de que existe um problema existencial, embora o mal-estar de fundo continue existindo, como retratam inúmeros filmes de Hollywood sobre pessoas psicologicamente adormecidas que se esforçam para despertar em meio a um ambiente marcado pela ditadura da felicidade e pelo consumismo (*Beleza americana* é um bom exemplo disso).

Em um terceiro nível neurótico, a "cosmose" pressupõe que a pessoa deixou de ter contato até mesmo com este mal-estar existencial de fundo. Sob a justificativa da prática espiritual, neste indivíduo "nasceram asas" e ele se viu embriagado, assoberbado em sua crença de ter deixado para trás a vida mundana em seu caminho místico, de que "trabalhou seu ego" e encontrou inspiração. É possível que, a esta altura, ele só fale de cenários futuros cor-de-rosa, de paraísos terrestres e de profecias que oferecem a salvação (o que, sem dúvida, também está relacionado à orientação rumo ao futuro, e com certa intuição, características deste eneatipo).

A meu ver, a "cosmose" é a mais perigosa das neuroses: é uma forma de desconexão aguda da realidade. Ela tem seu correlato no arcano 14 do tarô: a temperança, que é a etapa de inflação mística que, na viagem do herói, pode-se alcançar na forma de uma primeira degustação do mel do despertar espiritual. No entanto, algumas pessoas confundem esta primeira experiência de elevação com a conquista de uma meta: o mundo está cheio de pseudomestres, gurus de terceira categoria, pseudoiluminados e vários outros espécimes de charlatões que, muito embora tenham talvez experimentado algo de autêntico em sua busca da verdade, acomodaram-se em sua megalomania mística e acreditaram que se transformaram em anjos.

O itinerário místico descreve sabiamente que o passo que sucede esta etapa é a queda: perder as asas. A pessoa segue pela vida rolando ladeira abaixo e, segundo o tarô, acaba parando aos pés do arcano 15: o diabo. Aqui, o aspirante a místico terá que se haver com sua sombra, com a sexualidade e o desejo, com a tentação ou simplesmente com a gula e com todos aqueles temas carnais e mundanos que são sabiamente usados pelo tantrismo como fonte de iluminação. Caso passe no teste, sua espiritualidade desconectada encarnará, devolvendo-lhe os pés à terra.

Nasrudin tinha um búfalo cujos chifres eram bem separados. Ele sempre imaginava que, se pudesse montar entre eles, seria como se sentar num trono.

Um dia, o animal se abaixou perto dele e tudo que Nasrudin precisava fazer era acomodar-se entre os chifres. Não conseguiu resistir à tentação. Mas o búfalo imediatamente se levantou e arremessou-o para longe.

A esposa do Mulá, ao encontrá-lo aturdido no chão, começou a chorar.

– Não chore! – disse o Mulá quando voltou a si. – Sofri minha pena, mas pelo menos realizei meu desejo.

A megalomania, os delírios de grandeza e a imaginação exuberante são típicos do E7, sobretudo em seus momentos de euforia ou em suas fases maníacas, enquanto suas visitas forçadas à tristeza, a sensação de extrema infelicidade e de derrota lhe aparecem pontualmente em sua fase *down*, quando a festa acaba, ou seja, nas fases depressivas. Isso tudo costuma ocorrer em meio a um comportamento cíclico caracterizado, de um lado, pela euforia, pela sociabilidade e pelo charlatanismo e, de outro, pela irritabilidade, pela inação e pelo isolamento, pois quando o E7 se vê desnudado, ele corre para casa e ali se tranca, para que ninguém o veja triste; sua imagem não lhe permite isso!

Parece-me que *A doce vida*, filme de Federico Fellini, é um retrato perfeito deste vazio do E7, composto por uma mistura de superficialidade e uma fuga da tristeza, condenada por antecipação ao fracasso. Marcello Mastroiani (um E7 na vida real), interpreta neste filme Marcello, um tipo farrista e descompromissado que salta de uma parceira sexual a outra: sua lista de relacionamentos frívolos inclui uma amante ciumenta (Yvonne Furneaux), uma mulher sofisticada (Anouk Aimée) e uma diva do cinema sueco (Anita Ekberg). Para completar, Marcello é um jornalista dedicado à coluna social, um parasita da aristocracia: o jornalismo é mais um dos refúgios habituais do E7, uma profissão feita de fofocas, de manipulações e meias-verdades, e da destilação interesseira de venenos.

Uma cena famosa de *A doce vida* mostra Marcello sobrevoando Roma a bordo de um helicóptero que carrega, pendurada por uma corda, uma estátua de Jesus. Ao sobrevoar o terraço de um edifício, ele vê um grupo de mulheres tomando sol e pede o telefone delas, mas devido ao ruído do helicóptero, eles não conseguem se entender. À medida que a história se desenrola, torna-se visível a incapacidade de comunicação deste personagem aparentemente tão comunicativo. Ele se entrega à sedução e ao sexo, mas sente-se vazio. Enquanto vagueia pelas ruas de Roma tentando manter-se eternamente jovem, Marcello deixa escapar a possibilidade de ter uma vida mais autêntica. Anseia ter uma família, como a de seu amigo Steiner, mas quando este assassina a própria mulher e os filhos e na sequência se suicida, Marcello busca refúgio em novas festas e orgias que acabam redundando num vazio ainda maior, enquanto ele tenta buscar a redenção – de um modo estúpido – no ideal de beleza perfeita representado por Anita Ekberg. Pelo filme desfilam os típicos amigos extravagantes e um E7: Frankie, o louco; Federica, a loba; Tarzan, o bêbado – todos eles misturados a um clima que está entre a diversão e o niilismo. Porém, o elemento principal do filme é o evidente individualismo egocêntrico do protagonista, e a maneira como este traço se volta contra ele, impedindo-o de deleitar-se plenamente.

Para piorar as coisas, o Marcello de *A doce vida* não é somente um *paparazzo*, mas também um eterno procrastinador (outra característica muito típica do E7): quer largar seu emprego infame para ser romancista, mas jamais se orienta nesta direção, e nunca se sente suficientemente inspirado para exercer esta atividade. Às vezes, comenta-se sobre a falta de disciplina deste caráter como uma consequência de seu interesse em não adiar o prazer, já que o E7, em última instância, interpreta o adiamento do prazer como uma ausência de amor.

Talvez seja por isso que Nasrudin oferece um excelente conselho àqueles que desejem caçar uma pessoa que borboleteia muito, conselho que certamente seria útil a todos aqueles que caiam na desgraça de se apaixonar por um E7.

– Nunca dê às pessoas nada do que pedem enquanto não tiver transcorrido pelo menos um dia – advertiu o Mulá.

– Por que não, Nasrudin?

– A experiência mostra que elas só dão valor a algo depois que tiveram a oportunidade de duvidar se o obteriam ou não.

Um outro filme italiano, *A grande beleza*, de Paolo Sorrentino, parece retomar o tema de *A doce vida* a partir do ponto onde Fellini o deixou. Neste caso, o protagonista é outro E7, Jep Gambardella (Toni Servillo): um escritor *bon vivant* de 65 anos que escreveu um único livro em toda sua vida e que, como não?, também é jornalista. Jep é um cínico elegante, o rei das festas mundanas de Roma, e cerca-se de nobres decadentes, dândis de meia-tigela, atrizes pretensiosas, intelectuais afetados, políticos arrivistas e outras criaturas da noite. Indolente e entediado com a vida, Jep Gambardella é um homem existencialmente cansado que se dedica a queimar seus últimos cartuchos explorando ainda mais fundo sua infelicidade hedonista. "Na vida você não deve levar nada a sério, com exceção do cardápio", "Os trens de nossas festas são os melhores de Roma: eles rodam, rodam e não vão a lugar nenhum", ou "Os melhores habitantes de Roma são os turistas" são algumas de suas frases mais brilhantes. Somente no fim do filme, quando o homem se mostra totalmente aborrecido consigo mesmo, é que lhe surge uma possibilidade de encontrar algum sentido: Jep entrevista uma centenária monja missionária na África e lhe pergunta por que ela decidiu alimentar-se exclusivamente de raízes. Ela então lhe oferece a resposta a todos os seus pesares:

– Porque as raízes são muito importantes.

Em um artigo brilhante, o escritor Marcos Ordóñez especulava, nas páginas do jornal *El País*, sobre o que Jep Gambardella estaria buscando no filme. "Algo sagrado", responde ele, de modo inteligente, e nos diz que o poeta Jaime Gil de Biedma definiu o sagrado como "aquilo que nos devolve uma imagem completa e perdida de nós mesmos". Eis aqui um dos temas--chave do E7: sua falta de contato com o amor admirativo, com o devocional – que poderíamos definir como o amor àquilo que é maior do que si mesmo, seja Deus, a natureza ou o próprio pai. Esta "falta de raízes" encontra um correlato no típico desprezo à autoridade – qualquer tipo de autoridade – que o E7 sente: um indivíduo como este tem dificuldades de admirar outra pessoa para além de si mesmo.

Por trás desta atitude costuma estar oculta uma falta do pai: os E7, tanto homens quanto mulheres, muitas vezes rejeitaram o pai na infância, o desprezaram, ao mesmo tempo em que costumam ser declaradamente aliados da mãe, com quem, às vezes, se relacionam como se ela fosse uma espécie de marido substituto. Não é de estranhar, portanto, que em vez de encarar uma autoridade que desprezam, os E7 em geral sejam rebeldes passivos que preferem o fingimento ao enfrentamento aberto: diante de pais autoritários ou ausentes, adotam atitudes escapistas, que são apoiadas por mães permissivas ou excessivamente protetoras.

– *Doutor, eu não aguento mais* – *diz uma paciente a seu psicanalista.* – *Apesar de todo o meu empenho, meu marido não mostra consideração por mim. Desde que nos casamos, ele só fala de sua mamãe. Mamãe, mamãe...*

– *Não se preocupe. Se há um lugar onde sua sogra não pode rivalizar com você, este lugar é a cama. Hoje à noite, vista um robe transparente, uma camisola de renda preta, meias pretas, cintas-ligas pretas... A cor preta é muito excitante. Se puder, também acenda algumas velas.*

A deslumbrante jovem seguiu o conselho do psicanalista. Momentos antes de seu marido chegar, ela, estirada na cama, faz uma pose sexy, *à espera dele. Ele entra no quarto e, ao vê-la, dá um grito, apavorado:*

– *Por que você está toda de preto? Aconteceu algo com minha mamãe?*

Até aqui, tratamos de E7s maquiavélicos, descarados, charlatães ou vigaristas, de Peter Pans infantilizados, de andarilhos sem trabalho nem dinheiro, de engraçadinhos compulsivos, de piadistas superficiais ou de *hippies* que vivem no mundo da lua. No entanto, quero dar destaque a um subtipo deste caráter no qual o oportunismo se disfarça em irmandade, na atitude de servir aos outros e, até mesmo de um aparente sacrifício por eles. Este é o caso dos padres prafrentex que celebram missas dançando – como é o caso do astro *pop* Padre Marcelo Rossi – e tentam seduzir com uma imagem de bom-mocismo, um comportamento típico de Poliana e de sintonia com as classes populares, quando no fundo o que os caracteriza é a sua sensação de superioridade intelectual ou até mesmo espiritual, que recende a narcisismo[21]. A grandeza destas pessoas está baseada na fraternidade e no igualitarismo que os E7 costumam adotar: mostrando-se afetuosos e igualitários, também se colocam acima dos outros. Sua encenação pode incluir um calculado estilo marcado pela bonomia, pela gentileza e por sua postura prestativa, ao passo que por dentro se assenta a percepção de si mesmo como uma pessoa santificada ou digna de admiração. Tenho alguns amigos – que, aliás, são brilhantes – que tiveram em comum, em sua infância, o fato de terem sido coroinhas ou escoteiros, e sacrificam sua gula em prol de um ideal social ou espiritual, o que acaba lhes dando, em certa medida, um ar franciscano (mesmo que isso não os torne menos gulosos em relação à vida): eis aqui um caráter que gostaria de ser visto como uma criança boa, mas que sempre consegue o que quer, sendo talvez o mais dissimulado dentre todas as pessoas de sua estirpe.

Três exploradores – um sacerdote, um homem de negócios e um sufi – cujas segundas intenções nós ignoramos – cruzavam uma perigosa floresta.

Com o passar dos dias, o número de feras selvagens que os rondava foi ficando cada vez maior. Até que, por fim, tiveram que se refugiar no alto de uma árvore.

---

21. Atenção: admiro o profundo compromisso com os pobres e a justiça social mostrado por muitos pais e mães ou irmãs da Igreja no Brasil. Sem eles e elas, o Brasil seria um país pior.

Depois de uma acalorada discussão, eles decidiram que um deles deveria descer para buscar ajuda.

— Eu, não — disse o sacerdote —, porque eu sou um homem de Deus, e devo ficar aqui para consolar aqueles que ficam para trás.

— Eu, não — disse o homem de negócios —, porque estou bancando todos os custos da viagem.

O sufi não disse nada, mas de repente empurrou o sacerdote, que caiu de seu galho. Este despencou no chão e imediatamente uma alcateia de hienas o apanhou, lutou contra todos os outros animais e, com uma postura reverente, o colocou no lombo do maior animal da alcateia. Vigiando-o com cuidado, as hienas o escoltaram até um lugar mais seguro.

— É um milagre! — exclamou o homem de negócios. — Depois do teu gesto de crueldade, a graça divina intercedeu para salvar este bom homem. A partir de agora, me converto a uma vida de santidade.

— Calma, calma... — disse o sufi — afinal, detrás disso tudo, pode haver uma outra explicação.

— E que outra explicação pode haver? — perguntou o homem de negócios, elevando a voz.

— É simples: membros da mesma espécie se reconhecem entre si, e os da escala inferior sempre fazem reverências a seu líder e lhe rendem homenagens...

Terminemos esta trágica descrição com um quê de esperança. Como é que um E7 pode se transformar? Basicamente, encarando o sofrimento. Não me refiro a uma atitude masoquista, mas a confrontar o lado escuro (a alergia à dor). O E7 somente encontrará uma autêntica sensação de ser quando puder admitir suas frustrações, quando se dedicar a cultivar o presente com tudo que este traz de bom ou de ruim. A partir desta nova aceitação dos fatos dolorosos da vida, os fatos alegres também adquirem uma nova cor, mais densidade e realismo, e com isso a vida toda ganha mais vivacidade. A pessoa pode, então, realmente sentir que está viva, e já não precisa mais "sacudir a vida" para que esta lhe traga experiências estimulantes.

> ### Personalidade modal
>
> Na Argentina há uma quantidade abundante de inúmeros traços culturais tipicamente E7. Os argentinos dão aos impostores o nome de *chantas* (embusteiro, trapaceiro), e nesse país a fraude não parece ser vista com maus olhos. Algo parecido ocorre no Brasil, onde a isso se soma a alegria carnavalesca e o hedonismo típicos deste caráter. Porém, na verdade, o traço charlatanesco deste eneatipo já se disseminou em todo o planeta, graças aos meios de comunicação. A política também tem mostrado uma dose cada vez maior de charlatanismo, e o mais recente ingrediente nefasto nesse sentido tem sido a adoção de técnicas de *storytelling* por parte dos governos dos países, destinada a criar narrativas ou relatos de fatos que estão em sintonia com os interesses dos poderosos. Como bem relata o escritor Christian Salmon: "Os políticos não argumentam, não se abrem para um debate, mas para um teatro, uma história. *Storytelling*: eles contam uma história". Em seu livro *Storytelling, a máquina de fabricar histórias e formatar as mentes*, Salmon afirma que os políticos usam as narrativas como uma nova arma de distração em massa: assim, constroem relatos dos fatos sob medida, fictícios, enfeitados conforme lhes convém, manipulando com base em sofisticadas mentiras. Portanto, o *storytelling* acaba sendo muito mais eficaz do que a simples propaganda: não tem a intenção de mudar a opinião das pessoas, mas de nos tornar partícipes de um conto bonito, de atingir nossa sensibilidade, de nos conduzir mansamente à credulidade: "Da opinião pública à emoção pública". Hoje, diz Salmon, esta tendência a fazer as pessoas a adormecer com histórias adquiriu uma força jamais vista antes. "Danos colaterais" (crimes de guerra), "missão

humanitária" (invasão), "ajuste econômico" (cortes em despesas sociais) e "otimização da mão de obra" (demissões em massa) são apenas alguns dos artifícios da *novilíngua* usada pelos políticos e pelos seus marqueteiros e assessores para fazer com que suas histórias "colem". Diante disso, uma pessoa honesta poderia, no mínimo, lembrar-se da frase de Orwell: "Numa época de mentiras universais, dizer a verdade é um ato revolucionário".

Além de adotar uma postura crítica, o E7 é uma pessoa acomodatícia, um parasita do sistema, uma pessoa *light*, consumista, individualista, que não acredita em nada. A desgraça é que não acreditar em nada, pensar que tudo está apodrecido, muitas vezes equivale a julgar que se pode e se deve fazer o que bem entender. "Já que vão roubar mesmo, roubo eu", raciocina o corrupto. E assim seguimos.

Numa época de corrupção generalizada como a que vivemos, podemos achar que chegamos ao seguinte ponto: um faz vista grossa, o outro lhe faz um favor, o de cá recebe uma comissão debaixo dos panos, e o de lá assina um contrato sem ser aprovado numa licitação. Enquanto isso, o barco de nossa sociedade vai afundando, assim como afundava a Ilha de Hy-Brasil (uma paródia da Atlântida) no filme *As aventuras de Erik, o viking*, do Monty Python. No filme, o Rei Arnulf, ao ver como as ruas ficavam alagadas devido a um terremoto, simplesmente exclamava: "Mantenham a calma, isto não está acontecendo!"

Como antídoto à descrença, poderíamos citar os comentários de Christian Salmon, na entrevista que ele concedeu ao jornalista Juan Cruz, do *El País*, em 2008:

P: É preciso desconfiar de tudo?

R: Não, não se deve desconfiar da experiência. Creio que estamos sob uma nova forma de opressão, não somente política, mas uma opressão simbólica que impede as pessoas de construir sua própria vida, de pensar e narrar sua própria experiência. Este é o momento de uma nova luta democrática.

P: Para abandonarmos as lorotas e o inferno.

R: Exatamente.

Um testemunho pessoal

A seguir, temos o testemunho de uma pessoa que entendeu que a chave para a transformação deste caráter tem a ver com apequenar-se; isto não significa mutilar-se, e sim adequar-se àquilo que realmente se é. Outra atitude sanadora foi seu compromisso pessoal com o autoconhecimento e com a ajuda terapêutica – um autêntico compromisso com a vida –, que é um dos frutos mais maduros que um E7 – um caráter em geral pouco habituado a compromissos – pode chegar a oferecer.

Participo dos programas SAT desde sua primeira edição na Espanha, em 1987. Nessa época, eu tinha 33 anos, e cheguei ali buscando a mim mesmo, buscando uma dimensão transcendente da realidade que desse uma resposta ao emaranhado em que minha vida tinha desembocado. Eu participava de grupos de autodesenvolvimento sintonizados com o movimento do potencial humano que em anos recentes haviam se aproximado de Claudio Naranjo. Eu os frequentava com uma mistura de altíssimas expectativas, de postura destemida, de desespero e de necessidade de receber orientações.

Quando iniciei o trabalho, eu era jovem e inexperiente, e fazia confusão entre as coisas que me desagradavam e meus defeitos, entre o que me dava orgulho e minhas virtudes. Meu primeiro autodiagnóstico nos eneatipos errou o alvo, e precisei de ajuda para poder fazer com que o emaranhado de minhas autorreferências se enquadrasse em algum daqueles nove caracteres. Durante 25 anos levei em consideração algumas coordenadas, e então eu as mudei: foram 25 anos me trabalhando a partir do que consegui autodiagnosticar como avareza, e há quatro anos, a partir do autodiagnóstico da gula...

"Isso, isso que eu observo, isso que eu vejo, a que dou destaque, que eu analiso, isso não sou eu." A desidentificação com meus estados automatizados de ser tem sido minha ferramenta permanente. Isto também se aplica ao sentido contrário: "Isso, isso que você não reconhece em si, que você não acredita merecer, por acaso isso não é

você?" Com isso, fui emergindo de uma profundeza caótica, na qual me neguei, me persegui, me fiz proibições e me prejudiquei como se a vida eterna se resumisse a isso.

O trabalho de quem parte do E5, da avareza, a partir da alergia ao contato com o meio que o cerca, consiste em conferir novamente ao mundo e a si mesmo o valor e o amor que a pessoa se negou e parou de dar a si mesma. O trabalho a partir do E7, da gula, que pinta o universo de cor-de-rosa para iludir a si mesmo e aos demais, consiste em devolver ao mundo e a si mesmo a simplicidade essencial, sua autêntica natureza. Partindo do E5, o processo é de crescer; partindo do E7, é de encolher.

Aumento e diminuição, eu vivi ambos: o que restou, então, daquele Francis do início? "Quase nada", digo a mim mesmo, eufórico; "As mesmas estruturas e cada um de seus vícios", digo, depressivo... E tento não escutar a mim mesmo e continuar trabalhando: um mestre meu continuou a trabalhar muito tempo depois de seu próprio mestre ter lhe dito que sua obra tinha sido concluída...

Desde então, até hoje, venho navegando nas águas que descobri no SAT. Participei do grupo do SAT formado em Babia, Espanha, e anos depois Claudio me convidou a dar uma mão, na condição de colaborador, e aqui estamos. Sempre estive na órbita do SAT, e talvez por isso não me seja fácil expor de maneira organizada quais influências recebi deste programa. Para mim, o devir de meu caminho pela vida e pelos SATs têm sido a mesmíssima coisa: é como se o SAT não fosse outra coisa que a própria vida.

Autenticidade e transparência talvez sejam as vigas mestras dos SATs. Nutri-me em contato com um grupo de professores e companheiros que aceitaram a proposta de serem guiados por estas premissas, e isto me trouxe uma nova luz no que se refere às possibilidades reais nos relacionamentos humanos, e me despertou uma fome inesgotável de relações autênticas, que não se sacia com o passar dos anos. Isso me levou a dedicar menos espaço interno à hipocrisia, à repressão e à vergonha, e um espaço maior ao autoconhecimento eficaz, prático e isento de julgamentos sobre minha pessoa – justamente aquilo de que eu mais precisava. Descobri o poder de ser eu mesmo em perpétua renovação, algo que, de certa forma... não é nada. E a partir deste eu mesmo atual venho me relacionando com o mundo. Que maravilha!

O SAT me ofereceu recursos que me permitiram enfrentar meus outros anseios. Encontrei ali material e métodos de estudo, mapas para percorrer o caminho do autoconhecimento, bases experimentais para guiar minhas incursões em prol do espírito. Desnecessário dizer que o SAT é uma estupenda escola de formação para psicoterapeutas (e, pelo que me relatam alguns companheiros, também para professores, médicos, atores e músicos).

Por outro lado, incorporei um dos ensinamentos fundamentais de Claudio Naranjo – a confiança na ação humana – e o incorporei por osmose ao meu trabalho com pacientes na psicoterapia. Também me nutri deste ambiente de constante investigação, igualmente promovido por Claudio, que segue fazendo, ano após ano, uma revisão do que já foi feito e segue com a busca de novas formas de apresentar o trabalho. Enfim, o SAT é o meu Hogwarts, a escola de magia e feitiçaria, onde basta dar um passo adiante para encontrar novos estímulos para o apetite por conhecer e compreender.

Quero deixar claro que o SAT não tem nenhuma doutrina. Cada pessoa chega ali sedenta, ansiosa por encontrar uma água que não se pareça com nenhuma outra, e da qual só tenha ouvido falar de modo fragmentado, como aquele "não sei quê, que ficam balbuciando", como dizia São João da Cruz. Todos têm a oportunidade de experimentar suas próprias núpcias celestes: no final das contas, todos ansiamos pela mesma coisa.

A atenção, a escuta, a meditação, a aceitação do numinoso, da inspiração, da intuição, como suporte aos conhecimentos tradicionais, promovem uma familiaridade com os planos não fenomênicos, sem jamais forçar nada em qualquer direção. No SAT trabalha so-

mente aquele que quer. Estas são as normas não explícitas, que todos compreendemos.

Não consigo separar minha vida do SAT, e este vínculo se mantém mesmo que eu esteja fisicamente distante, ou até mesmo se um dia eu chegar a perder a milagrosa rede de amizades que teci nesse lugar graças a todo o tempo que compartilhei, repleto de conflitos, de angústias, de abundância, de exaltação, de júbilo. Não me canso de trabalhar em minha busca pessoal, e de modo algum quero perder a liberdade que ali cultivei. Desejo continuar sentindo pelos outros o respeito que me foi ensinado no SAT, e seguir contagiando as pessoas a meu redor com as virtudes que ali aprendi.

Francis

Eneatipo 8   O tirano

> Tríade dos viscerais
> Paixão: luxúria
> Fixação: vingança

Um casal está sendo entrevistado na televisão pois, após 50 anos de casados, nunca tiveram uma briga.

– Mas vocês nunca tiveram uma discussão? – pergunta o jornalista.

– Não – responde a mulher.

– E como é que conseguiram isso?

– Bem, quando nos casamos, meu marido tinha uma égua que ele adorava. No dia de nosso casamento, saímos de lua de mel numa charrete puxada por ela. Rodamos alguns metros, e então a égua tropeçou. Meu marido disse a ela, com voz firme: "Um". Poucos metros adiante, a égua tropeçou novamente. Meu marido olhou para a égua e disse: "Dois". Na terceira vez que ela tropeçou, ele sacou sua pistola e deu cinco tiros na pobre criatura. Surpresa, eu o recriminei: "Mas que filho da puta é você! Por que você a matou?" Meu marido me olhou e disse: "Um".

Como é que alguém pode ser um companheiro ou marido e, ao mesmo tempo, comportar-se como um valentão sem escrúpulos? Carismático e cruel, arrogante e depreciador, o E8 age de modo que, a seu redor, todos se sintam inferiores. Este caráter se dedica a oprimir os outros, a apequená-los a fim de se afirmar. Estamos diante de um líder. E digo líder – em vez de autoridade – porque o E8 não reconhece outra autoridade além de sua própria vontade caprichosa. Inimigo declarado das normas, das convenções e dos consensos, respeita somente os acordos que ele mesmo impõe, considera covardes aqueles que pactuam e cospe naqueles que obedecem à ordem social. Aliás, ele não apenas despreza abertamente qualquer pessoa que tenha algum prestígio ou um *status*, como também os confronta de modo ousado e aberto, para que estes se afastem de seu caminho, permitindo-lhe tomar seu lugar.

Na piada acima pode-se ver com clareza outra característica do E8: ele não tolera a frustração e, diante da menor contrariedade, recorre à agressão, como se tivesse decidido que a sua própria iniciativa é a única coisa em que ele pode confiar para reverter o curso adverso dos acontecimentos. Nesse sentido, é como uma criança emburrada, intimamente ferida, que só consegue enxergar a si mesma e não é capaz de colocar as necessidades alheias na frente das suas, por mais insignificantes que elas possam ser. "Eles nunca mais vão me humilhar", parece que disse a si mesmo um dia. O resultado disso é um rebelde cuja única causa é o seu próprio egoísmo e que, para obter satisfação, não hesita em atropelar alguém, caso necessário.

Diferentemente do E7, cuja rebeldia consiste mais em comportar-se ou em pensar de modo anticonvencional, o E8 é um revolucionário nato, que não se importa em que grupo ele fará a revolução, pois a ele basta ter uma carta branca para desferir sua fúria. Sua oposição à autoridade é total e absoluta, o que remete a seu conflito primordial com o pai, que, em muitos casos, foi um agressor contra quem lutou e que, na maioria das situações, ele conseguiu finalmente substituir. É por isso que o E8 não entende o conceito de legitimidade: sua vontade é a única coisa que importa para ele, que considera a moral como uma justificativa a ser usada pelos covardes e hipócritas que não se atrevem a apropriar-se daquilo que desejam. Além disso, é pouco diplomático: não se cala diante das situações e se poderia dizer que ele se deleita ao desvelar as mentiras e os jogos de poder, não fosse o fato de que ele participa destes como a maioria das pessoas o faz.

Um vizinho pediu ao Mulá Nasrudin para depor em seu favor numa disputa pela posse de uma certa quantidade de cereal.

– Você viu a transação? – o juiz perguntou a Nasrudin.

– Sim, vi claramente os sacos de cevada passarem de uma mão para outra.

– Mas esse caso envolve sacos de trigo, *não de cevada.*

– Isso é irrelevante. Estou aqui para dizer que meu amigo está certo. Como uma falsa testemunha, certamente posso dizer qualquer coisa sem que isso seja usado contra mim.

Eis aqui alguém que acredita com toda convicção que o amor é um conto da carochinha e que no mundo impera a lei da selva. Ou seja, a lei do mais forte. Estamos diante de um caráter com propensão à violência, geralmente com um físico forte, intimidador (embora o simpático ator Danny de Vito seja um E8, assim como também era o pequeno e carrancudo Maradona). Para sobreviver – assim ele crê, em seu foro íntimo – é preciso ser um guerreiro, um leão. E isso implica viver constantemente em pé de guerra. Não à toa, estamos diante de um caráter não apenas revolucionário, mas também extremamente patriarcal: por mais amistosa e carismática que sua postura possa parecer, incluindo a de proteção aos mais fracos, pulsa forte em suas veias o eco de nossos antepassados, os bárbaros que destruíram as civilizações pacíficas do Neolítico e inauguraram a Idade do Ferro. O E8 é um dominador: hostil, depreciador, incapaz de adaptar-se ao outro e viciado no poder; trata-se de um tipo de pessoa que, como bem definiu um usuário do Twitter, é capaz de "ir a um Starbucks com um palito de dentes pendurado na boca e pedir um café preto com licor enquanto bate insistentemente no balcão com uma moeda". Talvez um bom exemplo de E8 no Brasil seja o Pastor Valdemiro Santiago, considerado o segundo evangélico mais rico do país (fortuna de 420 milhões de reais em 2013, de acordo com a revista *Forbes*): temos aqui um especialista em picaretagem, capaz de vender "feijões mágicos que curam o coronavírus" sem considerar o dano social coletivo que ele é capaz de causar.

Conforme descreve Claudio Naranjo com base na obra do paleoantropólogo James DeMeo, as sociedades patrilineares se estenderam pela zona denominada Saarásia (que se estende desde o atual Saara até as estepes russas e o Deserto de Gobi) entre 6 e 12 mil anos atrás. Os bons e velhos tempos das deusas-mães, das sociedades matrilineares da antiga Europa neolítica – onde prosperavam a arte, a igualdade entre os sexos e o amor livre – foram arrasados por hordas de guerreiros indo-europeus e outros povos, verdadeiros selvagens que primeiro massacravam e, na sequência, escravizavam os sobreviventes. Este espírito guerreiro, de sobrevivência a qualquer custo, de enrijecimento, de violência exacerbada, talvez seja uma das piores sequelas desse espírito, que subjazem à nossa cultura, aparentemente tão pacífica e ilustrada.

Dois mexicanos bebem fartas doses de tequila à mesa de um bar.
– Viva a menstruação! – diz um.
– Acho que você quis dizer... a revolução.
– Dá no mesmo. O importante é que o sangue escorra!

Parece que hoje em dia nossa sociedade moderou esta pulsão homicida e avassaladora. Porém, apesar do discurso oficial, os números de crimes cometidos aumentam por toda parte, e as guerras, cada vez mais bárbaras, assolam o planeta, enquanto muitos se satisfazem pensando, de um modo hipócrita, no tanto que já progredimos desde a era das cavernas.

Há quem considere o E8 um instintivo. Seu carisma, este seu jeito de fazer e dizer sem filtros, a cada momento, o que lhe dá na veneta, sem temer pelas consequências tampouco preocupar-se com as normas sociais, parece ter certo encanto. Porém, sentir uma pulsão violenta não tem nada a ver com ter o instinto afiado; mais do que um instintivo, o E8 é presa de uma visceralidade compatível com os acessos de raiva típicos deste caráter, com seu desprezo pelos outros (especialmente os fracos) e com sua postura punitiva, que se escuda em culpabilizar o outro, em buscar bodes expiatórios, e que particularmente busca intimidar o outro até submetê-lo, subordiná-lo ou humilhá-lo, conseguindo muitas vezes aquilo que deseja, amedrontando os outros. A aspereza, a hostilidade e o sadismo do E8 podem não ter limites; ao mesmo tempo, ele não se deixa intimidar facilmente: eis aqui um destemido que muitas vezes parece sentir desprezo até mesmo em relação à sua própria vida.

Esta postura punitiva e de desprezo à vida é o sinal de uma vingança – a fixação do E8: o indivíduo decide fazer justiça com as próprias mãos em resposta à dor e à humilhação que lhe foram impostas na infância. "É como se ele quisesse mudar os papéis no mundo e, depois de ter sofrido frustração ou humilhação em prol do prazer dos outros, tivesse decidido que agora é a vez dele de obter prazer, mesmo que isso acarrete dor para os outros. Ou, particularmente, se isso realmente acarreta dor para os outros, porque nisso pode consistir a vingança", diz Naranjo.

– *Nesta madrugada meu vizinho teve um ataque histérico, e às 3 da manhã começou a esmurrar minha porta.*

– *E você, o que fez?*

– *Nada. Continuei tocando minha bateria.*

Para ilustrar isso melhor, reproduzo na sequência o trecho de uma narrativa de um de meus escritores prediletos, o brasileiro Rubem Fonseca. O título deste livro é *O cobrador*. Alguns iniciados no Eneagrama açucarado alimentam a estúpida crença de que ser um E8 e carecer de escrúpulos é uma coisa *cool*. A aura calhorda deste eneatipo – o caráter mais forte e com menos nuanças no Eneagrama – seduz aqueles que desconhecem os detalhes de sua brutalidade. Fariam bem se lessem até o final o texto abaixo, para que se convencessem de uma vez que, embora haja certo carisma nisso de ser um justiceiro violento ao estilo de Marion Cobretti (do filme *Stallone Cobra*), ser um E8 definitivamente *não* é algo desejável.

> Entrei no gabinete, sentei na cadeira, o dentista botou um guardanapo de papel no meu pescoço. Abri a boca e disse que o meu dente de trás estava doendo muito. Ele olhou com um espelhinho e perguntou como é que eu tinha deixado os meus dentes ficarem naquele estado.
>
> Só rindo. Esses caras são engraçados.
>
> Vou ter que arrancar, ele disse, o senhor já tem poucos dentes e se não fizer um tratamento rápido vai perder os outros, inclusive estes aqui – e deu uma pancada estridente nos meus dentes da frente.
>
> Uma injeção de anestesia na gengiva. Mostrou o dente na ponta do boticão: A raiz está podre, vê?, disse com pouco caso. São quatrocentos cruzeiros.
>
> Só rindo. Não tem não, meu chapa, eu disse.
>
> Não tem não o quê?
>
> Não tem quatrocentos cruzeiros. Fui andando em direção à porta.
>
> Ele bloqueou a porta com o corpo. É melhor pagar, disse. Era um homem grande, mãos grandes e pulso forte de tanto arrancar os dentes dos fodidos. E meu físico franzino encoraja as pessoas. Odeio dentistas,

comerciantes, advogados, industriais, funcionários, médicos, executivos, essa canalha inteira. Todos eles estão me devendo muito. Abri o blusão, tirei o 38, e perguntei com tanta raiva que uma gota de meu cuspe bateu na cara dele – que tal enfiar isso no teu cu? Ele ficou branco, recuou. Apontando o revólver para o peito dele comecei a aliviar o meu coração: tirei as gavetas dos armários, joguei tudo no chão, chutei os vidrinhos todos como se fossem bolas, eles pipocavam e explodiam na parede. Arrebentar os cuspidores e motores foi mais difícil, cheguei a machucar as mãos e os pés. O dentista me olhava, várias vezes deve ter pensado em pular em cima de mim, eu queria muito que ele fizesse isso para dar um tiro naquela barriga grande cheia de merda.

Eu não pago mais nada, cansei de pagar!, gritei para ele, agora eu só cobro!

Dei um tiro no joelho dele. Devia ter matado aquele filho da puta.

O cobrador sabe que nem o governo nem a revolução vão solucionar seus problemas, e então cobra seu bem-estar por seus próprios meios. "Está todo mundo me devendo! Estão me devendo comida, buceta, cobertor, sapato, casa, automóvel, relógio, dentes, estão me devendo". Sua capacidade para identificar a mentira é enorme (a de todos, exceto a sua, claro). "Fico na frente da televisão para aumentar o meu ódio. Quando minha cólera está diminuindo e eu perco a vontade de cobrar o que me devem eu sento na frente da televisão e em pouco tempo meu ódio volta." O cobrador não se dobra diante de nada ou de ninguém, é um antissocial, e para evitar ser renegado pelos outros, ele os pisoteia. O E8 carrega um ódio antigo, debaixo do qual há uma sensação de não ter sido respeitado. "Tão me devendo colégio, namorada, aparelho de som, respeito, sanduíche de mortadela no botequim da Rua Vieira Fazenda, sorvete, bola de futebol".

Quem lhe deve tudo isso? Na origem, os seus pais, que certamente não souberam cuidar dele.

– *Olhe só para nosso filho. Jamais pensei que ele chegaria tão longe.*

– *Hahahaha! Esta catapulta é mesmo do caralho! Me traga o cachorro, agora.*

O senso de "justiça" do E8 é simples: se você se submete, eu o protejo; se você se rebela, eu acabo com você. Assim que impõe seu domínio sobre o outro, o E8 talvez se dê conta do preço que paga: a solidão, o isolamento, o temor que incute nos outros (tristes contrapartidas de suas supostas conquistas e de sua política terrorista). Para compensar isso, e para evitar qualquer sentimento de culpa, certamente se esforçará ainda mais para não precisar de ninguém, para ser autossuficiente e sentir orgulho por isso. A insensibilidade é um dos traços mais marcantes deste caráter. Empedernido e implacável, realista, tosco e impassível, o E8 tornou-se um especialista em transformar a ansiedade em fonte de excitação, tornando-se viciado nela. Assim, sua vida não tem sabor se não é vivida com grande intensidade. E ainda, no caso extremamente improvável que este bruto irracional se dê conta do preço que paga por agir assim, é provável que isso para ele tenha uma mínima – ou nenhuma – importância: estamos diante de um indivíduo que, em sua idiotice, não se apega nem ama com profundidade; seu coração é duro feito pedra.

Sentado próximo a um caminho de pedras que atravessava o rio, Nasrudin viu que dez homens cegos queriam cruzá-lo, e se ofereceu para ajudá-los por um tostão cada.

Eles aceitaram, e ele começou a conduzi-los ao outro lado. Nove chegaram sãos e salvos à outra margem. Mas, quando estava fazendo o trajeto com o décimo, o pobre homem tropeçou e foi levado pela correnteza.

Sentindo que algo estava errado, os nove sobreviventes começaram a gritar:

— O que aconteceu, Nasrudin?

— Um tostão a menos para pagar.

Em nossa sociedade, também há inúmeros casos de mulheres patriarcais. O filme *Menina de ouro*, de Clint Eastwood, retrata a vida de uma jovem boxeadora tipicamente E8: Maggie Fitzgerald (Hilary Swank) é uma mulher durona e brigona, com uma família desestruturada. Quando consegue ganhar dinheiro suficiente com as lutas, compra uma casa para sua mãe, que vive num *trailer*, porém esta a recrimina por sua ajuda pois, caso o serviço de Assistência Social fique sabendo da nova casa, ela perderá o subsídio do governo. Seu treinador, Frankie (Clint Eastwood), a acompanha de volta à cidade, e Maggie o leva a um restaurante onde presenciamos a única cena em que Maggie abandona sua couraça e abre-se de modo sincero com Frankie, contando-lhe sobre um cachorro doente que tinha quando era criança, e que seu pai matou para que ela deixasse de sofrer.

Alguns E8 talvez aleguem que não são violentos. Conheço muitos deles que empunham a bandeira de protetor dos fracos e que passam a vida toda reivindicando sua generosidade; mostram grande lealdade aos seus, parecem dispostos a fazer grandes sacrifícios por seus amigos, são grandes líderes e dão grande importância à honra. Certamente tenderão a destinar parte de suas riquezas para a Cáritas, a participar de uma ou outra ONG, a salvar baleias e as crianças de Biafra, a doar 5% do dinheiro que ganham para o replantio de florestas, a fazer generosas doações aos pobres ou a arriscar a própria vida para resgatar um gatinho numa árvore. Mas experimente contrariar os seus desejos: eles lhe mostrarão os dentes. Podem parecer joviais, carismáticos, afetuosos e protetores, mas não importa quantas vezes o lobo se vestir de cordeiro... Numa manhã poderão chegar irritados ao escritório, e começar a maltratar psiquicamente ou mesmo fisicamente os seus empregados (estes animais dominadores raramente trabalham em troca de um salário).

Se por um motivo qualquer você bater de frente com um E8, ele fará o possível para destruí-lo (e certamente o conseguirá). Para isso, poderá recorrer a qualquer meio: ameaças, assédio, violência, extorsão. Se isso estiver ao alcance dele, ele decretará sua morte social (em casos extremos poderá até mesmo liquidar você). De uma maneira ou de outra, fará com que você o tema, embora disfarce o domínio que exerce sobre você sob uma aparência de cumplicidade.

Bernardo trabalha como segurança numa discoteca. Seu chefe lhe pergunta:

— Você não vai ao velório de tua sogra?

Ao que ele responde:

— Não, chefe. Primeiro, o trabalho. Depois, a diversão.

Como é que se chega a uma intensidade tão malcompreendida? Junto com o E4, o E8 compõe a dupla de caracteres mais extrema do Eneagrama: um se deleita infligindo dor; o outro, sofrendo. Juntos formam o eixo sadomasoquista do Eneagrama. Se um deles precisa sofrer para certificar-se de que está vivo, o outro precisa de uma expansividade sem limites para preencher seu vazio existencial.

Certamente, uma pessoa que viola sistematicamente os direitos dos outros não é – como alega o Eneagrama açucarado – um "desafiador" ou um "chefe", mas um tirano, um ditador intolerante e insensível. Não é de estranhar, portanto, que em meio aos déspotas da história encontremos uma infinidade de tipos E8. Josef Stalin foi um E8. Seu pai alcoólatra o submetia a surras impiedosas que endureceram seu coração e fizeram-no odiar a autoridade pelo resto de sua vida. Era frio, rígido, calculista e carente de emoções. Lenin tentou afastá-lo do poder em razão do estilo "grosseiro" e "caprichoso" de Stalin, mas já era tarde. O resto é história: milhões de pessoas assassinadas, *gulags*, fome e deportações em massa. Tendo mencionado o exemplo de Stalin, talvez não nos surpreenda que o ditador russo Vladimir Putin seja também um desses tiranos frios e desconfiados, capaz de massacrar tantos os países inimigos quanto seu próprio povo.

A tirania de Benito Mussolini, Saddam Hussein ou Muammar Kadafi não foi menor. A brutalidade e a repressão, assim como o governo exercido a sangue e fogo, eram suas marcas pessoais. Dentre os líderes revolucionários, Hugo Cháves, o ditador Fidel Castro, Pancho Villa, Giuseppe Garibaldi e o líder apache Gerônimo também eram E8. No Brasil, Ciro Gomes, Dilma Rousseff e Guilherme Boulos também são políticos deste caráter. Algumas pessoas deste eneatipo conseguiram transcender muitos traços de personalidade típicos de um E8: refiro-me a artistas como Tim Maia e Antonio Abujamra. Outro exemplo deste caráter é o da jovem Marielle Franco, uma valente e engajada E8, que lutou pelos direitos humanos, especialmente os das mulheres negras, e acabou sendo assassinada por ter se atrevido a enfrentar as milícias que se misturam com o poder do Estado. Também é um E8 o velho Hugo Mujica, o carismático e sábio ex-presidente do Uruguai. Outro E8, Karl Marx, também foi capaz de transcender os traços de seu caráter ao colocar sua rebeldia e seu carisma a serviço da humanidade, transmutando sua aliança infantil com sua mãe contra seu pai em uma maravilhosa vida de solidariedade com os explorados do mundo.

Quando morreu, Marx foi parar no inferno, e começou a revolução. Satanás, o primeiro a recebê-lo de braços abertos, foi ficando cada vez mais nervoso por ter de enfrentar greves constantes e reivindicações salariais.

— O que está acontecendo? Por que vocês estão parados?

— *Estamos reivindicando segurança no local de trabalho, todos aqui trabalham em péssimas condições! Estamos expostos ao fogo, precisamos de capacetes, botas...*

— *Está bem, está bem... vocês terão isso.*

No dia seguinte, começou uma nova greve.

— *E agora, qual é o problema?*

— *Trabalhamos 24 horas por dia. Queremos firmar um acordo coletivo!*

— *Está bem... vamos fazer isso.*

No dia seguinte...

— *O que há, agora?*

— *Pague pelas nossas horas extras!*

— *Chega, Karl! Vá para o céu!*

Pouco tempo depois, Satanás se deu conta de que estava sentindo saudades daquele revolucionário barbudo. Telefonou ao céu.

— *Olá! Como vai? Como é que Marx tem passado aí em cima?*

— *Muito bem, ele se integrou aqui como ninguém.*

— *E me diga, São Pedro, qual é a opinião de Deus sobre ele?*

— *Então... em primeiro lugar, não me chame de São Pedro: sou o Camarada Pedro. Em segundo lugar, Deus não existe!*

Como ficou claro na piada acima, este ser belicoso nunca perde uma oportunidade para bater de frente, para brigar ou reivindicar seus direitos. É um caráter muito forte, muito masculino (o que inclui as mulheres deste tipo), bravo, agressivo e, como dizem os mexicanos, "muito *cabrón*". Tem o corpo rígido e é cabeça-dura, embora às vezes não aparente, já que seu sangue-frio lhe confere uma inteligência instintiva, reptiliana, sobretudo quando decide conseguir aquilo que deseja.

O E8 é cabeça-dura porque, embora não evite o confronto, esforça-se muito para escapar da interiorização. Ele carece de profundidade emocional e de capacidade para pensar com clareza. A anestesia moral, a ausência de um senso de culpa, a impulsividade e a habitual falta de consideração pelos sentimentos alheios fazem parte de seu caráter. Além de reprimir suas emoções, também reprime sua racionalidade, o que confere uma hiperdimensão à sua visceralidade, que assume o controle sobre a psique, levando o indivíduo a uma grande compulsividade.

Por que ele sempre entra em conflito com os outros? Por que se deixa levar tão facilmente pela ação? Não compreendeu ainda que às vezes é melhor render-se? Não haverá algo de sábio em, de vez em quando, dar o braço a torcer? Por desgraça, também é o caráter menos sensível do Eneagrama. Impulsivo e hedonista como o E7, o E8 dá sempre um passo além: sua sede desmedida, cada vez mais intensa, é chamada de luxúria. A luxúria não tem a ver apenas com o desejo sexual exagerado (embora o E8 também seja um predador sexual e um devorador de corpos), mas também com a indolência comum a todos os caracteres sensomotores da tríade dos eneatipos viscerais (E8, E9 e E1), nos quais predomina a ignorância, a incapacidade de aprofundar-se na psique e no espírito.

O E8 está tão adormecido psicológica e emocionalmente que é incapaz de sentir, a menos que recorra a estímulos exageradamente intensos. Por isso, busca a hiperestimulação, para dar um "impulso" à vida, que possa "sacudi-lo" o suficiente para que ele se sinta vivo. É deste modo que o E8 compensa sua sensação de indolência e de obscurecimento existencial: a luxúria lhe serve de substituto que encobre a sensação de não ser e de não amar.

A luxúria é uma paixão generalizada pelos excessos. Ou seja, uma busca de intensidade por meio de qualquer estímulo que estiver ao alcance do indivíduo: esportes, comida, velocidade, drogas, álcool, violência, competitividade. A luxúria tem uma base sensomotora: o E8 empunha a bandeira de tudo o que é proibido, de todos os tabus, dos estímulos fortes e do anseio de excitação, pois é incapaz de fazer contato a partir da suavidade, por estar excessivamente desconectado de si mesmo, embora pareça ter uma autoestima e uma autovalorização altas. Diante da ternura, ele se aborrece e se impacienta. Os prazeres cotidianos são suaves demais para ele, e por isso ele sente a necessidade de lhes acrescentar sal e pimenta: se for picante, a vida lhe parecerá mais real. Com isso, nos reencontramos com os sinais do masoquismo: por detrás da busca de um prazer tão desmedido, há dor, esforço, guerra, vítimas abandonadas à beira do caminho. A piada a seguir pode ser interpretada como uma lição sobre o materialismo, sobre a necessidade de soltar; porém, lida de outro modo, ela também nos fala de um sadomasoquista em busca de emoções fortes.

O Mulá Nasrudin, como todos sabem, vem de um país onde fruta é fruta e carne é carne, e nunca se come curry.

Certo dia, ele ia se arrastando por uma empoeirada estrada indiana, logo depois de descer das altas montanhas do Kafiristão, quando sentiu uma sede enorme. – Em breve – pensou consigo mesmo – devo encontrar algum lugar com boas frutas.

Antes mesmo dessas palavras tomarem forma em sua mente, ele avistou um homem de aparência benevolente, sentado à sombra de uma árvore, com um cesto diante de si.

Amontoadas no cesto, havia grandes frutas, brilhantes e vermelhas. – É disso que eu preciso – disse Nasrudin. Pegou duas moedas de cobre de baixo valor e deu-as ao vendedor de frutas.

Sem dizer nada, o homem lhe entregou todo o cesto, pois esse tipo de fruta é barata na Índia, e as pessoas costumam comprá-las em pequenas quantidades.

Nasrudin se sentou e começou a mastigar as frutas. Em poucos segundos sua boca estava queimando. Lágrimas rolavam pela sua face, o fogo queimava sua garganta. O Mulá continuou comendo.

Duas horas depois, um camponês afegão se aproximou. Nasrudin o saudou: — *Irmão, estas frutas infiéis devem vir da própria boca de Shaitan!*

— *Seu tolo!* — *exclamou o camponês.* — *Nunca ouviu falar das pimentas do Hindustão? Pare agora de comê-las, ou a morte certamente fará uma vítima antes do sol se pôr.*

— *Não posso sair daqui* — *arfou o Mulá* — *enquanto não terminar o cesto todo.*

— *Louco! Essas frutas vão no* curry*! Jogue isso fora imediatamente.*

— *Já não estou comendo as frutas* — *resmungou Nasrudin* —, *estou comendo o meu dinheiro.*

Embora o sofrimento tenha valor quando se dedica a criar consciência, neste caso o que há é uma falta de sensibilidade, que faz do E8 um caráter pouco dado às sutilezas. Há uma linha de fluxo que une os eneatipos E5 e E8. No âmbito do coração, eles funcionam de modo muito semelhante: ambos passaram a desacreditar muito cedo no amor, abandonaram sua busca, tornaram-se cínicos e consideram a expressão das emoções como hipócrita ou sentimentalista, e por isso a inibem. Quando um E8 entra em contato com seu coração, sente-se frágil, fraco e desarmado. Mais do que relações amorosas, o E8 estabelece relações de submissão com pessoas que acabam sendo submetidas à sua força e que costumam assumir o papel de protegidas, de servas ou de vítimas. O E8 considera uma prova de amor que o outro se deixe dominar ou se submeter a ele.

Um casal está numa consulta médica. Depois de examinar a mulher, o médico diz ao marido:

— *Na verdade, o aspecto de sua esposa não me agrada.*

— *Nem a mim. Mas é que o pai dela é muito rico...*

Nosso amigo psiquiatra atribuirá ao E8 um distúrbio de personalidade antissocial, caracterizado por uma afetividade hostil (de temperamento irritadiço e com uma tendência a abusos físicos e verbais), uma autoimagem assertiva, uma natureza vingativa no trato com as pessoas (mostra satisfação ao humilhar e menosprezar os outros, ao mesmo tempo em que despreza o sentimentalismo e o humanismo), uma ausência de medo e a tendência a empregar um mecanismo de projeção malévola (afirma que a maioria das pessoas são desleais etc.). O antissocial é cínico, arrogante, depreciador, fica entediado diante da rotina, tem uma autoestima inflada, é manipulador, explorador e irresponsável na relação com os outros. O DSM o descreve dentro da categoria de "um quadro recorrente de desconsideração e violações dos direitos dos outros", "incapacidade de ajustar-se às normais sociais", "desonestidade", "impulsividade e agressividade", "irritabilidade" com "agressões físicas", "irresponsabilidade" e "ausência de remorso".

Eis a descrição do comportamento de um antissocial na TV:

– *Nosso convidado de hoje nos falará sobre o que devemos fazer para evitar a desidratação.*

– *Beber água.*

– *Ainda nos resta uma hora de programa.*

– *Isso não é problema meu.*

A psiquiatria clássica refere-se a este caráter com a nada carinhosa denominação de "psicopata". O E8 tem muito do psicopata, pois se satisfaz usando a outra pessoa sem mostrar a menor consideração. Usa e submete o outro com uma facilidade assombrosa. O pior talvez não seja o fato de ele seduzir, violar ou violentar as pessoas, mas, sim, de transformá-las em seus seguidores, o que equivale a dizer: "em seus servos". É impensável ver um E8 numa posição de submissão. Em geral, preferem uma vida na criminalidade a "humilhar-se" ao trabalhar para os outros. Quando isso acontece, eles são indomáveis e costumam transformar-se nos "chefes de seus chefes". É muito provável, portanto, que um E8 fique furioso consigo mesmo se ele "mostrar-se frouxo": para alcançar seus objetivos de êxito, ele tem a necessidade de negar seus sentimentos de ternura e de compaixão.

O *Manual do perfeito psicopata*, editado em inglês, assegura: "É conveniente ter uma personalidade própria para que você seja lembrado pelas pessoas. Por exemplo, seria lamentável se um amigo seu o matasse por engano, confundindo você com outro idiota; se alguém tiver que matar você, que seja por um bom motivo. Aprenda com os outros, e observe o que você gosta neles, mas não os imite descaradamente".

Em nossa cultura, a psicopatia talvez seja o substrato mais antigo e duradouro que serve de sustentação para a estrutura social. A sociedade espartana é um exemplo disso. No filme *300*, baseado na *graphic novel* de Frank Miller, o valor das batalhas e do heroísmo é abundantemente exaltado. Uma das cenas iniciais do filme tem como protagonista um emissário do Rei Xerxes, que vai ao encontro do rei espartano Leônidas para lhe pedir que se submeta aos persas. Em resposta ao pedido, Leônidas mata o mensageiro, atirando-o num poço.

A educação espartana era um exemplo prodigioso de crueldade e dureza. Seus eixos centrais eram a guerra e a honra, a ponto de as mães espartanas dizerem a seus filhos, quando estes partiam para a guerra: "Volte com teu escudo ou em cima dele". A sociedade espartana praticava a eugenia: quando uma criança nascia, era levada diante do Conselho de Anciãos do Pórtico, onde a examinavam para se saber se ela era capaz e saudável. Caso não passasse por esta prova, era imediatamente conduzida ao Apótetas, e atirada num precipício aos pés do Monte Taigeto. Os bebês que passavam no exame eram prematuramente arrancados de suas famílias e colocados à disposição do Estado, que os criava num ambiente de conflitos e de ausência de alimentos, que os forçava à prática de roubos e saques. Algumas academias militares demonstram o mesmo comportamento psicopata, sem dizer que nosso sistema educacional contém muitos traços da antiga *agogé* espartana (educação compulsória em que, se a pessoa não finalizava o ciclo com êxito, era condenada a não ser reconhecida como cidadã com plenos direitos). No entanto, a sociedade de hoje é mais hedonista do que espartana, embora ainda restem vestígios da brutalidade que, além de representar um câncer do sistema, serve também como uma lembrança da farsa que é o conceito de progresso, tão caro à cultura pós-moderna.

A máfia é o exemplo mais claro da brutalidade não manifesta que corrói o tecido social. Este tecido é todo permeado pelo crime organizado, como demonstra o jornalista Misha Glenny em seu livro *McMáfia – Crime sem fronteiras*. Ao longo de anos, Glenny elaborou um mapa global das práticas ilícitas, explorando a crescente demanda por drogas, mulheres, armas e mão de obra escrava nos cinco continentes. Ao entrelaçar as histórias que lhe foram contadas por pistoleiros da Ucrânia, narcotraficantes da Colômbia, pessoas que praticavam lavagem de dinheiro em Dubai ou traficantes de seres humanos na China, este pesquisador da BBC descobriu a que ponto as máfias se infiltraram no poder, como elas convivem com os políticos e as grandes construtoras (o livro dedica várias páginas à bolha do mercado imobiliário espanhol) e como as fronteiras entre o legal e o ilegal praticamente desapareceram com a globalização.

Em visita ao Brasil, o presidente mexicano fica deslumbrado com o suntuoso apartamento de mil metros quadrados, cujo proprietário é seu homólogo brasileiro. – Como é que você conseguiu isso? – ele lhe pergunta. O anfitrião o convida a ir até a varanda e, apontando para um estádio de futebol, uma ponte, uma rodovia e outras obras públicas, lhe diz: "Está vendo isso tudo?" Diante da resposta afirmativa do mexicano, ele confessa: "São os 50%", em alusão à fatia que recebeu em negociações ilícitas. Tempos depois, o brasileiro retribui a visita, e fica maravilhado com a riqueza do México, muito superior à de seu país. "Como você conseguiu isso tudo?", pergunta. O anfitrião o convida a sobrevoar a capital do país em seu jatinho privado. "*Está vendo este estádio, aquele teatro lá, aquela ponte e aquela rodovia ali adiante?*", *pergunta.* "*Não, não estou vendo nada*", *responde o brasileiro.* "*São os 100%*", *diz o mexicano.*

O gangsterismo encarna com perfeição a conduta do E8 de descumprir a lei e de recorrer à violência para conseguir o que deseja. Ao mesmo tempo, muitos gângsteres do cinema são carismáticos, os interpretados por Humphrey Bogart (que, na verdade, era um E4) ou como Don Vito Corleone, interpretado por Marlon Brando. Na música popular brasileira, João de Santo Cristo, na canção *Faroeste cabolo*, da banda Legião Urbana, talvez seja o mais perfeito retrato de um personagem E8.

Além disso, há os gângsteres de carne e osso: os de alta reputação, como Al Capone, Frank Sinatra ou Pablo Escobar. A luxúria é uma paixão bastante fatal; no mínimo, ela costuma levar o indivíduo ao cárcere.

Na literatura brasileira, muitos romances de Jorge Amado contêm protagonistas deste caráter; é o caso de Pedro Bala, o chefe dos *Capitães de Areia*, grupo de meninos de rua que semeia o pânico nas ruas de Salvador. Pedro é descrito como "generoso e valente", sabe como usar a violência, embora tenha também um grande senso de justiça; acima de tudo, desfruta de uma liberdade total e de grande vitalidade. Os policiais caçam estes meninos como se eles fossem adultos, e o estilo de vida deles nos é apresentado como totalmente justificado. É possível que o próprio Jorge Amado tenha sido um E8, com sua fascinação pelos mundos primitivos, agrestes e fronteiriços do Nordeste brasileiro, e sua paixão por defender a justiça e a igualdade social diante da brutalidade de nosso sistema social.

O historiador inglês Paul Preston, nascido em Liverpool, costumava contar uma piada que ilustra com clareza esta brutalidade de nosso sistema e a cegueira em que vivemos:

O técnico do Liverpool viaja a Kabul para assistir a um jogador de futebol afegão; impressionado com seu talento, ele lhe oferece um contrato e o leva ao Reino Unido. Duas semanas depois, o jovem afegão faz sua estreia na equipe do Liverpool; no momento em que ele entra no campo, substituindo um colega, seu time está perdendo de 2 a 0. Em 20 minutos, o rapaz mete três gols no adversário, virando o placar. Quando a partida termina, o afegão sai correndo para telefonar para sua mãe e lhe diz: – "Mamãe, quer ouvir a última? Hoje joguei 20 minutos, fiz três gols e graças a isso ganhamos, todo mundo me adora: a torcida, os jornalistas, os companheiros de equipe, todo mundo". – Maravilhoso! – responde a mãe – deixe-me contar como foi meu dia: teu pai levou um tiro na rua; tua irmã e eu fomos assaltadas, e ela estava prestes a ser estuprada quando passou por nós um carro de polícia; teu irmão se juntou a um bando de saqueadores e eles atearam fogo em alguns edifícios. No meio disso tudo, você me conta que está curtindo todas! – O rapaz fica estupefato e aflito, e diz: – O que eu posso lhe dizer, mãe? Sinto muito. – Você sente muito? Sente muito? – berra a mãe –. É por tua culpa que viemos morar em Liverpool!

Na série de televisão *The Walking Dead* muitos personagens parecem ser acometidos de uma neurose E8 muito acentuada. Tanto Michonne quanto Daryl parecem ser deste caráter, embora a psicologia deles não esteja suficientemente delineada para que se afirme isso de modo categórico (aviso aos eneagramistas: é arriscado rotular todos os personagens de ficção com que nos deparamos. Muitas vezes, se pisa em ovos ao realizar estas tipificações, pois muitos dos papéis interpretados são coadjuvantes, carentes da profundidade psicológica necessária para podermos captar os detalhes ou o "aroma" de uma personalidade). Merle Dixon, irmão de Daryl, este sim é claramente um E8: um tipo grosseiro, racista, metido a valentão e sádico. Um personagem com loucura e atitudes semelhantes é o narcotraficante Tuco Salamanca, da série *Breaking Bad*: um tipo violento, sociopata e ensandecido que, na maior parte de suas cenas, grita e ameaça os outros com uma pistola carregada que segura à altura de sua cabeça. A série *A escuta* tem um enorme elenco de personagens E8: Omar Little, Avon Barksdale, Stringer Bell, Marlo Stanfield e Kima Greggs, entre outros. Porém, meu personagem E8 predileto é Tony Soprano (James Gandolfini), da série *Família Soprano*, um verdadeiro chefe mafioso que manda na região norte de Nova Jersey. Tony é um tipo tosco, um sujeito cafona que usa correntes de ouro no pescoço e camisas de turista, e que aplaca sua ira com enormes bandejas de *ziti* com tomate e outras delícias italianas; suas investidas são cruas feito macarrão malcozido, seu mau humor não tem medidas e, no entanto, simpatizamos com ele, pois é um pai de família preocupado com os seus, embora sua fonte de renda seja suspeita. Também é, certamente, um assassino que não hesita se tiver de estrangular alguém usando as próprias mãos. É um homem de ação: grita, pisa sobre os outros e extorque, mas ao mesmo tempo começa a sentir que sua vida não está indo a lugar algum; assim, procura uma psiquiatra que possa ser sua terapeuta (coisa rara num E8: "poucos chegam a reconhecer que necessitam de ajuda"). "Eu tenho o mundo agarrado pelos colhões, mas continuo me sentindo um idiota", diz ele à Doutora Melfi. Quem dera todos os E8 se sentissem assim. Tony Soprano pertence ao subtipo mais "armado" no Eneagrama: alguém que tem a necessidade de satisfazer a si mesmo a qualquer custo. "Nada de tolices", parece pensar, se é que ele pensa em algo; é uma máquina cujo objetivo é sobreviver, defender seu território e suas posses. O resto consiste em ação, atenção às suas necessidades básicas, e também para deixar claro quem é que manda aqui, quem é o chefe. "Para mim, pouco importa se as pessoas têm medo de mim", afirma Tony num capítulo da série. "Dirijo um negócio, não uma porra de competição para saber quem é o mais popular!"

Em uma reunião de teólogos, Nasrudin estava sentado bem no fundo da sala, o mais longe possível do lugar de honra. Logo, começou a contar piadas e rapidamente as pessoas se amontoaram ao redor dele, ouvindo e rindo. Ninguém prestava atenção ao ancião, que fazia um discurso erudito. Quando o barulho chegou a um ponto que impedia de ouvir a própria voz, o dirigente da assembleia vociferou:
– Fiquem em silêncio! Ninguém pode falar, a não ser que esteja sentado onde se senta o chefe!
– Não sei o que você vai achar disso – falou Nasrudin –, mas o lugar onde estou sentado é onde o chefe se senta.

Além de não saber pedir desculpas, reconhecer os próprios erros, consertar o que estragou ou violentou, o E8 considera que suas vítimas são fracas; portanto, não é raro ele acreditar que elas merecem os danos causados por ele. Certamente acredita que todos têm o mesmo comportamento de lobos que ele, que a maioria das pessoas não é de confiança, que são hostis, vingativos. Assim, acaba atribuindo aos outros a sua própria hostilidade, que é projetada na sociedade: "São todos uns safados". O E8 convence a si mesmo de que o mundo é um lixo, que todos são hipócritas e agem movidos pelo interesse, assim como ele (embora, em seu narcisismo, ele se sinta a pessoa mais honesta do mundo e venda a si próprio como alguém "autêntico").

Para este eneatipo de orientação bélica, a busca do triunfo e a superação de obstáculos se transformam na maior das motivações, mesmo que seja às custas de sua humanidade e de sua vida. A pessoa em questão pode chegar a sentir-se poderosamente imortal, divina. Porém, sua grande sombra, seu medo absoluto, é de ficar desamparado, ainda que, ao mesmo tempo, isso possa significar sua cura: sentir-se fraco, frágil, reconhecer sua dependência.

Erich Fromm batizou este caráter como dotado de uma *orientação exploradora* da personalidade. Em que sentido o E8 é um explorador? Uma pessoa que oprime os outros é, naturalmente, alguém que viola os direitos deles. Embora se faça passar como o protetor dos desvalidos, o E8 não se importa com as necessidades dos outros. A proteção oferecida por ele é a de um *capo* da máfia: alguém que cobrará de você a ajuda que lhe deu, transformando-o em seu escravo. Imagino que as minas ilegais da Amazônia ou do Congo estejam repletas de brutais capatazes E8, alheios ao sofrimento alheio. E o que dizer, então, dos semiescravizados nas fábricas de tecidos, ou dos exércitos privados de mercenários, como os que têm agido no Iraque desde a invasão norte-americana? O E8 se protege dos remorsos ampliando e exagerando os insultos que recebe – o que, segundo sua moralidade distorcida, lhe outorgaria o direito de "vingar-se", tomando o todo pela parte. Por carecer de todo tipo de freios, ele optou por uma estratégia de expansão de seus desejos a qualquer custo: que não lhe digam o que ele precisa fazer, que não lhe digam que não deve ou não pode fazer algo. Claro que não! Um E8 sente-se no direito de apropriar-se da maior fatia do bolo:

Um caminhoneiro está atravessando a fronteira. O funcionário da alfândega lhe pergunta:

– Você tem algo a declarar?

– Nada – ele responde –. Absolutamente nada.

No entanto, ao abrir o caminhão, o funcionário se deparara com um elefante com dois enormes pães em volta do corpo, amarrados por uma corda.

– E o que é isso aqui?

– Onde é que vamos parar, se uma pessoa não pode nem mesmo colocar o que bem entender no recheio de seu sanduíche?! – responde o caminhoneiro, fora de si.

Muitas vezes, o E8 é capaz de transformar o relacionamento amoroso num inferno para sua parceira (especialmente o subtipo chamado "possessivo", cuja possessividade tem a ver com agarrar o outro e não soltá-lo). Além disso, busca sempre estar no centro das atenções, e tamanha é sua capacidade de fascinar os outros com suas atitudes despropositadas que quase sempre consegue o que deseja, já que ele não cede um passo no empenho em ser o centro das atenções.

Em suas relações de casal, os E8 são manipuladores: deste modo, conseguem que o outro se submeta a seus desejos. Sua sexualidade é violenta, visceral, com pouco espaço para as carícias e a serenidade, e amplo espaço para o movimento sincopado, febril, já que uma das formas de eliminar o grande volume de resíduo energético de que este caráter neuroticamente dispõe é por meio do coito.

Com seu sadismo, costuma sentir prazer ao humilhar a parceira. Seu temperamento irritadiço o leva facilmente a declarar guerra a todo aquele que o confronta, e não se constrange em abusar de seus adversários, verbal ou mesmo fisicamente. Quando suas expectativas não são cumpridas, ele pode ficar totalmente emburrado, buscando logo em seguida os culpados, bodes expiatórios a quem possa acusar com sua língua venenosa, sempre pronta para humilhar, ou mesmo impondo-se com a força de seus golpes.

O terapeuta mexicano Guillermo Borja, conhecido como Memo, era um E8. Memo ficava num estado de alta embriaguez em seus grupos de pacientes, e – o que é ainda mais heterodoxo – também embriagava seus pacientes: com isso, segundo ele, "a terapia funciona melhor". Com frequência, levava seus pacientes ao deserto, junto com os índios huicholes, para participarem de cerimônias com o peiote. Em outras ocasiões, levava os pacientes mais complicados para sua casa, para morar com ele e, aparentemente, não sentia vergonha de engalfinhar-se com eles, ou mesmo de dormir com eles, independentemente do sexo de seus pacientes. Uma terapia com tal idiossincrasia chegou a lhe custar a prisão, quando um pai que se sentiu ofendido – e que, além disso, era ministro do governo – armou-lhe uma cilada por ele ter dormido com seu filho, e pediu sua prisão.

Porém, Memo Borja era um gênio: um homem que, apesar de sua brutalidade, descobriu como pode ser sanativo para um E8 entender que, ao meter medo nos outros, só consegue que estes se distanciem emocionalmente dele. Além disso, Memo foi um grande buscador, que teve um pleno contato com o próprio coração, colocou-se ao serviço do próximo e, no Presídio de Almoyola onde esteve preso durante quatro anos, conseguiu reorganizar o velho e decrépito pavilhão psiquiátrico onde viviam precariamente 72 psicóticos, até convertê-lo num edifício residencial cercado de um jardim, que batizou de La Abadía, onde os loucos tinham aulas de teatro, dança, expressão corporal, meditação, música e Eneagrama. Em pouco tempo, alguns destes psicóticos, escolhidos por Borja segundo seu eneatipo, tornaram-se professores de teatro, dança, meditação, e com isso ele criou uma autêntica escola psicoespiritual, aonde até mesmo estudantes de psiquiatria da Faculdade de Medicina iam para ter aulas, e o próprio psiquiatra do presídio transformou-se em seu discípulo. O restante desta história está no livro *La locura lo cura*, do próprio Memo. Em sua homenagem, segue uma piada vulgar, que ilustra muito bem o E8 possessivo e seu descaramento sem igual:

– *Senhor ministro, quero lhe confessar que eu fodo seu filho todos os dias.*

– *O que você está dizendo?!*

– *Sim, eu coloco lá no fundo. E outras coisas que sinto vergonha em lhe dizer.*

A fanfarronice é outro traço marcante dos E8. Estamos diante de um exibicionista capaz de montar um circo em qualquer lugar, sem importar-se com a etiqueta ou com os códigos de conduta. O E8 é um encrenqueiro e um descarado, narcisista ao extremo e arrogante, além de hábil manipulador. Por trás de todo este esforço em ser um supermacho há, certamente, um enorme medo da fragilidade.

Às vezes me parte o coração quando vejo um destes selvagens buscando emoções fortes, como se fossem mortos-vivos tentando cheirar quilos de cocaína para sair de seu estado de narcolepsia. Gosto particularmente do naturalista e divulgador de temas ambientais Frank Cuesta, mais conhecido como Frank das Selvas: um E8 que leva a vida agindo de modo tolo diante da câmera de TV, deixando-se picar ou ser mordido por todo tipo de animais perigosos, expondo-se a situações ousadas e perfeitamente evitáveis, sofrendo acidentes e chegando à beira da exaustão. Às vezes, no meio de seu espetáculo sadomasoquista, ele tem um momento de lucidez e pergunta a si mesmo: "Por que caralho estou fazendo isso?"

Ao que tudo indica, não há um rótulo da psicanálise que seja compatível com o mecanismo de defesa do E8. Pode-se dizer que há nele uma negação da culpa e uma repressão do superego: em vez de reprimir o "cachorro de baixo" (o id), o E8 reprime o "cachorro de cima" (o superego). O E8 não é um indivíduo instintivo, mas uma pessoa que reprime a parte contrainstintiva que é imposta a todos nós pela cultura. Isso foi definido como *contrarrepressão* ou *contraidentificação* e, inclusive, mais especificamente, *contraintrojecção*, por sua oposição com o introjectivo E4 e sua paixão por engolir todos os conteúdos psíquicos que lhe fazem mal. O E8 rejeita qualquer coisa que não esteja em sintonia com seus desejos. É por isso que ele não identifica a dor que sente, mas mantém-na fora dos limites de sua consciência. É assim, também, que ele consegue invalidar o sentimento de culpa, a sensibilidade e a vergonha. Ao mesmo tempo, esta invalidação da dor constitui a base para seu vício na excitação, em experiências fortes que geralmente implicam também um sadismo exercido contra si mesmo. Um outro nome para este mesmo processo seria a *dessensibilização*.

Com base nos informes que havia recebido, o califa nomeou Nasrudin como conselheiro-mor da corte e, como a sua autoridade não advinha de sua própria competência, e sim do patronato do califa, Nasrudin se transformou em um perigo para todos que vinham consultá-lo, como ficou claro no seguinte caso.

— Nasrudin, você que é um homem de experiência — lhe disse um cortesão —, você conhece algum remédio para dor de olhos? Pergunto, pois sinto uma dor intensa nos meus.

— Permita-me compartilhar com você a minha experiência — respondeu Nasrudin. — Certa vez, tive dor de dente, e só senti alívio quando eu o mandei arrancar.

"Adoro o cheiro do napalm de manhã", dizia o Coronel Bill Kilgore (um E8), interpretado por Robert Duvall no filme *Apocalypse Now*: uma pessoa que se orgulha de ter arrasado a floresta com seus inimigos dentro. Porém, há vezes em que um E8 se transforma, e então toda esta intensidade passional é empregada, com a mesma força, no cumprimento dos mais elevados objetivos espirituais e humanos. Não é à toa que alguns dos maiores buscadores espirituais do mundo contemporâneo tenham sido indivíduos deste caráter: os mestres George Gurdjieff, Osho, Madame Blavatsky, Fritz Perls e E.J. Gold, os bruxos Aleister Crowley e Rasputin (este, injustamente difamado pela história) e o revolucionário Papa Francisco. Além de, como não?, artistas e criadores como Luis Buñuel, Pablo Picasso, Diego Rivera, Ernest Hemingway e Charles Bukowski.

Porém, será que a arte é capaz de curar um E8? Digamos que sua transformação envolve, sobretudo, o cultivo do sutil, da ternura, da delicadeza e dos assuntos do coração, assim como o contato com sua parte mais inocente, mesmo que ele precise se aprofundar muitíssimo para encontrá-la. Conforme dissemos antes, ao interpretar que o mundo é uma luta constante e que é preciso estar sempre disposto para a ação, o E8 se obscurece existencialmente. Ao sentir que não pode confiar em ninguém, o E8 recorre à luxúria para poder sentir-se vivo; porém, a luxúria empobrece a ternura. Como acontece a todos os outros seres humanos, o indivíduo afetado por este caráter do Eneagrama precisa – com uma urgência mais imperiosa do que qualquer outra pessoa – sentir o outro, entender que precisa do próximo, e que seu mundo acaba ficando muito pobre se, em vez de pedir, ele invadir e apoderar-se de tudo. O E8 inflige a si mesmo uma ferida muito profunda ao negar-se a necessidade de amor: sua cura está no reconhecimento desta verdade.

Personalidade modal

Já foi dito muitas vezes que as empresas multinacionais se comportam como psicopatas: muitas carecem de toda e qualquer vontade de prestar um serviço útil à sociedade. *A corporação* (2003) é um documentário canadense que aborda sob o ponto de vista da psiquiatria o tema do comportamento social das multinacionais, desvendando as práticas destas organizações à beira da doença mental. Com efeito, sendo entidades com personalidade jurídica, as corporações mostram uma cruel indiferença pelos sentimentos dos outros (exploração, baixos salários), a incapacidade de manter relações duradouras (*offshoring* ou deslocalização industrial), um temerário desprezo pela segurança das pessoas (mudança climática, contaminação, desmatamento), a incapacidade de sentirem-se culpados (o não reconhecimento de responsabilidades legais) e a incapacidade de ajustar-se às normas sociais relacionadas ao cumprimento das leis.

Na realidade, parece que os psicopatas se movimentam em total liberdade pelo mundo contemporâneo; aliás, creio que não seja um exagero dizer que eles dominam a sociedade seguindo a lei do mais forte.

Segundo estudos recentes, na Espanha vivem entre 500 mil e 1 milhão de psicopatas (2% da população). Porém, a predominância deste transtorno é multiplicada por cinco – ou até mais – entre as lideranças políticas e financeiras. Se dermos credibilidade às estatísticas, há cerca de 8 mil psicopatas na elite política e econômica desse país: gente sem escrúpulos, predadores, mentirosos, pessoas de sangue-frio, sem compaixão ou remorsos; exatamente o tipo de pessoa de que o capitalismo precisa para funcionar a todo vapor.

O espírito do capitalismo se alimenta, em porções iguais, dos traços principais deste eneatipo: violência e exploração. Exercida por meio de uma violência mafiosa, ou por meio da mais comum violência estrutural do sistema, a exploração é abundante em nosso mundo doente.

Em *O Eneagrama da sociedade*, Naranjo explica com muita clareza a gestação da violência subjacente às nossas sociedades: "Afirmam os antropólogos que a distribuição do excedente agrícola requer alguém que assuma a função de distribuidor e que os primitivos distribuidores foram os mais antigos líderes. Porém, a distribuição não basta. O tesouro público é algo que deve ser cuidado; assim, valentões rodeiam o líder, cumprindo uma função policial. É fácil imaginar que, para um povo em que os chefes de caráter agressivo são importantes, possa surgir a ideia de ir ao povoado vizinho para tomar-lhe algumas de suas provisões, particularmente se houve ocasião de agravo; porém, também em virtude de um espírito de grupo que se diverte brigando e exibindo sua força. E claro, quando existe o perigo de ser atacado por um vizinho que pensa igual, é necessário reforçar o contingente de guardas... e aqui temos a origem dos exércitos".

No entanto, hoje em dia o poder já não está mais na mão dos valentões: já nos sofisticamos muito mais, e a insensibilização à dor alheia está tão disseminada que já não é necessário que sejamos tão vigiados: cada indivíduo é o seu próprio policial. Por isso, algumas sociedades onde a brutalidade é considerada parte da cultura talvez não estejam tão doentes como outras, onde o caráter normativo impede que protestemos contra a violência exploradora do sistema. Por este motivo, gosto especialmente dos mexicanos, retratados nas piadas ou como preguiçosos (E9), ou então como brutos sádicos (E8). Uma velha história – talvez verdadeira – narra que um psicoterapeuta persuadiu um mexicano de que ele deveria "matar", simbolicamente, seus pais. Depois de alguns dias, o mexicano chegou à sessão de terapia com seu revólver fumegante: – Apaguei os dois, companheiro! Cinco tiros em cada um. Sem dúvida, deve ter sido uma terapia eficaz.

Um testemunho pessoal

Quando uma pessoa avança o suficiente em seu caminho, às vezes o caráter poderá lhe parecer um obstáculo de tempos passados. Ele continuará presente, mas além de a pessoa já ter colocado "a coleira no cão", o cão já terá se transformado, de buldogue a poodle. No caso desta pessoa, a paixão pelo poder social e pelo domínio sobre o outro, o ato de tratar como moscas aqueles que se interpõem em seu caminho (esmagando-os a tapas), o sadismo e as explosões cedem passagem à reconexão com a própria capacidade de amar, o que implica não apenas em uma transformação integral da consciência, mas também uma mudança de profissão.

Costumo dizer que o SAT tirou tudo de mim e também me deu tudo. Esta afirmação pode soar categórica demais, mas olhando lá para atrás, no instante em que comecei, em fevereiro de 2010, com a Introdução à Psicologia dos Eneatipos, foi assim mesmo: desde então, quase tudo mudou em minha vida. Àquela época, eu já levava uma vida de casal há 14 anos, trabalhava como jornalista em um dos jornais mais lidos na Espanha, na cidade de Málaga; tinha o que se poderia chamar de reputação, um nome consolidado, e seguia assumindo cada vez mais responsabilidades no jornal.

Eu sentia que tinha poder, pois com as manchetes que eu produzia para o jornal e por meio dos assuntos que abordava nele eu era capaz de fazer a verdade brilhar, e denunciar os maus, colocar políticos e empresários nas cordas e, depois disso, sentar-me à mesma mesa para uma refeição com eles, como se não tivesse acontecido nada. Para mim, era um privilégio me pagarem para fazer isso: "Me pagam para ser mú", eu costumava dizer meio que de brincadeira, e além disso mantinha uma relação de proximidade com os "poderosos". Eu tinha o que sempre busquei. No entanto, também tinha algo que não sabia explicar o que era: um vazio interior, que não era preenchido com nada.

Foi justamente neste momento que começou a sério meu contato com o Eneagrama, primeiramente com a terapia, que busquei após receber um ultimato de minha companheira, que naquele momento estava terminando sua formação de terapeuta ("Se você não começar a terapia, isto aqui vai acabar"), e depois por meio do processo SAT, que para mim implicou no início da busca, de minha viagem interior. Antes disso, eu havia lido sobre o Eneagrama, tinha ido a um workshop, e me identificava com um dos eneatipos que, como costuma acontecer, não era o meu. O começo do trabalho de terapia com o Eneagrama significou, para mim, começar a me trabalhar seriamente, com um mapa, uma rota traçada, de uma maneira incessante que até hoje não terminou e nunca vai terminar.

O momento em que eu descobri que, na verdade, eu era uma E8 foi quando na terapia apareceu um episódio de minha infância. Eu tinha 5 anos. Estava no pátio da escola jogando futebol, com várias crianças. De repente, peguei a bola, coloquei-a debaixo do braço, caminhei até onde estava o goleiro e lhe dei um murro na barriga com toda minha força. Por que fiz aquilo? Não sei. Imagino que tenha sido porque ele estava levando muitos gols, porque a bola era minha e porque ali quem mandava era eu.

Ao longo de minha infância, outras cenas deste tipo se repetiram. Quando eu tinha 7 ou 8 anos, houve um período em que me deixavam sair da escola 10 minutos antes do horário, porque havia três meninos que batiam em mim e, assim, eles não poderiam me alcançar na saída. Eles não me metiam medo. Aliás, embora a professora permitisse que eu saísse antes, eu esperava por eles, e enfrentava sozinha a todos. Fugir é para covardes, e eu não era covarde. Aquilo (ainda hoje resisto a enxergar isso como um assédio) acabou quando peguei um destes meninos sozinho, dei nele um murro bem dado e ele começou a sangrar pelo nariz.

Já adulta, tornei-me uma pessoa mais refinada, e esta intensidade que, quando pequena, eu conseguia ter com as lutas corporais eu comecei a buscar no esporte, em meu trabalho como jornalista ou na relação de casal. Com minha companheira houve uma época em que nossas brigas de domingo à tarde eram frequentes. O que se pode fazer para que uma tarde de domingo seja menos entediante? Inventar uma boa briga, que agite um pouco o dia e que, além disso, faça emergir a verdade, e que possamos dizer tudo o que estamos pensando.

A sensação que tenho é que cada SAT, desde 2010, quando comecei, até agosto de 2014, quando fiz o SAT 5, descortinou véus, removeu camadas, levou-me a aprofundar mais em quem eu sou e me aproximou de minha essência. Para mim, o SAT foi uma espécie de liquidificador em que fui colocada, e que extraiu o meu sumo, o que era importante, deixando para trás tudo que não serve, que é acessório.

Já no curso Introdutório, graças ao trabalho corporal, dei-me conta de como era cansativo estar sempre armada e em guarda. Ali observei como eu andava no mundo separada da vida por uma espécie de armadura imaginária que compunha minha musculatura.

Dos 14 anos até os 24 eu havia me dedicado ao atletismo: praticava arremesso de pesos, de disco, de martelo, e fiz muito levantamento de peso para me manter forte, muito forte. Embora no momento em que comecei o curso Introdutório já tivessem decorrido mais de 10 anos desde que eu tinha largado o atletismo, esta fortaleza ainda estava ali. Era uma espécie de couraça como a de O cavaleiro preso na armadura, *que me separava do resto do mundo e me tornava imune à dor, mas também me impedia de sentir.*

Com o trabalho corporal, esta couraça foi caindo até o ponto em que, no SAT 1, graças ao Movimento Autêntico e à meditação, o coração começou a me doer de uma maneira como nunca havia acontecido, e também comecei a sentir minha energia corporal. Lembro das noites neste SAT em que eu dormia muito pouco, deixava-me cair na cama e, de boca aberta, sentia uma energia que saía do meu chakra do coração, invadia todo o meu corpo e fazia com que eu não parasse de me movimentar de modo involuntário. Sentia chicotadas de energia que me sacudiam o corpo inteiro. Meus sentidos também ficaram mais aguçados e lembro como, numa dessas noites, senti o cheiro de um pêssego que estava ao lado de minha cama como se fosse a primeira vez que eu estivesse sentindo este cheiro. Toda a sua fragrância, seu odor, preencheu-me, embriagou-me, assim como se passa no livro O perfume, *com as essências preparadas pelo protagonista. Creio que foi nesse momento que comecei a sentir.*

Neste SAT nasceu em mim um mantra que até hoje me acompanha: "Meu coração é a minha força". E com este SAT também fiquei sem algo: sem minha companheira, com quem fiz tanto o curso Introdutório quanto este primeiro SAT. Nosso relacionamento não aguentou aquilo. Estávamos juntas há 14 anos e meio, e poucos dias depois de voltarmos de Burgos, nossa relação terminou.

Para mim, o fim deste relacionamento foi muito duro, mas ao mesmo tempo muito sanativo. Voltei deste SAT conectada com o amor, aberta, carinhosa, e o fim do relacionamento foi o golpe mais duro que já levei até hoje, na vida. Meu subtipo é o sexual, e nele me vi diante de toda minha neurose, da necessidade de possuir, de sentir o amor incondicional, alguém a quem eu pudesse me entregar, com quem eu pudesse ser tal como sou, e de repente tudo isso caiu por terra. Aprendi então que a vida pode mudar num único segundo, por mais que eu dê tudo de mim, por mais que eu acredite que posso tudo, a vida pode mudar em um segundo, sem aviso prévio, e sem que eu faça nada, de modo que diante da força da vida só nos resta baixar a cabeça e aceitar.

O luto desta relação me levou a passar pela dor, por uma dor que eu nunca tinha sequer imaginado. Passei três ou quatro meses em que me sentava para meditar e a única coisa que conseguia fazer era chorar, chorar como uma menina desconsolada. Também ficou clara a importância do que a vingança tinha tido para mim, em minha vida. Um dia, meditando, ocorreu-me uma pergunta: "Quem sou eu sem a vingança?", e então me dei conta de que a vingança tinha sido o motor em minha vida. Então também pude começar a soltá-la.

Percebi que eu tinha conseguido, mais de 10 vezes, tornar-me campeã de atletismo na Espanha por vingança, porque uma vez riram de mim quando eu disse que iria praticar atletismo, e me dei conta de que eu também era uma jornalista em busca de sucesso... por vingança. Minha vida inteira tinha sido marcada pela vingança, por um sentimento inconsciente de dizer ao mundo: "Agora você vai ficar sabendo quem eu sou". Aí me dei conta de que a dona da minha vida não era eu, mas a enorme reatividade com a qual eu estava vivendo.

Durante aqueles dois anos sombrios minha tábua de salvação foi a meditação. Eu, que cheguei ao curso Introdutório rindo das pessoas que meditavam e que "diziam que enxergavam cores ao meditar", encontrei no gesto de me sentar na almofada um bálsamo para esta dor, para este desespero que esteve como pano de fundo em minha vida durante dois anos. Na meditação também tive contato com a espiritualidade, com Deus, com a magia contida em fazer parte de algo muito maior do que nós, e na qual podemos confiar, como se fosse uma rede invisível em que você pode se deixar cair.

Esta crise fez com que eu soltasse parte de minha rigidez, e colocou diante de mim o poder da sexualidade como instrumento de conexão com o mais elevado e comigo mesma. Esta era uma parte de mim que não estava bem-integrada e, a partir da ruptura deste relacionamento a dois, comecei a integrar a sexualidade. Foi um grande presente.

O SAT 2 fez com que este abrandamento fosse ainda maior. Eu já havia passado pelo processo Fischer-Hoffman com meus pais, e a proposta que me foi feita por Jorge Llano, um dos terapeutas deste SAT, foi que eu "trabalhasse" com minha avó, outra E8 como eu, que, segundo ele, eu havia "engolido". Foi muito sanativo ver a agressora que habita em mim, a sádica. Pude ver novamente que posso ser como uma espécie de vulcão que, ao entrar em erupção, provoca danos àqueles de quem mais gosta. Foi então que fiz as pazes com minha avó e também comigo mesma: aceitei que posso ser má, mas também que posso ser boa.

Após este SAT veio a crise profissional. Já não acreditava no que eu estava fazendo como jornalista. Comecei a me desinteressar pelas declarações dos políticos de plantão, e passei a me interessar pela verdade que cada um de nós carrega dentro de si. Cursei Jornalismo porque queria contar histórias, histórias sobre pessoas, e o que eu estava fazendo era me limitar a transcrever depoimentos. Lembro de um dia em que cheguei à redação do jornal e que, antes de entrar, senti um mal-estar no corpo que me dizia que aquele já não era mais o meu lugar. A partir de então, uma série de coisas boas foi acontecendo, sem que eu planejasse. Nesse ano comecei minha formação de coach *e de terapeuta, e comecei a escrever sobre desenvolvimento pessoal no jornal em que eu ainda trabalhava. Com minha irmã, comecei a projetar a transformação daquela que tinha sido a casa de meus avós, para transformá-la num centro para o desenvolvimento das pessoas. Pouco tempo depois, anunciaram um plano de demissão voluntária no jornal, e me inscrevi nele. O poder já não me interessava mais.*

Este foi o verão do SAT 3, o SAT que me deixou claro que sou capaz de amar. Desde que meu relacionamento a dois terminou, eu duvidava, não sabia se era capaz de amar, e se o que eu havia feito até então era possuir. Mas o trabalho com o renascimento fez com que meu coração terminasse de se abrir, e que eu pudesse sentir o que é o amor incondicional. Senti como as pessoas me amavam e senti como esta capacidade de amar está em mim, uma capacidade de amar tão intensa que me traz dores físicas, mas me faz verdadeira, une-me ao outro e faz com que eu o enxergue. Antes, para mim, o outro era somente um objeto que, ao se interpor no caminho daquilo que eu desejava, poderia ser afastado com uma bofetada. Agora é uma pessoa.

O trabalho com o SAT 4 me permitiu enxergar minha criança ferida e medrosa, minha parte vulnerável. Foi então que me dei conta de como eu gostava pouco de mim mesma. Eu que sempre tive um grande ego, que sempre aparentei ser tão segura, não sabia cuidar de mim porque não tinha uma mãe interior, eu carecia dela. Dei-me conta de que passei a vida toda buscando mães nas relações de casal, que cuidem de mim e que me aceitem de forma incondicional, quando na verdade o que tenho de fazer é cuidar de mim e me aceitar tal como sou. Ter enxergado isso fez com que o chip *fosse alterado e que eu pudesse estar numa relação de casal a partir de outro lugar, a partir do respeito a mim mesma sem ter que me esvaziar, e a partir de uma posição de não querer dominar a pessoa que está comigo, permitindo a ela ter o seu espaço e o seu caminho. Ao começar meu processo, estava convencida de que se eu quisesse que uma relação a dois desse certo, ela daria certo. Agora sei que isso significa, de novo, estar por cima e não enxergar o outro. Neste caso, o respeito desaparece.*

E o SAT 5 me mostrou o quanto sou dependente da intensidade. Mostrou-me como eu faço para que tudo seja intenso para me sentir viva, e o quanto o meu trabalho de agora tem a ver com o sutil, com o profundo, com o silencioso, com me voltar para dentro e ser capaz de ficar entediada, sustentar isso e ser capaz de desfrutar daquilo que é pequeno, de meus gatos, do sorriso de minha companheira pelas manhãs, de um céu azul, do cheiro do mar.

Sinto que em meu processo também tem sido muito importante trabalhar como colaboradora no SAT, pois isso me permitiu viver a compaixão, enxergar o sofrimento do outro e acompanhá-lo sem ter que fazer nada, simplesmente estando ali, respirando esta dor e chorando esta dor.

O SAT tirou de mim a dureza e me deu ternura, trocou a vingança pela aceitação, a rigidez pela criatividade, a impaciência pela presença; deu-me irmãos de caminhada, um sentimento de tribo, e é o lugar onde eu senti que as pessoas também podem me amar de forma incondicional, por aquilo que sou e não pelo que faço. O SAT me deu o impulso necessário para criar um centro de desenvolvimento pessoal, no qual eu presto serviços e me dedico a unir os dois universos pelos quais sou apaixonada: o da comunicação e o do crescimento pessoal. Ele me humanizou, fez-me enxergar o outro, deu-me o impulso para sonhar. Permitiu-me poder estar numa posição de igual para igual numa relação a dois, e a conceber a ideia de ser mãe. Abriu-me a porta para que eu faça o que sempre quis fazer, que é escrever e criar, e, acima de tudo, fez com que eu possa sentir minha imensa capacidade de amar.

Leonor Cabrera

Eneatipo 9 O tosco

> Tríade dos viscerais
> Paixão: preguiça, acídia
> Fixação: indolência, hiperadaptação

Um argentino, um mexicano e um galego estão trabalhando na construção de um prédio de 40 andares. Na hora do almoço, começam a abrir suas marmitas quando o argentino, bastante irritado, diz:

— Sanduíche de queijo e presunto outra vez! Se amanhã eu abrir a marmita e encontrar um sanduíche de presunto e queijo, me jogo daqui de cima!

O mexicano abriu sua marmita e gritou:

— Tacos com chili de novo, companheiros! Se amanhã meu almoço for tacos com chili, me jogo daqui!

O galego abriu sua marmita e disse:

— Sardinhas de novo, cacete! Se o meu sanduíche de amanhã for de sardinha, eu também me jogo!

No dia seguinte, o argentino abriu sua marmita, viu um sanduíche de presunto e queijo, e saltou em direção à morte. O mexicano abriu a sua, viu os tacos com chili e também saltou. O galego percebeu que seu sanduíche era de sardinhas e se atirou no vazio.

No enterro dos três, a mulher do argentino chorava desconsolada, dizendo:

– Se soubesse que ele estava cansado de comer sanduíche de presunto e queijo, eu teria lhe preparado umas empanadas!

A mulher do mexicano também chorava e se lamentava:

– E eu poderia ter preparado frijoles!

A mulher do galego permanecia em silêncio, até que todos se voltaram na direção dela:

– Não olhem para mim. Meu marido sempre preparou o próprio almoço.

Cada cultura tem suas piadas com bobos. Assim como na Espanha os leperos [do município de Lepe, Província de Huelva] são considerados lerdos, na Argentina os idiotas são os espanhóis, também chamados de *galegos*, e são muito conhecidos por sua brutalidade e sua visão estreita. A piada acima dá um destaque especial a esta estupidez do protagonista galego, que se mantém preso à sua tradição de comer sardinhas, mesmo que isso lhe custe a vida. Mas por que ele salta para a morte se ele mesmo prepara sua própria refeição? De modo muito inteligente, a piada apresenta um segundo traço típico do caráter E9: o gregarismo. Seguir o rebanho é um dos grandes males deste tipo, pois ele se adapta excessivamente às necessidades do outro, esquecendo de suas próprias necessidades. Esta é a sua maneira de buscar o amor: transformando-se em alguém que não se destaca, que não reclama e que tenta não se fazer presente demais, para não incomodar. Por trás deste comportamento resignado há um medo da individualidade, e de pensar por si mesmo. Assim como o galego da piada, o E9 prefere fazer o que todos fazem, não se diferenciar nem pensar por conta própria. E, se todos saltarem no vazio, ele seguirá a corrente.

O Mulá foi nomeado juiz. No seu primeiro caso, o demandante argumentou de forma tão persuasiva que Nasrudin exclamou:

– *Creio que você tem razão!*

O escrivão suplicou para que se contivesse, pois o réu ainda não tinha sido ouvido.

Nasrudin se deixou levar pela eloquência do réu a tal ponto que, assim que o homem terminou seu testemunho, exclamou:

– *Creio que você tem razão!*

O escrivão não podia permitir isso.

– *Meritíssimo, não é possível que* ambos *tenham razão.*

– *Creio que você também tem razão!* – *concluiu Nasrudin.*

O E9 se destaca por sua hiperadaptação, que não deve ser entendida apenas como uma capacidade especial para deixar-se levar pela inércia da situação, mas também como um dano que a pessoa causa a si mesma. Hiperadaptação significa autoabandono, não cuidar das próprias necessidades pessoais, descuidar-se num sentido particularmente psicológico (embora o desleixo físico, seguido da falta de exercícios, da má alimentação, da obesidade e do sedentarismo também sejam frequentes, especialmente no subtipo conhecido como "apetite", que se entrega a prazeres simples como a comida abundante).

A mescla de autoabandono e estupidez seria um calvário se o E9 não tivesse se transformado em um especialista em viver anestesiado. A resignação, a renúncia ao profundo envolvimento com a vida, a viver plenamente comprometido com o corpo e com os sentidos, típica do E9, contrastam com a generosidade adaptativa com que ele atende aos desejos e necessidades dos outros. O E9 tenta não ser um fardo para ninguém e não incomodar, o que o condena a viver de um modo superficial. Em castelhano temos a palavra *patán*, que define muito bem este tipo de pessoa simples que canta coisas como "Opa, vou fazê um *currá*" ou "Tenho um trator amarelo". Em catalão, também temos a palavra *panxacontenta*, que designa uma pessoa aparentemente satisfeita, despreocupada, que busca a vida fácil: um tipo rústico, jovial e simplório, certamente gorducho, bochechudo, com papada e nariz vermelho, que gosta de comer muito e desfruta do afeto que recebe de familiares, amigos, filhos e bichos de estimação. Um pouco como Faustão, este aparentemente imortal apresentador da TV brasileira.

O problema de fundo não é apenas que o E9 não ousa viver sua própria vida, mas o fato de ele se alegrar com o placebo de viver por meio dos outros, participando do grupo de um modo em que ele se perde nos outros e, ao longo do caminho, renuncia à própria interioridade. Assim, num processo de simbiose com a família ou com o grupo social, ele acha que está pleno, quando na verdade encontrou somente um substituto do ser. O pior cego é o que não quer ver, e nisso o E9 é um especialista.

O Mulá percebeu que algo brilhava numa valeta e logo o apanhou. Era um espelho de metal.

Ao olhar o objeto mais de perto, viu nele o seu rosto refletido.

– É compreensível que o tenham jogado fora; uma coisa horrível como esta não pode parecer atraente para ninguém. A culpa é minha, por ter recolhido o objeto sem pensar que devia ser algo desagradável.

Além de sua tendência a esconder a cabeça debaixo da terra, como os avestruzes, os E9 deixam-se levar muito facilmente pelos desejos dos outros: tão simpáticos quanto permeáveis, seu arquétipo literário mais famoso é o de Sancho Pança, que é constantemente arrastado para o caminho da desgraça por um Dom Quixote delirante. Sancho é um simplório alegre, bonachão e bom de garfo. Seus reflexos são lentos, não faz distinções em suas gentilezas e suas atitudes no mundo não acontecem se não contarem com a aprovação prévia das pessoas que o cercam. Temos aqui um sociófilo, um ser que precisa da comunidade, que compensa sua falta de contato interior fundindo-se com o outro e que, portanto, apoia-se na família, na fidelidade, no pertencimento ao grupo, a uma equipe, ao time, que adora os rituais e costumes, e gosta de estender os almoços até a hora do jantar. Praticamente um *hobbit*.

Mais do que ninguém, o E9 é o homem-massa, tal como o definiu o filósofo Ortega y Gasset: "O homem-massa é o homem cuja vida carece de projeto, e que anda à deriva". Porém, ele nem sequer tem consciência disso. Ortega, possivelmente fascinado com a cultura da Alemanha após ter passado alguns anos estudando nesse país, lembrava que os alemães costumam denominar de "idiota especializado" aquele que tem domínio sobre um único tema, mas permite-se ignorar todo o resto. O E9 é um idiota especializado no que é material, concreto, em satisfazer suas necessidades básicas, esquecendo-se do sagrado, do sutil e da vida como ela merece ser vivida: como uma busca do ser.

– Vou introduzir você à metafísica – disse Nasrudin a um vizinho em quem via uma centelha de inteligência, ainda que pequena.

– Ficaria encantado – respondeu o homem. – Venha à minha casa qualquer hora dessas, e vamos conversar.

Nasrudin se deu conta de que o homem achava que o conhecimento místico poderia ser inteiramente transmitido por meio da palavra. E não disse mais nada.

Alguns dias mais tarde, o vizinho chamou Nasrudin do alto do telhado. – Nasrudin, preciso da sua ajuda para soprar o fogo, a brasa está se apagando.

– Claro – respondeu Nasrudin. – Meu sopro está à sua disposição; venha aqui e pegue o quanto puder levar.

No Brasil, não é de estranhar que o homem que conseguiu chegar a um pacto político no fim da ditadura tenha sido um E9: Ulysses Guimarães. Outro personagem público dotado de uma enorme paciência é o educador e filósofo Mario Sergio Cortella. Na música, Zeca Pagodinho não é apenas um gênio, mas uma pessoa extremamente gentil e simpática. Luis Fernando Verissimo, lacônico por natureza, é um dos escritores e pensadores mais originais e um dos maiores cronistas do país. Estes E9 são boa gente! Deste eneatipo também é o Padre Júlio Lancelotti, esta grande pessoa que ajuda os pobres nas ruas brasileiras: não se pode dizer que este homem seja um "ignorante", mas alguém que transcendeu muitos traços de personalidade do seu ego.

Num monastério, um velho pároco, um verdadeiro santo, não consegue esconder sua tristeza.

– Por que você está tão triste, padre? – lhe pergunta um jovem monge.

– Porque estou começando a duvidar da inteligência de meus irmãos quanto às grandes realidades de Deus. Já é a terceira vez que eu lhes mostro um pedaço de linho sobre o qual desenhei um pequeno ponto vermelho, pedindo que me digam o que conseguem ver. Todos me respondem: "um pequeno ponto vermelho", nunca "um pedaço de linho".

Às vezes idealizam-se camponeses bonachões ou os rechonchudos padres provincianos. Os romances de Flaubert estão repletos de burgueses que transferiram a busca do ser para o âmbito da comida, dos bens imóveis ou de "arriscadas" caminhadas até os limites de suas fazendas, nunca além delas. Outras vezes, os toscos são menos bonachões: o brutal Algarrobo (Álvaro de Luna) da série espanhola *Curro Jiménez* era um E9 – enquanto o próprio Curro (Sancho Gracia) era um E8 e o *Estudiante* (José Sancho), um E7. Também eram toscos os agricultores de *Redneck Zombies*, o mítico filme da Troma Entertainment: ao encontrar um barril de resíduos radioativos, eles usam este material como parte de sua destilaria; transformam-se, assim, em zumbis canibais, que devoram os visitantes da cidade. São toscos os *hillbillies* americanos, os *yokel* do oeste da Inglaterra, os *péquenaud* na França, os caipiras do México ou da Espanha, o personagem Cantinflas, do México, Cletus Spuckler dos *Simpsons*, o carteiro Antoine Bailleau (Dany Boon) de *A Riviera não é aqui*, e vários outros. Embora eles sejam graciosos, este bando de seres humanos tem um denominador comum: a cegueira espiritual, a dificuldade em enxergar sua própria dificuldade, a inconsciência da inconsciência. Eles nem sequer se dão conta de que não se dão conta.

O problema de fundo de toda neurose é a ignorância, que, além disso, é o problema específico do eneatipo 9. Lembremos que para o budismo existem três venenos: três tipos de paixões ou impulsos destrutivos que constituem a causa fundamental do sofrimento humano. Estes venenos são: a cobiça, o ódio e a estupidez. Ou, dizendo em outras palavras: o apego, a aversão e a ignorância, que representam justamente os três vértices do triângulo central do Eneagrama (E3, E6 e E9).

Costuma-se afirmar que a paixão do E9 é a preguiça, porém, é necessário lembrar, uma vez mais, que as paixões descritas pelos Padres do Deserto foram reinterpretadas posteriormente pelo cristianismo até serem esvaziadas de seu significado original. Não entendemos a preguiça como equivalente a indolência, mas como uma ignorância em relação à verdadeira natureza da vida. Trata-se de um obscurecimento cognitivo quanto à interdependência de todos os seres vivos e à unidade individual com o todo cósmico. O preguiçoso é um surdo espiritual que se tornou incapaz de escutar o sussurro imanente da vida quando ela nos diz: "Desperta e caminha rumo à tua realização!"

Ao decidir não se incomodar com o aprofundamento, ao negar a si mesmo a introspecção, o E9 (e todos os eneatipos, de modo geral) fica preso à ignorância que ofusca a mente, e tende a buscar sua realização nas posses materiais, no poder econômico, em um lugar na sociedade.

Temos aqui um exemplo de mentalidade literal ou, como disse Idries Shah, de "reflexos condicionados", nos quais "o ritualismo e os motes substituem a compreensão ou, até mesmo, a ação":

Ao acampar num local para passar a noite, o Mulá Nasrudin usou uma garrafa como travesseiro.

– Mulá – lhe disse um amigo –, isso não vai ficar duro demais?

– Como uma simples garrafa, sim – disse Nasrudin –, mas eu vou enchê-la de palha antes de encostar a cabeça.

Há uma preguiça do corpo e uma preguiça da alma. Esta última era chamada de "acídia" (ou apatia) pelos monges medievais. Ela consiste num esquecimento do ser ou – o que dá no mesmo – um esquecer-se de Deus, do sagrado (especialmente num sentido laico: ignorar o fato de que a vida, em si, é um milagre). O E9 ignora aquela parte da vida que não se pode medir nem pesar: prefere viver anestesiado, *no meneallo* [equivalente, em português, a "deixar tudo como está], como dizem os galegos. Tem uma tendência à repetição: viver de um modo automático e por meio de ações reflexas.

Portanto, não é que o E9 sofra de uma tendência à inação. Embora muitos deles possam passar horas a fio semiadormecidos em frente à TV, estamos diante de um eneatipo da tríade dos viscerais (E8, E9 e E1) e, portanto, propenso à ação, mesmo que esta seja uma ação repetitiva, desconectada, feita para ele se distrair. O E9 é o mais psicologicamente embrutecido dos caracteres. Sua resistência à mudança, sua rejeição a enxergar para além do que é evidente, com a consequente perda de interioridade, fazem do E9 cada vez mais presente nas sociedades contemporâneas, as quais são acometidas de um grave tabu da percepção, segundo o qual nada que não possa ser demonstrado por meio de experimentos científicos deve ser levado em conta.

Um cientista de inteligência bastante limitada está no laboratório fazendo experimentos com um sapo, enquanto faz anotações. Ele diz ao sapo:

– Pule!

Então o sapo, naturalmente, pula. O cientista anota: "O sapo pula quando eu lhe ordeno". Ele pega seu bisturi e corta uma pata do animal. Volta a lhe dizer:

– Pule, sapo!

Com alguma dificuldade, o sapo novamente pula. O cientista faz uma nova anotação: "Sem uma pata, o sapo continua reagindo". Então o cientista lhe corta mais duas patas. Ordena novamente ao sapo que pule, e o pobrezinho, com extrema dificuldade, tenta continuar pulando. Por fim, o desgraçado lhe corta a última pata e dá novamente ao animal o seu estúpido comando.

O pobre sapo não se mexe.

Então, o cientista anota: "Sem patas, o sapo não escuta".

A preguiça também se manifesta na inclinação pouco intelectual do E9 que, muitas vezes, é uma pessoa pouco instruída. Embora lhe caiam como luva adjetivos como ingênuo, caipira, tonto ou vulgar, para o E9 a psiquiatria lhe faz um favor quando o diagnostica com a sofisticada etiqueta de ciclotímico (o que não significa que todo ciclotímico seja um E9). Em contrapartida, a hiperadaptação não é considerada um problema psiquiátrico. Apenas os casos mais exacerbados de hiperadaptação são às vezes diagnosticados como *personalidade dependente*, que é descrita pelo DSM de nosso amigo psiquiatra como "uma situação recorrente e excessiva necessidade de ser cuidado, o que determina um comportamento submisso e dependente, e medo da separação". A dificuldade de tomar decisões cotidianas sem o conselho ou aprovação alheios, de expressar discordância, de iniciar projetos de maneira autônoma são outros traços comuns da personalidade dependente.

Desde crianças, os E9 aprenderam a não se apegar à frustração, perdendo o contato com seus desejos, com sua interioridade, e substituindo-os por uma simbiose com as necessidades dos outros. No fundo, trata-se de pessoas que não querem deixar de idealizar os seus pais – e como é saudável deixar de fazer isso! –, apesar de, muitas vezes, elas terem sido crianças que não receberam atenção e que sofreram com pais autoritários contra os quais não souberam ou puderam rebelar-se, ou de terem sido forçadas a tornar-se pais de seus irmãos menores. Como nesta piada lida no Twitter:

– *Somos os cinco cavaleiros do Apocalipse.*

– *Cinco?*

– *Fome, Peste, Morte, Guerra e Fifo.*

– *Fifo?*

– *Sim... bem... é o meu irmão, o esquisito. Mamãe me obriga a trazê-lo junto comigo.*

O E9 só consegue sustentar sua resignação morrendo um pouco por dentro. Para tentar saciar sua enorme sede de amor insatisfeita, sua grande necessidade de reconhecimento, à qual não se permite olhar nem mesmo de canto de olho, o E9 se dedicará aos outros de corpo e alma: por isso, sua ajuda não é tão desinteressada como poderia parecer; pelo contrário, as pessoas lhe fariam um favor se o rejeitassem, apreciando-o não por aquilo que ele faz, pela sua entrega ou disposição para servir, mas pelo que ele é. Porém, a desgraça é que ele está excessivamente habituado a comportar-se como um burro de carga, a assumir o fardo do trabalho árduo no escritório, a responsabilizar-se pelo cumprimento de obrigações que, na verdade, competem a seus colegas: as outras pessoas o usam, e ele, idiotizado, deixa-se usar acreditando que, renunciando ao conflito e sendo bonzinho, será valorizado e amado pelos outros.

Assim como ocorre com qualquer outro eneatipo, por trás desta postura de deixar-se usar pelos outros, subjaz um problema de amor: desde criança, ele foi isolado, menosprezado, educado como se fosse uma mera peça da mobília da casa. O E9 foi um menino que não teve infância. É possível que tenha sido o último de uma fila de irmãos, ou que sua mãe o tenha alimentado à força, dando-lhe a papinha com uma colherada após a outra, até que o menino aprendeu a não distinguir entre o prazer de comer e a dor de ser alimentado à força. Quando uma pessoa se vê submetida a um sofrimento prolongado, desenvolve uma pele grossa, e se insensibiliza.

Não é de estranhar que, ao verem frustradas suas expectativas de receber amor, e ao terem de tornar-se invisíveis, muitos E9 acabem optando por refugiar-se na simplificação, no gregarismo, na falta de iniciativa e na impossibilidade de identificar suas necessidades – tudo isso como uma reação à carência de amor em sua infância. Já que sentiu que não era querido, ou melhor, já que sentiu que chegava a ser um estorvo, o E9 preferiu adormecer, perder a sensibilidade, estar morto em vida. A energia irradiada por estes humanos ruminantes é a do paquiderme, do hipopótamo ou do bicho-preguiça: sua compreensão dos fatos torna-se lenta e pesada; assim como as marmotas, ele leva mais tempo para digerir as coisas e sua cabeça é lenta – quando muito, ele se destacará por suas habilidades com cálculos e com a contabilidade, como costuma acontecer com tantos banqueiros, funcionários e diretores de multinacionais pertencentes a este eneatipo.

Conta-se que um gerente muito importante de uma famosa multinacional teve uma crise cardíaca devido a seu trabalho. Ele foi dispensado e enviado para uma casa no campo para que pu-

desse recuperar suas forças e relaxar um pouco. Porém, após alguns dias, já extremamente entediado, ele decidiu pedir um trabalho ao fazendeiro que o hospedava. Conhecendo as idiossincrasias das pessoas da cidade, o fazendeiro, temendo a ocorrência de algum estrago irreparável, resolveu lhe atribuir tarefas simples.

– A tarefa é muito simples: você só terá que recolher o esterco das pocilgas e espalhá-lo pela plantação para adubá-la.

O fazendeiro possuía mais de 200 porcos, e o esterco já se acumulava até a altura dos joelhos. Assim, calculou que o gerente levaria dois ou três dias para terminar o trabalho. E qual não foi sua surpresa quando, três horas depois, o gerente, sujo de esterco até as orelhas, lhe disse:

– Já terminei.

Reparando que o trabalho de fato estava terminado e, além disso, com eficiência, o fazendeiro lhe passou uma nova tarefa.

– Você terá que sacrificar alguns frangos que os funcionários do açougue virão buscar amanhã. Basta cortar a cabeça deles – disse, passando ao homem um enorme facão.

Havia mais de 1.500 frangos a serem sacrificados, e o fazendeiro imaginou que o gerente não terminaria até pelo menos o início da noite. Porém, duas horas depois, o gerente se apresentou, coberto de sangue:

– Já terminei.

O fazendeiro coçou a cabeça, pensativo. Conduziu o gerente até uma enorme pilha de batatas e lhe disse:

– Agora, você precisa separar as batatas. As grandes ficarão à direita; as pequenas, à esquerda.

O fazendeiro imaginava que não levaria nem uma hora para que o gerente retornasse, pedindo-lhe mais trabalho. Mas isso não ocorreu. Passou a hora do almoço, a hora do jantar, anoiteceu, e o gerente não aparecia. Imaginando que algo tinha acontecido, o fazendeiro, assustado, saiu para procurá-lo e o encontrou sentado diante da mesma pilha de batatas, sem que tivesse separado nenhuma delas.

– Aconteceu alguma coisa?

O gerente voltou-se na direção do fazendeiro, segurando uma batata, e respondeu:

– Veja bem: espalhar merda e cortar cabeças é algo a que já estou muito acostumado... Mas essa coisa de ter que tomar decisões...!

Para evitar a possibilidade de travar contato com a vida e suas nuanças, o E9 desenvolve várias estratégias. Uma delas consiste em esconder-se sob uma pesada capa de gordura corporal. As sociedades ocidentais enfrentam um problema considerável com sua população obesa. Hoje sabemos que os fatores genéticos não são tão importantes quanto ser criado em um ambiente "obesigênico": não é exagero dizer que a relação entre a obesidade e o caráter E9 ganha evidência mediante a mera observação dos painéis em que membros deste eneatipo se apresentam[22]: o sobrepeso destas pessoas decorre de uma ansiedade recheada – inundada – com comida.

Em países como os Estados Unidos existe uma praga de obesidade relacionada à hiperabundância de pessoas com este eneatipo. Há um consenso entre os especialistas ao definir a obesidade como uma das grandes pragas do século XXI. Assim, deveria ser levada em conta, como fator de risco para a obesidade, a tendência social cada vez maior de comungar com o *statu quo*, a submeter-se à ordem social sem reclamar: o E9 deixa-se levar como ninguém pela inércia do sistema, o que faz dele o perfeito cidadão obediente e, aparentemente, feliz.

---

22. Referência aos painéis que ocorrem nos módulos do Programa SAT [N.T.].

Porém, convém não esquecer que tamanha conformidade esconde uma matriz depressiva: no fundo, o jovial E9 é um infeliz, embora tenha a aparência de um alegre bonachão. Se a isso acrescentarmos a lógica implacável do capitalismo, que divide os seres humanos em *winners* e *losers*, teremos assentado as bases para que uma parcela nada desprezível da sociedade acabe preenchendo seu vazio existencial com aquilo que um materialista mais tem à mão: a comida, que, diga-se de passagem, lhe serve para criar um muro adiposo entre o mundo e ele, de modo que, assim, ele receba menos estímulos ou tenha menos "incômodos" vindos do mundo exterior.

O Professor Raj Patel, um economista brilhante e engajado, escreveu um livro imprescindível para se compreender o funcionamento da indústria alimentícia mundial: *Obesos e famélicos*. Nesse livro, Patel revela que, embora nossa produção de alimentos seja maior do que nunca, nunca houve tanta fome na história da humanidade. Bilhões de pessoas estão famélicas: a cada dia, 25 mil morrem docilmente de fome. Enquanto isso, outros bilhões sofrem de excesso de peso, e não apenas nas sociedades ricas, mas também, cada vez mais, no Terceiro Mundo. O problema da obesidade não é, como poderia parecer, um assunto de ricos: a maioria destes novos gordos são pobres. Estou me referindo a pessoas com vários empregos que levam uma vida sedentária e consomem *junk food* (um hambúrguer e um refrigerante devorados às pressas durante um breve intervalo para comer, enquanto se dirigem de um local a outro, na cidade). Por trás disso tudo, Raj Patel apresenta uma série de perguntas inquietantes: Por que há soja em quase todos os alimentos? Quem são os beneficiados pelos transgênicos? Quem decide o que nós comemos? Seremos nós, que empurramos o carrinho de compras no supermercado, ou as multinacionais que controlam os mercados, o abastecimento e a produção de alimentos? As graves consequências de um sistema alimentício dominado por um punhado de empresas multinacionais e a falta de reação da parte de governos e cidadãos configuram grandes ameaças para a saúde e a liberdade das pessoas. Isso sem falar no desmatamento e na amplitude das monoculturas e dos transgênicos que o sistema carrega consigo.

Somente debaixo de sua grossa camada de pele é que às vezes se vislumbra que o E9, este homem-massa, está íntima e secretamente irritado, furioso com o mundo e com as pessoas ao seu redor, com os exploradores a quem ele serve, com os manipuladores que o impelem a consumir enormes quantidades de *junk food* ou formas absurdas de entretenimento, com os trabalhos pesados que ele se vê forçado a fazer, dos quais se encarrega com diligência em nome da amizade, do companheirismo e da boa convivência...

Depois de anos sendo explorado, Manolo entra tremendo no escritório de seu chefe e lhe diz:

— Seu Jaime, preciso falar com o senhor.

— Sente-se, homem. Diga, qual é o problema?

— O senhor sabe que trabalho há mais de 15 anos nesta empresa e nunca tive um aumento de salário. Creio que está na hora de o senhor reajustar o valor de 1.000 reais que eu ganho desde que fui contratado.

— Muito bem. E quanto você quer ganhar?

— Eu fiz alguns cálculos e, considerando o tempo transcorrido e as tarefas técnicas que eu executo, creio que eu mereceria ganhar, no mínimo, 5 mil reais.

— Certo. Então o seu salário será de 20 mil reais, vou colocar um veículo à sua disposição, eu lhe pagarei um período de férias num lugar à sua escolha. E você terá uma secretária para ajudá-lo em suas funções. O que me diz disso?

— O senhor está brincando?

– Sim, mas foi você que começou.

No cinema e na televisão há uma enorme quantidade de típicos personagens gordinhos, bonachões, às vezes um pouco travessos, mas de bom coração, como se fossem estátuas do escultor colombiano Fernando Botero. É um E9 o gordo Piraña da série *Verão azul*: aquele rapazote cheinho que sempre devorava lanches. Assim como Barrilete, o policial obeso que tanto nos divertia quando tentava correr com seus pneuzinhos. Também era um E9 Oliver Hardy, da dupla *O gordo e o magro* (mas, apesar de sua magreza, Stan Laurel era igualmente E9). Hurley, o obeso da série *Lost*, também é um E9: um bonachão que se dá bem com todos, e que ficou louco quando, devido ao seu sobrepeso, um cais em que estavam 23 pessoas desabou, causando várias mortes. No sanatório, ele inventa um amigo imaginário, que o estimula a comer o tempo todo.

John Goodman, além de estar acostumado a interpretar personagens E9, é, ele mesmo, um E9. Seu papel de Walter Sobchak no filme *O grande Lebowski* é, ao mesmo tempo, simpático e demente: um veterano da Guerra do Vietnã com pretensões de ser violento, mas que na verdade é um bonachão sentimental. Gordo, o personagem da gangue de *Os Goonies*, é outro E9. Também o era o robusto e prestativo Tyresse (Chad Coleman), o negro do martelo em *The Walking Dead*. Claro que é um E9 o gordinho desdentado Dustin, da série *Stranger Things*. Assim como Lou Castello, Fatty Arbuckle e outros comediantes gorduchos. No caso de Homer Simpson, não há clareza: embora ele tenha os traços de um E9, às vezes parece ser um E7. Mas não paira dúvidas sobre seu amigo, o bêbado Barney, narcotizado pela cerveja, nem sobre o cretino delegado de polícia Clancy Wiggum, tampouco sobre seu filho Ralph, também um idiota. Peter Griffin, o embrutecido personagem de *Uma família da pesada*, parece mais E9 do que E7: inúmeros personagens de ficção muitas vezes apresentam traços de esquizofrenia ou dupla personalidade, o que impede de serem tipificados com precisão.

Forrest Gump é um E9 caracterizado por ter um baixo QI, temperado com uma humildade e uma inocência que o tornam encantador aos olhos do público, e que o transformam num herói nacional. O personagem foi interpretado com uma impecável aparência de estupidez por Tom Hanks, no superficial e ultraconservador filme homônimo. Esta enganosa ode aos Estados Unidos encarna em Forrest Gump o que há de mais puro e mais nobre no sonho americano: é possível ser imbecil e conseguir triunfar, a vida é maravilhosa. Enfim, como diria Ortega y Gasset: "O característico do momento é que a alma vulgar, sabendo-se vulgar, tem a audácia de afirmar seu direito à vulgaridade, e a impõe em toda parte".

Slavoj Žižek, o filósofo louco, conta uma "piada russa maravilhosamente estúpida". De fato, talvez esta seja a piada mais estúpida deste livro. Na época da União Soviética, encontramos dois desconhecidos sentados no mesmo vagão de trem. Após um longo silêncio, um diz ao outro:

– *Você alguma vez já trepou com um cachorro?*

Pego de surpresa, o outro responde:

– *Eu não. E você?*

– *Claro que não. Isso é asqueroso. Eu só queria puxar conversa.*

Continuemos falando de estúpidos. Bem melhor do que *Forrest Gump* é o filme *Muito além do jardim*, que também retrata um personagem cujo QI é bastante limitado. Chance – um dos melhores papéis interpretados por Peter Sellers – divide sua vida entre o cuidado do jardim de um homem endinheirado e as horas que passa diante da TV. Porém, o dono da casa morre e Chance é demitido. De agora em diante ele terá de enfrentar-se com o mundo real, para o qual não está preparado, já que somente aprendeu a conversar sobre as trivialidades de sua profissão e a dizer algumas breves frases protocolares. No entanto, quando ele, por acaso, conhece um outro milionário e o entorno dele, suas declarações infantis são tomadas como piadas espirituosas, e seus provérbios triviais sobre jardinagem começam a ser interpretados como grandes revelações. O presidente do país fica cativado pelo Sr. Chance quando ambos são apresentados, e Chance será nomeado conselheiro seu, embora sua suposta sabedoria não passe de fruto de seus automatismos verbais. Assim, um homem de inteligência limitada se transforma na figura mais importante dos Estados Unidos, e até o final do filme aventa-se a possibilidade de Chance candidatar-se à presidência do país. Em todo caso, Chance é um jardineiro eficiente e trabalhador, e talvez isso explique por que políticos como Helmut Kohl, Angela Merkel, Dwight Eisenhower ou Winston Churchill – todos eles E9, assim como o já citado Ulysses Guimarães – tenham se mantido tantos anos no poder. O filósofo Bertrand Russell escreveu: "No mundo atual, os estúpidos têm certezas sobre tudo, e os inteligentes estão cheios de dúvidas".

O português Manoel estava morando no Brasil, e passava por sérios apuros financeiros. Então decidiu entrar de cabeça na galopante indústria dos sequestros.

Ele foi até o parque mais próximo, escondeu-se atrás de uma árvore e agarrou o primeiro menino que passou à sua frente. Levou-o à sua casa, e escreveu o seguinte bilhete:

"Eu sequestrei seu filho. Se quiserem vê-lo vivo e de volta ao seu convívio, deixe amanhã, às 7h da manhã, atrás da árvore de eucalipto, uma sacola de supermercado com 10 mil dólares. Assinado: Gajo".

Dobrou o bilhete e o colocou na mochila do menino, e lhe disse:
– Vá direto para casa e mostre este bilhete aos teus pais.

No dia seguinte, encontrou a sacola de supermercado no parque, conforme as instruções, com 10 mil dólares e o seguinte bilhete:
– Ora, foda-se!, não posso acreditar que um gajo tenha feito isso a outro gajo!"

Há no E9 uma resignação diante do mundo tal como é, com seus equívocos e maldades, uma síndrome típica de nosso mundo que poderia ser entendida como a manifestação plenamente livre da acídia e que, para completar, costuma disfarçar-se de tolerância, da crença de que "todas as pessoas são boas" ou de que, como dizia o toureiro espanhol Guerrita, famoso pela sua simplicidade, "cada um é cada um". Esta apatia também é responsável pela recusa a comover-se com a contemplação do belo e do bom, o que esconde um problema ainda maior de insensibilização e de desconexão do sagrado, ao ponto de que o mundo tornou-se hoje tão materialista que uma árvore já não é considerada um ser vivo, mas um pedaço de madeira quantificável em reais, ou como um futuro móvel da Ikea, ou então como um estorvo para que se possa plantar soja transgênica. Em suma, uma desconexão que nos está custando o planeta.

No entanto, para o E9 parece não haver problema algum: o terreno, o concreto e o literal constituem para ele um mundo empobrecido que torna sua visão cada vez mais estreita, que o torna mais cego diante do sutil. Sua inércia lhe dificulta a percepção. Seu conservadorismo é um obstáculo para a necessária rebelião e ruptura de suas correntes. Sua estabilidade é seu veneno.

Não é de estranhar que, numa época em que esta patologia de caráter se amplia, estejam novamente na moda os zumbis, que representam o estereótipo do ser que foi privado de vontade, e reduzido a um parasitismo carnívoro: mais ou menos o estado em que muitas pessoas vivem nas cidades contemporâneas. A febre zumbi está bastante viva em séries como *The Walking Dead*, ou em filmes como *Guerra mundial Z*. O Pentágono, aliás, chegou a revelar, recentemente, um plano secreto chamado Conplan 8888, como resposta a uma hipotética "invasão de hordas zumbis" que "não temem nem a dor nem a morte" para "preservar a santidade da vida humana, inclusive a dos adversários tradicionais". Muito humanitários, eles.

No livro *Filosofia zumbi*, Jorge Fernández Gonzalo analisa como as sociedades contemporâneas e as tecnologias se tornaram ferramentas de controle social que nos separam dos acontecimentos reais. Assim, o zumbi representa uma não construção no outro, uma falta de alteridade à qual estão se encaminhando as pessoas nas sociedades tardocapitalistas. O apocalipse zumbi, tão caro à ficção, serve como metáfora de um apocalipse muito mais real: um não ser, gerado pelo hiperconsumismo descontrolado, pela publicidade massiva, pela midiatização tecnológica dos afetos, pela mesmíssima ameaça fantasma de um apocalipse e pelo risco muito mais realista do colapso de nossa civilização, habituada a acompanhar filmes e séries sobre zumbis.

Em um funeral, o homem que está dentro do caixão começa a gritar e a golpear a tampa do ataúde.

– Maria, Maria, abre, que eu estou vivo!

E Maria lhe diz:

– Cala-te, Manoel! Queres saber mais do que o médico?

Que vida de cão a daquele que, além de ser modesto e resignado, é um submisso. Isso tudo não tem a mínima relação com a *aurea mediocritas* proposta pelo poeta Horácio em suas *Odes*. O que temos aqui é um ser robotizado, acostumado com hábitos rígidos, tradicionalistas. Um tipo prático, cuja inércia psicológica tem muito a ver com nosso cérebro reptiliano (dizem que os lagartos nunca variam o caminho aprendido que os leva à comida, mesmo que outros caminhos, mais curtos, lhes sejam acessíveis, e desobstruídos). A tradição é um valor seguro, então para que mudar?

O sofrimento do E9 advém, em grande medida, de sua paixão pela comodidade. No plano intelectual, a falta de aprofundamento emocional se transforma em falta de sutileza e de imaginação, como se a testemunha interior tivesse morrido. Quando a sobrevivência, a praticidade, a vida fácil e a refeição quente substituem o espírito de busca e a abertura ao mundo do sutil, a paixão da ignorância se transforma na fixação da indolência, no sentido de uma surdez espiritual da qual é muito difícil se recuperar.

Se fixarmo-nos na história do *hobbit* de *O senhor dos anéis*, poderemos perceber que apenas quando Frodo Bolsón abdica de sua comodidade, sai da Comarca e começa a aceitar que o caminho está repleto de obstáculos e de incômodos, ele cresce psicologicamente até alcançar a estatura de herói. Sua viagem equivale à viagem de regresso a Ítaca, de Ulisses, ao caminho em busca da imortalidade empreendido por Gilgamesh ou à tomada de consciência do *hacker* Thomas A. Anderson quando recebe sua primeira mensagem na tela de seu computador: "Acorde, Neo", o que lhe dá a possibilidade de sair da Matrix.

– *Neo, você tem que escolher entre o comprimido vermelho e o azul.*

– *Mas eles são iguais...*

– *O escolhido [The One] é daltônico! Mas que beleza, hein?!*

Pode-se definir o mecanismo de defesa do E9 como uma *deflexão*: um fazer, fazer e fazer alienado, numa manobra que tende a evitar ou mitigar um contato mais próximo com o outro, evitando centrar-se em si mesmo.

Outro mecanismo de defesa inerente a este caráter é a *confluência*: o indivíduo tenta expelir de sua consciência a sensação de isolamento e de solidão fundindo-se com o outro ou com o grupo, e logo evita romper esta fusão, para assim enredar suas necessidades, emoções e atividades com as das outras pessoas, num emaranhado confuso e pegajoso. E, embora haja uma confluência sadia com os demais quando se produzem sensações de êxtase, o caráter E9 costuma patologizar tal confluência quando, por exemplo, não compreende que seus filhos têm uma vida própria, ou que sua companheira não é uma extensão de si mesmo.

A defesa do E9 tem a ver com um mecanismo por meio do qual a pessoa se ocupa com os detalhes, com o que é periférico, e não com o âmago da questão: se ele tiver de lhe contar o enredo de um filme, lhe dará todos os detalhes, mas você não conseguirá entender do que se trata. Isso o torna uma pessoa maçante, inconveniente, um soporífero e irritante "ursinho" carinhoso que você tenta evitar ao máximo. Daremos a este mecanismo o simples nome de *autodistração*.

Distrair-se é algo típico do E9. Com o entretenimento, o E9 consegue escapar da sede interior que nos leva a nos aprofundar, e que todos nós experimentamos. Seja diante da TV, colecionando rótulos de cervejas internacionais, resolvendo *sudokus* ou montando quebra-cabeças, não há nada pior para o E9 do que perder miseravelmente seu tempo com extravios improdutivos como o colecionismo ou os meios de comunicação de massa. O E9 não somente se distrai com facilidade, mas estende-se em suas narrações ou explicações: sendo tão concreto, parece ao mesmo tempo incapaz de ir direto ao ponto central de uma questão. Não é de estranhar, portanto, que no horário nobre das TVs predominem os programas de fofocas e outras formas de entretenimento vazio: às vezes me surpreende que eles consigam atrair a audiência de milhões de telespectadores, mas lembremos que o E9 é um caráter que está em alta em nossa sociedade.

Embora seja tão teimoso e com a tendência a ser desajeitado – e até mesmo a sofrer acidentes –, é justamente em razão de seu jeito simplório que, frequentemente, o E9 é visto como um altruísta: um bonachão para quem "todo mundo é bom". Num mundo tão egoísta, não é saudável que haja pessoas que fazem dos outros – e não de si mesmos – a sua razão de existir? É claro que sim. Porém, já é hora de deixar claro que, aqui, o altruísmo é uma armadilha do ego: o E9 não tem nada de "pacificador" ou de "mediador", como é denominado pelo Eneagrama açucarado. Já vimos que a modéstia e o autossacrifício deste caráter não são exatamente uma virtude ou um comportamento saudável, e sim um sintoma de seu obscurecimento existencial. No plano profissional, os E9 são esforçados e zelosos com seus compromissos, chegam às vezes a ser *workaholics*, capazes de cumprir longas jornadas de trabalho sem reclamar, o que, aliado à falta de autoestima e de vivacidade, bem como o desejo de não fazer barulho nem de se sobressair, faz deles o explorado ideal.

Durante uma viagem de cruzeiro, uma passageira, entusiasmada com o sabor de um delicioso refogado de cordeiro, vai até o chef lhe pedir a receita do prato.

– É muito simples – responde ele – basta refogar 12 mil cebolinhas em 24kg de manteiga.

É na renúncia à autossatisfação, a tomar o que justamente lhe pertence, a defender sua integridade, a cuidar de si mesmo, que a neurose deste caráter aparentemente modesto e simples se manifesta de modo mais nocivo. O E9 sofre em silêncio, internamente, e quando ele conseguir entrar em contato com a dor de se descobrir narcotizado, talvez possa, finalmente, explodir. Cairia bem a ele lançar golpes contra todos os que se aproveitam dele, mas é possível que consiga explodir duas ou três vezes em toda sua vida, e isso se tiver sorte. Nessas situações, será capaz de arrancar portas dando cabeçadas, como se fosse um touro na arena.

Lamentavelmente, para despertar da letargia de uma vida inteira é preciso muito mais do que alguns rompantes de fúria. O que é capaz de curar um E9? Para começar, deixar de centrar-se no mundo sensomotor, na literalidade das coisas, no concreto, e recuperar o gosto pelos aspectos sutis da vida, aprofundar-se na consciência, escrever poesia, largar seus *hobbies* e a TV, e respirar a natureza em seu estado puro.

Todos nós podemos ser curados se dermos espaço ao sutil e ao mágico. Cabe a cada um interpretar a palavra "magia" como bem entender, mas o Professor Richard Tarnas a explica com clareza cristalina em seu livro *Cosmos e psique*: é necessário "reencantar" o mundo, "descobrir as profundidades e a rica complexidade do cosmos", e para isso "são necessárias vias de conhecimento que integrem plenamente a imaginação, a sensibilidade estética, a intuição moral e espiritual, a experiência da revelação, a percepção simbólica, as modalidades somáticas e sensoriais de compreensão e o conhecimento empático. Porém, acima de tudo devemos reagir e superar a grande projeção antropomórfica oculta que tem sido praticamente a definição da mente moderna, a saber: a projeção de ausência de alma no cosmos devido à ânsia de poder do eu moderno". Devemos, por fim, "aspirar a um mundo humanamente significativo e com ressonâncias espirituais", já que "o desencantamento do universo moderno é consequência direta de uma epistemologia simplista e de uma postura moral extraordinariamente inadequada às profundidades, complexidades e grandeza do cosmos". O remédio para a crise da era moderna, fundada na *hybris*, talvez esteja "em escutar, em escutar de um modo mais sutil, receptivo e profundo. É possível que nosso futuro dependa da medida justa em que estivermos dispostos a ampliar nossas vias de conhecimento".

Rebelar-se contra o próprio automatismo da desconexão, da morte em vida em que consiste a neurose é uma ideia ambiciosa e, no entanto, factível e revolucionária, que pode curar um E9 e qualquer pessoa. E, como dizia Ortega y Gasset, cabe ter em mente que "no fim das contas, a única coisa que substancial e verdadeiramente pode ser chamada de rebelião é a que consiste em que cada um não aceite o seu destino, em rebelar-se contra si mesmo".

Personalidade modal

Dizem que o Tibet, com seus budas sorridentes e seus joviais *bodhisattvas*, é um país E9, e parece que o Dalai Lama também o é. Pode-se dizer que, quando um E9 desenvolve certo grau de consciência, ele não apenas se individualiza, mas renuncia a ser apenas um "eu", para aceitar que também é um "você". Trata-se de uma superação da confluência patológica para entrar em um âmbito mais profundo de fusão espiritual: como bem sabem o shivaísmo e o dzogchen, a realidade derradeira é a unidade de todas as coisas, e uma visão espiritual da existência nos revela que a dualidade é uma ficção; deste mesmo modo se expressa um outro budista, Thich Nhat Hanh, em um célebre poema baseado na "oração gestáltica" de Fritz Perls:

Você é eu, e eu sou você.
Não é evidente que nós intersomos?
Você cultiva a flor em si mesmo,
para que assim eu seja belo.
Eu transformo os desperdícios que há em mim,
para que assim você não precise sofrer.
Eu apoio você,
Você me apoia.
Estou neste mundo para lhe oferecer paz,
Você está neste mundo para me trazer alegria.

Sob outra perspectiva, menos agradável, a maioria de nossas instituições sociais tem um componente E9 bastante aguçado: a inércia do *statu quo*. Lamentavelmente, vivemos numa sociedade hiperinstitucionalizada, tomada por uma burocracia fossilizada. Sim, as instituições se fossilizam: o tempo as automatiza, desconecta-as de seus objetivos originais e, no fim, tornam-se uma ferramenta enferrujada; fato é que, quando isso ocorre, a instituição continua a exercer um poder paralisante, colocando obstáculos na vida social. Os comitês formados com o intuito de reformar a educação (e o próprio sistema educacional), as reuniões de representantes de governos para abordar o tema da fome ou da mudança climática, a burocracia... são exemplos de inércia social que costumam acabar numa pantomima inócua. No mundo laboral, muitos trabalhadores estão esgotados: sofrem da Síndrome de *Burnout*.

Émile Durkheim introduziu o termo *anomia* para explicar a incapacidade da estrutura social para prover certos indivíduos com o necessário para que ele atinja as metas da sociedade, e a maneira pela qual os grupos socioeconômicos mais desfavorecidos pagam por esta incapacidade social, sofrendo consequências como o crime, o suicídio, os distúrbios mentais, o alcoolismo etc. Debaixo de toda anomia subjaz a alienação: se para Santo Tomás de Aquino a alienação significava a posse do corpo pelo demônio, com a consequente anulação da vontade, para a psicologia trata-se de um estado mental caracterizado pela perda de identidade; e para os sociólogos ela tem a ver com um trabalho mecânico ou insatisfatório, em que a pessoa chega a extraviar-se de si mesma.

De repente, dando-se conta de que não sabia quem era, Mulá Nasrudin correu pelas ruas procurando por alguém que pudesse reconhecê-lo.

A multidão era densa, mas ele estava numa cidade estranha e não encontrou nenhum rosto familiar.

De repente, viu-se na oficina de um carpinteiro.

– O que posso fazer por você? – perguntou o artesão, avançando até ele.

Nasrudin não disse nada.

– Talvez você queira algo feito de madeira?

– Uma coisa de cada vez – disse o Mulá. – Primeiro: você me viu entrar na loja?

– Sim, eu vi.

– Ótimo. Agora: você já tinha me visto antes?

– Nunca na vida.

– Então, como sabe que este sou eu?

Um testemunho pessoal

Este é o relato sensível de um empresário que, numa etapa avançada de seu périplo vital, descobre que suas certezas de juventude na verdade só haviam encoberto temporariamente sua sede de busca, na forma de um arranjo malfeito ou um tosco trabalho existencial. A partir desta consciência, pela primeira vez ele se aproximou do sutil, do não verbal, de emoções mais profundas e autênticas, e experimentou o que chama de um "despertar espiritual" cujo mérito é ainda maior se levarmos em conta "a pele grossa" ou sua insensibilidade inicial.

Em 2009 completei 55 anos. Àquela altura, eu era um homem profundamente ateu e materialista. Eu pensava assim: "Estou muito bem e os outros estão muito mal". Eu tinha uma pele grossa: havia chegado a minhas conclusões existenciais aos 21 ou 22 anos, quando parei de estudar filosofia, história, arte, e me voltei para a área da física. Eu havia lido Freud, Reich e Paulo Freire, e achava que já tinha o mapa da existência. E disse a mim mesmo que não havia mais nada a ser investigado. Por ali fiquei. E passei a estudar ciências, física, informática. Porém, nada disso me dava a compreensão que eu buscava: uma busca da verdade, de conhecimento, que havia ficado por resolver.

Até meus 55 anos eu não tivera contato com meu mundo interior de uma maneira consciente. Por intermédio de um amigo, Octavi, assisti a um workshop *de um dia para um grupo de empresários: era uma introdução à metodologia usada no programa SAT, e ali falou-se sobre a importância do autoconhecimento para o processo de evolução das pessoas. A partir de então, entrei em contato com um terapeuta vinculado ao SAT, Enrique Villatoro, e iniciei o processo de autoconhecimento que me levou ao ponto em que estou agora. Tem sido importante não correr demais, mas também não interromper o processo. Assim, e no ritmo de um curso SAT por ano, cheguei a 2014 [ano em que este relato foi escrito] tendo feito o curso Introdutório, os SATs 1, 2, 3 e 4 na Catalunha, em Aragón, em Burgos e no Brasil.*

Quando fiz o curso de introdução ao SAT, surpreendi-me, por um lado, por ser um dos mais velhos do grupo e, por outro, com a dor que os companheiros expressavam quando explicavam suas vivências e emoções: eu via isso como alheio a mim, e eu era como um observador da dor dos outros, não sentia que compartilhava daquelas emoções nem da vulnerabilidade que eles manifestavam, não me sentia identificado, permanecia frio e pensava: "Como eles estão mal", acreditando que eu estava bem.

Pouco a pouco, a mudança começou. O primeiro momento importante ocorreu quando me situei em meu eneatipo: em razão do trabalho inicial com os painéis me coloquei no E2, embora tenham depois me estimulado a visitar o E7 e seu subtipo conservação, acho que porque sempre tentei estruturar a minha argumentação, e isso foi interpretado como um excesso verbal típico da gula. Na verdade, meu modo de eventualmente usar tantas palavras tem a ver com estruturar tudo, que é muito característica de meu eneatipo 9: sou a típica pessoa que, para começar a fazer algo, precisa ter todas as ferramentas, tudo tem que estar ok. *E uma vez que já concebi tudo, e que tenho todo o planejamento feito, já não faço nada.*

Isso poderia soar contraditório se levarmos em conta que administro uma empresa com 50 funcionários há 30 anos. Sempre fui o chefe. Como é possível que um E9 possa exercer esta liderança? Eu era o que controlava a bola quando, criança, jogava futebol. E logo virei treinador. Depois, fui trabalhar no Bar London, onde fui supervisor de balcão, e logo fui ascendendo em outras empresas, até ter a minha própria. Por quê? Há muita energia, muita necessidade de fazer, fazer, fazer. Durante o serviço militar, o capitão me nomeou o melhor soldado da companhia porque organizei um torneio desportivo do qual eu não participei: tudo era feito para os outros. Sempre havia em mim um fazer compulsivo, com aparência de generosidade. Na verdade, era um "ficar bem", um querer transmitir a imagem de dedicado.

Sempre me interessei muito pelo tema do poder. Fascinavam-me personagens como Sade ou Pasolini, e os mecanismos do poder. Minha insensibilidade era total, tudo para mim se traduzia em esquemas de poder, algo muito típico de meu tipo e subtipo: E9 conservação, muito habituado a ocupar-se somente com suas necessidades básicas. Assim eu ia levando a vida, com estes esquemas, até que no meu terceiro divórcio disse a mim mesmo: "Aqui há algo que não vai bem, algo que não se encaixa, e talvez a culpa não seja dos outros, talvez eu esteja fazendo as coisas mal, ou então não estou percebendo algo". De fato, eu estava muito desconectado. Os amigos me alertavam sobre minha insensibilidade, e eu representava muito, compulsivamente, com a vontade de fazer o bem, e não conseguia perceber. Para mim, o importante eram as viagens de negócios, não a vida pessoal: não dava atenção à minha mulher, não tinha consciência destas coisas, de minhas grosserias, de meu jeito tosco. Eu me insensibilizei; porém, quando me diziam isso, eu ficava tocado, mas isso não era consciente, eu era muito mandão, muito automatizado, muito intrometido, invadia constantemente os limites do outro; ao mesmo tempo, sempre fui uma pessoa capaz de cuidar, mas, uma vez que conquistei meu espaço, não enxergo o outro.

Foi assim que me envolvi com este trabalho de consciência e comecei a me aprofundar nas características de meu caráter; primeiro, identifiquei-me com a necessidade, às vezes compulsiva, de ler, saber, comer, fazer sexo etc., do E7, mas eu não me encaixava completamente ali. Passei um ano inteiro, durante o qual continuei a me aprofundar no trabalho com o Eneagrama e nos conceitos trabalhados no curso Introdutório. De modo sutil, algo começou a mover-se em meu interior, e o interesse em me aprofundar no autoconhecimento era cada vez maior. Então cheguei ao SAT 1, um momento muito importante.

Embora eu continuasse cético, e sentisse que toda aquela dor não combinava comigo, havia uma espécie de faísca dentro de mim que me dizia: "Fique atento!" Lentamente, eu ia me abrindo, minha essência começava a se manifestar, comecei a sentir compaixão pelos demais e também por mim mesmo, pois comecei a sentir que formava parte do conjunto: já não era um ser independente e alheio aos outros, exclusivamente ocupado com nutrir minhas necessidades, mas formava parte do grupo. O amor pelos meus companheiros e por mim mesmo começava a aparecer com força, e com a percepção de viver uma integração sadia em um grupo, sem gregarismo.

Este gregarismo me havia levado a fazer muitas coisas pelos outros, mas eu as fazia desconectado. Você não pode chegar ao exterior se não estiver bem a partir de dentro: fazer as coisas pelos outros só funciona se você as faz por si mesmo. Hoje, quando cozinho, não preparo uma refeição estupenda para os outros, mas porque ela me agrada. Você faz as coisas porque gosta de fazê-las; caso contrário, não as faça; é preciso estar consciente daquilo que se coloca em prática; o contrário disso é gregarismo.

No SAT 1 minhas mudanças começaram. De repente, comecei a me abrir, a me sensibilizar. Como vivências muito importantes, eu destacaria as terapias mútuas, o trabalho de teatro terapêutico e me obrigar a fazer o oposto do que eu normalmente fazia: tornar-se uma pessoa menos agradável, furar filas, ser agressivo e desrespeitoso com os outros... Só então comecei a sentir como minha a dor dos demais, a ter empatia, e a ver também a minha própria dor.

No SAT 2 houve uma ruptura: pela primeira vez eu chorei, senti-me vulnerável, reconheci meus bloqueios, minha insensibilidade, reconheci o processo que me levou a esconder minha essência detrás de um ego que até então eu não havia identificado, apesar dos vários sinais que me faziam infeliz. Foi decisivo o trabalho com as figuras parentais e familiares; saber qual havia sido a origem de minha dor foi muito revelador. Eu continuava me situando no E7 conservação, mas havia algo que não se encaixava, e eu continuava tendo dúvidas. O fato de ser empresário e de não me dedicar a trabalhos de docência, à assistência social, à terapia, ao coaching *etc. – profissões mais frequentes entre meus companheiros – me dava uma perspectiva diferente da deles, mas ao mesmo tempo ficou para mim muito claro que no mundo empresarial todo este processo de busca é necessário para que as pessoas alcancem o equilíbrio e possam de alguma maneira ser mais felizes a partir da compreensão de si mesmas e, portanto, das demais pessoas. De modo progressivo, sentia que percorrendo este processo pessoal eu poderia ajudar meus familiares, companheiros e funcionários neste caminho que é a vida. Em meio a isso tudo, comecei a praticar meditação e o* chi kung *de um modo sistemático – dois fatores que têm me ajudado muito neste processo de autoconhecimento.*

Foi no SAT 3 que compreendi: fechou-se o ciclo que havia começado com minha busca da verdade em minha juventude. Pela primeira vez, percebi a diferença entre os impulsos racionais, emocionais e instintivos que haviam definido minha trajetória vital, que eu sentia como incompleta e insatisfatória. Uma sugestão e o desejo expressado por um amigo me colocaram no caminho certo: a sugestão foi que eu avaliasse se não poderia ser um E9 conservação; seu desejo, o de que eu melhorasse "minha consciência de observação". Este conselho foi transformador: dei início a um processo que certamente ainda não terminou, nem acredito que algum dia acabará, mas que me colocou no caminho, que me deu a chave para melhorar, perceber que minha vida tem sentido, e que posso fazer muitas coisas para mim e também para os outros.

O amigo que me expressou este desejo se chama Claudio Naranjo, e a leitura de seu livro A revolução que esperávamos *foi o catalisador deste processo de entrega a partir de dentro, de compreensão do trabalho realizado durante aqueles cinco anos. Definitivamente, a síntese de um processo que se confirmou durante minha participação no SAT 4, a oportunidade de trabalhar com um grupo de pessoas comprometidas com a vida e com uma tarefa concreta a ser realizada, pela qual quero agradecer. No SAT 4 senti algo muito importante: eu, que sou racionalista, da área da física, empresário, ateu, um seguidor de Demócrito, de repente comecei a entender o emocional, o não verbal, o sutil... Ou seja, abri-me à vida espiritual. Hoje me sinto como parte da corrente da vida, implicado num projeto que trata de curar as emoções.*

Quando o amigo Claudio disse que cada vez dá "menos patadas" em seus alunos, e que por causa disso é um terapeuta pior do que costumava ser, penso na generosidade que ele teve comigo, mas compreendo o que ele quis dizer, pois não é a partir da complacência que os processos se iniciam, e para poder ressuscitar é preciso, antes, morrer. O trabalho sob esta perspectiva apolínea me possibilitou experimentar o desapego, o que me permite ter consciência de minhas atitudes e dar a elas uma medida justa, o que para mim implica um aspecto-chave deste processo evolutivo que é a vida.

Em linhas gerais, estas são as percepções que senti durante o caminho que empreendi em 2010 com o início do SAT, um caminho do qual ainda me resta um longo trecho a ser percorrido. Hoje me sinto motivado, animado para lutar, para poder colaborar e me comprometer com a mudança que se faz necessária para viver em plenitude e com o desapego suficiente para ter o equilíbrio que me permitirá chegar à minha essência e, a partir dela, propiciar a chegada desta nova era que pressinto estar chegando.

Carlos Moles Abelló

Batizando o ego sem eufemismos

Tendo descrito os nove caracteres básicos, talvez tenha ficado mais claro em que medida tantos autores de livros sobre o Eneagrama se dedicaram a adocicar o ego, batizando as diferentes neuroses dos seres humanos com nomes comerciais e eufemísticos. Considerando que tais denominações acabam sendo artificiais e contraproducentes para o trabalho sobre o ego (já que nos convidam a enxergá-lo como um valor, ou até mesmo como uma posse mercantil), prefiro apresentar uma série de definições alternativas que contêm os aspectos menos agradáveis de cada eneatipo, justamente o oposto da nefasta nomenclatura de autores como Don Richard Riso e Helen Palmer. Apresento a seguir uma lista de definições com duas ou três frases para cada caráter:

E1 O fanático repressor / o pretensioso arrogante.
E2 O bajulador manipulador / a princesa caprichosa / a *mulher fatal*.
E3 A secretária que se autoinvalida / a mulher-objeto com uma calculadora entre as pernas / o *yuppie* vazio e frígido de sorriso falso.
E4 A esquisitinha envergonhada que se acha original / a viúva controladora e sombria / a bruxa tóxica de língua venenosa.
E5 O inteligentonto / o *freak* autista.
E6 O covarde vacilante / o valentão linguarudo.
E7 O típico engraçadinho / o impostor simpático / o padre prafrentex.
E8 O valentão que faz com que você mude de calçada / o *capo* da máfia / o assassino carismático.
E9 O comerciante tosco com uma papada / o bobo do bairro.

Na sequência, apresento um quadro comparativo entre os eneatipos do Mulá Nasrudin e seus imitadores:

Don Richard Riso (Visão mercantilista do ego)	Helen Palmer (Visão ingênua do ego)	Mulá Nasrudin (Visão desmistificadora do ego)
E1 O reformista	O perfeccionista	O fanático
E2 O ajudante	O dador	O bajulador
E3 O realizador	O desempenhador	O artificial
E4 O individualista	O romântico trágico	A bruxa
E5 O investigador	O observador	O imbecil
E6 O partidário	O patrulheiro	O paranoico
E7 O entusiasta	O epicurista	O impostor
E8 O desafiador	O patrão	O tirano
E9 O pacifista	O mediador	O tosco

Convido o leitor a usar as palavras da coluna à direita sempre que ouvir alguém nomeando um eneatipo com as expressões mercantilistas de Don Riso, ou as ingênuas de Helen Palmer, de modo que, com o tempo, possa ser ampliada uma visão que evidencia a natureza neurótica dos eneatipos, sem que se disfarce a realidade.

Por fim, não podemos terminar esta descrição sem um último conto do Mulá Nasrudin que, no mínimo, reafirma o propósito de transformação a que este livro inspira:

– *Quando você morrer, Mulá, como gostaria de ser enterrado?* – *perguntou um amigo.*

– *De cabeça para baixo. Se, como creem as pessoas, neste mundo estamos na posição certa, de pé, quero experimentar ficar de ponta-cabeça no próximo.*

4
Uma breve história do Eneagrama

Um antigo, valioso e frágil vaso chinês foi encontrado pelos aldeões. Houve uma discussão na casa de chá sobre a capacidade exata do vaso.

Durante a querela, o Mulá entrou. As pessoas imploraram a ele que apresentasse uma resolução.

– Simples – disse o Mulá –, tragam o vaso até aqui, e um tanto de areia.

Ele encheu o vaso de areia fina, camada após camada, socando com um bastão. Finalmente, o vaso arrebentou.

– Aí está – dirigiu-se Nasrudin triunfante para o grupo –, a capacidade máxima foi alcançada. Tudo que precisam fazer agora é retirar um grão de areia, e terão a quantidade exata necessária para encher um recipiente como este.

Assim como em todas as histórias em que Nasrudin é o protagonista, este conto tem vários significados. Um deles é um alerta contra a futilidade das discussões intelectuais e contra a excessiva confiança na mente racional. Mas há outro, talvez menos evidente, que trata da falsidade. O Mulá se apresentaria, aqui, como uma pessoa capaz de revelar uma fraude, uma mentira associada à suposta antiguidade e ao suposto valor de uma peça que, na verdade, é moderna. Algo parecido precisa ser feito com o Eneagrama da Personalidade, um conhecimento que ao longo das últimas décadas tem sido apresentado como um desenvolvimento antiquíssimo, quando na realidade seu *corpus* teórico foi implementado na segunda metade do século XX.

Delinear uma história do Eneagrama não é algo simples, pois muitos tentaram, de modo interesseiro, relegar a um segundo plano as fontes de onde ele provém, ao mesmo tempo em que fingem inspirar-se numa tradição esotérica sem autores reconhecíveis e, portanto, totalmente disponível àquele que quiser apropriar-se dela. Na década de 1980, nos Estados Unidos, irrompeu uma autêntica febre popular do Eneagrama, e a cada ano surgem novos manuais de divulgação que, longe de trazer informações novas, procuram reaproveitar o que já foi publicado, a ponto de não existir uma investigação experiencial sobre o Eneagrama nesse país, apesar de sua enorme produção literária e da abundância de cursos e *workshops* teóricos sobre o tema. "Vejo o movimento (do Eneagrama) permeado por uma combinação de cobiça e arrogância, e por um enorme desrespeito às fontes do conhecimento", escreveu Claudio Naranjo na revista *Gnosis*.

A raiz do problema, segundo o Professor Alfonso Montuori, do Ciis, consiste em que por trás desta febre eneagramática popular pode ser identificado um forte populismo antiautoritário típico da cultura norte-americana, e especificamente da cultura *New Age*, com suas "claras tendências a um narcisismo exasperador e a muito charlatanismo".

> Termos como autoridade e confidencialidade não são muito comuns no discurso *New Age*, e com frequência são repudiados por serem considerados elitistas e hierárquicos. Wilber afirmou que o movimento *New Age* sucumbiu a um igualitarismo e um anti-hierarquismo extremos, perdendo em seu caminho toda a esperança de diferenciação e discriminação. Porém, não está claro se esta adoção de um igualitarismo ra-

dical é, realmente, o núcleo da questão, porque atualmente existe um certo número de autoproclamadas autoridades no Eneagrama. A questão é que todo mundo pode, baseando-se em seu próprio critério, converter-se em autoridade. Em muitos casos, e embora rendam uma homenagem superficial a Óscar Ichazo e a Naranjo, estas novas "autoridades" logo se dispõem a salientar que a sua própria interpretação e aplicação do Eneagrama os leva a um "plano mais elevado" do que foi conseguido antes. Os mestres do Eneagrama podem afirmar sua própria e particular "intuição mais elevada" que "transcende" o mero intelectualismo, por exemplo.

Alguns destes autoproclamados mestres do Eneagrama recorrem ao argumento do vaso chinês, disseminando o repetitivo mantra de que "nenhum indivíduo é dono do Eneagrama", como reza o item 7 do "código de ética para o uso do Eneagrama", promovido pela Associação Internacional do Eneagrama (IEA, na sigla em inglês) – o que significa nada mais nada menos do que uma espécie de carta branca para comercializar o desenvolvimento do sistema. Embora seja verdade que o conhecimento não tem dono, os desenvolvimentos intelectuais têm, sim, uma autoria, e é esta que se tentou contornar, pirateando seus conteúdos sem a citação da fonte.

Para esclarecer a diferença entre o direito universal a beneficiar-se do mapa do Eneagrama para o autoconhecimento e o suposto direito de enriquecer e vangloriar-se por meio do trabalho desenvolvido pelos outros, é preciso ter claro, logo de início, que uma coisa é o símbolo do Eneagrama, e outra, a sua aplicação ao estudo da personalidade (o que conhecemos como Eneagrama da Personalidade, ou, mais exatamente, Psicologia dos Eneatipos). O lugar-comum de muitos divulgadores do Eneagrama afirma que o Eneagrama da Personalidade "faz parte de uma tradição de ensinamento oral" (Helen Palmer), ou que "sua origem exata se perdeu na história" (Don Richard Riso). Alguns disseram que o Eneagrama nasceu na Babilônia há cerca de 2.500 anos, e em quantidade similar de vezes sugeriu-se que ele foi criado pelos sufis, na Idade Média. Na realidade, confunde-se o símbolo com a sua aplicação à personalidade.

Nada sabemos sobre as origens exatas do símbolo, embora possamos supor que ele não é sufi. Óscar Ichazo disse que ele provinha da cabala e, com efeito, há uma correlação muito exata entre as dez *sefirot* da cabala e os nove pontos do Eneagrama[23]. "Não me chamem de sufi; sou um representante da tradição profética ocidental", também disse Ichazo. Mas de onde surge tal tradição? Ela realmente existe?

J.G. Bennett, discípulo e colaborador de Gurdjieff, garante que, milhares de anos atrás, surgiu na Mesopotâmia uma irmandade de homens sábios que descobriu o segredo cósmico da contínua autorrenovação. Neste suposto grupo residiria a origem de uma tradição da qual participaram Pitágoras, Zoroastro e outros sábios. Posteriormente, segundo o relato de Bennett, esta irmandade teria se mudado para Bucara, no atual Uzbequistão. Ali, convertida na irmandade dos sarmouni – ou sarman –, ela teria criado o símbolo do Eneagrama, talvez por volta do século XIV, em Samarcanda, segundo Bennett, que não acredita que o símbolo tenha existido antes dessa época, já que somente então alguns sábios desta escola teriam compreendido as implicações do número zero e desenvolvido o sistema decimal, características que podem ser vistas claramente nas implicações matemáticas do símbolo do Eneagrama.

Os sarmouni teriam sobrevivido durante séculos nas montanhas do atual Uzbequistão, ou talvez no Afeganistão, a apenas

---

23. Há um livro publicado sobre o tema, sobre a origem comum entre o Eneagrama e a árvore da vida: LLORENS, A. *La estructura de la nada*. Barcelona: La Llave, 2016.

mil quilômetros do monte tibetano Kailash, morada do deus Shiva: uma antiquíssima encruzilhada de caminhos religiosos, um centro de irradiação espiritual para tradições de diversos países, como o shivaísmo da Índia, o zurvanismo pré-ariano, o taoismo chinês e, mais adiante, as tradições esotéricas que se desenvolveram no seio do Islã, como o ismaelismo, o sufismo khwajagan e a ordem sufi naqshbandi. Certamente, ali também chegou o budismo, porém antes, muitíssimo antes, há cerca de 4 mil anos, os xamãs bön do Tibet inventaram nessas montanhas um método para alcançar o estado primordial e a condição natural, não dual, sem apego nem conceitos, de todo ser vivo. Este método se chama dzogchen, e permeia todas as tradições anteriormente citadas[24]. Portanto, não seria disparatado buscar as raízes do Eneagrama no Monte Kailash, sobretudo em razão do fato de Gurdjieff ter passado temporadas nesta região e também de o próprio Naranjo – grande conhecedor do mundo tibetano – afirmar que a continuação natural do trabalho proposto pelo programa SAT é o dzogchen, um método de iluminação tão rápido que, segundo afirmam os lamas, "os resultados são obtidos antes mesmo que se comece a praticá-lo".

A tradição das paixões

Em seu livro *Autoconhecimento transformador*, Claudio Naranjo delineou uma breve história das pessoas que deixaram escritas para a posteridade algumas descrições sucintas de caracteres ou tipos humanos. O primeiro foi Teofrasto, sucessor de Aristóteles e autor do primeiro livro dedicado a descrições da personalidade. Muitos séculos depois, na Idade Média, Chaucer, em seus *Contos de Canterbury*, nos deixará como legado refinadas descrições de seus contemporâneos com um tempero universal, ou seja, reconhecíveis até mesmo em nossos dias. Samuel

---

24. CAPRILES, E. *Budismo y Dzogchen*. Barcelona: La Llave, 2000.

Butler, Elias Canetti e outros escritores também nos deixaram, recentemente, excelentes descrições dos caracteres humanos.

Naranjo pesquisou a tradição do estudo das paixões e estabeleceu uma relação desta tradição com a do Eneagrama. No Ocidente, a história daqueles que intuíram que os "pecados" – paixões ou desvios da energia psíquica – interferem no ser remonta a muitos séculos atrás. Assim, a história do moderno Eneagrama da Personalidade conta com outro cenário que complementa os já citados, da Mesopotâmia e Afeganistão: o Egito e a Síria, nos primeiros séculos do cristianismo.

No século IV, houve nesses países monges, eremitas e anacoretas que abandonaram as cidades e partiram para viver nas areias do deserto. Hoje nós os conhecemos como os "Padres do Deserto": eles são os sábios que assentaram as bases espirituais do cristianismo e a doutrina das paixões. Paulo o Ermitão, Antonio Abad, Simeão Estilita, Macário o Grande e muitos outros buscavam no retiro a hesíquia – ou paz interior –, a união mística com Deus, meditando com o olhar voltado para sua *hara* (ponto situado quatro dedos abaixo do umbigo). Um discípulo de Macário chamado Evágrio Pôntico (345-399) foi o primeiro a nos legar uma anatomia das paixões humanas, que chamou de "maus pensamentos" e, posteriormente, de "pensamentos apaixonados". No entanto, identificou apenas oito destas paixões (curiosamente, não identificou o medo, e tem sido dito que não é estranho ter passado desapercebido à Igreja este "pecado", de tanto que ela utilizou o medo para impor a fé às pessoas). Na sequência, dividiu estas oito paixões em duas categorias: quatro vícios ligados aos apetites carnais, ou aos desejos de posse: gula e ebriedade (*gastrimargia*), avareza (*philarguria*: "amor pelo ouro"), luxúria (*porneia*), vanglória (*kenodoxia*); e quatro vícios irascíveis, que – diferentemente dos anteriores – não interpreta como desejos, e sim como carências, privações ou frustrações: ira (*orgè*: cólera irreflexiva, crueldade, violência), tristeza (*lupè*), preguiça (*acedia*: depressão profunda, desesperança), orgulho (*uperèphania*).

O Papa Gregório Magno (540-604) reduziu esta lista a sete paixões (luxúria, preguiça, gula, ira, inveja, avareza e soberba), pois considerou a vanglória como uma forma de soberba. Santo Tomás de Aquino deixou a lista configurada tal como ela aparece na atual doutrina cristã dos sete pecados capitais, na qual o sentido original destes "pensamentos apaixonados" foi quase que completamente perdido, tornando-se, antes, uma teoria pseudossocial, uma ladainha de ameaças com terríveis consequências, como o tormento eterno no inferno e, seja como for, uma ferramenta inútil para o autoconhecimento.

O Eneagrama parece estar por trás – ou ser herdeiro – desta tradição de investigação das paixões pelos Padres do Deserto. Pois bem, existiu uma relação entre a mítica irmandade dos sarmouni e os eremitas cristãos? Todos eles pertenciam à mesma "irmandade de homens sábios" à qual se referiu Bennett? Por ora, não há resposta a estas perguntas.

A primeira aparição histórica de um Eneagrama (ou, pelo menos, uma figura circular de nove pontos unidos por três triângulos equiláteros justapostos) é de autoria de Raimundo Lúlio (Ramon Llull).

Em 1307, este escritor e filósofo publicou sua *Ars brevis*, na qual aparecia também uma lista de nove grandes vícios: avareza, gula, luxúria, soberba, preguiça, inveja, ira, mentira e inconstância. A conexão entre Lúlio e o sufismo é evidente, e ainda maior se considerarmos o fato de este sábio medieval, conselheiro de papas e de reis, ter viajado ao Egito e à Etiópia, e ter chegado até o Mali. Podemos até supor que ele chegou a ter contato com a irmandade dos sarmouni ou com representantes da tradição profética ocidental citada por Ichazo. Após um período de nove anos de viagens e retiros, Raimundo Lúlio se iluminou numa montanha próxima a Palma de Mallorca, e ali teve acesso ao conhecimento da arte que descreve em seu livro, que traz tantos paralelismos com o Eneagrama. Além disso, Lúlio não apenas teve acesso à compreensão das nove paixões, mas fala também de nove *dignidades divinas*, que têm paralelos com o *Eneagrama das virtudes* e com o *Eneagrama das ideias santas*: dois temas que transcendem os limites deste livro e que complementam o trabalho iniciado com o Eneagrama da Personalidade, por funcionarem como antídotos para o ego.

Após o episódio isolado de Raimundo Lúlio, há um silêncio de seis séculos, intervalo em que nada mais é descoberto sobre o Eneagrama. Até que aparece George Ivánovich Gurdjieff.

O Senhor Gurdjieff

Em 1916, este místico armênio introduziu pela primeira vez o símbolo do Eneagrama em seus grupos com estudantes de Moscou e São Petersburgo. Em 1922, após uma viagem dramática com seus alunos através de um mundo em guerra, estabeleceu-se em Fontainebleau, perto de Paris, local onde fundou seu Instituto para o Desenvolvimento Harmonioso do Homem. É interessante notar que, na época, Gurdjieff proibia seus alunos de falar sobre o Eneagrama, ou de usar alguma representação deste: era um ensinamento secreto.

Gurdjieff tinha um profundo conhecimento das paixões humanas, mas jamais disse uma palavra sobre o Eneagrama da Personalidade. Os discípulos de Gurdjieff aprendiam dele por meio do contato, mediante danças sagradas, práticas de atenção ou então complexas introduções à matemática do símbolo. Ademais, Gurdjieff tinha convicção de que as pessoas de seu tempo não estavam preparadas para conhecerem a si mesmas, e preferiu manter o segredo da tradição na qual havia se formado. Em contrapartida, dedicava-se a oferecer opulentos jantares em sua casa, onde aplicava um de seus métodos prediletos para levar as pessoas a reconhecer seus traços de caráter: "O brinde dos idiotas". Este jogo consistia em ingerir uma grande quantidade de vodka ou armanhaque em brindes dedicados ao tipo de idiota típico a determinada pessoa. O anfitrião, que era chamado de *tamada*, levantava-se e brindava com as pessoas ao redor: "À saúde dos idiotas ordinários". Na sequência, fazia-se um brinde aos "arqui-idiotas", aos "idiotas sem esperança", e assim por diante, até alcançar 21 categorias de idiotice nas quais cada um dos comensais era classificado, segundo a descrição de René Zuber, que esteve presente em muitos daqueles bacanais (pergunto-me se, na realidade, as categorias de idiotice seriam 27, assim como os caracteres descritos pelo Eneagrama, se levarmos em conta os três subtipos em que cada eneatipo é subdividido). Gurdjieff completava sua classificação atribuindo apelidos a seus discípulos: a uma mulher magra chamou de "magrela"; a uma senhora chorona, de "crocodilo"; uma moça atraente recebeu o apelido de "brioche" (e posteriormente, quando envelheceu, de "ex-brioche"). O próprio Zuber foi apelidado de *démi-petit* (semipequeno), embora ele fosse bastante alto; numa outra ocasião, ele passou a ser chamado pelo vocativo "você é um merda".

Muito além de um homem com a agressividade típica de um E8, Gurdjieff foi um grande mestre. O provérbio "só a verdade machuca" estava associado a outro provérbio complementar: "só a verdade cura"[25]. Sua compreensão do ser humano como um autômato que tem a possibilidade de se curar se adquirir consciência felizmente se expandiu em nossos dias, e suas escolas do Quarto Caminho (integração dos caminhos do faquir, do monge e do yogi, metáfora do treinamento do instinto, do coração e da mente) gozam, ainda hoje, de boa saúde.

---

25. ZUBER, R. *¿Quíen es usted, señor Gurdjieff?* Barcelona: La Llave, 2010.

Em *Encontros com homens notáveis*, Gurdjieff relatou inúmeros episódios de sua própria formação. Segundo este relato, em sua juventude formou um grupo chamado "buscadores da verdade", com o qual percorreu o Oriente em busca de tradições e conhecimentos espirituais. Na virada do século XX ele conseguiu entrar em contato com membros da irmandade secreta dos sarmouni, no Afeganistão, após uma árdua peregrinação. Vamos nos deter um pouco mais sobre esta mítica ordem.

Não se sabe se os sarmouni – ou sarman – formavam uma irmandade secreta real ou se foram uma invenção de Gurdjieff, pois as únicas referências a ela provêm de seu livro, e seus seguidores aceitavam como fato consumado que tal irmandade ocultou suas atividades durante séculos de um modo muito eficaz. Numa ocasião, Claudio Naranjo me contou que recebera um cartão-postal de Óscar Ichazo enviado das montanhas do Afeganistão (numa época em que as viagens por essa região do planeta ainda eram seguras), e que, tempos depois, Ichazo lhe confessou que não só havia feito contato com os sarmouni, que o reconheceram como a um profeta, como estes haviam tentado assassiná-lo quando ele lhes anunciou sua intenção de começar a transmitir os ensinamentos do Eneagrama por conta própria e à sua maneira, esquivando-se da tradição. Realidade ou fantasia?

Os seguidores de Gurdjieff também supõem que o Eneagrama se manteve como um conhecimento secreto até o século XX. Mas como foi possível esconder uma irmandade de modo tão eficaz durante milhares de anos? Klausbernd Vollmar, em seu livro *O segredo do Eneagrama*, afirma que detrás do nome dos sarmouni – grupo também conhecido como a irmandade das abelhas – podia, na realidade, estar oculta uma irmandade neoplatônica do século IX, conhecida como os Irmãos Puros de Baçorá, influenciada pelo filósofo grego Plotino, um dos precursores do misticismo cristão. Os Irmãos Puros postulavam nove estados de existência baseados numa visão tríplice do mundo, nos reinos mineral, vegetal e animal, em que cada um destes grupos se subdividia, por sua vez, em três partes. No entanto, o Eneagrama não aparece no legado desta irmandade.

Vollmar esclarece que tanto os Irmãos Puros como outros neoplatônicos foram também intensamente influenciados pelas ideias pitagóricas, e especulou-se que o conhecimento do Eneagrama pudesse ser creditado ao matemático grego.

Nesse sentido, podemos apontar para uma possível origem não do símbolo propriamente dito, mas do trabalho ritual para a alquimia da transformação do ego que subjaz ao Eneagrama. O filósofo britânico Peter Kingsley escreveu um livro intitulado *In the dark places of wisdom* [sem edição em português], no qual revela como a filosofia ocidental escamoteou a importância da figura de Parmênides. Reverenciado por Sócrates, Parmênides criou a metafísica e inventou a lógica, porém seu legado transcende muito este seu aporte. Segundo Kingsley, Parmênides pertencia ao grupo dos pitagóricos: ele e outros supostos filósofos eram, na realidade, magos, curandeiros que convidavam seus discípulos a morrer antes de morrer. Os iatromantes e sacerdotes de Apolo conduziam os iniciados a um saber relacionado com a transmutação do conceito do real. Em aposentos escuros no subterrâneo, os membros desta tradição se entregavam a ritos de incubação e quietude, a uma morte ritual, que foi a origem da metafísica de Parmênides e, certamente, a origem da filosofia. Em alguma medida, o sabor de tais rituais ainda subsiste hoje, nos trabalhos do programa SAT, no qual o estudante permite deixar-se morrer como parte de seu processo de autoconhecimento. Será talvez esta tradição – que, segundo Kingsley, foi ocultada e desfigurada desde os tempos de Platão – o embrião da tradição profética ocidental à qual se referia Ichazo? Parmênides terá algo a ver com os sarmouni, se é que estes existem ou existiram? Não há outras pistas a serem buscadas e, a partir daqui, a origem do Eneagrama se perde em mera especulação.

Piotr Ouspensky, discípulo de Gurdjieff, escreveu sobre os ensinamentos de seu mestre no livro *Fragmentos de um ensinamento desconhecido*, embora, ao falar sobre o Eneagrama, só o tenha feito de passagem. Bennett, aluno de Gurdjieff e de Ouspensky, também escreveu sobre o Eneagrama. Na década de 1960 foi publicada uma obra magna relacionada aos ensinamentos de Gurdjieff, intitulada *Gnosis, cristianismo esotérico*. Seu autor foi um pesquisador da tradição esotérica da Igreja Ortodoxa e, além disso, foi amigo de Ouspensky e conheceu Gurdjieff: chamava-se Boris Mouravieff, e garantia ter redigido sua obra por ordem e sob o controle da Grande Confraternidade Esotérica (à qual fez referência São Paulo na Epístola aos Romanos). Esta confraternidade seria encarregada de preservar a estrutura da tradição esotérica, concebida, segundo Mouravieff, para permitir a transmissão do conhecimento através dos séculos, apesar da morte das civilizações, e na qual há um lugar especial para o "diagrama de todas as coisas viventes". Publicada em três volumes, a obra de Mouravieff tem a intenção de apresentar um retrato completo do que era ensinado por Gurdjieff, que, na opinião de Mouravieff, era apenas um "fragmento do ensinamento" – devo acrescentar que ele não me pareceu extrair tal completude a partir de sua leitura.

O mestre hindu Sri Aurobindo também estudou o Eneagrama e travou amizade com Ouspensky. Posteriormente, fez algumas tentativas de relacionar o Eneagrama com a astrologia, todos estes muito incompletos, pelo menos até o momento presente. Bhagwan Rajneesh, mais conhecido como Osho, foi um devoto de Gurdjieff, e em seu ashram rendia-se culto ao Eneagrama, mas este não era estudado, segundo Vollmar. Na realidade, se este símbolo já foi usado alguma vez como veículo de autoconhecimento, hoje em dia isso já se perdeu.

Óscar e Claudio

O Eneagrama renasceu a partir das mãos de um continuador latino-americano. Não se sabe muito bem como este conhecimento chegou às mãos de Óscar Ichazo, um excêntrico xamã nascido na Bolívia em 1931, e que viveu retirado no Havaí até março de 2020, quando faleceu. Ichazo disse sobre si mesmo: "Sou a raiz de uma nova tradição", querendo com isso deixar claro que, além da herança dos sarmouni, tratava-se de um novo conhecimento que ele inaugurava. Suspeita-se que ele tenha entrado em contato com o Eneagrama por intermédio dos discípulos de Ouspensky na Argentina. Porém, ele sempre negou que suas ideias provinham de qualquer tradição, nem sequer de Gurdjieff: "Não recebi a teoria de Arica de nenhuma seita obscura sufi nem de nenhuma outra. A teoria e o método de Arica foram direta e completamente propostos e apresentados exclusivamente por mim"[26].

Segundo suas próprias declarações, aos 6 anos ele começou a sofrer ataques de catalepsia, dos quais se curou graças à ayahuasca. Posteriormente, começou a participar de grupos mistéricos em Buenos Aires, certamente associados ao Quarto Caminho, e iniciou a prática de yoga, tantra, cabala, sufismo, I-Ching, artes marciais etc. Finalmente, fez várias viagens à Índia, ao Afeganistão e ao Tibet entre 1956 e 1960. Segundo seus próprios relatos, durante uma destas viagens ele teve contato com os sarmouni no Afeganistão, que depositaram nele os conhecimentos secretos do Eneagrama, de tal forma que ele deveria ser o "arauto de um tempo que virá", no qual a humanidade superaria suas grandes dificuldades e no qual o bem comum imperaria. Como explica o Professor Lluís Serra, da Universidade Ramon Llull, em sua tese de doutorado sobre o tema,

---

26. Apud SERRA, L. *El Eneagrama de las pasiones*. Barcelona: Universidad Ramon Llull [Tese de doutorado].

Ichazo despertou simultaneamente, em sua época, admiração e rejeição: um autor norte-americano chamado Moore o rotulou como um "astuto ideólogo e oportunista boliviano", e a relação entre Naranjo e Ichazo nunca ficou clara: ao longo do tempo, dedicaram-se mutuamente críticas e elogios.

Em 1970, Naranjo era um carismático investigador da consciência na Califórnia, e uma figura de referência no mítico Instituto Esalen. Além disso, era reconhecido como pioneiro da psicologia transpessoal, figura eminente na integração da psicologia ocidental e das filosofias orientais, e um investigador pioneiro no desenvolvimento de psicofármacos e na pesquisa etnofarmacológica, na qual surgiram especialmente seus estudos sobre a ayahuasca e a ibogaína. No entanto, em 1970, Naranjo sofreu duas perdas que mudaram sua vida: seu mestre Fritz Perls, criador da terapia Gestalt, faleceu em 14 de março. Claudio estava no funeral de Perls quando recebeu a notícia de que sua mulher e seu filho haviam sofrido um acidente de automóvel, no qual o pequeno Matías Naranjo perdeu a vida.

Claudio Naranjo conhecera Ichazo um ano antes, em 1969, no Chile, quando este o convidou a ir para Arica. Nos meses seguintes, Naranjo selecionou um grupo de norte-americanos, e com eles embarcou rumo ao Chile, pois pediu a Ichazo a permissão para formar um grupo, embora o convite, a princípio, tenha sido individual. Em 1º de julho de 1970, os 54 membros da expedição se reuniram com Ichazo em Arica para iniciar um treinamento de 10 meses. Chegando lá, rumaram para o oásis de Azapa, onde começaram as atividades em grupo.

Aqueles dias talvez tenham sido os mais importantes para a gestação do que hoje conhecemos como o Eneagrama da Personalidade. Nesta experiência, Naranjo foi "lançado ao mundo" por Ichazo. A relação entre ambos foi muito bem descrita no filme *A montanha sagrada*, de Alejandro Jodorowsky. Nele, um alquimista interpretado pelo próprio Jodorowsky (com quem o próprio Ichazo colaborou na elaboração do roteiro) convoca um grupo de nove iniciados e os leva a uma viagem rumo a uma montanha onde vivem alguns deuses que eles deverão substituir. No grupo, encontra-se um vagabundo com quem o alquimista inicia um relacionamento especial: como é fácil de adivinhar, Jodorowsky inspirou-se em Ichazo para compor o personagem do alquimista, enquanto usou Naranjo como modelo para o personagem do vagabundo.

Porém, o relacionamento entre Ichazo e Naranjo foi muito mais complicado do que é descrito em *A montanha sagrada*. Chegou, inclusive, a terminar com uma ruptura (que Ichazo, curiosamente, sempre negou). No entanto, a amizade entre ambos foi a faísca que gerou o que hoje se conhece como Eneagrama da Personalidade.

Alguns anos atrás tive uma conversa com Claudio Naranjo sobre este tema em Barcelona, que reproduzo na sequência. Foi um bate-papo agradável e profundo, em que abordamos não apenas a origem do sistema, mas também muitos dos eventos ocorridos naqueles dias decisivos de Arica, especialmente seu ambíguo relacionamento com Ichazo, bem como a posterior popularização do Eneagrama pelo mundo – até então um ensinamento secreto.

A origem do Eneagrama

David: Claudio, o que você pode me dizer sobre a origem do Eneagrama?

Claudio: Tudo o que temos é o que nos foi dado por Gurdjieff. O Eneagrama estava conectado a uma tradição da qual nada se conhecia no Ocidente, e que pode ser chamada de um cristianismo esotérico, mas que Gurdjieff, na prática, chamou de Quarto Caminho, para destacar que se tratava de uma maneira de trabalhar que incluía os yogas clássicos da ação, da devoção e do conhecimento, assim como o quarto: o raja yoga da atenção. Destacava também que se trabalhava na presença de um fator invisível de contato com o mestre.

Por outro lado, quando Idries Shah publica o livro Os sufis, *ele fala da existência do método* shattari, *o método da rapidez, de cujo segredo são depositários os sufis da ordem naqshbandi: para mim foi importante saber, quando tive notícias de Ichazo pela primeira vez, que ele usava o método* shattari. *Idries Shah me disponibilizou a informação que me fazia pensar que Ichazo era um vínculo único com esta tradição* shattari *desconhecida. Tempos depois, no livro* O eu dominante, *Idries Shah faz referência ao Eneagrama como um equivalente à árvore da vida cabalística. Ou seja, que o Eneagrama seria uma transformação da árvore da vida da Cabala. E tal transformação ocorre no século XIV, na Espanha.*

D: Os sufis naqshbandi têm algo a ver com a origem do Eneagrama?

C: Antes de Ichazo, não encontrei nenhuma referência específica sobre o Eneagrama entre os naqshbandi, com exceção de que no livro de Idries Shah é insinuado que a ancestral Ordem dos Mestres, os khwajagan, era a mesma que a dos detentores do [conhecimento sobre] o Eneagrama. Quando perguntei a Ichazo sobre este tema, ele me disse que não era assim, que não se devia confundir os naqshbandi com os antigos khwajagan. A mim, parecia questionável a propaganda que Idries Shah fazia de sua ordem dos naqshbandi, ao convertê-los em sucessores dos khwajagan. Isto não coincidia com a visão de Ichazo. Tudo isso pertence à arqueologia do Eneagrama.

D: Falemos um pouco mais sobre arqueologia. Os khwajagan são os sarmouni?

C: Quando se lê Ichazo, pode-se supor que eles são a mesma coisa, mas isso não me parece completamente convincente.

D: Será que os sarmouni têm algo a ver com os Irmãos Puros de Baçorá, do século IX?

C: Não sei. Recentemente alguém me perguntou: os sarmouni existem? Suspeito que sim, que isso não foi uma invenção. Mas não como uma irmandade necessariamente vinculada a esta comunidade visitada por Gurdjieff, quando ele atravessou esta alta ponte na entrada do mosteiro nas montanhas do Hindukush; também Ichazo me disse que havia visitado esta mesma ponte em circunstâncias de certa forma análogas às que o conduziram até esse lugar.

D: Seriam materiais, estas viagens, ou estariam mais para metáforas?

C: Podem ter sido uma possível alusão a um contato real com a ordem, mas situando-a geograficamente num outro lugar determinado. Se eu interpretar a palavra sarmouni num sentido mais amplo, ela me sugere muitas coisas: imagino que os sarmouni talvez existam como uma rede de pessoas que podem comunicar-se umas com as outras. Eu conheci várias pessoas que me passaram uma forte impressão de que fizeram parte desta rede, embora nunca tenham verbalizado isso. Por exemplo, havia um francês que foi aluno num de meus cursos SAT na Califórnia; poderia acontecer de este homem aparecer às 6 da manhã na escada externa próxima a meu quarto, dançando um ritmo de Gurdjieff: ele fazia parte de uma escola do Quarto Caminho e estivera na ordem dos buscadores da verdade, Anal Haq, no Irã. Também era cineasta, e foi gestaltista em outro momento de sua vida. Pareceu-me um personagem muito mágico, e eu nunca fiquei sabendo se ele estava vigiando o que eu fazia, me supervisionando. Um dia, comprei um gravador, mas que não tinha as pilhas. Ninguém sabia deste fato, mas ele chegou exatamente com o modelo de pilhas de que eu precisava, e me disse: "Teu papai te mandou isso". Mas meu pai já tinha morrido havia tempos. Eu sentia que este homem pertencia à irmandade das abelhas, mas nunca perguntei isso a ele, não me parecia apropriado. Com o tempo, outras pessoas foram chegando... e eu sempre agi como se não me restasse dúvidas de que tive contato com representantes da irmandade dos sarmouni.

D: Gurdjieff conhecia a aplicação do Eneagrama da Personalidade?

C: Gurdjieff não fala sobre o Eneagrama da Personalidade; só fala sobre a aplicação do Eneagrama aos passos do caminho espiritual; mas não tente explicar isso, porque ninguém entende: o sistema dele é muito rebuscado e, provavelmente, um ato de charlatanismo.

D: Gurdjieff era um charlatão?

C: Minha percepção é que Gurdjieff era um grande charlatão e que muitas das coisas que ele disse a Ouspensky tinham a intenção de envolvê-lo com o trabalho. Portanto, este charlatanismo tem uma justificativa, mas as palavras que Gurdjieff usava não são palavras para serem repetidas hoje em dia. Eu vi algo parecido acontecer com E.J. Gold, um mestre sufi norte-americano: ele dizia os maiores disparates sobre dietas e outros assuntos, a fim de atrair a atenção das pessoas. E não me parece condenável: com isso capturava a atenção das pessoas. O conteúdo de suas palavras era um ponto de apoio.

D: O teu caminho de trabalho é outro?

C: Sim, eu não faço isso. Mas Gurdjieff tinha esse estilo: era um astuto, mas um astuto que sabia como usar sua astúcia, como tantos xamãs sabem fazê-lo, como se suas palavras fossem o pêndulo de um hipnotizador. No entanto, toda a sua alquimia sobre os hidrogênios... eu não recomendaria o estudo disso a ninguém.

D: Mas Gurdjieff tinha uma compreensão dos caracteres?

C: Ele tinha uma grande compreensão sobre a pessoa que estava diante dele. Nunca transformou isso numa ciência sistematicamente explicada pelo Eneagrama. Uma das tarefas no trabalho de Gurdjieff era descobrir o seu traço de personalidade principal, mas a primeira coisa que Ichazo me transmitiu foi que, se aceitamos o conceito de "traço principal" tal como introduzido por Gurdjieff, então o número de traços principais poderia ser infinito, enquanto os traços principais são apenas nove. Ou talvez 27 mais nove: nove fixações somadas a 27 paixões que adquirem o papel de traço auxiliar do traço principal.

D: Por que somente nove fixações, mas 27 paixões?

C: São nove paixões mais 27 estados interiores que podem se transformar em paixões no indivíduo, segundo seu tipo. Por exemplo, se eu sou um E6, tenho a paixão do medo, mas se sou um E6 do subtipo social, tenho também a paixão do dever. Deste modo, não existem somente as nove paixões representadas no Eneagrama das paixões; qualquer um dos 27 subtipos tem uma necessidade neurótica, conforme o nome que eu tenho lhes dado recentemente, para ser mais preciso. É uma necessidade neurótica que se apaixona, que se transforma numa paixão. Esta necessidade neurótica torna-se importante a ponto de dominar todo o caráter. Há pessoas E6 que reconhecem, inclusive, como mais importante nelas mesmas a paixão do dever do que a do medo: pessoas cujo medo nunca lhes chamou a atenção, mas sim o seu acentuado senso de dever.

No Deserto de Arica

David: Como eram seus dias com Ichazo em Arica, em que vocês trabalhavam? Você sempre disse que ali não se falou muito sobre o Eneagrama.

Claudio: Não, não se falou sobre o Eneagrama mais do que seis horas. Seria mais adequado dizer que a formação de Óscar consistia, em grande medida, em práticas de desenvolvimento da atenção. Ele também me deu uma instrução fundamental: uma instrução tântrica na qual os meus canais corporais se abriram, uma alquimia repleta de movimentos e cores dentro de meu corpo. Isso ocorreu no deserto, num retiro de 40 dias ao qual Ichazo me enviou, me separando do grupo e me deixando sozinho numa caverna isolada.

D: O que você fez durante estes 40 dias no deserto, o que se passou com você?

C: Foi um retiro em que eu ingeria pouco alimento; alguém me trazia um pouco de comida num intervalo de determinados dias, embora não houvesse nenhum contato com esta pessoa, para não me interromper. Fato é que o centro energético de meu corpo caiu por terra, levei o hara *para a terra. Deste modo, uma luz começou a entrar pela minha cabeça. "Você teve a comunhão da luz", definiu Ichazo. A sensação foi a de ter incubado outro corpo dentro de mim, como se uma crisálida – uma pupa de borboleta – estivesse sendo tecida, um corpo que, imagino, emergirá quando eu completar o processo, que ainda não acabou. Naqueles dias, o estado mais claro foi o do nada, o não pensamento, um processo dominado por movimentos espontâneos que logo se transformaram em escrita automática, através da qual me chegou grande parte do que eu escrevi sobre o Eneagrama. Óscar também recebeu o Eneagrama por uma revelação, e ele me anunciou que o mesmo ocorreria comigo. "Prepare-se, porque será uma única vez em sua vida", ele me disse. Ele me pediu, inclusive, que eu levasse material para escrever na caverna.*

D: Quer dizer que você recebeu uma espécie de transmissão, como as descritas por Brahms ou Mozart quando recebiam sua música?

C: Este é um fenômeno conhecido na psicologia: a mão se move sozinha, como se a pessoa entrasse numa determinada frequência. Era um processo surpreendente, em que eu não sabia muito bem o que estava escrevendo. Mas o ditado se intensificou particularmente depois de Arica. E o mais importante é que, nos meses subsequentes, tudo se tornou sagrado para mim. Eu me sentia guiado ou inspirado pela presença do sagrado.

D: Em mais de uma ocasião, Ichazo disse que sua fonte de revelação sobre o Eneagrama foi o Arcanjo Metatron, da tradição judaica.

C: Ele não disse isso a mim pessoalmente, mas, sim, eu li a esse respeito. A mim, ele disse, uma parte lhe tinha sido ensinada com a prática, e que recebeu o restante por revelação. "Com você acontecerá igual", ele me disse. E ele tinha razão. Graças a essa experiência for-

mei meu primeiro grupo, e comecei a ensinar. Nele, estavam minha mãe e alguns dos amigos que recrutei para a experiência de Arica, como John Lilly e Joseph Hart.

D: Nesta época você já não tinha contatos frequentes com Ichazo. Não teve mais contato com ele depois de Arica?

C: Perdemos contato. E também perdi o interesse por ele. Eu tinha grande estima por Ichazo. Ele me botou para fora de sua escola, ou talvez tenha me cortado o cordão umbilical, e me lançou ao mundo. Ou então a minha própria iluminação não lhe era conveniente. Foi um jogo muito ambíguo, porque ele havia sido um transmissor para mim, e o nascimento espiritual pelo qual eu havia passado era inegável.

D: Entendo que Ichazo era um pouco charlatão e fraudulento, e também entendo que o discípulo se distancie do mestre para voar por conta própria...

C: O que aconteceu foi mais específico do que isso. A primeira manifestação de que uma ruptura se aproximava foi em Arica, quando John Lilly me abordou um dia e disse: "Jenny, a companheira de Ichazo anda dizendo que há que se ter cuidado contigo". Isso aconteceu quando retornei do retiro no deserto, época em que eu estava mais conectado com Ichazo. Fui encontrá-lo e percebi que algo estava acontecendo, algo que ele não tinha vontade de me explicar. Por fim, consegui arrancar dele uma explicação: "Você tem sido pouco generoso comigo".

D: Ele estava irritado com alguma coisa?

C: Havia um conflito entre nós envolvendo a propriedade da casa em que estávamos vivendo. A casa era minha, fiquei encarregado de projetá-la e investir dinheiro nela, junto com outros amigos. Os assistentes de Óscar começaram a fazer sérias queixas de que a propriedade deveria ser passada para as mãos dele.

D: Você se negou a doá-la a Ichazo?

C: Óscar tinha acabado de me dizer que gostaria de se aposentar, e queria que eu conduzisse os trabalhos com o grupo de Arica no ano seguinte. Ele me disse: "Eu o ajudarei, estarei atrás de você, guiando você. Você será meu sucessor". Portanto, eu não queria deixar para trás esta propriedade onde os estudantes seriam alojados no ano seguinte. Então, disse não aos assistentes de Ichazo. Eles ficaram furiosos.

D: E você não disse a eles que herdaria tudo aquilo?

C: A discussão sobre o assunto acabou ficando muito violenta e, finalmente, disse a eles o que Ichazo me havia dito. Contei o fato a Óscar, que me disse: "Você vai ter que negar isso". Ichazo chegou a omitir do grupo que eu estava no deserto por ordens dele. Ele me disse: "Invente uma história". Então, expliquei ao grupo que eu estava indo a Santiago para ver minha mãe. Durante o retiro, ele se encarregou de informar ao grupo que eu havia mentido, e que na verdade eu estava no deserto, num retiro que eu havia escolhido fazer, em vez de ficar trabalhando com o grupo. Acrescentou que eu estava acreditando ser um segundo Jesus. Talvez ele estivesse me colocando à prova.

D: Parece ser isso, mas este discurso ambíguo é muito estranho.

C: É uma história esquisita. Ao negar-me a passar a ele a propriedade da casa, e sem retomar o assunto, organizou uma assembleia. Diante de todos, e sem aviso prévio, disse que era necessário eliminar certas pessoas que não estavam à altura do grupo. Especialmente a mim. Fui eliminado "por ser independente", porque "resolvi ir ao deserto", por "ter pouco espírito de trabalho", por "pouca obediência ao mestre". E ele também eliminou do grupo as pessoas que me apoiaram.

D: Fez um expurgo.

C: Ele submeteu o assunto a uma votação. Para tanto, todos tínhamos que fazer entrevistas com todos, um por um. Ele nos colocou em um julgamento. O grupo não chegou a fazer mau juízo de mim, mas Ichazo insistia e insistia, reunia-se com o grupo, submeteu-os a *pressões e, no final, conseguiu uma votação contra mim. Quando fui me despedir dele, ele declinou de toda responsabilidade e me disse: "Isso é um karma do grupo: eles não entendem quem é você. Um dia pagarão por isso. Não se preocupe, eu sei qual vai ser o seu papel no futuro. Sei que você será uma pessoa fundamental para a mudança que haverá no mundo".*

D: Me surpreende que, apesar de tudo, você não tenha mais feito contato com ele durante 40 anos.

C: Dediquei a ele um de meus livros, como você sabe: "A Óscar, com quem aprendi muito mais do que o Eneagrama". Alguém veio me contar a reação de Óscar diante disso: "Em Claudio pode-se confiar, não é como todos estes que escrevem sobre o Eneagrama". Tenho a impressão de que Ichazo, naquela época, estava no auge de sua vida espiritual, e que foi como uma espécie de médium que foi usado pelas pessoas que estavam por trás dele. Na realidade, sempre senti que Ichazo era medíocre demais para ter criado tudo o que nos ensinava.

D: Você conheceu Ichazo um ano antes de Arica; imagino que já sabia o que poderia esperar dele.

C: Antes de ir a Arica, hesitei em relação à viagem e fiz uma consulta com uma clarividente, que me falou de Óscar. Ela me disse: "Você não vai se dar muito bem com ele, mas relacione-se sobretudo com quem está por trás dele". E eu sempre adotei essa postura de estar me relacionando com alguém que estava detrás dele. Respeitei Ichazo porque ele era meu único vínculo com uma tradição que ele representava, embora, de certo modo, ele me parecesse um excêntrico.

D: E quem – ou o que – estava por trás de Ichazo?

C: Imagino que tenha sido Al-Khidr.

D: Al-Khidr, "o homem verde" dos sufis?

C: Sim. Eu sempre o vi desse modo. Ichazo não sabia o que fazia, não sabia as razões pelas quais ele o fazia, só sabia que estava sendo dirigido, e que aquilo que fazia tinha efeitos; seguia algo que ele mesmo não era capaz de explicar. Suas explicações eram atrapalhadas: ele não tinha um nível intelectual elevado. Não estava à altura daquilo que ensinava, mas cumpria uma função de transmitir algo. Quando me enviou ao deserto, naquele retiro de 40 dias, eu me senti um homem muito velho. Ichazo me disse que Al-Khidr me havia contatado.

Antes de o grupo ser formado, ele me disse: "Não vou oferecer ao grupo o mesmo que oferecerei a você. Levarei você a um outro plano, mas o grupo irá contribuir com a energia necessária para isso. Mas não posso contar a eles o que vou oferecer a você". Mais tarde, claro, ele não podia dizer ao grupo: "Estou me aproveitando de vocês como fonte de energia". Ele dizia a mim: "O trabalho é com você. Minha missão termina em você". Porém, isso tinha que ficar oculto. Só agora estou finalmente falando sobre isso. Ichazo não admitirá isso em público. Talvez continue contando outra história diferente, como, por exemplo, que eu fui uma pessoa que teve uma passagem por seu grupo, mas que não ficou muito tempo, que não chegou tão longe, que ele não chegou a me transmitir tantos conhecimentos como havia desejado...

D: Na realidade, numa ocasião, Ichazo disse que os ensinamentos dele estão seguros com você, e garantiu que nunca houve um rompimento entre vocês dois. Mas, por outro lado, Ichazo continuou ensinando durante esses 40 anos. O que ele produziu?

C: Conversa fiada.

D: Conversa fiada? Bullshit?

C: Sobretudo. Não sei que efeito terá havido nas pessoas que ficaram com Ichazo. Há pessoas que conviveram muitos anos com ele no Havaí, e ele parece não ter mais uma reputação elevada de grande mestre. É o mestre de um grupo, mas não creio que continue tendo[27] a pretensão de que seria o mestre de sua época.

---

27. Embora os verbos da frase estejam no presente, cabe lembrar que esta entrevista ocorreu em 2015; portanto, antes do falecimento de Ichazo, em 2020 [N.T.].

D: Porém, ele foi uma figura fundamental em teu caminho.

C: Me impressiona que ele tenha vindo me entregar uma capacidade, a me despertar. E ele parecia dar muita importância a isso: era sua missão. Ele me contava muitas histórias de sua vida. Por exemplo, quando lhe perguntei qual foi seu primeiro contato com a escola, me disse: "Aconteceu quando eu nasci. Venho de um lugar isolado na Bolívia. Por acidente, nasci prematuro. E naquele dia surgiu um árabe, usando vestes tradicionais, trazendo muitos presentes. E explicou a meus pais que tinha se perdido, que vinha para o nascimento de outra pessoa e que, por favor, aceitassem os presentes, já que estava ali. E cantava para mim, e me fazia festas". Ichazo sentia que esse havia sido o primeiro contato com a escola. Por que digo isso neste momento? É como se ele tivesse feito o mesmo comigo, mas não sei muito bem como explicar isso.

D: Ichazo foi o teu árabe.

C: Sim, ele foi o meu parteiro árabe.

O Eneagrama de Naranjo

Conforme foi dito por John Lilly, companheiro de viagem de Naranjo em Arica, o Eneagrama transmitido por Ichazo consistia, nesta época, em uma coleção de diagramas e alguns poucos substantivos. Ichazo dava nomes às nove fixações do ego (mas não acrescentava qualquer explicação aos rótulos atribuídos): ressentimento (E1), adulação (E2), vaidade (E3), melancolia (E4), mesquinhez (E5), covardia (E6), planificação (E7), vingança (E8) e indolência (E9). Ele usava um diagrama para as armadilhas da fixação: perfeição, liberdade, eficácia, autenticidade, observação, segurança, idealismo, justiça e busca. Ichazo também explicou os nomes das nove ideias santas (santa perfeição, santa liberdade, santa esperança, santa originalidade, santa onisciência, santa fé, santo trabalho, santa verdade, santo amor), que são antídotos para as armadilhas da fixação e, naturalmente, também menciona as nove virtudes (serenidade, humildade, veracidade, equanimidade, desapego, valentia, sobriedade, inocência e ação), que são os antídotos para as nove paixões básicas. Por último, apresentou diagramas que mostram uma palavra para cada um dos 27 subtipos do Eneagrama, conforme o instinto social (de relação com o grupo), sexual (de relação íntima) e de autopreservação (para saber mais sobre o tema dos subtipos, pode-se consultar o livro *27 personajes en busca del ser, de Claudio Naranjo*). Além de apresentar estes diagramas, Ichazo não explicou nada sobre o Eneagrama. Ele elaborava suas tipificações "a olho", sem acrescentar nada. Não apresentou descrições dos tipos: tais descrições seriam a contribuição que Naranjo daria posteriormente.

A maior parte dos trabalhos de Ichazo não tinha a ver com o Eneagrama: durante o treinamento, ele fala sobre o *satori*, pratica a técnica do "transpasso" (uma espécie de catalisação do êxtase místico através do olhar), conversa sobre a natureza do universo e a posição que o homem ocupa nele etc. Também fala sobre astrologia e, sobretudo, dedica horas e horas a exercícios para desenvolver a atenção. Às vezes, estes consistem, simplesmente, em acariciar o próprio corpo com uma pluma; em outras vezes, praticam-se *dhirks* sufis voltados ao cultivo da presença por meio do movimento.

Claudio Naranjo, após seu retiro solitário no Deserto de Arica, conduzido pelo próprio Ichazo, começou a experimentar uma profunda compreensão do sistema do Eneagrama da Personalidade. Nos meses seguintes, Naranjo começou a escrever o atual *corpus* do Eneagrama da Personalidade: as descrições e estrutura dos tipos, a história da investigação sobre as paixões (começando por Teofrasto e Evágrio Pôntico), a psicodinâmica existencial de cada eneatipo, as observações etiológicas, os traços principais, os antecedentes dos eneatipos na literatura científica sobre o caráter, e especialmente em comparação com o DSM, os mecanismos de defesa implicados em cada caráter, o desenvolvimento da estrutura e a descrição dos subtipos, o trabalho dividido em painéis de subtipos etc. Todos esses conhecimentos foram desenvolvidos exclusivamente por Naranjo.

Berkeley e a cultura espiritual da Califórnia deixaram marcas indeléveis no Eneagrama de Naranjo e em sua aplicação prática a partir de 1970, graças ao programa SAT de formação psicoespiritual criado por ele, no qual são ensinados o Eneagrama e muitos outros elementos distintos: meditação, terapias mútuas, teatro terapêutico, constelações familiares, processo Hoffman, e no qual, além disso, Claudio conecta o trabalho de Gurdjieff com o de Arica. Graças aos trabalhos de Naranjo e a seu laboratório SAT de investigação, pelo qual passaram milhares de pessoas, pode-se dizer que o Eneagrama não somente é – como parece – um conhecimento revelado, uma tradição milenar no meio do caminho entre o sufismo e o cristianismo (e, talvez, até mesmo do budismo), mas tem, além disso, um aspecto acadêmico – a Psicologia dos Eneatipos – e, também, o claro desejo de ser uma ferramenta para a transformação individual e social, algo que se conecta claramente com o espírito da revolução da consciência ocorrida na Califórnia da década de 1960, que Claudio Naranjo, na condição de membro ativo, ajudou a promover.

Também em Berkeley, alguns de seus discípulos começaram a difundir os conteúdos de seus ensinamentos. Os primeiros foram John Lilly e Joseph Hart no livro *Psicologias transpessoais*, de Charles Tart. Porém esse texto, que o próprio Naranjo ajudou a divulgar, resumia apenas os ensinamentos de Arica, e de uma maneira quase incompreensível para o leitor não iniciado.

David: Se o trabalho com o Eneagrama é somente teórico, como costuma acontecer, não se chega a interiorizar.

Claudio: É isso. Esse texto de Lilly, por exemplo, está disponível no mercado há 40 anos sem que ninguém o tenha compreendido. Ninguém sabia nada sobre os subtipos. Entendia-se tão pouco que Don Richard Riso – no mundo dos cegos, quem tem somente um olho é rei – conseguiu sacar da manga sua explicação sobre as "asas" e conseguiu, inclusive, que acreditassem nele.

D: Agora que você falou nisso, achei muito divertido ter deparado, no livro de Don Riso e Hudson, com um sistema de subtipos sem pés nem cabeça, baseado nas "asas" dos eneatipos, e sem um correlato com a realidade da experiência que encontrei no trabalho com o Eneagrama no processo SAT. Assim, Don Riso subdivide os nove eneatipos básicos em 18 subtipos, segundo as "asas". Porém, pelo que entendi, o tema das "asas" é decorrência de um mal-entendido criado por você...

C: Receio que eu tenha sido o responsável pela associação da palavra "asas" ao Eneagrama. No primeiro SAT que dei, eu pedia aos participantes muita autoanálise por escrito, e lhes pedia que escrevessem um texto sobre cada uma de suas asas: se sou um E5, o que há em mim do E4, e o que há do E6? Dessa maneira, eu havia documentado sistematicamente o fato de que cada tipo tem muito a dizer sobre seus dois tipos vizinhos. Estamos numa geografia eneagramática em que cada um dos pontos é uma mandala que integra os dois pontos laterais e os dois tipos conectados internamente pelas linhas de fluxo. Somos o quinto elemento num sistema de meridiano e paralelo. Esses são os tipos que mais nos tocam: são como partes de nossa constituição. Assim, eu fazia com que todos adquirissem muita consciência em relação às suas asas.

D: E daí vem a atual distorção: a sopa da sopa...

C: O termo "asas" soava para Don Riso como algo cujo uso não havia sido suficientemente explorado; o mesmo lhe acontecia com a palavra "subtipos", embora eu não tenha apresentado os subtipos em Berkeley, e por isso ele não teve acesso às informações corretas sobre este tema. Na verdade, naqueles primeiros SATs apresentei muito pouco do que eu já sabia sobre o Eneagrama. Não apresentei sequer o Eneagrama das Virtudes.

D: O primeiro livro sobre o Eneagrama das Virtudes e o Eneagrama das ideias santas foi escrito por um discípulo seu: Almaas.

C: Hameed Ali – que mais tarde adotou o nome de Almaas – quis ter a prioridade de ser o primeiro a falar sobre as ideias santas. Ichazo via com maus olhos qualquer pessoa que escrevesse sobre este assunto, e nunca quis falar em público sobre as ideias santas. Estas eram incursões pessoais para pessoas que participavam de um retiro. E não era um tema para ser discutido a respeito: o tema das ideias santas consistia em algumas ideias muito simples que podem ser descritas numa frase, mas com as quais se pode trabalhar de um modo específico quando se está preparado para isso, no sentido de que se pode manter o foco da mente em um ponto, sem pensamentos subsequentes. Ou seja: trata-se de um trabalho para quem tem esta capacidade de concentração, uma capacidade de meditar sobre algo. Meditar sobre algo é poder contemplar uma ideia, sem que sua mente comece a se movimentar para lá e para cá.

Em um de meus primeiros encontros com Ichazo, deram a ele a notícia de que um grupo de alunos seus do ano anterior, na Bolívia, havia feito um trabalho sobre as ideias santas sem sua autorização. Ele ficou furioso e disse: "O trabalho acabou aqui". Depois me explicou o porquê: "O tema das ideias santas é muito delicado, é como dispor somente de uma bala: há que se reservá-la para o momento exato. Este recurso não pode ser usado duas vezes na vida. Tem que ser feito com uma mente fresca para a qual isso seja novidade".

D: Mas Ichazo escreveu o prefácio do livro de Almaas.

C: O trabalho de Almaas é totalmente alheio a Ichazo. Suspeito que ele tenha escrito o prefácio porque entendeu que Almaas publicaria seu livro de qualquer maneira, e porque assim Ichazo poderia, pelo menos, deixar claro o fato de que Almaas era um discípulo meu, de que ele havia aprendido por meu intermédio. Ele validou Almaas reintroduzindo a mim nesta equação, quando Almaas havia pretendido me relegar a um plano secundário.

D: A atitude de Ichazo é algo cuja compreensão sempre me escapa. Só posso compreendê-la do ponto de vista de um ocultista, de um esotérico. Às vezes ele o confronta, ainda que suavemente; noutras, pinta uma ótima imagem de você e o reconhece como continuador de sua obra.

C: Sim, é assim. Ninguém consegue entendê-lo.

D: Me surpreende também a postura de Almaas. No próprio prefácio de seu livro, ele lhe faz uma crítica absurda: diz que o trabalho dele é espiritual, ao passo que o teu Eneagrama é somente psicológico. Porém, ele introduz uma série de palavras espiritualizantes que são uma cópia malfeita de teu trabalho.

C: Ele queria dizer: "Eu sou o espiritual, aqui". Almaas faz o mesmo que os jesuítas fizeram: copiar minhas explicações, reproduzir anotações. Fingem estar se apropriando de uma tradição milenar, e que não há nada escrito que indique haver direitos autorais. A certa altura, um franciscano participava de meus workshops *no México, e passava o conteúdo ali transmitido a outro monge muito famoso, que escrevia em alemão. Certa vez, eu lhe enviei uma mensagem: "Como é que você, um franciscano, se permite roubar informações de meus* workshops*?" Ele me respondeu que a propriedade privada é um conceito relativo, e que os franciscanos têm uma outra ética a esse respeito.*

D: Interpretação curiosa...

C: Em todo caso, ele poderia ter mencionado algo como: "Naranjo diz que...", "Naranjo explica que..." Ele e outras pessoas falam de uma fonte esotérica, escudando-se no fato de que eu nunca explicava de onde retiro minhas informações.

D: Mas Almaas foi um aluno teu que teve destaque, um colaborador comprometido...

C: Na realidade, ele foi aluno em meu primeiro SAT na Califórnia, e este era um grupo grande. Aproximou-se para me pedir conselhos sobre o que fazer durante suas férias no Kuwait, seu país natal. "Visite os túmulos dos ímãs", eu lhe disse. A tradução do xiismo considera que o 12º ímã desapareceu. E Ichazo garantia que ele provinha da linhagem do 12º ímã, que a linhagem havia sido transmitida secretamente até ele, de modo que o ímã atual seria o próprio Ichazo, como um caminho até o próximo, o 13º.

D: De acordo com Ichazo, quem seria o 13º ímã?

C: Segundo ele me dizia, seria eu. E, na realidade, a experiência que tive no deserto foi como sentir-se um ímã. Durante séculos foi dito que o Mahdi, o ímã oculto, regressaria. O que dizia Ichazo era que a humanidade inteira agora seria ímã, e que ele transmitiria a faísca. É por isso que pedi a Almaas que visitasse o túmulo dos ímãs. Seguiu meu conselho e viajou ao Kuwait. Eu lhe disse: "Forme um grupo por lá, ensine um pouco do que você aprendeu no SAT. E quando lhe perguntarem sobre a origem de teus ensinamentos, diga que esta é uma forma de sufismo californiano".

D: Então é verdade que você alimentou o mito de que os sufis foram os inventores do Eneagrama.

C: Quando retornou do Kuwait, Almaas continuou a ensinar por conta própria, e deu-se conta de que poderia ser bem-sucedido sem mim. Porém, na Califórnia ele disse que o que ensinava era "uma forma de sufismo que havia aprendido no Kuwait", e começou a usar, sem a menor necessidade, termos árabes para muitas palavras, simplesmente para fazer parecer que tudo o que aprendeu no SAT vem de uma tradição árabe.

D: Pouco tempo depois, foi tua assistente Kathy Speeth que começou a ensinar o Eneagrama.

C: Ela era minha porta-voz, a pessoa a quem deleguei a logística do programa SAT. E era minha companheira sentimental. Naquele momento, já fazia três anos que eu tinha voltado de Arica. Eu havia começado a perder a inspiração. Ichazo já me havia dito: "Este é um presente, mas você o perderá, e depois terá que recuperá-lo por conta própria". Além disso, meu relacionamento com Kathy chegou ao fim, e ela começou a adotar uma postura muito crítica em relação a mim. Começou também a sentir que já não lhe era necessário ser fiel a este contrato de confidencialidade que firmou comigo. Assim, pôs-se a ensinar o que havia aprendido no SAT e, ao mesmo tempo, começou a negar minhas contribuições. Foi então que fui deixando o SAT morrer. Alguns de meus discípulos entenderam que isso os autorizava a ocupar meu lugar e apropriar-se de meus ensinamentos.

D: *Que papel teve Kathy na popularização de teus ensinamentos?*

C: *Por exemplo, foi ela que ensinou o Eneagrama a Helen Palmer.*

D: *Helen Palmer sempre disse que recebeu o Eneagrama diretamente de você.*

C: *Ela veio a alguns poucos encontros, nada mais. Assistiu a algumas reuniões públicas em que eu interrogava os alunos sobre sua personalidade, para que as pessoas pudessem ter uma amostra de como há um caráter semelhante no meio de um grupo de pessoas, e como, sem a necessidade de teorizar, podem-se ver os tipos ao vivo, quando se faz um interrogatório. Helen Palmer assistiu a essa demonstração, e é isso que ela chama, em seu livro, de "tradição oral".*

D: *Bob Ochs, o jesuíta, também era discípulo teu.*

C: *Ochs sabia que eu tinha mais apreço por ele do que por Kathy. Assim, disse a si mesmo: "Se ela ensina o Eneagrama, por que eu não?" Esta foi a segunda fase da popularização do Eneagrama.*

D: *Seguindo a lógica do Eneagrama, parece inevitável que ele acabasse sendo aberto ao mundo.*

C: *Não sei se isso era inevitável, talvez eu tenha sido descuidado ao não prever isso. Colaborei ativamente para a sua abertura: autorizei Bob Ochs a ensinar o Eneagrama aos irmãos de sua comunidade religiosa, contanto que ele o fizesse de uma maneira reservada. Não imaginei que essa atribuição faria com que Ochs se apropriasse daquilo que eu lhe ensinei. Escrever um livro sobre o Eneagrama é algo que, àquela época, nem sequer me passava pela cabeça. Estava claro que tampouco pela cabeça de meus discípulos: não lhes ocorreria escrever se eu não o fizesse primeiro. Porém, Ochs o fez. E, antes dele, escreveu um aluno seu, um outro jesuíta chamado Pat O'Leary. Curiosamente, tempos depois ele se queixou de que outro eneagramista permitiu-se roubar-lhe as informações e publicá-las em um livro. Os jesuítas são especialistas na doutrina dos pecados, portanto devem ter sentido que aquilo lhes pertencia. No entanto, estes livros dos jesuítas são bastante medíocres: todo o conteúdo está baseado no que eu disse, exceto por um ou outro capítulo sobre os pecados de Jesus, que é uma péssima contribuição. O truque usado por O'Leary para publicar um livro foi um tema inédito: "O Eneagrama de Jesus".*

D: [risos] E o que você me diz de Sandra Maitri?

C: Sandra Applebaum? Sim, também foi aluna minha. Quando criei o SAT em Berkeley, convidei Dhiravamsa a ensinar nos Estados Unidos. Tempos depois, ele abriu um centro e convidou Sandra a ensinar o Eneagrama junto com ele. Ela sentiu que, ao ser convidada por um professor do SAT, não violava o contrato comigo. Creio que se confundiu, que por meio de um jogo mental avaliou que aquilo não tinha importância, que estava tudo bem. Porém, ela não me consultou.

D: Dizem que o livro dela, A dimensão espiritual do Eneagrama, *é um dos poucos que não é tão ruim.*

C: O livro me pareceu decente, sem certas pretensões, como as que Helen Palmer apresentava ao introduzir um vocabulário especial, uma cópia do que já existia. Pelo menos, Sandra se formou no SAT, e isso lhe dá mais autoridade do que a Helen Palmer para falar sobre o Eneagrama.

D: O problema principal com os eneagramistas açucarados não é apenas um problema de otimismo patológico no que diz respeito ao caráter, e sim o de eles carecerem de um percurso experiencial sobre o tema: não se empenham em envolver-se num trabalho prático sobre o ego. Outra crítica objetiva é que esses manuais inventam termos cibernéticos para rebatizar coisas que já existem. Um divulgador do Eneagrama acaba de rebatizar o subtipo social como "o navegador", como alguém que saiba "navegar" muito bem. É ridículo.

C: Veja, não sou alguém que tenha lido exaustivamente manuais de Eneagrama, não estou muito apto a julgar. Só folheei alguns, pois tenho certa repulsa a eles. Porém, além do fato de nomes serem rebatizados, o que me parece pior é o roubo de informações. Há quem diga: "Helen Palmer chama o E1 de perfeccionista". Como se isso tivesse ocorrido a ela...

D: Para quem teve contato com você e com a tua escola, logo fica evidente a diferença abissal entre teus ensinamentos e o restante. Há um mistério, um quê de inefável que cerca o teu trabalho. Qual é o sentido profundo do fato de que tenha recaído sobre você o peso do Eneagrama? E qual é o sentido em haver no mundo uma tecnologia da consciência como o Eneagrama? Ele é uma espécie de bote salva-vidas quando estamos prestes a nos afogar?

C: Posso lhe dizer algumas coisas que Ichazo me disse em nossos primeiros encontros. Ele tinha a consciência de ser um porta-voz, nos anunciava que surgia como um indivíduo-semente, que havia sido preparado como um indivíduo-semente para trazer certos conhecimentos às Américas, que daria início a uma outra época histórica, uma nova fase. Previu uma mudança de era, e que a mudança seria precipitada pelo trabalho que ele estava introduzindo, e depositando em mim.

D: Você acreditou nele?

C: Nunca acreditei totalmente nisso, mas não podia deixar de me perguntar se eu realmente era essa pessoa que ele descrevia. Outra explicação de Ichazo nos primeiros dias sobre por que aquilo estava acontecendo naquele momento foi: "Porque agora o progresso da psicologia permite que este conhecimento tenha penetração. É o momento exato para que este conhecimento seja recebido, apreciado". Referia-se ao fato de que, em épocas anteriores e sem a mediação da psicologia, o Eneagrama teria que ser apresentado como um esoterismo.

D: Mas ele exigia sigilo no ensinamento do Eneagrama.

C: Sim, ele não era coerente. Recebi dele uma mensagem ambígua. Por um lado, ele me dizia: "Você vai ensinar isso tudo em meu lugar, você já está preparado para tal, vou lhe dar a chave". Por outro lado, repetia a todos: "Isso não é para ser compartilhado com o mundo". Então, o que eu deveria fazer? Eu não tinha mais contato com Ichazo, deveria decidir por mim mesmo. Então decidi formar um grupo privado, como o próprio Ichazo havia feito. Decidi não publicar livros, tampouco autorizar alguém a ensinar o Eneagrama. E, quando foi rompido o compromisso que eu exigia de meus alunos, o Eneagrama começou a se espalhar pelo mundo. E começaram a surgir piratas do Eneagrama que se dedicavam apenas a plagiar as minhas contribuições. Mas, como se costuma dizer, "o diabo não sabe para quem trabalha".

Contribuições posteriores

Quando, em 1984, Pat O'Leary publicou (em coautoria com Maria Beesing e Robert Nogosek) o primeiro manual sobre o Eneagrama, estava muito longe de suspeitar o tamanho da bola de neve que estava começando a crescer pelo mundo. O seguinte foi Don Richard Riso: aluno de O'Leary, publicou o livro *Personality types* em 1987.

Uma leitura atenta da obra de Don Riso revela contradições inevitáveis para qualquer pessoa que tenha uma profunda formação experiencial no Eneagrama. O problema do manual de Don Riso é, sobretudo, que ele faz plágio não apenas do costumeiro (as descrições tipológicas de Naranjo), mas também reproduz as comparações que Naranjo faz no Eneagrama, buscando equivalências dos tipos de personalidade na literatura científica psiquiátrica: Don Riso não sente o menor constrangimento em citar equivalências entre os tipos e Freud, Jung ou Karen Horney sem lembrar-se de citar sua fonte além de uma mísera nota de rodapé.

Além disso, à já mencionada crítica à hipótese das "asas" e dos "subtipos" baseados nelas, eu acrescentaria, a título de amostra, outra importante crítica associada aos seus supostos "níveis de desenvolvimento". Don Riso explica que nossa personalidade está em constante mutação, "às vezes para melhor, outras vezes para pior", e em seguida explica, de um modo maniqueísta, que estes supostos níveis de desenvolvimento "têm uma gradação que vai do branco puro até o negro puro, com muitos tons cinzas entre eles". Tal visão puritana também implica um mercantil viés condutor para o qual devemos estar atentos, já que Don Riso introduz uma falsa polaridade entre funcionalidade e neurose, que não tem nenhuma relação com o objetivo da transformação. O cerne da questão é que Don Riso confunde os "traços mais saudáveis" dos caracteres com o conceito já explicado de normose, e os "traços menos 'saudáveis'" com a neurose. Em suma, ele afirma que há "nove níveis de desenvolvimento em cada tipo de personalidade: três na faixa saudável, três na faixa média e três na faixa não saudável".

Certa ocasião, Don Riso foi indagado acerca da origem desta ideia. Respondeu que construiu sua escala de nove níveis de desenvolvimento conforme seus pacientes, que notava "estarem melhorando", ou seja, iam se mostrando mais felizes. Porém, tanto a experiência real do trabalho vivencial com o Eneagrama como os inúmeros exemplos literários sobre as duras provas enfrentadas na jornada do herói nos indicam que há muitos momentos da viagem rumo à consciência em que a pessoa não só se percebe mal como se vê ainda pior do que quando não tinha consciência sobre suas patologias. Além disso, é comum que muitas pessoas reintegrem os traços mais desagradáveis de seu caráter, empregando-os de uma maneira útil em sua busca. Por exemplo, um E1 poderá aplicar sua severidade na confrontação terapêutica de pacientes evasivos, ou na luta pelos direitos humanos; um E8 poderá empregar sua força para brigar contra as inúmeras injustiças do mundo; um E7 certamente passará por um calvário de solidão e de dores como parte de seu caminho rumo a uma reconexão mais sincera com a vida etc. Don Riso afirmou que as pessoas podem avançar "na direção da integração" (ou seja, a direção oposta às linhas de fluxo do Eneagrama) ou "na direção da desintegração" (a direção indicada por tais linhas). Para Don Riso, a direção de integração é "o caminho de menor resistência"; o oposto representaria o caminho da "deterioração psicológica". Este enfoque é absurdo: na realidade, qualquer pessoa manterá uma distância saudável de seu caráter ao visitar ambos os pontos de fluxo, ainda que isso signifique que a pessoa passará por situações difíceis – e não pode ser de outro modo para quem enfrenta seus próprios demônios interiores.

Desde a publicação do manual de Don Riso, o fluxo de livros despejado no mercado sobre o tema tem sido incessante. Helen Palmer publicou seu manual em 1988, inspirada naquilo que aprendeu nas já mencionadas sessões junto a Naranjo e no que lhe foi transmitido por Kathy Speeth. Poucos anos depois, já havia nas livrarias norte-americanas uma verdadeira avalanche de manuais de Eneagrama que são cópias destes dois primeiros títulos. Nenhum deles faz pesquisas: privilegia-se a divulgação e a repetição do que já foi publicado. Segundo o Professor Lluís Serra, outras consequências disso serão "proporcionar um material muito cobiçado pela *New Age*, do qual ela faz um uso ambíguo; explorar sua dimensão econômica, pois as edições impressas, e sobretudo os cursos, representam uma considerável fonte de renda..."

Diante do *boom* do Eneagrama nos Estados Unidos nas décadas de 1980 e de 1990, o Professor Alfonso Montuori escreve:

> Está claro que todos se beneficiaram ao minimizar a importância do papel de Naranjo. Enquanto Naranjo continuasse sendo uma autoridade – e o originador – do Eneagrama nos Estados Unidos, todos os demais professores de Eneagrama dependeriam, de certa maneira, de seu "selo" de aprovação. Naranjo tinha a reputação de ser dotado de um intelecto formidável, com uma bagagem enciclopédica e um evidente conhecimento da psicologia e da psiquiatria. Já que muitos dos autoproclamados mestres de Eneagrama pareciam carecer de uma ampla formação acadêmica em psicologia, não surpreende que a maioria deles: a) não desejassem ser analisados, e b) optassem por um "atalho espiritual", para empregar uma expressão de John Welwood.
>
> A autoridade mundana de Naranjo é convenientemente minimizada, de modo muito semelhante a como minimizou-se a autoridade do intelectual, da Igreja europeia e de seus representantes na primitiva história dos Estados Unidos. Em muitos sentidos, Naranjo é um bom exemplo de intelectual "europeu", "do Velho Mundo", rejeitado pelo "Novo Mundo", com seu acesso direto e sem intermediários à intuição e à sabedoria. Os novos mestres do Eneagrama podem agora trabalhar com o modelo básico, ou com qualquer variação que tenham aprendido, e deixar o resto a cargo de sua própria e inspirada hermenêutica.
>
> Parece estar claro que o problema não é a rejeição categórica das autoridades, pois não poderia ser diferente, mas hoje o Eneagrama conta com mais "autoridades" do que jamais teve. O que observamos é: a) uma proliferação de mestres e escolas do Eneagra-

ma; b) uma enorme expansão na escolha de mestres; c) seguida de um tremendo enfraquecimento e banalização dos ensinamentos originais, que Naranjo, usando uma história de Nasrudin, denominou de "sopa da sopa da sopa" – ou seja, a mensagem original foi diluída a ponto de não ser mais reconhecida; e d) desembocando na comercialização e na transformação do Eneagrama em objeto de consumo em massa. Portanto, o problema, me parece, consiste em algo além do fato de não ser aceitável que haja um único mestre e que, em última instância, considerando a estrutura tão visível do Eneagrama, haja indivíduos com suficiente "inspiração", "graça", ou simplesmente "cara de pau" para simplesmente passear pelo tema, e não apenas aprender, mas ensinar e, sobretudo, ganhar a vida com isso.

A reação de Ichazo diante do *boom* de plágios não se fez esperar. Numa carta escrita em 1986, ele denuncia o "constante assalto e o uso equivocado do material de Arica", acusa O'Leary, Beesing e Nogosek de plágio e lhes reprova a armadilha de produzir "coquetéis místicos que levam à confusão". Pouco depois, em 1987, Ichazo escreve outra carta em que também acusa de plágio Don Richard Riso e outros autores de manuais de Eneagrama. Acusa-os de não compreender o sistema e de copiá-lo sem trazer qualquer contribuição.

Porém, acima disso tudo, se tornará famosa uma queixa na Justiça contra Helen Palmer, que resultará no julgamento conhecido como "Arica contra Palmer", circunstância na qual Ichazo atacou duramente esta autora, por considerá-la uma plagiadora sem escrúpulos. No entanto, a Corte de Justiça que julgou o caso em 1991 acabou indeferindo a queixa, considerando que, embora tenha havido indícios de plágio, não era possível reconhecer que Ichazo tivesse direitos de propriedade intelectual sobre o Eneagrama da Personalidade. Além disso, Palmer argumentou, em sua defesa, que não havia copiado Ichazo, mas... Naranjo! Uma famosa piada descreve com precisão esta situação que se criou:

Após a sessão no tribunal, o advogado diz a seu cliente:

– Como você pode ver, você foi declarado inocente, graças a meu trabalho em sua defesa. Mas, cá entre nós, me diga: foi você quem assaltou o banco?

O cliente responde:

– Creio que sim, mas depois de ouvir as suas alegações, já não tenho tanta certeza...

Em textos posteriores, Ichazo mostra em relação a Naranjo uma atitude muito diferente da que mostrara em relação a Palmer e seus companheiros: ele valoriza o poder transformador da psicoterapia e diz ter seu antigo discípulo em alta estima. Em momento nenhum denuncia Naranjo por ensinar ou ter escrito livros sobre o Eneagrama, e nega que tenha brigado com Naranjo. "Nunca rompi com Claudio", garante ele numa de suas cartas que vieram a público. Em outras circunstâncias, disse estar tranquilo sabendo que o Eneagrama está nas mãos de Claudio, e chega a dizer que "Naranjo é um dos teóricos de maior destaque de nossos tempos, e demonstrou sua capacidade, bem como sua erudição, aos quais deve-se acrescentar sua integridade intelectual ao transferir para seus discípulos uma transmissão fiel daquilo que eu lhe ensinei [...]". O que resta, portanto, por detrás da ausência de contato entre Ichazo e Naranjo, "pai" e "mãe" do Eneagrama da Personalidade, ao longo de 40 anos? A minha suspeita é que Ichazo disse a verdade ao declarar que nunca rompeu com Naranjo, e que de algum modo lhe deu apoio a distância, pelo menos no período inicial, mas não tenho provas disso; e tanto um quanto outro sempre mostraram muita discrição sobre esta questão. O fato sobre o qual não paira dúvidas é que estes dois mestres do Eneagrama provêm de uma tradição, e que, em sintonia com as tentativas de ocultação do sistema durante séculos, é evidente que tanto Ichazo quanto Naranjo tentaram proteger pelo menos uma parte do *segredo* do Eneagrama, que é justamente a peça fundamental que falta a todos os divulgadores do Eneagrama. Porém, especular sobre isso só serviria para criar ainda mais confusão: somente um jogo incompreensível entre mestres seria capaz de explicar isso, e junto com o desaparecimento deles, o segredo de ambos se perdeu, como acontece nesta história da tradição hassídica:

Quando o grande Rabino Israel Baal Shem Tov percebia que um ataque estava sendo tramado contra seu povo, ele se isolava num certo lugar do bosque, acendia uma fogueira, recitava uma prece, e então acontecia um milagre: a ameaça acabava desaparecendo.

Tempos depois, quando seu discípulo mais próximo, o rabino de Mezeritch, dizia rogar aos céus pelo mesmo motivo, ia a este lugar do bosque e dizia:

– Ouça-me, Deus: não sei como acender a fogueira, mas sou capaz de recitar a prece.

Passado um tempo, o Rabino Moshé Leib de Sassov, na tentativa de salvar seu povo, dizia:

– Não sei como acender a fogueira, não conheço as preces, mas sou capaz de localizar o lugar no bosque. Isso lhe basta, Senhor?

Tempos depois, quando coube ao Rabino Israel de Rizhin eliminar a ameaça, sentado em sua poltrona, colocou a cabeça entre as mãos e disse ao Supremo:

– Sou incapaz de acender a fogueira, não conheço as preces, não consigo localizar o lugar no bosque. Tudo o que sei fazer é contar esta história... Ajude-me!

Com o passar do tempo, os discípulos deste rabino esqueceram-se da história...

5
Dez conselhos para seguir trabalhando

Agora que você terminou a leitura deste livro, talvez queira alguns conselhos sobre como seguir trabalhando em si mesmo. Talvez você já tenha colocado alguns deles em prática. Caso contrário, todos eles lhe servirão para aprofundar seu processo de autoconhecimento. Se estiver tomado pelo entusiasmo, você não precisará praticar os dez de uma só vez: bastará, para começar, que escolha um deles, e o coloque em prática ainda nesta semana.

1 Procure um terapeuta. A sua vida melhorará em todos os sentidos, mesmo que você tenha que, no início, aceitar algumas situações difíceis de engolir. Em todo processo de autoconhecimento é comum que primeiro você piore, antes de começar a sentir alguma melhora: as suas contradições pessoais ficarão mais agudas, suas velhas feridas voltarão a se abrir; você se parecerá com uma chaga humana. E, no entanto, se perseverar, em algum momento você olhará para trás e se dará conta de que já não é mais aquele irresponsável inconsciente que vivia prejudicando as pessoas e, sobretudo, que estava prejudicando a si mesmo; ou que levava uma vida embotada, sem ousar a retirar a cabeça que enterrara no chão feito um avestruz; ou que vivia apenas para trabalhar, como um autômato. A segunda coisa que você terá de enfrentar é o preconceito de que terapia é somente para os doentes. Fritz Perls dizia que a sua grande invenção, a terapia Gestalt, é "boa demais para ser empregada apenas com os doentes".

2 Participe de um grupo de formação e apoio terapêutico. Se na terapia individual o crescimento acontece, em um grupo de trabalho este é multiplicado. Francisco Peñarrubia, mestre dos gestaltistas, escreveu: "O grupo é o espaço privilegiado de experimentação social. O grupo enxerga você, ilumina seus pontos cegos, resgata suas qualidades inatas, e salva você da maldição familiar original, ou seja, da programação ocorrida na infância, que o ajudou a sobreviver no lar, mas que o torna inválido no mundo". Há poucas coisas mais saudáveis do que ousar juntar-se a um grupo de formação e apoio terapêutico: a capacidade para o confronto sadio, a sabedoria espontânea do companheirismo e da comunidade jamais o abandonarão. Talvez seja útil uma formação em terapia Gestalt, em terapia corporal, em um grupo do Quarto Caminho etc. Qualquer trabalho em que a regra básica seja dizer as coisas às pessoas na cara, sem rodeios.

3 Participe do programa SAT. Se o Eneagrama da Personalidade lhe desperta algum interesse, você não encontrará em nenhum lugar do mundo um trabalho tão profundo e transformador como o SAT. Neste processo de autoconhecimento, o Eneagrama ganha vida, transforma-se em experiência, fenomenologia nua e crua. Porém, o SAT não se limita ao Eneagrama: trata-se de um conjunto de 17 ferramentas terapêuticas e espirituais entrelaçadas de tal modo que funcionam como um catalizador da consciência. Os testemunhos de transformação dados por muitas pessoas que participaram do programa falam por si, e há livros, como *27 personajes en busca del ser* [de Claudio Naranjo], nos quais alunos do SAT relatam em pormenores as mudanças que esta travessia vital lhes proporcionou.

4 Movimente-se. Somos um *continuum* de corpo e mente, embora pareça que sejamos apenas mente. Seu corpo está triste –

dê alegria a ele. A autorregulação organísmica significa que o corpo sabe do que necessita para estar bem, contanto que ele não sofra interferências neuróticas. E uma maneira de conseguir esta autorregulação é deixar o corpo fluir em liberdade. E o que dizer sobre o contato físico? Somos mamíferos! Precisamos sentir o contato da pele do outro na nossa... Serão úteis a você a *yoga*, o *chi kung*, a dança, as artes marciais... mas, especialmente, os trabalhos que envolvem contato: movimento autêntico, a técnica Rio Aberto, a dança Contato-improvisação, a massagem etc.

5 Faça autoanálise. Karen Horney e outros grandes psiquiatras recomendavam algo que já se encontrava nas origens da psicanálise, mas que se perdeu em razão de um corporativismo mal-entendido: a autoanálise. Autoanalisar-se não significa prescindir de auxílio profissional, mas aprender que a pessoa também pode estudar a si mesma, como algo que vai além de um mero complemento: adquirir consciência de como somos e do que fazemos é realmente transformador. E isso não se limita a permanecer um tempinho sozinhos, conosco mesmos, sendo sincero com a verdade de nossa própria vida, observar-se ou tentar abandonar os automatismos; implica também se relacionar com outras pessoas que estão na mesma busca que a sua, e aceitar o que elas lhe dizem, ainda que isso cause dor, assim como ajudá-las carinhosamente para que possam enxergar a si mesmas – contanto que elas tenham manifestado o desejo de escutar as suas opiniões (lembre-se: uma intervenção terapêutica não solicitada equivale a uma agressão).

6 Escreva uma autobiografia. No trabalho com o Eneagrama, recomenda-se a todos que tenham conseguido identificar o seu eneatipo que deem início a um curso adicional de autoestudo, mediante a redação de uma autobiografia que leve em conta esta compreensão: ela deverá incluir lembranças da infância, situações dolorosas, experiências familiares nos primeiros anos de vida etc., de modo que, por meio desta leitura, possa ficar claro o modo pelo qual se formou o caráter. O ato de se permitir estar em contato com as lembranças e as reminiscências que surgirem durante a escrita dará ao texto um enorme valor humano e terapêutico. No momento em que a pessoa terminar esse exercício, estará mais disposta a observar sua vida atual e seus automatismos.

7 Preste atenção em suas emoções negativas. Uma das contribuições mais valiosas do trabalho com o Eneagrama foi termos recuperado o legado de Gurdjieff e, com isso, a atenção às emoções negativas e ao "sofrimento consciente", recomendada pelo mestre armênio. Gurdjieff recomenda que permaneçamos deliberadamente em contato com tais emoções, observando-as mesmo que elas doam, sabendo que o sofrimento tem origem na frustração das paixões, e que, portanto, não se trata de uma dor verdadeira, profunda e penetrante, e sim o tipo de angústia que estamos acostumados a perpetuar. A dor é um sentimento que deriva da perda, de verdadeiras feridas físicas ou emocionais, e a sua duração costuma ser breve e proporcional ao evento ocorrido; o sofrimento, pelo contrário, é a resposta cognitivo-emocional diante da dor e, como tudo que se relaciona com a cabeça, é ampliada e adquire uma intensidade exagerada, podendo durar por um tempo indefinido, mesmo que a situação que a provocou já tenha se acabado. Há que se aprender, portanto, a diferença entre dor e sofrimento: a dor é inevitável; o sofrimento é opcional.

8 Medite. Este é um dos passos mais difíceis. Meditar exige paciência, perseverança, não deixar que esta prática se transforme na última prioridade do dia... No entanto, quem se agarra a ela não a solta mais: para muitas pessoas, a meditação se transforma num retiro de paz que lhes permite recuperar o equilíbrio psíquico em meio a uma sociedade enlouquecida. Este "não fazer nada" da meditação, e tão somente respirar, é um dos mais poderosos fatores de autorregulação que existem. Para meditar não é sequer necessário sentar-se na postura de lótus, como no método vipassana; pode-se meditar dançando, como fazem os dervixes giróvagos da ordem sufi mevlevi. Ou pode-se praticar meditações ativas (Osho inventou muitas delas), que o preenchem com energia. Por último, a pessoa que medita com frequência pode chegar a desenvolver uma atitude meditativa natural diante da vida, que, sem dúvida, lhe abrirá novas dimensões do sutil.

9 Espiritualize sua vida, com os pés no chão. Se você é muito materialista, está na hora de deixar de lado o tabu cultural relacionado à percepção do sutil, ao qual estamos presos no Ocidente. Uma árvore é mais do que um pedaço de madeira quantificável em dólares (para os gregos e os romanos, cada árvore tinha o seu *daimon*, seu gênio particular). O mundo é um lugar mágico e a pessoa pode abrir-se a ele sem precisar renunciar à mente científica. Por outro lado, algumas pessoas ficam presas ao seu processo de espiritualização, e perdem contato com a vida material – o que não é desejável. O item 4 desta lista (movimentar-se, estar em contato com o corpo) ajudará a evitar que isso ocorra. Espiritualizar a vida tem muito a ver com o que Naranjo denomina "fazer-se mais transparente": não falsificar a si mesmo, não esconder o que você sente, tampouco exagerar a importância deste sentimento, mas simplesmente dizer o que se passa com você sem trapacear a si mesmo. Isso requer a coragem de mostrar-se frágil, de sentir dor, de deixar expostas até mesmo as suas fraquezas, o "seu lado B". Os sacerdotes conhecem muito bem o poder de cura de uma confissão (embora o tenham utilizado tão mal): dizer o que você sente, desnudar-se emocionalmente em público tem o poder de liberar o sofrimento e, com frequência, desencadeia reações de profunda solidariedade nas pessoas ao seu redor.

10 Leia Claudio Naranjo. Se, ao longo de centenas de páginas, eu lhe repeti que a pessoa que sabe disso tudo é vovô Naranjo, e você teve a paciência de me ler até aqui, não dará agora o último passo? Naranjo tem a chave do Eneagrama. A simples leitura de seus livros já pressupõe uma séria implicação com o próprio trabalho de autoconsciência. Comece com *A revolução que esperávamos*. Passe, então, a *27 personajes en busca del ser*, a *El viaje interior* e a *Cantos del despertar*, e na sequência atreva-se a ler *Carácter y neuroses* e *Autoconocimiento transformador*. Acredite: será o dinheiro mais bem gasto que você já investiu em qualquer outro livro sobre o Eneagrama – incluindo este aqui.

Referências

ARENDT, H. *Eichmann em Jerusalém – Um relato sobre a banalidade do mal*. São Paulo: Companhia das Letras, 1999.

BENNETT, J. *Estudios sobre el eneagrama*. Málaga: Sirio, 2007.

BUZZATI, D. *O deserto dos tártaros*. Rio de Janeiro: Nova Fronteira, 2017.

CAPRILES, E. *Budismo y Dzogchen*. Barcelona: La Llave, 2000.

DeMEO, J. *Saharasia: The 4000 BCE Origins of Child Abuse, Sex-Repression, Warfare and Social Violence, in the Deserts of the Old World*. Londres: Natural Energy Works, 2011.

EHRENREICH, B. *Sorria – Como a promoção incansável do pensamento positivo enfraqueceu a América*. Rio de Janeiro: Record, 2013.

FERNÁNDEZ GONZALO, J. *Filosofia zombi*. Barcelona: Anagrama, 2011.

FITZGERALD, F.S. *O grande Gatsby*. São Paulo: Penguin/Companhia das Letras, 2011.

FONSECA, R. *O cobrador*. Rio de Janeiro: Nova Fronteira, 2012.

GLENNY, M. *McMáfia – Crime sem fronteiras*. São Paulo: Companhia das Letras, 2008.

GRAU, S. *Antologia obituària dels filòsofs de la Grècia antiga*. Martorell: Adesiara, 2009.

GURDJIEFF, G.I. *Encontro com homens notáveis*. São Paulo: Pensamento, 1974.

HAKIM, C. *Capital erótico – Pessoas atraentes são mais bem-sucedidas: a ciência garante*. Rio de Janeiro: Best Business, 2012.

JODOROWSKY, A. *A dança da realidade*. São Paulo: Devir, 2009.

JODOROWSKY, A. *Cabaret místico*. Madri: Siruela, 2006.

KAFKA, F. *A metamorfose*. São Paulo: Companhia das Letras, 1997.

KINGSLEY, P. *En los oscuros lugares del saber*. Vilaür: Atalanta, 2014.

LLULL, R. *Ars brevis*. Barcelona: Universidade de Barcelona, 2009.

MAILER, N. *O castelo na floresta*. São Paulo: Companhia das Letras, 2007.

MAITRI, S. *A dimensão espiritual do Eneagrama – As nove faces da alma*. São Paulo: Cultrix, 2000.

MIGOYA, H. *Todas putas*. Barcelona: El Cobre, 2003.

MILLER, A. *Por tu proprio bien – Raíces de la violencia en la educación del niño*. Barcelona: Tusques, 2006.

MOURAVIEFF, B. *Gnose: estudos esotéricos*. São Paulo: Cone, 1989.

NABOKOV, V. *Lolita*. São Paulo: Alfaguara, 2011.

NARANJO, C. *A revolução que esperávamos*. Brasília: Verbena, 2015.

NARANJO, C. *Autoconocimiento transformador – Los eneatipos en la vida, la literatura y la psicoterapia*. Barcelona: La Llave, 2014.

NARANJO, C. *Cantos del despertar – El viaje del héroe en los grandes poemas de Occidente*. Barcelona: La Llave, 2014.

NARANJO, C. *27 personajes en busca del ser*. Barcelona: La Llave, 2013.

NARANJO, C. *El viaje interior en los clásicos de Oriente*. Barcelona: La Llave, 2013.

NARANJO, C. *Carácter y neuroses, una visión integradora*. Barcelona: La Llave, 2012.

NARANJO, C. *Sanar la civilización*. Barcelona: La Llave, 2012.

NARANJO, C. *La mente patriarcal*. Barcelona: RBA, 2010.

NARANJO, C. *O Eneagrama da sociedade – Males do mundo, males da alma*. São Paulo: Esfera, 2004.

NIETZSCHE, F. *O anticristo*. São Paulo: Companhia das Letras, 2016.

NIETZSCHE, F. *Além do bem e do mal*. São Paulo: Companhia de Bolso, 2005.

O'LEARY, P.; BEESING, M.; NOGOSEK, R. *El eneagrama: Un camino hacia el autodescubrimiento*. Madri: Narcea, 1992.

ORDÓÑEZ, M. *Big Time: La gran vida de perico vidal*. Barcelona: Libros del Astreoide, 2014.

OUSPENSKY, P.D. *Fragmentos de um ensinamento desconhecido – Em busca do milagroso*. São Paulo: Pensamento, 1982.

PALMER, H. *O Eneagrama: compreendendo-se a si mesmo e aos outros em sua vida*. São Paulo: Paulinas, 1993.

PATEL, R. *Obesos y famélicos*. Barcelona: Los Libros del Lince, 2008.

POSTMAN, N. *Divertirse hasta morir*. Barcelona: Tempestad, 2001.

REICH, W. *Crianças do futuro – Sobre a prevenção da patologia sexual*. Trad. José Henrique Volpi e Sandra Volpi. Curitiba: Centro Reichiano Volpi.

RISO, R.; HUDSON, R. *A sabedoria do Eneagrama – Guia completo para o crescimento psicológico e espiritual dos nove tipos de personalidade*. São Paulo: Cultrix, 2014.

SALMON, C. *Storytelling*. Barcelona: Península, 2008.

SERRA, L. *El eneagrama de las pasiones*. Barcelona: Universidade Ramon Llull, 2012 [Tese de doutorado].

SHAH, I. *As façanhas do incomparável Mulá Nasrudin*. Rio de Janeiro: Tabla, 2016.

SHAH, I. *As gaiatices do incrível Mulá Nasrudin*. Rio de Janeiro: Tabla, 2016.

SHAH, I. *As sutilezas do inimitável Mulá Nasrudin*. Rio de Janeiro: Tabla, 2016.

SHAH, I. *Humor sufi: el poder espiritual de la risa*. Barcelona: RBA, 2008.

SHAH, I. *El yo dominante*. Barcelona: Kairós, 2000.

SHAH, I. *Os sufis*. São Paulo: Cultrix, 1987.

SHIRLEY, J. *Gurdjieff: vida y enseñanzas*. Barcelona: La Liebre de Marzo, 2011.

SIEGEL, D.J.; HARTZELL, M. *Ser padres conscientes*. Barcelona: La Llave, 2012.

SINGER, I.B. *Um amigo de Kafka*. São Paulo: L&PM Pocket, 2005.

SOKAL, A.; BRICMONT, J. *Imposturas intelectuais*. Rio de Janeiro: Bestbolso, 2014.

SUBIRATS, E. *Intransiciones, crítica de la cultura española*. Barcelona: Biblioteca Nueva, 2013.

TARNAS, R. *Cosmos y psique*. Vilaür: Atalanta, 2008.

TART, C.T. *Psicologías transpersonales*. Barcelona: Paidós, 1994.

TAYLOR, S. *La caída – Indicios sobre la Edad de Oro*. Barcelona: La Llave, 2008.

TOLSTÓI, L. *Anna Kariênina*. São Paulo: Companhia das Letras, 2017.

TOOLE, J.K. *Uma confraria de tolos*. Rio de Janeiro: Record, 1987.

VOLLMAR, K. *El secreto del eneagrama*. Barcelona: RBA, 2007.

VV.AA. *Claudio Naranjo, dimensiones de la única búsqueda*. Barcelona: La Llave, 2014.

ZUBER, R. *Quién es usted, señor Gurdjieff?* Barcelona: La Llave, 2012.

ZWEIG, S. *O mundo que eu vi*. Rio de Janeiro: Record, 1999.

Para saber mais sobre o Eneagrama e sobre Claudio Naranjo no Brasil, você poderá consultar as seguintes páginas na internet:

- Programa SAT de Claudio Naranjo no Brasil: o Eneagrama ao vivo:
  www.programasatbrasil.com.br
- Programa SAT de Claudio Naranjo na Espanha e no mundo:
  www.programasat.com
- Fundación Claudio Naranjo: com sede na Espanha, trata-se da organização criada por Claudio Naranjo e por seus colaboradores, para que seu legado se torne conhecido:
  www.fundacionclaudionaranjo.com

A maioria dos livros de Claudio Naranjo foi publicada em espanhol pela Ediciones La Llave
www.edicioneslallave.com

CULTURAL

Administração
Antropologia
Biografias
Comunicação
Dinâmicas e Jogos
Ecologia e Meio Ambiente
Educação e Pedagogia
Filosofia
História
Letras e Literatura
Obras de referência
Política
Psicologia
Saúde e Nutrição
Serviço Social e Trabalho
Sociologia

CATEQUÉTICO PASTORAL

Catequese
Geral
Crisma
Primeira Eucaristia

Pastoral
Geral
Sacramental
Familiar
Social
Ensino Religioso Escolar

TEOLÓGICO ESPIRITUAL

Biografias
Devocionários
Espiritualidade e Mística
Espiritualidade Mariana
Franciscanismo
Autoconhecimento
Liturgia
Obras de referência
Sagrada Escritura e Livros Apócrifos

Teologia
Bíblica
Histórica
Prática
Sistemática

VOZES NOBILIS

Uma linha editorial especial, com importantes autores, alto valor agregado e qualidade superior.

REVISTAS

Concilium
Estudos Bíblicos
Grande Sinal
REB (Revista Eclesiástica Brasileira)

VOZES DE BOLSO

Obras clássicas de Ciências Humanas em formato de bolso.

PRODUTOS SAZONAIS

Folhinha do Sagrado Coração de Jesus
Calendário de mesa do Sagrado Coração de Jesus
Almanaque Santo Antônio
Agendinha
Diário Vozes
Meditações para o dia a dia
Encontro diário com Deus
Guia Litúrgico

CADASTRE-SE
www.vozes.com.br

EDITORA VOZES LTDA.
Rua Frei Luís, 100 – Centro – Cep 25689-900 – Petrópolis, RJ
Tel.: (24) 2233-9000 – Fax: (24) 2231-4676 – E-mail: vendas@vozes.com.br

UNIDADES NO BRASIL: Belo Horizonte, MG – Brasília, DF – Campinas, SP – Cuiabá, MT
Curitiba, PR – Fortaleza, CE – Juiz de Fora, MG – Petrópolis, RJ – Recife, PE – São Paulo, SP